顕密のハビトゥス

神仏習合の宗教人類学的研究

白川　琢磨

木星舎

Takuma Shirakawa

***Habitus* of *Ken-Mitsu* Buddhism :**

Anthropological Research on the "Shin-Butsu Syncretic" Religion in Japan

表紙カバー写真、本扉写真（一部加工）：撮影　清水　健

序　文

本書の問題意識は、「日本人の宗教とは何か」という点にある。文化人類学の研究対象としては、日本（人）の宗教文化とは何であるのかということになるが、先行研究の蓄積がそれほどあるわけではない。それには、大きく二つの理由がある。第一に、主に第二次世界大戦後に発展してきた我が国の文化人類学は、専ら日本以外の異文化を研究対象とし、自文化・自社会に関しては「自明なもの」として等閑視されてきたことである。欧米の場合にも、同様な傾向があったが、近年その傾向は変化しつつある。[1] 第二に、特に我が国固有の状況として、宗教も包含する日本文化は、柳田國男が創始した日本民俗学の主たる研究領域として確立されており、人類学との間で、一種の「棲み分け」が成立してしまったことである。

では、日本民俗学で宗教がどのように扱われてきたかというと、概して柳田が提唱した「固有信仰」論に大きく縛られてきた。固有信仰とは、一種の基層信仰の考え方で、表層では歴史過程の中で仏教等の成立宗教に見える現象も、その基底には、日本人が原始・古代から担ってきた連続的な基層を認める考え方である。固有信仰概念の問題は大きく分けて二点ある。一つは、それが「超歴史的」な概念であって、歴史的にもフィールド的にも検証され得ないということであり、もう一つは、それに神道的・国学的なバイアス（bias）が顕著であることである。[2] 後者については、後に展開された「民間信仰（folk beliefs）」や「民俗宗教（folk religion）」の概念では、仏教等の成立宗教との交渉をその内に取り込むことによって改善はされてきた。[3] しかしながら、民間信仰にせよ、民俗宗教にせよ、我々が具体的な宗教民俗事象を前にする時、その形成主体を「民衆（folks）」に置くことに変わりはない。一種の「民衆中心史観」とでも呼べるものがその根底に潜んでいるように思われる。だが、こと「宗教」に関わる領域においては、特定の宗教制度は弱者である民衆に対して、強大な「権力」として立ち現われ、作用してきたのではないだろうか。だとすれば、起点を民衆に置く限り、歴史的検証の不能性を解決することはできず、逆に宗教権力の側にその答えを求めなければならない。

歴史的に検証可能な概念として日本宗教を研究する場合、注目すべきは歴史学者・黒田俊雄（一九二六―一九九三）の顕密体制論である。それまでの「武家中心史観」の日本中世史に対して、武家・公家と並んで寺社権門の重要性と影響力の大きさを呈示し、学界に大きな衝撃を与えた。特に、八世紀後半から十六世紀にかけては、「寺社勢力」と称されるほど広大な勢威を誇った。顕密仏教とは、そうした寺社権門に共通する宗教的内容であり、六世紀中頃に渡来した仏教が長い時を経て、日本社会に定着し、土着化（民俗化）した独自な宗教システムであった。何よりもその最大の特徴は、古くから続く我が国の神祇信仰をそのシステムの内部に包摂したことであった。神仏習合とは、言わばその状態を指す概念であり、その内的ロジックは顕密仏教の考え方に沿って理解されなければならない。

さて、「宗教」という用語は、religion の訳語として、明治時代に創られた言葉であるが、religion の意味内容自体にキリスト教的な歪みがあることが近年指摘されてきた。[4] 宗教の意味内容を、信仰（belief）と実践（practice）の両極に沿って俯瞰すると、キリスト教は、明らかに前者に重きを置く宗教であり、religion 自体にも前者への偏りが生じてきたのである。ところが、アジア宗教全般にも言えることであるが、我が国の、特に本書が対象とする顕密仏教の場合、「学」と並んで「行」が中心軸を構成しており、身体技法を含む「行」のシステムがその根幹を形成しているのである。[5] 仮にキリスト教タイプの宗教を「信仰宗教（religion believed in）」と呼ぶとすれば、顕密仏教は「実践宗教（religion in practice）」と言うべき特色を担っている。

この「実践（行為）practice」の有意性を文化の一般理論にまで高めたのが、ピエール・ブルデュー（一九三〇―二〇〇二）である。[6] ハビトゥス（habitus）は、彼の実践理論の中核に位置する概念である。一般のフランス語としては「習慣・慣習」という意味でしかないが、もちろんそれを超えた概念である。[7] 理論的スタンスとしては、まず、レヴィ＝ストロースの構造主義との対置が挙げられる。構造主義が、究極的に明らかにしたのは、文化を支える「知」の構造であり、客観主義の極致に位置づけられる。例えば、儀礼（生きられた系）と神話（考えられた系）とを対比すれば、後者に軍配を上げるのがこの立場である。[8] 人々の個々の行為や意味づけ、態度や感情などすべては、客観的な知の構造に収斂されてしまう。一方、この対極にあるのが現象学的社会学やエスノメソドロジーなどの主観主義の方向である。[9] この方向では、人々の主観的な経験とその意味を記述することから出発するものの、相互主観的現実がどのように構築されるかまでしか到らず、本来自明とされる経験世界がどこから導出されているのかが明らかとならない。

つまり、客観主義は人々の経験に迫れず、主観主義は「構造」に迫れないわけである。ブルデューは、実践行為を起点とすることでまず人々の日常的経験から出発し、そしてその行為を繰り返し産出していく特有な心的傾向や価値評価のシステムを「ハビトゥス」と呼んだのである。それは、言わば「集団のなかで持続的かつ臨機応変に実践や表象を産み出していく原理」[10] なのである。

さて、本書が研究対象としているのは「民俗 folklore」である。具体的には、祭り、儀礼、芸能、習俗、そして文化表象などであるが、そのうち、宗教に関わる領域を宗教民俗として措定することができる。民俗とは、我々が過去から引き継いできた「伝承と慣習の複合体」[11] とされるが、これは「知識と実践のシステム」と言い換えてもよいであろう。だとすれば、本書が対象とする宗教民俗とは、日本社会が過去から継承してきた宗教に関わる知識と実践のシステム全体を指すことになり、その結節点にあたる一種の「構造」が、ハビトゥスであるということになる。既に、黒田俊雄は、その研究の中で、断片的にではあるが、何度も「顕密主義」という言葉を呈示している。[12] 顕密主義＝イズムとは、顕密仏教が、教義や組織といった教団の枠内に留まらず、当時の思想（知識体系）や文芸、そして芸能といった中世の文化全般に与えた影響を示している。換言すれば、顕密的なものの考え方や行動の仕方、思考（志向）の「癖《くせ》」のようなものである。これが正しく本書の表題である「顕密のハビトゥス」であり、千年以上にわたって我が国の文化に「神仏習合」という知識と実践のシステムを産出してきた「母胎」なのである。本書は、北部九州を主としたフィールドにおいて、その宗教民俗の中に「顕密のハビトゥス」を探求していく試みなのである。

五章からなる本書の構成について述べておく。まず、第1章「神仏習合へのアプローチ」では、本書の理論的スタンスについて論じた。第一節「顕密仏教と宗教民俗」では、筆者の研究史の中でどのようにして「顕密寺社仮説」が導き出されてきたかを論じた。元来、「修験道は民俗宗教である」という命題を軸に研究を進めてきた筆者が、北部九州のフィールド調査を通じての様々な「気づき」を通して、修験道ではなく、その上位概念としての顕密仏教を中核に置き、寺社権力が残した痕跡を宗教民俗に探っていくという接近に変化した経緯を論じた。第二節「神仏習合と多配列クラス」では、明治元年（一八六八）に全国規模で実施された「神仏分離」を取り上げた。神仏分離後の近代世界（神道／仏教）とそれ以前の中世＝前近代世界（神仏習合）との大きな差異は、英国の社会人類学者、ロドニー・ニーダム（一九二三―二〇〇六）が呈示した単配列分類と多配列分類との対比に匹敵するのではないかとの知見を基に、神仏習合を支えた顕密寺社を、顕密仏教（教義面）と寺社制度（組織面）に分けて諸要素がどのように多配列クラスを構成しているかを検討した。豊後国東半島の天念寺で今日も行われている「修正鬼会《しゅじょうおにえ》」という法会（儀礼）を重層的な多配列クラスとして分析した。神仏分離とは、そのような意味で「単配列革命」であったのであり、日本文化に与えた影響は極めて大きいのである。

第2章「宗教民俗と神仏習合」では、具体的な習俗や儀礼を対象に、顕密寺社（=神仏習合）仮説を検討した。第一節「北部九州における宗教民俗の歴史的動態」では、二丈町（現・糸島市）淀川という小集落で、一月下旬に行われる百手祭とその直会を取り上げた。その直会では、「大飯食らい」と称される多食の強制が行われるが、その由来は不明である。儀礼の執行主体は、淀川天満宮の宮司であるが、この宮司自身が、近世までは誕生山秀学院俊了坊として紀州高野山金剛峯寺に属する「宮司大法師」と称する社僧であったことを突き止める。同時に、幾つかの類例や比較から、この地域一帯が濃厚な顕密寺社地域であったことを論じた。

第二節「呼子の宗教的環境」は、佐賀県唐津市呼子で旧五月五日（現在は六月五日）に町内を二分して行われる「大綱引き」行事を対象にした考察である。これもまた、由来が不明とされる行事であるが、綱引きの勝敗を決する綱の中心部（ミト）が、三神社の正面に設定されるなど、宗教施設や環境との関連を考えないわけにはいかない。三神社は、近世までは、呼子三所大権現、宮司は妙泉坊という彦山山伏であった。集落の北側には熊野三社八幡宮があり、これまた龍泉坊という彦山山伏であり、この二人が、「両山伏」として、人々の社会生活に深く関わっていた。集落内には、西念寺（浄土宗）や願海寺（浄土真宗）など「滅罪系寺院」も古くから在り、そうした滅罪系寺院が社会生活のうち「死」の側面を、一方、山伏による「祈禱系寺社」が「生」の側面を担っていたのである。綱引き自体は妙泉坊の関与が推測されるが、対岸に位置する加部島の田島神社を介しての宗像宮の五月行事の影響の下に成立したのかもしれない。

第3章「神楽と鬼」には、「神仏習合の展開」という副題を付けた。これまで「芸能」として別個に扱われてきた領域に、神仏習合=顕密寺社仮説を適用したからである。第一節「〈落差〉を解く」及び第二節「豊前神楽の系譜と改変」では、福岡県東部、旧豊前地方に展開する豊前神楽を取り上げた。神楽というと、神霊を慰撫するために神社に「奉納」される「民間芸能」と捉えられてきたが、ここでは同神楽の分布域が、豊前六峰と称される山岳系顕密寺社の影響範域と重なるため、芸能ではなく、特定の祈願目的を有した「加持祈禱」の一形式ではないかという仮説を基に幾つかの角度から論証していった。神楽の舞手（地元では「法者《ほしゃ》」と呼ばれる）は、本来、（神仏）両部の太夫であり、また演目の主役でもある「駈仙（ミサキ）」と呼ばれる鬼は、中国地方で中世末期に「荒平」と呼ばれた鬼と極めて近い存在であることを現地に残る祭文の分析から導いた。また、豊前・豊後・筑前地方に見られる、子供の無病息災を願って駈仙に抱かせる習俗の根源には、駈仙の有する「再生の呪力」があることを類推した。さらに後半では、江戸時代後半から進展する「神楽改変」は一種の「緩やかな神仏分離」であったこと、駈仙舞の「天孫降臨神話（古事記）による解釈（駈仙＝猿田彦）は、国学的神道家による改変の一例であり、本来は、中世神話「天地開闢」における天照（＝大日如来）と第六天魔王との「争闘」を表した演目と推定した。

第三節「多配列クラスとしての『鬼』」及び第四節「まとめ――『鬼』と伝統文化」では、神楽だけに留まらず、様々なシーンに登場し、多様な呼称を付される「鬼」という文化表象を多配列クラスとして捉え、北部九州における出現事例を、四つの範疇で考察した。出発点は、中国から伝来した「追儺《ついな》」の対象となる「儺」であるが、これはネガティブの極に位置するもので表象化され得ない。第一の範疇は、「鬼箱」に代表される「見えない鬼」の範疇である。佐賀県の竹崎観世音寺の「修正会鬼祭」に見られるように、若衆らは鬼箱を奪い合うだけで最後まで鬼も鬼面も顕わにはならない。第二は、久留米の大善寺玉垂宮の「鬼夜」のように、鬼の存在は「感知」し得るが闇に紛れて姿は顕さない過渡的範疇。第三が、大分県国東半島の天念寺の「修正鬼会」の如く、災払鬼（赤）・荒鬼（黒）として「姿を顕すが、境内から出られない鬼」。第四に、前節で述べた「寺社から里に展開した鬼」（駈仙＝豊前神楽）である。いずれにしても、鬼という表象に血を通わせ、育成した母胎は、顕密寺社であった。その過程で、ネガティブの極にあった鬼は、善悪の両義性、神聖な呪力をも有する親しまれる存在へと転化していったのである。形態の多様性は、各寺社の盛衰のなかで、権威＝権力が頂点にあった時期の形態が固定（fix）されたことから説明されるのではないだろうか。

第四節では、「文化」概念を説明する必要から、コンピュータの比喩を用いた。即ち、ヒト（身体）をハードウェアとすれば、文化とは、身体にインストールされているソフトウェアに相当するものである。しかし、コンピュータとの最大の違いは、コンピュータでは、ソフトウェアは、プログラムとして数式で明示されているのに対し、文化の場合は「隠されている」ことである。我々が目の当たりにするのは、過去から引き継がれてきた知識や実践である民俗であり、それらを産出する母胎である「ハビトゥス」をそこから類推するしかないのである

第４章「山岳寺社と神仏習合」では、地域の拠点となる寺社の中心及び周辺の民俗を対象に、「顕密寺社＝神仏習合」仮説を基に考察した。副題を「文化資源論への展開」としたのは、現在、分離・解体された宗教民俗事象を神仏習合の枠組のなかで再編し、文化資源としての価値を再評価しようという視点が含まれているからである。第一節「弥谷寺の信仰と民俗」では、本書の中で唯一、九州以外の事例を扱った。香川県西部、四国遍路第七十一番札所、弥谷寺は、地域一帯で「死霊が籠る山」として有名である。死者の霊を背負って弥谷寺に参詣する「弥谷参り」の習俗も認められ、死者の霊は里山に籠るという柳田仮説に適合する事例として扱われてきた。本節では、同寺を、中世期の地域の拠点寺院であった善通寺に対して「別所」寺院と位置づけ、強烈な浄土信仰を持った大勢の「行人」たちの結集と活動の拠点となっていたことを指摘した。これまで謎とされてきた深沙大王像は、扁額にある通り「蛇王《じゃおう》大権現」と理解すべき権現像であり、浄土系行人の崇拝対象であったのだ。彼らの活動範域が、地元の「七ヶ所参り」や「弥谷参り」の実践領域と重なっているのである。

第二節から第四節は、九州最大の山岳寺社、英彦山（彦山）を、周辺と中心の両極から考察した。第二節「湖底に沈んだ文化資源――地域開発と文化保存」は、七里四方とされる彦山神領に四十八社在った大行事社の一つ、江川大

行事社を取り上げた。江川ダムの建設で水没し、湖岸に移転された同社に残る遺物及び関連資料から、宮司であった彦山山伏「圓光坊」と祭祀された「高皇産霊命《たかみむすびのみこと》＝聖観世音菩薩」を中心とする活動の実態を復元した。また年中行事としては、「二季五節供」がベースとなること、また祭の単位となる宮座については、本来は、徴税単位であったかもしれないことを示唆した。一方、集落の死に関わる信仰領域は、常法寺（浄土真宗）が担い、移転後もコミュニティの絆を保っている。

第三節「英彦山の信仰と民俗」は、英彦山を、基本的には「霊仙寺《りょうぜんじ》」という範疇で捉え、学侶（英彦山では衆徒）・行人（修験）・両部神人（惣方）という三組織から成る顕密寺社として、その活動を考察した。英彦山三所権現信仰の基底には、ヒコ・ヒメ・ミコから成る三元構造があり、英彦山信仰の基点となる般若窟（玉屋窟）における法蓮の感得した「如意宝珠」が民間に転化してミホシやミトと呼ばれる藁苞となったことを論じた。さらに、英彦山における神祭の原型（pototype）は、「二季五節供」にあり、二季祭のうち、霜月祭が税収取の機会でもあった収穫祭であるのに対し、種籾の頒布の機会であった二月の「松会」が、衆徒・修験・惣方が一同に会する複合儀礼であったことを論じた。

一方、五節供の第一節供の主題が修正会（一月七日）における「人」としての懺悔《さんげ》・悔過《けか》にあったとすれば、第五節供（九月九日）あるいは霜月祭の対象は「神（天）」であり、六道修行のなかの「延年」（寿命を延ばす）がその主題であると考えられる。これまで謎であった大飯や大酒、あるいは大餅といった過食・過飲強制を伴う競争的内容は、修行で得た神通力を競う場と考えれば了解できるのである。

第四節「まとめ―神仏習合と文化資源」では、これまで多くの人々を惹きつけてきた英彦山の吸引力の源として、英彦山三所権現の御正体を挙げた。まさに、神仏習合のイコンの象徴である。ブルデューの言葉を借りれば「象徴資本」に相当するものであり、それを支えたのが、人・神・仏の三角形である。神仏分離によりそれが崩壊したことによって、衰退が始まり、今日に至るのである。

第5章「結論―日本の宗教文化と神仏習合」では、まず、本書の問題意識である「日本人の宗教」あるいは「日本の宗教文化」について、現在までの宗教意識や宗教人口の調査結果を検討した。これについては、七割の日本人が「無宗教」であり、一方で宗教人口は、仏教と神道と合わせれば、人口の一・五倍に達するという結果に対して、従来の研究は、「文化宗教」というおぼろげな答えを呈示している。それに対して千年以上にわたって我が国の宗教文化を支えてきた「顕密のハビトゥス」を探ろうというのが本書の姿勢である。結果として本書が示すのが、神仏習合の基本構造、即ち、人・神・仏から成る神仏習合の三角形（三元構造）である。

神仏習合については、これまで八世紀後半の「神身離脱現象」から十三世紀以降の「本地垂迹説」に到る歴史的過程として通時的（diachronic）に語られることがほとんどであったが、それを共時的（synchronic）に捉えてみたのである。

神仏習合を成立させる思想内容のうち、重要なものは二点ある。一つは、大乗仏教の根幹を成す「六波羅蜜」の思想である。これによって、「仏」の世界と「人」の世界が接合し、人は「成仏」を目指す存在として位置づけられた。さらに「人」の世界は、大きく二分され、出家した「僧侶」という非生産階級と、在家・在俗で僧侶を支える生産階級（一般民衆）である。しかし、僧侶階級には、完全な出家者である「比丘」に加えて、民衆との境界が不分明な、在俗の仏道修行者である「優婆塞」が含まれたところに我が国固有の混乱の要因がある。寺社組織において、学衆に対する半僧半俗の「行人」層の肥大化と固定化が神祇祭祀の専門化にも繋がっていくのである。

もう一つは、「六道輪廻」の思想である。地獄・餓鬼・畜生・修羅・人・天（神）の六道は、そこから解脱した普遍的な「仏」（如来・菩薩・縁覚・声聞）が措定されて初めて、己の有限性・特殊性に気づくのである。「人」も「神」も能力の優劣という差があるだけで、仏と比すれば類似性のほうが大きいのである。こうしたことから、顕密寺社においては、多配列的ではあるが、「人↓仏」に沿った学衆方、そして「人↓神↓仏」に沿った行人方の行法の差異が生まれたのである。庶民が崇拝する表象としては、「仏」から「神・人」に近づいた（下降した）ものとして、様々な菩薩の形象や明王の形象が産出され、明神や権現は各々の本地仏が定められたのである。ともあれ、人・神・仏の三点で支え合ってきたこの基本構造を明確に崩壊させたのが「神仏分離」であった。しかしながら、完全に「分離」できなかったところに今日の宗教状況がある。つまり、制度上の分離は行われても、人々の心意の中には、千年以上にわたって培われた言わば「習合感覚」が継続しており、本論の各章で検証したように、各地で行われている宗教的実践は、人・神・仏から成る神仏習合の三角形、即ち、基本構造に拠らなければ読み解けないのである。

神仏分離とは、この三角形における仏と神との分断であったが、それによって成立した近代神道は大きな矛盾を抱えることになる。まず、神を祀る主体であった僧侶や優婆塞を「還俗」、即ち俗人に戻してしまった。もちろん、そのためには行（修行）も否定せざるを得なかった。神社に残されたのは、それ以前から継続した「現世利益」の空しい眼目だけで、それを達成するための行者による「加持祈禱」は脱落し、在家の人々は「剝き出し」で神と対面し、祈りの言葉（真言・陀羅尼・経）も失った。一方、仏教側では、早くから現世利益や加持祈禱を否定し（神祇不拝）、行者や行人に代わり、「非僧非俗」の僧侶（?）が率いる浄土真宗が教勢を拡大する。顕密仏教と比べて檀家数が格段に多い真宗寺院の最大の活動は、葬儀と法事である。しかし、真宗にも大きな矛盾がある。教義の最大の要が「信心即往生」ならば、何故に葬儀や法事が必要かということ、つまり死者に「引導を渡す」意味である。かくして、我が国は「葬式仏教」と「神道（?）」の国となってしまった。しかし、それを支えているのは「習合感覚」を保つ民衆である。つまり、日本人の宗教とは、神道でも仏教でもなく、顕密のハビトゥスに沿った神仏習合（Shin-Butsu Syncretic Religion）なのである。

最後に本研究に対する謝辞を述べておきたい。まず、吉田禎吾東京大学名誉教授には文化人類学を、宮家準慶應義塾大学名誉教授には宗教学と民俗学を指導していただいた。お二人の導きがなければとてもこの地点には到達できなかった。本研究は、私が九州に転任してから十五年間の調査に基づくものである。学問的には、波平恵美子お茶の水女子大学名誉教授、関一敏九州大学名誉教授に様々なご教示を賜った。さらに九州の山岳宗教については、長野覺駒澤大学元教授、民俗研究については、民俗学者・佐々木哲哉先生に細かなご教示をいただいた。また、海外では、イリノイ大学アーバナ・シャンペーン校のブライアン・ルパート博士、ロンドン大学ＳＯＡＳのクラウディオ・カニーリア博士には中世仏教や山岳修行について、貴重なアドヴァイスをいただいた。カリフォルニア大学サンディエゴ校の今は亡きドナルド・トゥージン教授には、宗教人類学の様々な議論にお付き合いいただいた。

最も活発で多様な議論を通じて多くのヒントを与えてくれたのが、九州人類学研究会と西日本宗教学会の皆様である。合宿や飲み会での議論がなければこの研究は成立しなかったかもしれない。改めて謝意を表する次第である。

安楽寺　筥崎宮寺　彦の山　何処も流る　顕密の水

平成二十九年十一月二十三日　福岡大学研究室にて

白川　琢磨

【註　記】

（1）この点に関しては科研費分担研究「自社会研究としての人類学の確立にむけた基礎的研究」（研究代表者：中西裕二日本女子大学教授、研究期間：二〇〇二―二〇〇五）において、明らかになった。今日、Anthropology at homeとか、Native Anthropologyなど多様な名称を付された自文化研究は既に一分野を形成したように思える。

（2）この点に関して、科研費分担研究「フォークロア・パラドックスを止揚する」（研究代表者：中西裕二日本女子大学教授、研究期間：二〇一二―二〇一五）において、フィールドにおいて表面的な民俗事象を歴史的に掘り下げていくと、固有信仰＝神道の基層が現れるのではなく、逆に仏教的な意味づけが立ち現れる現象をフォークロア・パラドックス（folklore paradox）と名付け、研究した。

（3）堀一郎『民間信仰』岩波書店、一九五一。宮家準『宗教民俗学』東京大学出版会、一九八九。

（4）関一敏「呪術とは何か――実践論的転回のための覚書」（白川千尋・川田牧人編『呪術の人類学』人文書院、二〇一二）八一―一一二頁。

（5）だからと言って、「学」や「信」が軽視されているわけではない。実際の顕密寺社組織において、「学侶」、「学衆」の階層は、「行人」、「行者」層よりも上位に位置づけられていた。この行という実践側面がより強調されれば、我が国では「～道」という範疇で括られる傾向がある。

（6）Pierre Bourdieu, Tr. By Richard Nice, *Outline of a Theory of Practice*, Cambridge U.P., 1977.

（7）ピエール・ブルデュ（今村仁司他訳）『実践感覚』1・2、みすず書房、一九八八―九〇。

（8）Claude Levi-Strauss, The Naked Man, Tr. By J.&D. Weightman, Harper & Row, Publishers, 1981.

（9）白川琢磨「『主観的世界』における聖――生活史からのアプローチ」（萩原龍夫・真野俊和編『仏教民俗学大系』第二巻　名著出版、一九八六）三八三―四〇八頁、はこの方向でまとめた論文である。

（10）田辺繁治「ピエール・ブルデュー『実践感覚』」小松和彦他編『文化人類学文献事典』弘文堂、二〇〇四、一九三頁。

（11）平山和彦「民俗」（福田アジオ他編『精選　日本民俗辞典』吉川弘文館、二〇〇六）五二六頁。

（12）『黒田俊雄著作集』第三巻（顕密仏教と寺社勢力）、法藏館、一九九五、参照。

顕密のハビトゥス　目次

2章 宗教民俗と神仏習合——大飯食らいと大綱引き

3章　神楽と鬼——神仏習合の展開

4章　山岳寺社と神仏習合――文化資源論への展開

5章　結　論――日本の宗教文化と神仏習合

1章

神仏習合へのアプローチ

一　顕密仏教と宗教民俗——修験道を再考する

〈1〉序——「修験道は民俗宗教である」という命題

修験道とは何だろうか？　昭和六十一年（一九八六）に刊行された『修験道辞典』の中で宮家準先生自身がこう書いている。

修験道は日本古来の山岳信仰が外来の密教・道教・儒教などの影響のもとに、平安時代末に至って一つの宗教体系を作りあげたものである。このように修験道は、特定教祖の教説にもとづく創唱宗教とは違って、山岳修行による超自然力の獲得と、その力を用いて呪術宗教的な活動を行なうことを旨とする実践的な儀礼中心の宗教である。(1)

この宗教システムとしての修験道とは別に、組織名称としての「修験道」があるのだが、こちらは「岡山県倉敷市林に教団本部を持つ修験教団」(2)の名称で、宮家先生ご自身が、古代末期の熊野長床《ながとこ》衆に由来する、五流尊瀧院を筆頭とする由緒ある教団の第三十七代住職及び管長（法首）に昨年（平成二十四年）就かれたことは誠に意義深いことである。後者と同じく、前者も実体概念と捉えて、慶應義塾大学宮家研究室の研究活動は半世紀近く続けられてきた。筆者もその末席を汚していた当時の研究室のメンバーは、先生の指導の下に理論的には主に文化人類学や宗教学の学問訓練を受けながら、全国各地のフィールド調査（民俗調査）に勤しんできた。各々その力点の置き方は違うものの、我々の学会活動は、文化人類学・宗教学・民俗学の三学会を循環するものとなった。

その研究活動を俯瞰するなら、その中心に「修験道は民俗宗教である」という命題が支柱となり、その周縁に向かって調査研究が展開されてきたとも言えよう。

民俗宗教（folk religion）とは、これまで「民間信仰」とか「固有信仰」、あるいは「民衆宗教」、さらに「習合宗教」などと力点の置き方の違いによってさまざまな名称を付されてきた概念である。[3] 宮家は、それらを整理・統合し、研究領域や方法までをも包括する「宗教民俗学」という学問体系を樹立した。[4] そこでは、民俗宗教は、「……柳田や折口が試みたように、外来のものをとり去っていって始原をなす固有のものを発見する方法ではなく、むしろ日本の民俗宗教が外来の諸宗教を摂取し変化させていく仕方、そこに見られる法則性を発見[5]するというように、理論的モデル（範型）としての側面が強調されてはいるが、歴史的にもその形成主体が「民衆」であるところの実体概念であることは変わらない。

つまり歴史的実体としての修験道は、仏教でも密教でも神道でもなく、日本の民衆が形成してきた民俗宗教であるという命題に支えられて、我々の研究活動は展開してきた。何よりもその後、先生ご自身による三大研究書の上梓、『修験道儀礼の研究〈増補決定版〉』（春秋社、一九九九）、『修験道思想の研究』（同、一九八五）、『修験道組織の研究』（同、一九九九）によって、修験道の存在は学界においても宗教界においても確立し、疑念の余地を許さないものとなった。

ちょうどこうした研究がピークにさしかかる頃、筆者は中央を離れ、四国、その後九州へと移り、中央における研究とは「距離を置いて」修験や修験道に関わらざるを得なくなった。そこで経験したことは、一言で言えば「修験道は民俗宗教である」という基本命題が、修験道と民俗宗教という両極から次第に崩れていったのである。本論では、この経験の軌跡を辿ってみたい。

〈2〉「修験道」から「顕密仏教」へ

もうかれこれ十年以上も前のことになるが、修験の調査で九州の国東半島、六郷満山と呼ばれる中のある山岳寺院に立ち寄った際に、私の度重なる質問に、年輩の無口な住職が堪りかねたかのようにこう漏らした。

「あなたは先程から修験、修験とおっしゃるが、修験というのは行法の名前でありまして、私も修行している時は修験者かもしれませんが、経文を読んでいる時もありますので……、どうもそう呼ばれるのは落ち着かない(6)」

また、同じく六郷満山の中の富貴寺の住職は、「住職」という言い方に抵抗を感じてこう説明した。

「住職というと檀家は何軒かということになるが、檀家はこの蕗《ふき》という集落の二十軒ほどになる。この二十軒は今では農家だったり、土産物屋だったりするが、元は坊であって、全部の坊でこの富貴寺という寺になるわけです。で、私はその中の院主坊という一つの坊になるわけです。ではその坊とは何かということになると……山伏と言うか何と言うか……」と口ごもってしまった。

どうも当時私の持っていた概念枠組と、僧侶たちの経験世界とが齟齬をきたしていた。P・ブルデューの言葉を借りれば、六郷満山の僧侶には歴史的に蓄積された実践経験の集約（ハビトゥス）があり、それが修験研究の枠組には適合しないのである(7)。

豊前地方には彦山（英彦山）を取り囲むように六つの山岳寺院が位置しており、「豊前六峰」とか「彦山六峰」と呼ばれてきた。そのうちの一つが檜原山正平寺《ひばるさんしょうへいじ》である。他の諸寺院が神仏分離・廃仏毀釈の影響で廃絶を余儀無くされたのに対し、正平寺は元来寺院としての色彩が濃く、神社の側面が表面化しなかったこともあって、廃絶を免れて今日に至っている。[8]

この正平寺で桜花の頃に行われるのが、「檜原マツ」である。「マツ」という名称からも類推されるように本来は「松会《まつえ》」であり、周辺の彦山や等覚寺《とかくじ》と同じく正式な仏教法会が営まれていたのであろうが、現在は三所権現の三体の神輿と天台宗の組寺の僧侶らによる神前読経、そして安置された神輿の前での田遊び等の芸能が行われているに過ぎない。

檜原山正平寺の「衆徒さん」（撮影：山口正博）

この行事の神輿行列を先導するのが、白装束で裹頭《かとう》（白い袈裟で頭を包む）姿、薙刀を担いだ数名の若者である。地元の若者が扮するのだが、彼らのことを土地の人たちは「弁慶さん」と呼んでいた。義経―弁慶の、あの武蔵坊弁慶である。おそらくその扮装上の類似に由来する言い方であろう。ところが、行列を熱心に見守っていた二人の老婆がいたので、そのことを聞くと、若い人は「弁慶さん」と呼んでいるが、あれは昔から「衆《しゅ》徒《と》さん」と呼ばれていたと言うのである。なおも私があれは山伏かと確かめると、二人から明確に「山伏《やんぶし》じゃなか！」と断定されてしまった。

衆徒とはいったい何者か？

その組織的実体は「寺社」という範疇で括られる。寺社の成立は古代に遡るが、それが最も隆盛し、社会の確固たる基盤となったのは中世であり、歴史学者・黒田俊雄は、それを「寺社勢力」と呼んだ。それは、「……南都・北嶺など中央の大寺社を中心に組織され、公家や武家の勢力とも拮抗していた一種の社会的・政治的な『勢力』のこと」で、「ほぼ平安時代のなかごろから戦国時代の末まで、約六〇〇年ほど存続していた」[9]とされる。戦国時代の末とは、黒田によれば、元亀二年（一五七一）の織田信長による比叡山焼き討ちをそれに当てるが、それは確固たる「勢力」としての終焉であり、寺社という組織形態そのものは、明治元年（一八六八）の神仏分離までは存続するのである。

その組織の実態は、統率者として別当、座主、検校、長者などが位置し、寺務管理の役職として三綱、即ち、上座《じょうざ》・寺主《じしゅ》・都維那《つぃな》があり、その下に政所や公文所といった寺務局が置かれた。そして寺院に所属する僧侶の全体が、大衆《だいしゅ》、あるいは衆徒《しゅと》と呼ばれたのである。その主な目的は「学（学解・学問）と行（修行・禅行）」[10]であり、学に携わる場合は学衆《がくしゅ》・学侶《がくりょ》・学生《がくしょう》、行に携わる場合は行者《ぎょうじゃ》・禅衆《ぜんしゅ》・行人《ぎょうにん》などと呼ばれた。このような学僧や修行僧を中核部とすればその外側には、彼らに近侍する堂衆《どうしゅ》・夏衆《げしゅ》・花摘《はなつみ》・久住者《くじゅうさ》などが位置し、また特定の堂社や僧坊の雑役に従う承仕《しょうじ》・公人《くにん》・堂童子《どうどうじ》が存在し、さらにその外延には、仏神を奉じる神人《じにん》や、その堂社に身を寄せる寄人《よりうど》や行人の存在があったのである。[11]

この組織の意思決定は、別当や座主を頂点とする上意下達的な階層制ではなく、少なくとも重要な決定は「僉議《せんぎ》」や「評定《ひょうじょう》」と呼ばれる大衆や衆徒の全体評議の場で為された。裹頭《かとう》とは、その際、誰の発言かを特定されないための工夫であり、大衆僉議における発声にも、声明《しょうみょう》に類似する独特の工夫があったと言われる。[12]また薙刀も、「僧兵」と呼ばれたように武装する衆徒を象徴する持ち物である。[13]

このように見てくるなら、正平寺で神輿を先導する彼らを「衆徒」と呼ぶことは極めて真正な（authentic）呼称である。おそらく、近世期には数坊にまで減少していた山内の坊を象徴する存在なのである。また彼らを「弁慶」と呼ぶこともそれほど誤っているわけでもない。武蔵坊弁慶も平安末期に実在した人物であり、元来は比叡山の衆徒であったからである。

ところが、『修験道辞典』では、弁慶はその行歴のなかで「修験者的側面を濃厚に兼備した僧兵像が有名である」として取り上げ、山伏装束や山伏問答など「弁慶に仮託された〝山伏像〟を通して、当時の修験社会の一端を垣間みることができる」(14)とされる。むしろ、弁慶に「山伏像」や「修験者的側面」を仮託しているのは研究者の側ではないかとも思えるのである。

では、衆徒と山伏を明確に区別した檜原山の老婆の言う「山伏《やんぶし》」とは何を指しているのだろうか。北部九州一帯における「山伏」という民俗用語の指示対象は、少なくとも「修験道法度」(慶長十八年〈一六一三〉)以降、本山派(聖護院)・当山派(三宝院)に分かれて地方に定着していった近世期の修験者がそのイメージの原型(prototype)である。その意味で衆徒と山伏は異なるのである。

中世あるいはそれ以前に遡る衆徒の活動のほとんどは、上述したように「学と行」であり、学・行兼修を旨としていた。行といっても山岳抖擻《とそう》だけに限られるわけではなく、禅行も観法もある。前述した(長安寺の)住職は、「修験」の語を山岳抖擻と捉えて行法としたのである。

しかしながら中世以降、学行兼修を旨とした大衆や衆徒のあり方に大きな変化が生じてくる。それが組織的な変化にも徐々に繋がってくる。即ち、学僧(学侶)方と行人方への身分・役割の固定化である。黒田は、白山加賀馬場を事例としてその歴史的経緯を論証している(15)。元来、学僧方に、貴族層や武士層、行人方に百姓、平民層という大まかな身分差はあったものの、身分・役割の固定化にまで繋がった最大の要因は僧侶の「妻帯」にあったように思われる(16)。学僧方は、最後までこの流れに逆らい、妻帯せずに血脈(法脈)を継承していくのだが、行人方を中心とする世俗継承の怒濤の中で、本来、出家集団において当然とされていた支配―被支配の関係は逆転していき、行人方への世俗権力の移行が生じていくのである。このような寺社組織の変移を通じてみていくなら、修験霊山とされるような山岳における修験の隆盛とは、行人方の分離・独立とそれへの権力中心の移動とも捉えられるのである。

彦山（英彦山）は九州最大の修験霊山である。その組織は、長野覺が明治初期の史料から作成した図1に見られる。[17] 近世後期の組織概要とされるが、それによると座主を頂点に全体は「衆徒」、「修験」、「惣方《そうがた》」に大きく三分されている。

このうち、衆徒は、法華経書写の霊験功徳によって五穀豊穣を祈念する「如法経会《ねふぎょうえ》」及び釈迦の「誕生会」を中心に「修験・天台宗を兼勤し、年中大小四十八座の本地祭主をつとむ」とされている。修験は、春・夏・秋三季の峰入り修行を行い、大先達への昇進儀礼である「宣度祭《せどさい》」をはじめ「年中大小祭祀五十余座の祭主となる」とされる。一方、惣方は、色衆《いろし》、刀衆《かたなし》と称される神事両輪組から成り、松会、御田祭、神幸式などやはり年中五十余座の祭主を務めるのである。

この図を、坊数から捉えれば、衆徒五十七坊、修験五十坊に対して惣方は一四二坊と圧倒的ではあるが、図中に示されるように、座主との血縁関係が認められる「扱坊《あつかいぼう》」の数では、衆徒：三、修験：八、惣方：〇、政治的に上位の役僧である「奉行坊」の数では、衆徒：八、修験：二十一、惣方：三とその分布に偏りがあり、政治的権力関係においては、惣方→衆徒→修験の序列関係が見て取れる。

さて、これを先述した寺社組織と重ねれば、彦山の組織的特徴が明らかとなる。彦山でいう「衆徒」とは「学僧方」であり、修験が「行人方」、通常、ここまでが「寺院大衆」と呼ばれる中核層であるが、彦山では、それらよりずっと下位に位置する「神人」層を格上げし、山内に取り込んだ形となっているのである。また、彦山の衆徒が「修験・天台宗を兼勤」するとされていることも「学行兼修」のハビトゥスを継承するものとなっており、また組織全体としても、数年で各坊がこの三区分の所属変更を行う「性替《しょうがえ》」という制度があるが、それもまたその伝統に沿うものであろう。長野は、行人方、即ち修験が、檀家数の増加による経済的優位によって、組織全体の支配を確立する過程

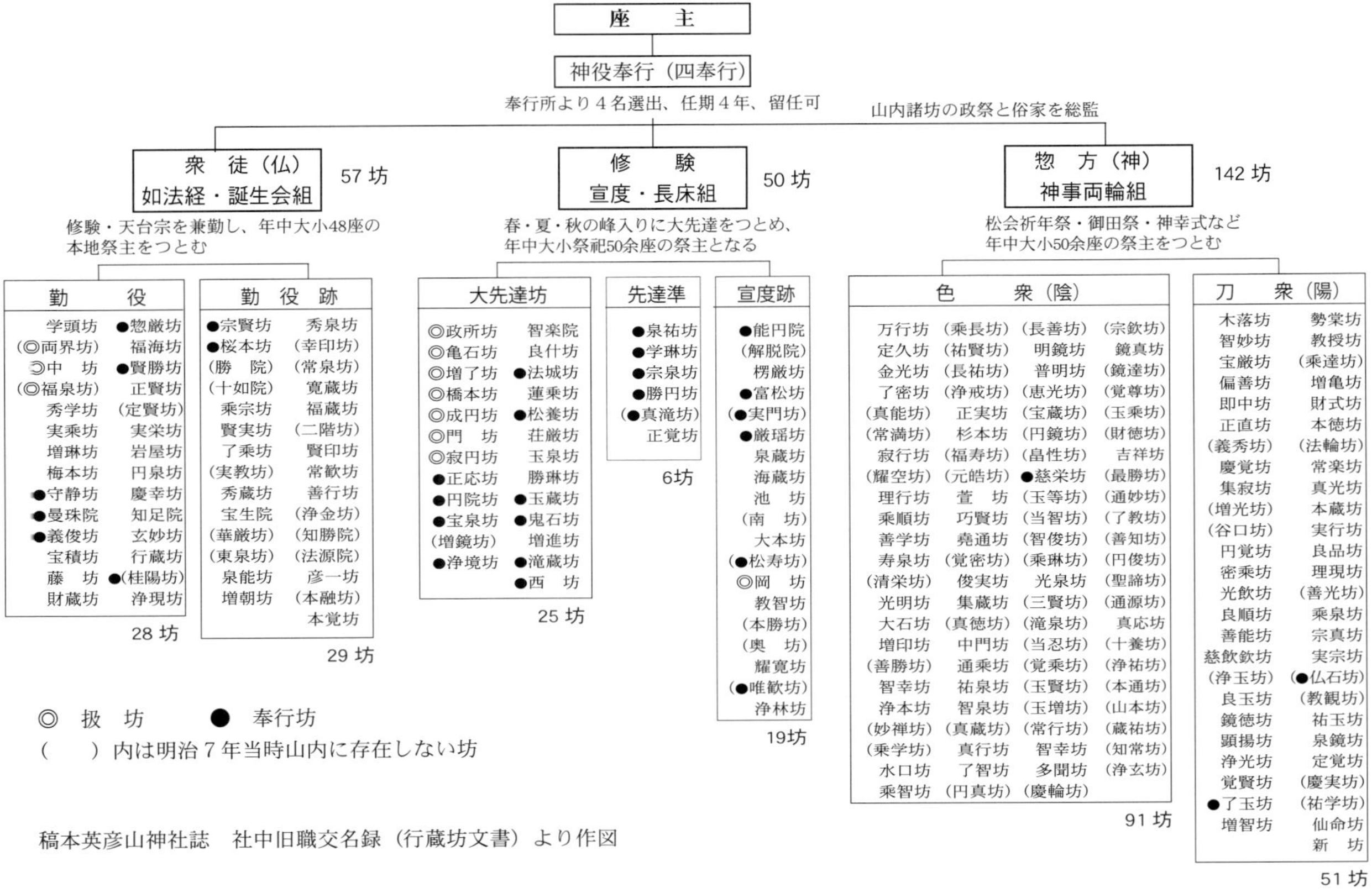

図１．江戸時代後期の宗教組織（長野覚作成、『英彦山と九州の修験道』84 ページ〈中野幡能編　名著出版　2000 年刊〉より）

があった点を指摘しているが、彦山霊仙寺《りょうぜんじ》という中世寺社が本来の形として生粋の修験組織ではなかった点には留意しなければならない。[18]

顕密仏教とは、歴史的にいう旧仏教と同義語であり、中世寺社が奉じた教義内容を当時用いられていた「顕密」という言葉で表したに過ぎない。字義通りには「顕教《けんぎょう》」と「密教」を表す。[19] 顕教とは、「南都六宗」と言われる三論《さんろん》・成実《じょうじつ》・法相《ほっそう》・倶舎《ぐしゃ》・華厳《けごん》・律《りつ》の六宗である。歴史的には、法隆寺や大安寺を拠点とする三論宗が成実宗を付置し、元興寺や興福寺を拠点とする法相宗が倶舎宗を従え、やや遅れて東大寺を中心にした華厳宗と唐招提寺を中心とする律宗がそこに加わったという形をとる。密教とは、言うまでもなく天台（台密）と真言（東密）の二宗である。顕密とは、これら八宗の各々、そしてその総和を指すと同時に、さらにそれを超えた圧倒的な密教の優位をその意味内容に含むとされる。黒田の表現によれば、以下の通りである。

……顕密各宗派の敵対的でない競合、したがって並存が承認される。奈良の六宗と平安の二宗つまり「八宗」が、公認された体制となる。……各宗は、それぞれ独自の教理をもつ。教理はむろん精緻な論理によって構成されているが、しかし「顕密」体制のもとでは論理主義は貫徹せず、かならず心理主義的な神秘にぼかされる。そして密教の神秘の坩堝《るつぼ》で溶接されることで、すべてが包摂されることになる。顕密仏教は、すべての論理を貪欲に包摂し溶解し吸収する不思議な思想的生体である。[20]

こうした顕密仏教が先述した寺社組織を支えていた教義体系なのである。正確に言えば、顕密寺社という歴史上実在した組織の中で、顕密仏教は単なる教義ではなく、儀礼や修行中で実践的な役割分化を担ってきた。豊後、国東半島に分布する「六郷満山」と称される寺院群は、そのほとんどが、養老二年（七一八）の仁聞《にんもん》菩薩の開基を伝え、本尊と並んで六所権現を祀るのであるから、そうした顕密寺社の典型と言っても過言ではない。その中核寺院の一つである長安寺に、「安貞二年（一二二八）」の「豊後国六郷山諸勤行幷諸堂役祭等目録〈写〉」が伝えられている。(21) これは、時の執権北条家の祈願に対して、諸寺院が行った祈禱や六所権現に対する祭儀を列挙してあるものだが、その末尾に諸寺院の活動に対して注目すべき記述がある。

右、當山霊場於テ御祈禱致ス所ノ目錄、斯ノ如シ。仍テ顯宗学侶ハ　観音醫王宝前ニ跪キ　一乗妙典ヲ開講シ佛賢ヲ増ス。密教佛子ハ　八幡尊神ニ屈（堀）シ　六所権現ノ社檀ニテ　神咒ヲ唱ヘ　法味ヲ備フ。初学行者ハ人聞菩薩ノ舊行ヲ学ビ　一百余所ノ巖窟（堀）ヲ巡礼ス。是レ偏ニ三道ヲ兼ネ……祈精之状　件ノ如シ。(22)

まず、「顕宗学侶」は観音菩薩や薬師如来に跪《ひざまず》いて「一乗妙典」、即ち法華経を学ぶとされ、「密教仏子」は、八幡神を崇め、六社権現の社壇において「神咒《しんじゅ》」を唱える。さらに「初学行者」は仁聞菩薩に縁《ゆかり》のある百余りの巌窟を回峰修行する。そしてこれら「三道」を兼ねて祈精することが明確に述べられている。ここから、顕密仏教が寺社組織において実践体系としてどう具体化されていたかを読み解くことができる。理念的な学行兼修は、学侶―行者の軸だけなく、顕教―密教、仏―神の軸と織り成されて展開されていたのである。修験道においても、その教義の要、即ち教相判釈（教判）として、「顕密不二」が説かれてはいるが、(23) それは顕密仏教全体をカバーするものではない。

さて、ここまで北部九州の事例で検討してきたが、上述した鎌倉時代の宗教実践の伝統はその形態に変化が生じているとは言え、概ね今日まで持続しているのである。例えば、「初学行者」についての回峰行は、当初は個人行として実践されていたようであるが、元禄年間になって両子寺《ふたごじ》を中心に約一カ月をかけた集団峰入りとなり、さらに戦後は十年に一度、六日間をかけた回峰行となっており、寺院を継いだ住職にとっては必ず果たすべき義務とされている。

また、「顕宗学侶」と「密教仏子」に関する修行の形態は、旧暦一月七日夜に実施されている「修正鬼会《しゅじょうおにえ》」に、その集約された表象を見て取ることができる。[24]

ともあれ、顕密仏教と修験道の関係について言えば、前者は後者を包摂するものであるが、その逆はない。全国的にそれが妥当するかどうかは定かではないが、少なくとも北部九州については、歴史的に実在した顕密仏教の概念枠を適用したほうが有効であると思われる。しかしながら、それに反する事例が生じていることも報告しておかねばならない。六郷山の前回（二〇一〇年三月三十日～四月四日）の峰入り（回峰行）の際に立てられた多数の幟に「天台修験道」の文字が明記されていたのである。この幟を用意したのが、役所であるのか、寺院側であるのかは不明である。この逆説的な表現をどう理解すべきか、困惑するところであるが、やはり顕密仏教に比して活発な修験道「研究」の影響力が六郷山にも及んでいると見て間違いはないであろう。六郷山寺院の諸種の儀礼に新たに参入することになった一般の人々や観光客にとって修験道のほうが遙かに馴染みがあり、分かり易いのである。それが、逆に僧侶たちに影響し、修験道の研究書を備えて再帰的にそれを学ぶという事態が徐々に進行中なのである。

〈3〉「民俗宗教（folk religion）」から「宗教民俗（religious folklore）」へ

「修験道は民俗宗教である」という当初の命題に戻ろう。どのように修験道を顕密仏教から説明しようとしても、修験道にはそれに帰せられない面が残る。それが、民俗宗教としての側面である。

民俗宗教とは、「民間信仰にかわって一九七〇年代以降使用されるようになった」[25]概念で、「生活慣習の中に伝えられている非体系的な民間信仰」と成立宗教を対立と捉えるのではなく、その両者の習合（syncretism）の動態を包括的に捉える概念である。[26]これがあるが故に、修験道は成立宗教である顕密仏教とイコールではなく、民衆の側からの相互交渉の結果として派生した宗教と説明され、成立宗教には決して還元され得ないのである。しかしながら、成立宗教と民間信仰の「間に」存在する動態であるにせよ、folk religion という名称からも推察できるように、その宗教システムの形成主体が「民衆（folk）」であることは変わりない。その点においては、柳田や折口の固有信仰とも通じているのである。そしてそれ故に民俗宗教は、民俗学において最重要な概念の一つとして地歩を得ているのである。

筆者は、民俗（folklore）の存在を否定するものではない。「伝承と慣習の複合体」である民俗は、我々がフィールドで日々直面し、考察と研究の対象としているものである。[27] それは、人類学で言えば、長い歴史過程の中で蓄積・蒸留された実践（practice）の集約であるハビトゥス（慣習）と同義である。そしてその総体としての民俗から、近年疑義が示されているとは言え、[28]「宗教的」な領域を定めることも可能であり、宗教民俗を研究対象とすることもできると考える。だが、民衆が形成主体であるところの「民俗宗教」というシステムが実在し、それが今日実践されている諸種の宗教民俗を説明できるということになると、そこに大きな違和感を覚えるのである。

具体的な事例で考えてみたい。正月に火を焚く行事は、一般に「とんど」とか「どんど」と呼ばれることが多いが、「小正月の火祭行事」であることは確かで、民俗学の枠組では、正月に迎えた歳神を、注連飾りなどを燃やすことで「送る」という基本的な意味が認められている。[29] 一般に正月行事というものが、歳神の迎え送りに関係するのであるから、基層的な民俗宗教が措定されていると見て差し支えないであろう。

ところが北部九州では面白い事例に出くわす。糸島市のある公民館でこの行事を案内する立て札に、「どんど焼き（ホウケンギョウ）」と記されていた。早速、係りの人にその意味を問うてみると、どんど焼きだけにすると若い人には分かるが年寄りには何のことだか分からないと思って「ホウケンギョウ」の文字を添えたというのである。年寄りの理解では、どんど焼きとはホウケンギョウのことなのである。どちらが基層にあるかは明白である。

このホウケンギョウ、「ホンゲンキョウ」や「ホッケンギョウ」などと転訛して北部九州の広域に分布している。

ダム水没集落の最後の鬼火焚き（現・福岡県朝倉市江川栗河内　2010 年 1 月 7 日）

現在では、だいたい一月十四日前後、即ち小正月に火を焚く行事がこう呼ばれることが多いが、ほぼ同じ範域に「オーネビタキ」という呼称も重複している。こちらは一月七日前後のことが多いが、それほど整然と区別されているわけではない。両者は混在し、地域によっては錯綜して用いられている。つまり、正月に火を焚く行事は、七日と十四日の二系統が存在しているのである。[30]

これらの呼称の意味は何であろうか？　ホウケンギョウは、「法華行」あるいは「法華経会」に、そしてオーネビタキは「鬼火焚き」に由来することは明らかである。佐々木哲哉によれば、ホウケンギョウ呼称地域は、安楽寺信仰圏とほぼ重なってくるという。[31] 安楽寺とは、安楽寺天満宮、即ち太宰府天満宮の神仏分離以前の名称であり、典型的な顕密寺社であった。「鬼火焚き」も鬼と火から類推されるように、顕密寺社における「修正鬼会」に関係している。仏教の正月法会である「修正会」と直接結びつくわけではないが、ここに認められる二系統、即ち七日と十四日の節目は修正会の儀礼過程における節目と密接に関連している。つまり、修正会における顕密修行の「結願《けちがん》」や「満願」の日に相当するのである。

この修正会と民間で行われるホウケンギョウやオーネビタキの間に介在するのが地域祭礼として大規模に実施される幾つかの行事である。前述した太宰府天満宮では、現在でも一月七日夜、火と鬼の祭礼である「鬼すべ」が行われているし、久留米市の大善寺《だいぜんじ》玉垂宮《たまたれぐう》では、同日同時刻に勇壮な「鬼夜《おによ》」が催されている。また、かつては旧暦一月十日前後に行われていたのが、筑後市の熊野神社（元は坂東寺の一部）の「鬼の修正会」である。詳述する余裕はないが、同種の儀礼は北部九州一帯に散在している。[32]

さて、正月に火を焚く行事をまとめてみよう。

一方の極には、「ホウケンギョウ」とか「オーネビタキ」と呼ばれる七日と十四日を軸とする民間の火焚き行事が広く分布している。次にそれより数は少ないが、地域の中核となる寺社を中心に、「鬼すべ」や「鬼夜」など祭礼が存続している。そしてもう一方の極には、六郷山の「修正鬼会」など現在では少数しか残存していない顕密寺院の「修正会」が位置する。全体の布置をこのように捉えるなら、正月の火焚き行事の系譜は、地域中核寺社の祭礼に繋がり、さらにその淵源は中核寺社を統括する大規模な顕密寺社の修正会に行き着くのである。

大善寺玉垂宮の鬼夜（福岡県久留米市）

つまり、正月の火焚き行事という民俗に我々が見るものは、かつて人々を物心両面にわたって支配した顕密寺社という「権力の痕跡」なのである。[33]黒田は寺社勢力の存立期間を信長の比叡山の焼き討ち（一五七一）までの約六百年としたが、それは寺社が「勢力」として政治的・経済的にも社会を支配したという意味であって、その後は、武装解除され（刀狩）、近世幕藩体制の中で、政治経済的実権は剥奪されるものの、「祈禱系寺社」として地域の宗教的支配権を存続させていったことを考えれば、神仏分離（一八六八）までの約千年にわたって支配した顕密という宗教権力の影響力の大きさを考えざるを得ないのである。正月や新春の宗教民俗として我々が出くわすさまざまな事例、「火」や「鬼」は言うに及ばず、裸の若者や女性への悪態、餅や酒、大飯や強飯《ごうはん》などの食事慣行など、あらゆるものをもう一度、民衆が担ってきた民俗宗教としてではなく、「顕密のハビトゥス」として考え直してみる必要があるのではないだろうか。[34]

最後に、もう一例だけ検討してみたい。今度は秋である。北部九州で「おくんち」と言えば秋祭りの代名詞である。各地で華やかな祭礼が繰り広げられている。「おくんち」の原義としては、「供日」、「宮日」などの字も当てられるが、やはり「御九日」で、旧暦九月九日を指すのが妥当であろう。[35] 今では祭礼期日はばらばらではあるが、旧式を守る地域では旧九月九日に収斂する傾向が認められる。

福岡県朝倉地方の由緒ある神社も旧暦を守ってきた神社の一つである。その神社の現在の宮司から以前、疑問をぶつけられたことがある。その疑問というのはこうである。

先代から宮司を継承する際に、当然のことであるが神官（神主）の免許が必要であり、彼としては力を入れて秋祭りの意義、収穫感謝の祭りであることを学んだ。ところが先代から引き継いで彼自身も丹念につけてきた覚え書によると、統計上、旧暦九月九日に、収穫を終えている年の方がむしろ少ない。収穫を終えていないのに収穫感謝の祝詞を上げることに矛盾を覚えたりするのだが、これは祝詞が誤っているのか、それとも九月九日という祭日が誤っているのか、と言うのである。[36]

この疑問にどう答えればいいのだろうか。

まず、九月九日という祭日について、顕密寺社のハビトゥスにおいてどう位置づけられているのか。これについては、先述した安貞二年（一二二八）の長安寺文書が参考となる。[37] ここに計三十三の寺社や岩屋が列挙されているが、そのうち十八カ寺において、神祭については「二季五節供」という定型的な表現が用いられている。五節供とは、一月一日、三月三日、五月五日、七月七日、九月九日の節会を表しており、九月九日は各寺社において遷座や神輿の動座を伴う最終節会として重要な位置を占めている。二季については定型的な表現だけでその内容が分からないのであるが、そのうち、二カ寺についてのみ記載がある。

「後山石屋」では「二月十一月初午勤也」、「辻小野寺」では「二季祭　二月十一月中午日勤」とされている。二季祭とされているように、本来季節の祭りとされているのはこちらであり、「初」か「中」かの違いはあるが、二月と十一月の午の日に執行されていたことが分かる。筆者は、ここから着想を得て、英彦山（彦山）の山麓の幾つかの大行事社（現・高木神社）で、現行の祭日と比較検討してみた。[38]すると興味深い結論が得られた。

十一月の祭りは、「霜月丑祭」として幾つかの地域で宮座を伴う代表的な祭礼として存続する一方、地域によっては宮座を伴う祭礼が「おくんち」に移行しつつあったのである。つまり、収穫感謝の秋祭りは、本来、完全に刈入れの終わった十一月、即ち霜月祭の系譜に位置づけられるものであったが、五節供のうちの盛大なおくんちが根強く存続することで、やがては霜月祭の衰退を招き、それを吸収や合併あるいはそれとの混同をもたらしたのではないかということである。[39]

〈4〉結――顕密のハビトゥスをめぐって

かくして筆者は「修験道＝民俗宗教」論から大きく外れ、「宗教民俗＝顕密のハビトゥス」論へと大きく舵を切ることになった。敢えて修験道や民俗宗教に批判的な立場をとろうとしたわけでも、それらを否定しようとしたわけでもない。偏に北部九州というフィールドの力によるものである。

「どんど焼き（ホウケンギョウ）」の例からも分かるように、もし柳田の「固有信仰」のような基層を設けるとすると、ちょうど表層と基層の関係が逆転しているのである。しかしながら、北部九州の民俗文化は「顕密のハビトゥス」がそこかしこに見出されるような中世以来の不変性が優越する文化ではない。それは大きな変動の最中にある。

民俗宗教について言えば、人々は単に「どんど焼き」と名称変更するだけではなく、その背後に在る「歳神の送迎」を民俗学から「学ぶ」かもしれない。また秋祭り＝収穫感謝という意味づけは、田の神・山の神交替説も含めてすでに神官たちの知識体系の中に定着している。六郷山の峰入りに平成二十二年（二〇一〇）に出現した「天台修験道」の幟は、修験道の学説が新たに流入し定着しつつある「兆し」であるかもしれない。そうして見ると北部九州の現代という構図は、フィールド固有の「顕密のハビトゥス」というベクトルと修験道や民俗学という研究上のベクトルが、ちょうど拮抗した状態にあることが大きな特徴であると言えるかもしれない。

因みに、北部九州の民間信仰を探っていくと顕密のハビトゥスに似た仏教（密教）的鉱脈に突き当たることを最初に指摘したのは筆者ではない。最後にその例を報告して本稿を終わることにしたい。

松岡実は、大正八年（一九一九）生まれの郷土の、そして在野の民俗学者である。彼は自らの職に関しては、大分県別府の「修験道鶴見山寺住職」と記している。『九州の民間信仰』は、昭和四十八年（一九七三）に全国各地方の一巻として刊行されており、松岡はその中で「大分県」を担当している。[40]松岡は、「はしがき」で、大分の特徴を長い歴史の中で培われてきた神仏混淆の形が「神仏分離後百年を経た今日でもなお、神仏が融和し県民の民間信仰の中に生きつづけている」として、本論が「そうした姿をありのままに述べたものである」（傍点筆者）ことを強調している。実態に基づく民間信仰の諸相を網羅的に検討・記述した後で、彼はこう結論づけている。

「私が述べてきたさまざまの民間信仰は、ほとんどがこれら民間宗教家の関与によって成立をみたことを断言してはばからない」（傍点筆者）。彼の言う民間宗教家とは、近世期の盲僧や修験者、そしてその受け皿となった祈禱系寺院に拠った宗教的職能者を指すが、その淵源は中世の「天台・真言勢力」、即ち筆者が言う顕密寺社勢力に遡るというのである。さらに彼は結論を続ける。

「……江戸時代再編成された宗教界は、死者儀礼を主とする滅罪寺院と、御日待や作祭など農耕儀礼や病気平癒祈願など現世利益を主に扱った祈禱寺院と二分化され、後者は仮に長男が庄屋となれば、弟は修験者となって、いずれも世襲制によって相続されてきたというような例が極めて多」く、今日の我々が重視してしまう神社の「神官の抬頭は幕末から明治以後のことであって、それまでは余程の大社でない限り神職はいなかった。大部分の神社には別当寺があったり、あるいは逆に神社は寺院の鎮守であったりしている。したがってこれら神道家が民間信仰や屋敷神の造立にそう強い影響力をもったとは思えない」というのである。

大分県の民間信仰をつぶさに、そして「ありのままに」調べ上げて得たこの結論を、彼は当時の日本民俗学会で自信を持って発表した。ところが和歌森太郎から手厳しい批判を受けた。それは完膚なきまでの叱責であったという。同席した佐々木哲哉は、「学会とはかくも厳しいところか」と驚いたそうである。

何が和歌森を激怒させたのか。おそらく松岡の結論が、民俗宗教（民間信仰）や修験道に関する和歌森の「教義」と食い違ったからであろう。だが筆者はこう考える。彼は、民間信仰の地層をありのままに掘り下げていって、「顕密のハビトゥス」という鉱脈に突き当たったに過ぎない。ただ和歌森の「教義」ではそうした鉱脈は存在するはずがないのである。

【註　記】

（１）宮家準編『修験道辞典』東京堂出版、一九八六、一九〇頁。
（２）同上書、一九一頁。
（３）島村恭則「民俗宗教」（小松和彦・関一敏編『新しい民俗学へ』せりか書房、二〇〇二）二三三―二四一頁。
（４）宮家準『宗教民俗学』東京大学出版会、一九八九。
（５）同上書、一一頁。

(6) 先日お会いして確認したら、高齢のためそのことは忘れたということであった。
(7) ピエール・ブルデュ（今村仁司・港道隆訳）『実践感覚』1、みすず書房、一九八八、参照。
(8) それでも山内の院・坊や堂などは破却され、今日では寺院本体を残しているに過ぎない。
(9) 黒田俊雄『寺社勢力――もう一つの中世社会』岩波新書、一九八〇、ii頁。
(10) 同上書、二六頁。
(11) 同上書、二五―五五頁。
(12)『黒田俊雄著作集』第三巻（顕密仏教と寺社勢力）、法藏館、一九九五、参照
(13) 日置英剛編著『僧兵の歴史――法と鎧をまとった荒法師たち』戎光祥出版、二〇〇三、参照。
(14) 宮家準編、前掲書、三三七―三三八頁。
(15) 黒田俊雄「白山信仰の構造――中世加賀馬場について」（『黒田俊雄著作集』第三巻、法藏館）一九九五、二四二―三一〇頁。
(16) この「妻帯」の問題は研究上、もう少し注目されてもよい重要な問題である。それが、日本の仏教の最大の特徴であると同時に、仏教教義上、全く説明がつかない妻帯が山内に持ち込まれたことの反動が、我が国に点在する山岳寺院の「女人禁制」という抵抗の表象を形成していったのではないだろうか。鈴木正崇『女人禁制』歴史文化ライブラリー一三八、吉川弘文館、二〇〇二、参照。
(17) 長野覚「英彦山山伏の在地活動」（中野幡能編『英彦山と九州の修験道』山岳宗教史研究叢書13、名著出版、一九七七）八〇―一二二頁。なお、図1は八四頁から引用した。また本記述については、第3章第一節を参照。
(18) 長野覚、同上書、参照。
(19) 本章第二節、参照。
(20) 黒田俊雄、前掲書、一九八〇、二一二頁。
(21)「豊後国荘園公領史料集成 二」（『別府大学史料叢書 第一期』一九八五）一四―二一頁。なお、本文書は、寛文九年（一六六九）の権律師豪隆による写しである。が、安貞二年（一二二八）の年記については、関連史料の検討によってほぼ確証されている。一瀬智「作品番号10解説」（『大分県国東宇佐六郷満山展』図録、九州国立博物館、二〇一

七）三四頁、参照。
(22) 同上書、二〇頁。原文は漢文であり、筆者が書き下した。
(23) 宮家準編、前掲書、八五頁。
(24) 本章第二節、また、本節初めに触れた坊集落に関しては、飯沼賢司「『くにさき』と六郷山」（『遺跡学研究』第8号、日本遺跡学会、二〇一一）一一四―一一九頁、参照。
(25) 新谷尚紀「民俗宗教」（『精選　日本民俗辞典』吉川弘文館、二〇〇六）五三八頁。
(26) 同上書。また（宮家準、前掲書、一九八九）一―三〇頁。
(27) 平山和彦「民俗」（『精選　日本民俗辞典』吉川弘文館、二〇〇六）五二六頁。
(28) 池上良正他編、岩波講座『宗教1　宗教とはなにか』岩波書店、二〇〇三、参照。
(29) 倉石忠彦「とんど」（『精選　日本民俗辞典』吉川弘文館、二〇〇六）三九九―四〇〇頁。
(30)『福岡県文化百選　くらし編』西日本新聞社、一九九七、一四六―一四七頁では、「ほうけんぎょう」と「おおねびたき」が一月七日、一方、一月十四日が「どんど焼き」と「左義長」と分けているが、その後の調査で混在していることが分かった。しかし、本来、ここでは七日の系統しかなく、十四日系統についてはその呼称と共に後から移入された可能性もある。
(31) 同氏からのご教示による。
(32) 白川琢磨「修正会」（『アクロス福岡文化誌4　福岡の祭り』海鳥社、二〇一〇）二八―三三頁。
(33) 宗教を権力との関係において捉える見方については、タラル・アサド（中村圭志訳）『宗教の系譜――キリスト教とイスラムにおける権力の根拠と訓練』岩波書店、二〇〇四。さらにそこから敷衍すれば、宗教とは権力の落差、つまり権力の強弱から派生するとも言えるもので、民衆から自然発生的に生まれたとする民俗宗教とは対極に位置するものである。
(34) くれぐれも誤解がないように願いたいのだが、筆者は、宗教民俗が顕密仏教の「教義」から説明できると言っているのではない。約千年にわたって日本社会に君臨した顕密仏教は、その当初から民俗化の過程にあった。換言すれば、大陸から伝来した大乗仏教が日本社会に定着する中で、即ちいくぶん民俗化した形態が顕密仏教に他ならないのである。こうした側面を強調するために黒田は「顕密主義」という語を用いている。
（35）前掲書、西日本新聞社、一九九七、九二―九三頁。
（36）この点については、以下の論考で詳しく論じられている。「十月と注連縄――福岡県北部の事例から」（福岡市史編纂室編『市史研究ふくおか』二、二〇〇七）九二―一〇〇頁。
（37）「豊後国荘園公領史料集成 二」（『別府大学史料叢書 第1期』一九八五）一四―二一頁。
（38）第4章第二節、参照。
（39）補足しておきたい。二季祭のうち、二月の祭りはどうかという点については、英彦山周辺の大行事社については、歴史上相当早い段階で、彦山本山における松会に収束し、周辺の村落では「彦山参り」の習俗に転化したのではないかと考える。また松会の際に「種籾」が配布されていたことも注目される。霜月祭と対比させて考えれば、それは単に「収穫を感謝する」機会であるよりも、荘園領の収穫から「税を徴収する」場であったのではないかと考えるのである。同上書、二〇一二。
（40）佐々木哲哉他『九州の民間信仰』明玄書房、一九七三。松岡執筆の「大分県」は二二九―二七三頁である。

二　神仏習合と多配列クラス

〈1〉神仏習合と「灰色」の世界

明治政府によって断行された神仏分離政策は、日本の宗教史上における最大の事件の一つであった。厳密に言えば、慶応三年（一八六七）十一月から明治元年（一八六八）閏四月にかけて太政官や神祇事務局より布告・通達された一連の法令を指すが、なかでもその骨子をなすのが、まず明治元年三月十三日の太政官布告である。

ここでは、「この度王政復古、神武創業の始めに基いて、祭政一致の制度に回復されるにあたってまず第一に神祇官を再興[(1)]」すること、そして「この旨を五畿七道諸国に布告し、往古に立ち帰り、諸家執奏」が支配することは中止し、「普く天下の諸神社、神主、禰宜、祝、神部に至るまで向後神祇官に附属する」ことが告げられた。さらに、同十七日の神祇事務局よりの通達で「諸国大小の神社において、僧形にて別当あるいは社僧などと相唱え候輩は、復飾」すべきとされ、「復飾の上は、是までの僧位僧官の返上は勿論」、追ってご沙汰があるまで「衣服は浄衣にて勤仕」すべきとされた。ここまでは、まず改革の意図が、王政復古の精神に基き、「神祇官」を「再興（＝創出）」することにあり、祭祀主体（subject）に関して、別当や社僧など僧形の存在を認めず、「復飾（＝還俗）」することが定められた。

次に、所謂「神仏判然令」と称される祭祀対象（object）に関わる部分である。同年三月二十八日の神祇事務局の通達を抜粋する。

一　中古以来、某権現或ハ牛頭天王之類、其外佛語ヲ以神号ニ相称候神社不少候、何レモ其神社之由緒委細ニ書付、早早可申出候事、（中略）

一　佛像ヲ以神体ト致候神社ハ、以来相改可申候事、
附、本地抔ト唱へ、佛像ヲ社前ニ掛、或ハ鰐口、梵鐘、佛具等之類差置候分ハ、早々取除キ可申事、[2]

一条は、神社の称号に関して、そして二条は祭祀対象及び施設に関して一切の「仏教的要素」の排除を謳っている。両法令を仔細に見れば、それらが規制の対象としているのはあくまで「神社」に関してである。つまり、神社に関して、その祭祀主体及び対象・施設から仏教的要素を排斥しようとしたのである。その理由は、冒頭に謳っているように、王政復古に基いて「神祇官」を復興するためであり、そこに所属すべき全国の神社は言わば「純粋な」神社でなければならなかったのである。しかし、現実は施政者の意図を飛び越えて、廃仏毀釈運動が全国的に展開し、動乱とも呼ぶべき事態を産み出していった。[3]やがては明治政府自らが沈静化を図るという事態を惹起して終息する。[4]

周知のように、神仏分離は突然に断行された宗教政策ではなく、明治維新の他の改革と相俟って日本近代の創出に向けて少なくとも近世中期から胎動してきた幾つかの思想的潮流の一つの帰結として実行されたものであった。[5]イデオロギー上の古代に「復帰」することで新たな近代を画そうとした言わば「歪められた」モダニティの遠因は、そうした潮流に位置づけて研究されるべき思想史的課題である。

ここではそれとは別に次のことを指摘しておきたい。第一に、今日我々を取り囲む、「純粋な」神社と滅罪（葬儀）

を主活動とする寺院という宗教環境は、神仏分離の「結果」として生起したものだということである。もし、教義内容にまで敷衍すれば、仏教とほぼ対等に（あるいはそれを凌駕して）並置される神道は、神仏分離の結果として「創出」された近代宗教だと言える。[6] だとすれば、神道と仏教、あるいは神と仏を分離・並置する近代の視座から、分離以前の過去及びその現代との連続性を議論することは大きな誤りを導く可能性がある。歴史学者・黒田俊雄はこの点について以下のように述べる。

われわれは今日一般に、「神道」という言葉を仏教やキリスト教などと並ぶ独立の宗教という意味で用い、また有史以来そういう宗教として「神道」があったとおもいこんでいる人も多く、現在は法的・制度的にもそのように扱われている。けれども、明治の「神仏分離」以前の、少なくとも一千年に及ぶあいだは、〝神道〟とは顕密仏教を中心とする（諸々の改革派・異端派も含む）宗教世界のなかで、その構造的な一部分、本来的には下部の周縁的部分であったのであり、独自の宗教としての独立性をもたないものであった（原注略）。神仏分離が、それに作為的・権力的に独立性を与えたことは、周知のところであるが、それがよかったか悪かったかはここでの問題ではない。問題は、「神道」がそのような作為の所産であるがゆえに、いまでもかつての顕密仏教的な〝神道〟の感覚や思考形式が、国民の潜在意識や風習のなかに生きている現実を、確認することである。日本人は、神と仏という異なった宗教を同時に信ずるなどと、もっともらしくいわないことである。神と仏は、明治政府が国民の教化をはじめて以降の年月よりははるかに永いあいだ、同じ宗教の世界に属していたのであり、それからみれば、神仏をもっともらしく区別する議論は、現在の教義や法律の上ではともかく、社会認識としては錯覚に類するといわなければならない。[7]　（傍点筆者）

神仏分離によって「作為的・権力的に」独立性を与えられた神道を、それ以前の神道と混同してはならないこと、後者は、「顕密仏教を中心とする宗教世界の構造的な一部分」であること、そしてその「感覚や思考形式」が我々の「潜在意識や風習」の中に生きていることを指摘している。しかし、「顕密仏教を中心とする宗教世界の構造的な一部分」という位置づけは得られても、その具体的な様相や実態は明らかではない。その点に関しては、先述した神仏分離令を素直に読めば明らかとなる。即ち、権現や牛頭天王のほか、仏教的神号を持ち、仏像を神体として、あるいは本地仏を社前に掛け、鰐口や鐘楼を設け、仏具を備え、また奉仕するのが、別当や社僧など僧位僧官を有した僧形の宗教者であるような「神社」が全国各地に溢れていたわけである。この「状態」を、分離令は「神仏混淆」と捉えている。(8) 正に神仏が混じり合い、渾融した状態を指す語として相応しいかもしれない。そして今般、廃止(禁止)となったのはそうした「神佛混淆の義」であるとし、別当・社僧は「還俗する」(俗人に戻る)ことが必要で今後「神道」をもって勤仕せよと説くのである。

しかし、ここで考えてみたいのは、こうした神仏混淆の状態を支える「認識」についてである。この状態が言わば「当たり前の」宗教環境の内部に住む人々にとって、それを「分離」しようとする「意識」は生まれるはずはない。神仏は混然かつ一体のものであり、それを祀る者が社僧であれ、別当であれ、あるいは宮司であれ、禰宜であれ、大した問題ではなかったはずである。混淆の状態を問題視するためには、必ずそこに「外部」の視点、混淆ではない状態、即ち「分離」の視点が前提とされているはずである。それは、西欧的論理の世界、仮に神と仏の関係で言い換えれば「もし神が仏ではないとして、そして仏が神ではないとすれば、神と仏が重複することは在り得ない」という命題とも調和するまさに「近代」の視座であり、それに基いて仏教的要素の排除が遂行されていったのである。

だが、神仏分離後の近代に生きる我々が、この分離の視点を共有しつつ、神仏混淆を捉えようとすれば、少なくとも混淆の状態を記述しようとする限りにおいて、「認識」の差異を飛び越えてしまい、過誤に陥る危険性を孕んでいる。

色彩の比喩を用いて、説明してみよう。神仏混淆の「状態」を、「灰色」の世界と仮定する。[9] そこは「濃淡」の差異はあるものの緩やかに灰色が広がる宗教的世界（スペクトラム）である。その一方の極限には、「黒」、即ち、顕密仏教が位置するが、この場合の黒は灰色と別のカテゴリーとしての「黒」ではなく、それと連続する「最も濃度の高い灰色」に過ぎない。先述した黒田俊雄の議論、つまり、神道は「構造的な一部分、本来的には下部の周縁的部分であった」という議論は、この灰色の世界を基本的には黒のヴァリエイションと見るに等しい。神仏分離とは、近代以前には宗教的環境のうち最も広い部分を占めていたこの「灰色の世界」から、「黒」の要素を「権力的・作為的に」除去して、純粋な「白」の世界（神道）を創り上げたのである。神仏分離令とは、この比喩で言えば、灰色禁止令であり、灰色を黒と白に分離することを命じた認識改革を伴う宗教的な「文化」革命でもあった。その根拠は、国学的神道的な知の眼差し――つまり、本来的には我が国は「白」の世界で創始された（はず）であり、それが外来の「黒」の要素に「汚染された」結果としての世界を導出したに過ぎない、故に、黒の要素を取り除くことで本来の世界に「戻る」のだ――に求められた。それが果して歴史上の過去であるか、イデオロギー上の「過去」であるかはここでの問題ではない。[10] 分離によって、白・黒が分離された「近代」宗教世界が確立したということである。

さて、ここで我々は、「白」と「黒」、そしてそのどちらにも還元され得ない「灰色」の三項の関係を得ることになる（図1）。この「灰色」こそ、「神仏習合」の名称に相応しい独立した世界である。本来、「習合（syncretism, syncretization）」とは、弁証法における「綜合（synthesis）」に匹敵するも

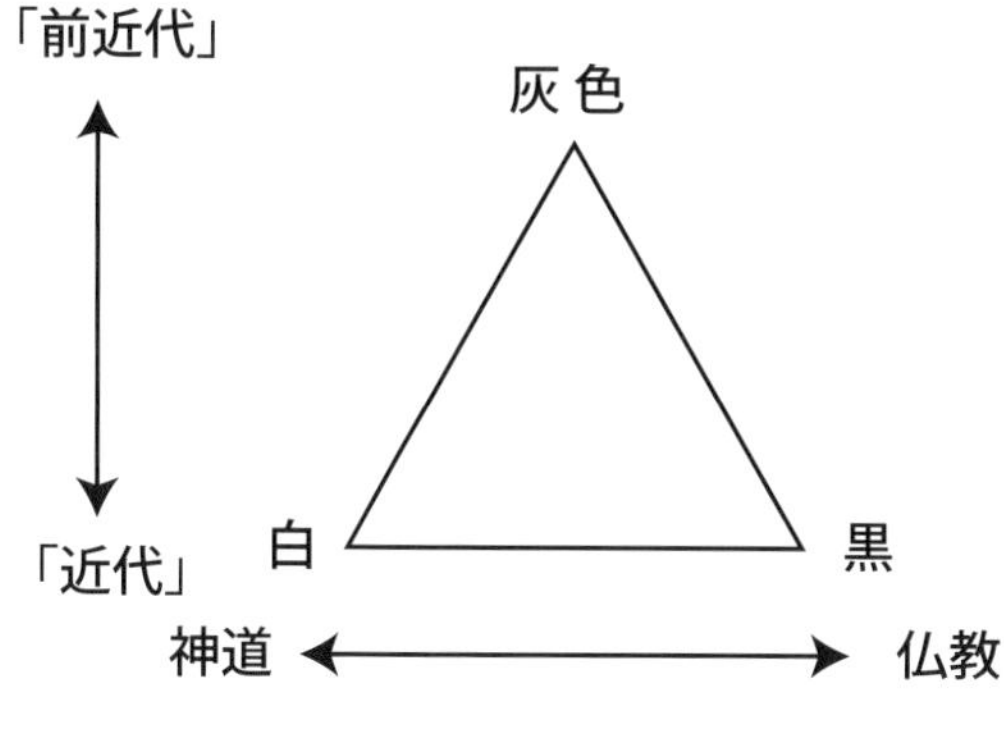

図1．神仏分離の三角形

ので、「定立（thesis）」と「反定立（antithesis）」の対立を「止揚（sublate, aufheben）」して得られる独立した第三項である。色で譬えれば「灰色」は、「白」でも「黒」でもない独立した範疇であるというのは分かりやすいが、それは我々が「灰色」という名称を有しているからで、「神仏習合」の場合は、どうしてもその位置づけが不明瞭となる。

「神仏習合論」と題してよいほどこの分野に関する研究は蓄積されつつあり、それらの主要な研究は本論でも大いに参考にしているが[1]、ややもすれば「灰色」成立の経緯を「白」及び「黒」を成分（構成要素）として説明するという「近代からの」視点が目立ち、「灰色（習合）」の世界をそのままの状態で記述しようとする試みは少なかった。それは、我々（近代）とは異質な他者としての習合世界を、それに基いて記述すべき概念装置を有していないからに他ならない。本論で呈示したいのは、そうした習合世界を支える分類原理とクラスである。

図1において、もう一点、注意しなければならないことがある。左側の対立軸である。もし、弁証法的な思考プロセスに沿って考えるなら、まず、神（白）・仏（黒）の分離と対立があって、それが止揚されて神仏習合（灰色）の世界が成立するということになる。理念的な歴史の対立を、「古代」と「中世」の関係で捉えるなら、矢印の向きは、古代→中世となり、分離→習合と一致する。しかし、「前近代」と「近代」の関係においては、分離と習合の矢印の向きは逆転する。それは、「灰色」から「黒」の要素を除去することによって「白（神道）」の世界を（再）成立させようという宗教世界における「歪《いびつ》な」近代化であった。

そうして成立した「近代」の状況を「ポスト近代」との関係において捉えるとすれば、当然、新たな次元での「習合」を想定しなければならない。今日、神道・仏教という制度上の縛りが存在するだけで、活動の上で習合が禁じられているわけではない。主に民間宗教のレベルで蠢《うごめ》く行者や祈禱師の個人的な経験や活動に見られる雑多な「習合」的側面が、分離から習合に向かうポスト近代の序奏を表しているのかもしれない。

〈2〉単配列クラスと多配列クラス

さて、ロドニー・ニーダム（Rodney Needham 一九二三―二〇〇六）は、英国の社会人類学者である。[12] 長島信弘は、一九八〇年代に彼を称して、これまでの社会人類学界を攪乱してきた「乱気流の一つの源」と述べているが、社会人類学の主要な研究分野、「宗教」、「親族」、「婚姻」などにおいて記述や比較に用いられる「述語」や「概念」を徹底的に批判し、幾つかの重要な理論的論争を巻き起こしてきた。[13] その際の彼の主張の根底にあるのが、「分類」の原理に関する「多配列分類」及び多配列クラスの提唱であった。

「分類（classification）」とは、事物や事象をクラス（＝集合）に分けることである。[14] 近代精密科学として発展してきた自然科学は、リンネの植物分類に示されるように、弁別的定義によって、対象を相互に排他的なクラスに区分することによって成立する。それは、門―綱―属―種といったより抽象的な「範疇」が階層化され、全体として一つの樹状構造（taxonomy）を構成する。こうしたクラスに属する個体は、少なくとも一つ以上の「共通特性」を共有することになる。

分類のプロセスに即して言えば、共通の特性によって分類されたクラスであり、ニーダムはそれを「単配列（monothetic）クラス」と定義した。[15] ほとんどの自然現象は単配列クラスとして分類できるほか、近代社会に生きる我々の日常生活における分類もそれに沿うものである。一方、既に十八世紀に（リンネよりも早く）フランスの植物学者ミシェル・アダンソンによって指摘され、二十世紀に入って動物学や植物学、そして細菌学に取り入れられた別のクラスがある。それは、有機体や特にバクテリアの世界では、共通特性による分類だけでは整理不能な現象が見られ、たとえそこから外れる標本であってもそこに取り込んでしまう別のクラスである。これが「多配列（polythetic）

表1．単配列クラスと多配列クラス

	多配列クラス					単配列クラス	
個　体	1	2	3	4	5	6	7
特　性	A	A	A	A			
	B	B	B		B		
	C	C		C	C		
	D		D	D	D		
	E	E	E	E			
						F	F
						G	G
						H	H

クラス」である。表1によって説明すると、個体6・7は、共通特性F・G・Hを共有する単配列クラスを構成する（共通特性は一個以上あればよく、三個である必要はない）。[16] 一方、個体1～5に関しては、A～Eの五つの特性を仮定したが、すべてに「共通する」特性は存在しない。言わば、個体は相互に「似ている」だけあり、緩やかに連なって一つの全体（多配列クラス）を成立させているのである。

ニーダムによれば、この多配列クラスの導入の意義は、実は言語範疇と思考の関係が問題となる人文社会科学においてこそ大きく、例えば、ロシアの心理学者ヴィゴツキィが、「子どもが精神発達の一段階で事象をまとめるやり方」[17]を「鎖状複合（chain complex）」と呼んだが、多配列とほぼ同義である。[18] また同じ頃、哲学者ウィトゲンシュタインは、哲学的混迷の多くは、「同じ語で呼ばれるすべての事象には共通のものがあるに違いない」と考える傾向に由来するが、そこには共通の属性は存在せず、ちょうど一本の縄を構成する個々の繊維のように、「家族的類似性（family resemblance)」を有する個々の要素が重なり合うことによって構成されていることを指摘した。[19] 日常言語による人々の分類は多配列的であると見ることもできる。しかし、ニーダムによって何よりもその適用が強く示唆されたのは人類学であった。人類学が対象とする非西欧の異文化社会のリアリティの構成が「多配列クラス」によるものではないかという指摘は、少数の例外を除いて、その後の人類学に決して十分に受けとめられたとは言えない。[20]

本論は、我々の内なる「他者」であり、異質な宗教文化である「神仏習合」の世界に対してその適用を試みるものである。

〈3〉神仏習合と多配列クラス――「寺社」と「顕密」

「神仏習合」は、神仏分離が断行された明治初年より以前の状態であり、その歴史的指標は前近代ということになるが、その組織的実態は「寺社」という範疇で括られる。この寺社の成立は遙か古代に遡るが、それが最も隆盛し、社会の確固たる基盤となったのは中世であり、黒田俊雄はそれを「寺社勢力」と呼んだ[21]。それは、「……南都・北嶺など中央の大寺社を中心に組織され、公家や武家の勢力とも対抗していた一種の社会的・政治的な『勢力』のこと」で、「ほぼ平安時代のなかごろから戦国時代の末まで約六〇〇年ほど存続していた」[22]とされる。

その組織の実態は、統率者として別当、座主、検校、長者などが位置し、寺務管理の役職として三綱、即ち上座《じょうざ》・寺主《じしゅ》・都維那《ついな》があり、その下に政所や公文所といった寺務局が置かれた。寺院に所属する僧侶の全体は大衆《だいしゅ》、あるいは衆徒《しゅと》などと呼ばれたが、その主な目的は「学（学解・学問）と行（修行・禅行）[23]」であり、学に携わる場合は学衆《がくしゅ》・学侶《がくりょ》・学生《がくしょう》、行に携わる場合は行者《ぎょうじゃ》・禅衆《ぜんしゅ》・行人《ぎょうにん》などと呼ばれた。またこうした学僧や修行僧を組織の中心層とすれば、彼らに近侍する堂衆《どうしゅ》・夏衆《げしゅ》・花摘《はなつみ》・久住者《くじゅうさ》などの呼称で呼ばれた存在や、堂社や僧坊の雑役に従う承仕《しょうじ》・公人《くにん》・堂童子《どうどうじ》、さらにその外延には、仏神を奉じる神人《じにん》や、その堂社に身を寄せる寄人《よりうど》や行人の存在があった[24]。

この「寺社」というクラスの特徴を一言で言えば、「曖昧」である。統率者の名称が異なるのは各々の寺社が異なるからであり、中心層を形成する僧衆も、学／行の状態によって呼称が変化する。さらに外延部に近づくに従ってその役割も曖昧で、その範域がどこまでなのかも不明である。しかも全体を統括する大衆あるいは衆徒の範域も不明確で、その時々に応じて変化した形跡もある。しかし、それは黒田の記述が曖昧なのではなく、歴史上実在した寺社の在り様が曖昧であるからなのである。また、この組織や役職に関わる名称群が曖昧であって認識に苦労するのはむしろ我々のほうであって、より中心的な、より末端の、より特定の、そしてより一般的な範疇として個々の名称が苦もなく使い分けられていたのであり、全体として「寺社」という多配列クラスを構成していたと見るべきであろう。

この多配列クラスの外延は、「寺社勢力」と称せられるその最隆盛期には、それが政治的・軍事的・経済的・社会的に強大な勢力であるが故に、「民衆」や「武士」との境界さえ飛び越えてしまうものであった。黒田は、総田数のうち、寺社領が約六三％にも達する貞応二年（一二二三）の畿内の例、延喜十四年（九一四）の「天下人民三分之二、皆是禿首者也」という三善清行の言葉（『意見封事』）や「もろもろの交名《きょうみょう》の類に僧侶や沙彌がそれこそ半ばも三分の二も見出されること」を挙げ、「在地領主が蟠踞して武士の勢力に支配されていた村落が一方にあったのは確かだが、他方に武士がまったく在地せず、数十の子院をもつ寺院が堂舎を連ね、僧侶・祠官・講衆・神人が社会生活の中枢を掌握していた地域が、もっと多く存在したのではないか……」[25]と指摘しているが、まさに「勢力」の名称に相応しい最盛期の状況であり、そこでは「寺社」クラスの外延は極限にまで拡大していたのである。

さて、ここから多配列クラスとしての「寺社」をめぐる議論を二つの軸に沿って展開していってみたい。一つは、時間軸、即ち歴史的展開についてであり、もう一つは空間軸、即ち、中央ではなく、地方的展開についてである。前者については、黒田自身も明確に認めているように、寺社勢力は、元亀二年（一五七一）、織田信長の比叡山の焼き討ちを契機に衰退し、織豊政権下における非武装化、寺社領荘園の押収などを経て往時の影響力をほぼ喪失してしまうのであるが、これはあくまで寺社「勢力」についての経緯であり、「寺社」という形態が消滅してしまったわけではない。この時点で退転したものもあろうが、たとえその数を減らし、近世期、徳川政権下で天台宗あるいは真言宗といった宗派の下に組み入れられたとしても、「神仏習合」や「加持祈禱」を旨とするその基本形態は変化しなかったと見るべきであろう。だとすれば、全国の霊山や霊地を足場に、藩体制の下で拠点化しつつ存続した寺社を、葬儀を主要活動とした「滅罪系」寺院に対して、「祈禱系寺社」という範疇で捉えることにさほど無理があるようには思えない。ただ、中世の寺社勢力に対して、この「祈禱系寺社」は「宗教」という範疇に限定されるという限界には留意しなくてはならない。

例えば福岡藩では、近世期、主に中頃からであるが、「例《くだん》の五社」と称して、「筥崎（箱崎八幡宮）・宰府（太宰府天満宮）・宝満（竈門神社）・雷山（千如寺大悲王院）・宗像（宗像大社）」（括弧内は現施設名）の五つの寺社に対して、雨乞い・日乞い・風鎮めなど主に天災に対する祈禱を依頼している。[26] 目的が達成されたら「褒美を遣わした」というのであるから各寺社は祈禱の効験を顕すべく競ったであろうし、そのことが民衆にも大きな影響力を発揮したであろう。

そのうち、宰府衆徒による「水甕祈禱」や宝満座主を中心に行われた「水鏡祈禱」は、担い手は神官や民衆に移行したものの今日まで宗教民俗としてその形式が存続しており、その影響力の大きさがうかがわれるのである。信仰の拠点を構成したこれら五社ほどではないにしても、それ以外の中小の神社もその多くは社僧（宮司坊）が統轄する「祈禱系寺社」の形態を、保持してきたのである。[27] こうした例は何も福岡藩のみに見られるわけではなく、おそらく全国的なものであろう。だからこそ広範囲にわたる神仏分離が必要とされたわけであるが、多配列的な寺社クラスの展開を考えるなら、当然、近世期の祈禱系寺社もその考察の対象に含めねばならないのである。

次に、寺社クラスの空間的展開、即ち地域的変差（variation）に移る。先述した黒田の寺社勢力の記述は、明らかに畿内の中央大寺社を対象にしたものである。だが、そうした勢力は畿内でのみ見られたわけではなく、むしろ地方における寺社の在り方を大きく規定しており、それら地方寺社が顕密体制の広大な裾野を支える基盤でもあった。[28] しかしながら、地方寺社における組織区分がいかなるものであったかについては、それほど研究蓄積があるわけではない。黒田自身は、中央寺社の組織区分を「基準」として、白山の加賀側の寺社勢力を調査した結果、白山衆徒とされる者が言わば「行人的学侶」であり、「……中央大寺院のように学侶・学生と行人・堂衆との区別が截然としていなかったと見るべきで、むしろそれが、地方寺社にありがちな形態であったか(29)」と指摘している。ここでは、先述した「例の五社」の一つ、「宰府（太宰府天満宮）」の神仏分離以前の状態に焦点を合わせ、その多配列的特性を考えてみたい。(30)

まず組織を統轄する範疇であるが、「安楽寺天満宮」とも「天満宮安楽寺」とも称される宮寺で、元来は菅原道真の菩提寺「安楽寺」として創建された天台宗の寺院であった。組織の筆頭は、「五別当」で「大鳥居・小鳥居・御供屋・執行坊《しゅぎょうぼう》・浦坊」。五別当は、祭神である菅原道真の血筋を引くとされ、中でも大鳥居は「隔絶した権威をもち、宝暦四年（一七五四）、桃園天皇より内陣においての毎旬ご祈禱執行を命ぜられ『延寿王院』という院号を賜った(31)」とされる。次に「三宮司《みやじ》」であるが、道真の門弟で、道真を埋葬し、安楽寺を創建した味酒安行《うまさけのやすゆき》の子孫とされる「満盛院・勾当坊・検校坊」から成る。この順番で月の上旬・中旬・下旬に分けて本殿内の神事を司る。さらに、寺務管理部門である「三綱」として「上座坊・寺司坊・都維那坊」。そして「元々四王子山麓にあり、菅原道真の葬儀にあずかったという伝承をもつ原山無量寺《はらやまむりょうじ》の僧が、南北朝以後天満宮の組織に組み込まれたと考えられる衆徒(32)」、即ち座主・華台坊を筆頭に石築地坊・六度寺・安祥寺・常修坊・十境坊・寂門坊・真寂坊・明星坊の「原八坊」。さらにその周縁には、小野道風の子孫という伝承を持ち、大宰府官人から神官として入ったとされる「文人《もんにん》三家（小野伊豫・小野加賀・小野但馬）」、近世期を通じて盛んに祈禱連歌を行った「連歌屋」、社家の菩提を弔う滅罪系の「光明寺・本願寺・迎寿院」、最末端に繋がる「時打」や「護燈」などを含めればその範域は拡大するが、全体で現在の天満宮を取り囲む一つの集落を構成していたのである。(33)

さて、先述した中央大寺社の組織クラスを基準として見ると、「別当」、「検校」、「三綱（上座・寺主〈寺司〉・都維那）」、「衆徒」、「座主」など重複する部分はあるが、その在り様は大きく異なっている。太宰府の場合は、菅原道真を中心に置き、道真その人に連なる「五別当」、道真を埋葬した門弟に連なる「三宮司」、道真の葬儀を執り行った「衆徒（原八坊）」、さらに道真の文人として能力が似ている「文人三家」やその能力の特化である「連歌屋」、そしてこれらすべてを包含する「安楽寺」の諸活動、時を打つ（時打）や火を灯す（護燈）、奉仕する人々の菩提を弔う滅罪寺という連関で、全体として多配列クラスを構成している。この末端に、例えば「清掃する」という特性を加えれば、中世の散所に由来する特定の被差別集落をも取り込むことになるのである。[34]

だとすれば、道真を祀る天満宮のご神体も当然、道真に「関わる」ものであらねばならない。この点に関して、明治四十四年（一九一一）六月七日の「鷺城新聞」は、ご神体は「道真公の木像」ではなく、明治初年までは道真「自筆の」「法華経八巻」であったと伝えている。だが、当時の宮司（神官）が、「神体が法華経八巻である事を知って、それは怪しからぬ、天満宮は神様であるに、法華経を神体として居るなどは、以て外と謂って之を火中に投じて焼いて仕舞った[35]……」ということである。この宮司は後年、自らの行為を深く悔いたということであるが、対象が法華経という分かりやすい特性であった故に軽挙に走ったとも考えられる。

この安楽寺天満宮という多配列クラス全体に神仏の区分を施すことは至難の技である。伊東尾四郎は、先述の組織に関して「原八坊は僧侶で読経する。五別当、三宮司、三綱は読経はせぬが何れも円頂で神事を掌る[36]（傍点筆者）」と読経を基準に一応の区分を行っている。しかし、森弘子によれば、「読経をしない」ということは誤りであるとのことである。もし円頂で読経するのであれば僧侶とどう区別するのであろうか。さらに組織全体に敷衍すると、「仁王門、大講堂、法華堂、観音堂、経蔵といった仏教的建造物が建ち並び、それぞれには本尊である仏像が安置され、仏教法要による歳事も数多く営まれていた[37]」という神仏分離による破却以前の往時の状況を考えるなら、神事・仏事に一線を画することはできず、まさに濃淡を伴った「灰色」の神仏習合の世界が出現するのである。

ここまでは「寺社」、即ち神仏習合の組織的側面を言わば「外から」見てきたわけであるが、次にその「内側」、内容に考察を移したい。神仏習合の内容を表し、しかもそれを包摂する宗教的範疇として黒田俊雄が呈示したのが、

「顕密」という概念である。顕密仏教を中核として、顕密体制、顕密主義と大きく展開する顕密論は黒田学説の基幹を構成しており、ここでその全貌を議論する余裕はない[38]。元来、中世に実際に用いられた用語である「顕密」という語が指示する意味内容に限定し、さらに神仏習合に関わる部分に関して多配列クラスとしてのその特徴を指摘しておきたい。

「顕密」とは、字義通りには、「顕教《けんぎょう》」と「密教」を表す。顕教とは、南都六宗と言われる三論《さんろん》・成実《じょうじつ》・法相《ほっそう》・倶《ぐ》舎《しゃ》・華厳《けごん》・律《りつ》の六宗である。歴史的には、法隆寺や大安寺を拠点とする三論宗が成実宗を付置し、元興寺や興福寺を拠点とする法相宗が倶舎宗を従え、やや遅れて東大寺を中心にした華厳宗と唐招提寺を中心とする律宗がそこに加わったという形をとる。密教とは、言うまでもなく天台（台密）と真言（東密）の二宗である。顕密とは、黒田によれば、これら八宗の各々、そしてその総和を指すと同時に、さらにそれを越えた圧倒的な密教の優位をその意味内容に含むとされる。では何故に密教ではなくて顕密なのか。最も理解しやすいと思われる説明を引用してみよう。

> 「顕密」仏教は、仏教の一つのあり方ともいえるもので、独特の論理をもっている。それは、これ以後中世を通じて、教理上の最大公約数として公認され、いわば正統的な立場をながく保持することになる。この立場は、まず顕教と密教の組み合わせの論理を軸とする。「顕教では…、密教では…」とつねに併せ論じられながら、顕と密の根本的な「同一」が強調され、しかも両者の「差別《しゃべつ》」（相違）が指摘される。そして、そのように前提した上に、顕密各宗派の敵対的でない競合、したがって併存が承認される。奈良の六宗と平安の二宗つまり「八宗」が、公認された体制となる。
>
> 各宗は、それぞれ独自の教理をもつ。教理はむろん精緻な論理によって構成されているが、しかし「顕密」体制のもとでは論理主義は貫徹せず、かならず心理主義的な神秘にぼかされる。そして密教の神秘の坩堝《るつぼ》で溶接さ

れることで、すべてが包摂されることになる。顕密仏教は、すべての論理を貪欲に包摂し溶解し吸収する不思議な思想的生体である。(39)

もし我々が顕密を「単配列」的に理解しようとすれば、その論理はたちまちに破綻する。「同一」でありつつ「相違」することはあり得ないからである。しかしこれが多配列クラスの記述であるとすれば十分に納得できるものとなる。顕密仏教は、その内に神祇（神々）をも「包摂し溶解」する不思議な「生体」とも言うべきものなのである。神仏習合の状態とは「顕密」という多配列クラスとして接近することが可能となる。具体的な事例で考えてみたい。

六郷満山とは、豊後、国東半島に分布する寺院群の総称である。全体は半島東側から西側にかけて、本山《もとやま》・中山・末山に三分され、本寺格の寺院が二十八カ寺、それらが各々末寺を擁するのであるから、相当数の寺院群である。中世以来の伝承で、養老二年（七一八）、仁聞《にんもん》菩薩の開基を伝え、ほとんどの寺院が、本尊と並んで六所権現を祀るのでまさに「顕密寺社」の典型と言っても過言ではない。そのうち、中山の長安寺に「安貞二年（一二二八）」の「豊後国六郷山諸勤行幷諸堂役祭等目録〈写〉」が伝わる。(40)これは時の将軍家に対しての祈禱巻数の目録であるが、その内容は、「本山分」「中山分」「末山分」に分けて諸寺院が行った祈禱や祭を列挙したものである。

それによると、諸寺院は本尊の違いはあるもののほぼ類似の祈禱会や六所権現における二季祭及び五節供などを行っていたことが分かる。さて、同書の末尾は次のように結んである。

右、當山霊場於テ御祈禱致ス所ノ目錄、斯ノ如シ。仍テ顯宗学侶ハ　観音醫王宝前ニ跪キ　一乗妙典ヲ開講シ佛賢ヲ增ス。密教佛子ハ　八幡尊神ニ屈(堀)シ　六所権現ノ社檀ニテ　神咒ヲ唱ヘ　法味ヲ備フ。初学行者ハ人聞菩薩ノ舊行ヲ学ビ　一百余所ノ巌窟(堀)ヲ巡礼ス。是レ偏ニ三道ヲ兼ネ……祈精之状　件ノ如シ。(22)

まず、「顕宗学侶」は、観音や薬師の前で「一乗妙典」、即ち法華経を学ぶとされ、「密教仏子」は、八幡神を崇め、六社権現の社壇において「神咒」を唱える。さらに「初学行者」は仁聞菩薩（人聞菩薩）に縁《ゆかり》のある百余りの巌窟を回峰修行する。そしてこれら「三道」を兼ねて祈精することが明確に述べられている。ここで述べられていることは、ここまでで本山分・中山分・末山分として列挙されてきたすべての寺院に通底すると捉えるべきであろう。中野幡能は、この「三道」を、各々、本山、中山、末山の役割と性格を示すものと見做しているが、「顕密」の意味内容を考えるなら妥当ではない。[42] 顕―密、仏―神、学―行が複雑に交錯する多配列クラスと捉えるべきで、顕―本山、密―山、行―末山といった単配列クラスと見做すべきではないのである。

こうした顕密の多配列的特徴が時間軸で展開されるのが、顕密寺社の儀礼である。同じく国東半島の長岩屋、天念寺では現在も旧暦一月七日に「修正会（修正鬼会）」が勤修されている。[43] この長岩屋であるが、現在では寺院を囲む小集落の様相を呈しているが、応永二十五年（一四一八）の文書によれば住僧屋敷が六十二カ所も記されている。また住僧でなければ山内に居住できない旨が記されている。今日でも還俗した村人から十二坊は確認できる。その意味で、正に村＝寺であり、飯沼賢司が言うように「坊集落」と呼べる形態である。[44] 平成十七年の差定によれば、講堂での行法は「伽陀《かだ》　懺法《せんぼう》　序音　回向　初夜　仏名　法咒師《ほずし》　神分《じんぶん》　（三十）二相　唄匿《ばいのく》　散華《さんげ》　梵音　縁起　錫杖　米華《まいけ》　開白　香水《こうずい》　四方固　鈴鬼　災払《さいはらい》（鬼）　荒鬼《あらおに》　鬼後咒《きごじゅ》」[45] となっている。項目を羅列すると単配列の演目のように見えるが、実は各行法は相互に重複しながら、重層化し、幾分立体的な意味空間を作り出している。

まず、伽陀・懺法・序音の部分の中心となるのは法華懺法であり、六根の罪を懺悔し衆生に代わって悔過する顕教の修法である。やがてそれは回向を経て、初夜に至る。般若心経、観音経、薬師経など秘密真言が唱えられ、密教世界が開闢する。二名の法咒師が登場し、衆僧の浄三業に始まる所謂六法の修法に則った読経を受けながら刀とガラガラ（鈴状の用具）と香水棒《こうずいぼう》（削りかけ）を捧げ内陣祭壇の周囲を巡り結界する。そこでいよいよ「神分」である。会式の院主が勤める修正会全体の中で最も重要視されている作法である。導師は、「榊」を手にして、八幡三所権現をはじめ熊野、日吉や六郷満山の六所権現など全国の権現や明神を勧請する。一方でそれと「同時並行して」三十一相をはじめ、唄匿・散華・梵音・錫杖の四箇法要や仁聞菩薩の縁起が読誦される。ここまでが読経を中心にする部分で約四時間である。

講堂内陣の敷物を片付け、ここから「立役《たちやく》」に移る。僧侶二名が向かい合って香水棒を持って短経の節に合せて舞う法舞が中心となる。まず、吉祥天に五穀成就を祈念する米華、次いで五方竜王に水中の清浄を祈念する開白、香水では「立香水・賢劫《けんごう》香水（打《うち》香水）・阿弥陀香水（西方香水）・四方香水」(46)の四種の法舞が舞われる。「地結、金剛結、四方結、金剛結」の力強い咒言で四方固の結界が行われた後、男女二面に扮した「鈴鬼」の登場である。鈴と団扇（東組では三色の御幣）を手に十種の法舞を行って、次の二鬼を「招く」。「災払鬼」「荒鬼」に扮する二名の僧侶は各々二名の介錯を従え内陣正面に進み、しゃがんで両手で九字を切りながら「般若心経」の読経を受け、導師によって神酒を吹きかけられて後、各々燃える松明と斧や刀を手に堂内を「ホーレンショ、ソレオーニワヨ」の掛け声に合せて激しく廻る。立役の開始から約四時間を経過して、最後に院主による「鬼後咒」によって終了するのである。

さて、以上の儀礼過程には「顕密」クラスの多配列的重層性がよく現れている。まず、最初、即ち顕教における帰依対象である「仏」と最後に現れる「鬼」まで全体を貫く共通特性というものはない。だがそこに「密教」導師が作り出す「神」の世界を介在させることで項目は相互に類似することで連関し全体を作り上げている。

しかし、結論に入る前にもう一度儀礼項目全体を見渡してみよう。我々は、この二十二の項目全体の一体何処に区分線を入れることができるのだろうか。敢えて区分を入れるとしたら、まず、顕／密の区分である。儀礼全体は「初夜」以降の密教部分とそれ以前の顕教部分である。あるいは仏／神の区分であろうか。最も重視されている「神分」

以降の神々の部分とそれ以前の仏に関わる部分であろうか。はたまた時間的にもちょうど二分される読経と「米華」以降の立役、言い換えれば学／行の区分であろうか。さらに鬼会と言われる「四方固」以降を画する仏・神／鬼の区分であろうか。実は何処にも線は入れられないのである。

では区分を入れずに「語る」とすれば、顕教の悔過、その諸仏が、密教の大日如来を中心とする曼陀羅の諸仏の世界に溶解され、金胎両部の諸仏諸尊の世界が展開される。その密教世界の周縁に我が国の神々が権現や明神といった仏神として出現する。香水は、天や天王などを交えた諸仏の恵みを実感させる儀礼である。そうした神の末端に「鈴鬼」が位置づけられる。それは男女の別をもつことで、また鈴や御幣を持つことで仏ではなく神であり、また名称や位置からは「鬼」であり、自らに似た「鬼」を招き、呼び寄せる。鬼は最後に手にした松明で講衆（「人」）の背中を叩く（「加持」する）ことによって福寿を与えるのである。

鈴鬼（天念寺　撮影：清水　健）

ここには、顕―密、学―行、仏―神、神―鬼、鬼―人といった関係が重層的に配列されており、人はこの儀礼クラスを介在して最も遠い「仏」と繋がっているのである。神は、仏と比べればまだ人に近い（似た）存在であり、鬼はさらに近い。地元には鬼は我々の祖先だという伝承もある。あるいは愛染明王や不動明王の化身だとも言われるがそれも肯ける。ただ、注意しなければならないのは、この天念寺は、前述したように元来「坊集落」であり、ここでいう人は今日の民衆ではなく「衆徒」であったということである。

〈4〉宗教民俗と多配列クラス

以上、神仏習合の世界を「黒」でも「白」でもなく、「灰色」の世界として扱う試みを黒田俊雄の呈示した「寺社（寺社勢力・祈禱系寺社）」と「顕密」という二つの側面から考察した。その場合、黒田の記述に見られる「曖昧さ」を「寺社」及び「顕密」という歴史上実在した範疇が、「多配列クラス」であったことに起因するものと考え、それらが具体的な事例においても「単配列的に」分離し得ないものであることを示した。それを強引に分離させたのが「神仏分離」であり、言わば「単配列革命」が断行されたのである。特に、その標的となった「寺社」は見るも無残に破壊され、「神社」へと姿を変えた。我々の見慣れた宗教的風景である神社と（滅罪系）寺院から成る景観が創出されたのである。だが、この革命もさほど徹底したものではなかった。寺社が担った儀礼や行事、あるいは信仰の核を構成した「加持祈禱」といった祈りの形、さらに習俗や心意の末端まで改変されたわけではなかったのである。

神仏習合は決して過去の遺物ではないし、その研究が過去を再構成しようということに留まるわけではない。それは生きた民俗として今日の我々を取り囲んでいる。ただ、それを構成する諸要素はおそらく多配列クラスを成していることに留意しなければならず、「寺社」や「顕密」といった歴史的に先行するクラスとの関係で理解されねばならないのである。それらは歴史的に実在したクラスである。それを放棄し、歴史的に実在したわけでもない「固有信仰」や「民俗宗教」、あるいは「基層信仰」といった仮説構成物との関係で単配列クラスとして本質主義的に追及していけば、おそらく誤った「神」と「仏」論に導かれることになろう。[47]

【注　記】

（1）村上専精・辻善之助・鷲尾順敬編『明治維新神仏分離史料』第一巻、名著出版、一九七〇、八一―八五頁。以下、原文を抜粋しつつ表現を分かりやすくした。

（2）同上書、八二―八三頁。

（3）臼井史朗『神仏分離の動乱』思文閣出版、二〇〇四、参照。

（4）安丸良夫『神々の明治維新――神仏分離と廃仏毀釈』岩波新書、一九七九、参照。

（5）近世期の主な潮流として以下の三点を指摘しておきたい。第一は儒学（朱子学・陽明学）の興隆である（ヘルマン・オームス〈大桑斉編訳〉『宗教研究とイデオロギー分析』ぺりかん社、一九九六、参照）。第二は国学の勃興（子安宣邦『日本ナショナリズムの解読』白澤社、二〇〇七、参照）、そして第三は吉田神道の変質（出村勝明『吉田神道の基礎的研究』神道史学会、一九九七）である。

（6）もちろん、これは全国的に見た場合のことである。近世期には、藩によっては、寺社整理を断行し、近代型神道を既に創出し終わっていた事例もある。圭室文雄「神仏分離」（『図説　日本の仏教』第六巻（第二刷）、新潮社、一九九〇）、三三六―三五四頁、参照。

（7）黒田俊雄「鎮魂の系譜――国家と宗教をめぐる点描」（『黒田俊雄著作集』第三巻〔顕密仏教と寺社勢力〕法藏館、一九九五）一五九頁。なお、文中の原注は省略した。

（8）「太政官達」明治元年閏四月四日（村上専精他編、前掲書）八四頁。

（9）この色彩の着想は、江戸中期に描かれた狩野柳雪「春日若宮御祭図屏風」から得た。

（10）子安宣邦、前掲書及び『宣長学講義』岩波書店、二〇〇六。

（11）村山修一『神仏習合思潮』（平楽寺書店、一九五七）、逵日出典『神仏習合』（臨川書店、一九八六）、菅原信海『神仏習合思想の研究』（春秋社、二〇〇五）、義江彰夫『神仏習合』（岩波新書、一九九六）、末木文美士『日本宗教史』（岩波新書、二〇〇六）等。

（12）ロドニー・ニーダム（吉田禎吾・白川琢磨訳）『象徴的分類』みすず書房、一九九三、一三九―一四八頁、参照。

（13）長島信弘「比較主義者としてのニーダム―経験哲学の実践」（『現代思想』一〇巻八号、青土社、一九八二）、六二―八頁、白川琢磨「現代人類学理論における『分類』の諸問題」（『哲学』七三集、三田哲学会、一九八一）、一七九―二〇三頁、参照。
（14）Needham, R. 1975 *"Polythetic Classification: Convergence and Consequences,"* MAN (N.S.) 10, pp.349-369.
（15）「単配列」及び「多配列」の訳語は長島（前掲論文）に拠った。
（16）この表は、ニーダム前掲書、八九頁で訳者が用いたものである。
（17）ニーダム、前掲書。
（18）Vygotsky,L. S. 1962 *"Thought and Language"* ed. and tr. By E. Hanfmann and G. Vakar, M.I.T. Press,p.64.
（19）L. Wittgenstein, 1969*"The Blue and Brown Books"* Basil Blackwell,p.17. 大森荘蔵訳「青色本」（『ウィトゲンシュタイン全集』６、大修館書店、一九七五）四六頁。
（20）例えば、N. J. Allen,2000 *"Categories and Classifications: Maussian Reflections on the Social"*, Berghahn Books. 参照。
（21）黒田俊雄『寺社勢力―もう一つの中世社会』（岩波新書、一九八〇）、『黒田俊雄著作集』第三巻（前掲書）。
（22）黒田俊雄、前掲書『寺社勢力―もう一つの中世社会』ⅱ頁。
（23）黒田俊雄、同上書、二六頁。
（24）黒田俊雄、同上書、二五―五五頁。
（25）黒田俊雄「中世寺社勢力論」（『黒田俊雄著作集』第三巻、前掲書）一八八―九頁。
（26）「黒田新續家譜」（九州歴史資料館編『筑前怡土雷山千如寺大悲王院』、一九八九）。
（27）佐々木哲哉「筑前領内社家・宮司坊受持神社一覧（寛政十年）」（個人資料）。
（28）黒田俊雄、前掲書『寺社勢力―もう一つの中世社会』一四二―一七〇頁。
（29）黒田俊雄「白山信仰の構造―中世加賀馬場について」（同上書『日本中世の社会と宗教』岩波書店、一九九〇）九七頁。
（30）『新編　明治維新神仏分離史料』第一〇巻、名著出版、一九八四、九五―九頁。森弘子「信仰の《場》としての太宰

府天満宮」(『太宰府市史』通史編別編、二〇〇四)六一五—六七八頁。
(31) 森弘子、同上書、六二三頁。
(32) 森弘子、同上書。
(33) 森弘子「原八坊と水瓶山雨乞祈禱」(『大宰府顕彰会二十周年記念論集』一九九七)二五五—二八三頁。
(34) 佐々木哲哉「太宰府市大字南の民俗」(『部落解放史・ふくおか』第六三号、一九九一)一〇—一〇五頁。
(35) 伊東尾四郎「太宰府天満宮に於ける廃佛」(前掲書『新編 明治維新神仏分離史料』)九九頁。
(36) 伊東尾四郎、同上書、九五頁。
(37) 森弘子、前掲書「信仰の《場》としての太宰府天満宮」六二〇頁。
(38) 『黒田俊雄著作集』第二巻「顕密体制論」及び第三巻(前掲書)。
(39) 黒田俊雄、前掲書『寺社勢力——もう一つの中世社会』二一頁。
(40) 「豊後国荘園公領史料集成 二」(『別府大学史料叢書 第一期』一九八五)一四—二一頁。なお、本文書は、寛文九年(一六六九)の権律師豪隆による写しである。が、安貞二年(一二二八)の年記については、関連史料の検討によってほぼ確証されている。一瀬智「作品番号10解説」(『大分県国東宇佐六郷満山展』図録、九州国立博物館、二〇一七)三四頁。
(41) 同上書、二〇頁。原文は漢文であり、筆者が書き下した。
(42) 中野幡能「六郷満山の歴史」(和歌森太郎編『くにさき』吉川弘文館、一九六〇)二七八頁。
(43) 調査は平成十六年から毎年行っている。
(44) 飯沼賢司「修正鬼会と国東六郷満山」(網野善彦他編『大系日本歴史と芸能』平凡社、一九九一)六〇—八二頁。
(45) 調査データの補足は、半田康夫「修正鬼会」(和歌森太郎編、前掲書)三一一—三三〇頁を参照した。
(46) 半田康夫、同上、三二五頁。
(47) この点は、民俗学や宗教民俗学の「学」の成立の根幹に関わる大きな問題であり、十分に論じるには稿を改める必要がある。ただ、本質主義的仮説構成物に拠らず、歴史的先行形態との関係のみで民俗事象は理解できるというのが本稿の立場である。実際にそれを試みた事例研究としては、本書第3章第一節。また、民俗学からの基層信仰批判として、岩本通弥「戦後民俗学の認識論的変質と基層文化論――柳田葬制論の解釈を事例にして」（同上書）二五―九六頁。さらに文化人類学における同様の論点については、中西裕二「〝ネイティブの人類学〟のもう一つの可能性――黒田俊雄と神仏習合の人類学的理解から」（『文化人類学』七一巻二号、二〇〇六）二二一―二四二頁を参照されたい。

2章

宗教民俗と神仏習合

大飯食らいと大綱引き

一　北部九州における宗教民俗の歴史的動態――二丈町淀川「大飯食らい」を中心に

〈1〉対　象

福岡県糸島郡二丈町（現・糸島市）の淀川天神社（天満宮）では、毎年一月の第四日曜日（かつては二十五日）に百手《ももて》祭が行われる。同社は、南方に聳える二丈岳（標高七一一メートル）に源を発する淀川の流れに沿った淀川集落に位置する小社であり、祭神は二丈岳山上の菊理姫神とされている[1]。

行事の経緯について述べると、当日午前十時頃から、集落（約二十戸）の各戸代表たる男性が、「イソズキ」という生木で拵えた弓と篠竹の矢数本を手に天神社に参集してくる。十一時から、この神社を統括する深江神社宮司の下で祭式が行われる。その後、神社の前の道路上から、対面する公民館の横に設けられた的に向かってまず宮司が三回ずつ三度の弓射を行い、続いて約二十名の各戸代表が[2]、順次同じく三回ずつ三度の弓射を行う。その後的を取り外し、最後に、全員で公民館横に並んで今度は淀川の向こう側の二丈岳に向かって一斉に弓射を行う。この最後の弓射を「山打ち」と称する。ここまでは所謂「百手祭」といわれる通常の行事と大差はないが、この後、場を公民館に移して行われる直会が「大飯食らい」と呼ぶ独特の形式を有している。

公民館は十畳程の座敷（広間）と台所を擁した簡素な造りである。座敷には、ロの字型に人数分の膳が並べられる。台所では女性たちが忙しく立ち働いているが、座敷に足を踏み入れることはない。座敷は女人禁制とされており、台所との仲介は給仕方が行う。給仕方は「座方《ざかた》」と呼ばれ、「御座《おんざ》」一名、「寄り子」四名の計五名から成る。(3) 膳は、「本膳五菜の膳」といわれ、向かって左上がせり、右上がなます、中央に大豆及び大根の煮物、左下に御飯、右下に磯菜汁と定められている。(4) 酒杯は、当初は普通に盛られた御飯の上に伏せて置かれる。着座は、床の間を背にした上座に宮司を中央に長老が並び、右座、左座ともほぼ年齢順に着座し、上座に対面する下座には初参加者が座る。座敷中央に飯櫃が二つ置かれ、それらを取り囲むように座方が着し、直会が始まる。

まず、座方が上座から順に酌をして廻り、酒杯を傾けてから、最初に普通に盛られた飯を食べ始める。一杯目が終わろうとする頃、座方は飯椀を中央に運び、二杯目はかなり山盛りに盛った御飯を運んでくる。この頃から座は賑やかになる。悲鳴を上げる新客と食べろとけしかける座方のやり取りが各所で起こる。二杯目は椀の上の部分を食べ終えた一旦段階で下げられ、なお高盛にした飯が置かれる。杓子を椀の三方に差し入れて寄り子三人がかりで固めて高盛にする場合もあるという。座の全体を見渡すと主に攻められるのは初参加者（新客）である。ため息をつきながら箸を運んでいると突然、頭に徳利に入れた水をかけられることもある。このようなやり取りが暫く続き、最後は座方に降参して、残った御飯にお湯を足してもらって湯漬けにして食べ終え、膳を下げてもらうのである。

淀川天神社前公民館横での「山打ち」

　こうして全ての膳が下げられた後、再度全員が着座して、新たな座方を選出する儀式を行う。三方に入れられた籤を順番に引き、新しい御座一名

本膳五菜の膳（２杯目）

飯を盛る座方

と寄り子四名を選出する。現在は略されているが、かつては選定された新座方が給仕役となって、旧座方をねぎらったそうである。

　これが現在「大飯食らい」と呼ばれている行事の概略である。新聞やテレビなど地元のニュースにはとり上げられ、「笑いの絶えない（ユーモア溢れる）行事」などと紹介されているが、かつては裃着用の上で出席したといわれること、また座敷の女人禁制という制約を考えると、ユーモア感覚から作り出されたイヴェントであるとは言えない。起源を示す文書などがあればいいのだが、明治末期以降の座方の記録はあるものの起源を示す記録はない。公民館に収納されている膳部を納める櫃に「文久四年甲子正月吉日」という墨書が唯一の歴史的手がかりである。文久四年（一八六四）は甲子であり、櫃の古さから言っても江戸時代末期には遡りうるが、それ以上は不明である。

　まず、考えてみたいのは、この行事が淀川集落のみに関わる行事である点である。それは行事に使用する米の徴収方法に示されている。行事に先立って、座方が米を徴収するのだが、その分量は一軒一升ずつであり、座方は右綯《な》いの藁縄に結び目を一つずつ拵えていき、二十軒を数えるというやり方が現在でも続いている。[5] これは氏名を記録する必要のない対面的共同体特有の方法であり、参加者も各戸代表であるから、この行事は完全に集落「内部」の行事であり、外部に向かって開かれてはいない。

さらに、この行事で交代する座方であるが、淀川集落の年中行事として、これ以降、六月の天神社境内にある祇園社の祭、八月に集落内にある観音堂の祭、九月には二丈岳の菊理姫神を対象にした風止め祭、十月の天神社の「おくんち」、十一月最終土曜の御日待（注連縄作り）、最後に一月の百手祭と年六度の祭を担当する頭屋（当屋）の役割を担っている。しかしながらこの時を除いて、こうした特殊な直会が伴う祭はない。しかも他地域と違って「頭屋」とは言わず、御座・寄り子から成る「座方」という特殊な名称が用いられるのである。

〈2〉比　較

大飯あるいは多食の強制として第一に連想される事例は、栃木県日光山輪王寺の強飯《ごうはん》式であろう。毎年四月二日、山伏たちが大椀に盛った三升の飯を声高に強いる儀式で「日光責め」とも称されてきた。筆者が調査したのは二十年以上も前のことになるが、実際にこの行事に携わっている輪王寺光樹院の柴田立史氏に従って大まかに行事の経緯を振り返ってみたい[6]。

午前十一時、袈裟姿の衆僧、導師、修験先達と強飯僧（山伏）、そして強飯を頂戴する裃姿の受者らが入堂する。堂内の扉が全て閉ざされた後、顕密護摩供の修法が行われる。この三天合行供という日光三山の仏神に対する独白な密教修法を終えた後、受者は内陣に着座させられ、強飯が始まる。まず、数名の強飯僧が三方に朱塗りの大杯を載せて現れ、「手を出そう」と怒鳴り、受者に杯を持たせて酒を注ぎ飲ませる。そして一旦退いた後、三升の飯を盛った大椀を持って現れ、受者の前に置く。大先達による祈願文読誦の後、肘比《うでごろ》という丸太を両脇に挟んだ強飯僧らが受者の前でそれを打ち合わせ、「御供を頂上に捧げて頭《こうべ》を下げよ。忝《かたじけな》くも三社権現より賜る所の御供じゃ、謹んで頂戴あろう。もそっと下げよ、頭《ず》が高い」と叫び、受者は頭を畳につけその上に大椀を捧げる。そして大先達の口上、「こりゃ、当山古実万代不易の強飯、一杯二杯に非ず七十五杯、づかづか取上げてのめそう。そもそも此の強飯と謂っぱ、……（中略）……有難う七十五杯、一粒も残さずづかづか取上げてのめそう。容易に心得て頂戴はなるまい。しかと持とう」を聞く。大先達退出後、頭を上げた途端に今度は菜皿を持った強飯僧が登場し、受者に菜皿を持たせて、菜についての口上を述べ立てる。さらに退出後、今度は金甲《きんこう》という鉢巻状の荒縄を持って現れ、「毘沙門天の金甲を授く。七難即滅、七福即生、四魔退散、諸願成就」と言って受者の頭にこれをねじ入れる。その後、銅鑼、法螺貝、太鼓が一斉に打ち鳴らされる中、大煙管や捻り棒などの責め道具を持った強飯僧たちが「こおりゃ」と大声を上げながら走り出て、受者の前で「目出度う七十五杯」と叫んでそれらを放り出して、引き下がり、強飯式を終了する。

全体に強制・威圧という側面が目立ち、「日光責め」と呼ばれるに相応しい文字通りの強飯である。しかし、儀式としての形式性が顕著で、受者は実際に飯を口にするわけではない。酒—大飯—菜という要素は共通するものの、直接の影響や関係を指摘できる状況にはない。この日光の強飯式については、明確な起源があるわけではないが、日光修験の入峰修行に際して峰中に供えられた御供を持ち帰り、人々に与えたのが始まりとされている。[7]また、この強飯式の直接の影響の下に成立した行事として、栃木県下に幾つかの強飯行事が見られる。

例えば、粟野町（現・鹿沼市入粟野）発光路の行事は、一月三日に土地の氏神である妙見神社で、一年の祭り当番の受け渡し式に続いて、地元の青年が扮する山伏と強力が新旧当番と氏子に高盛の赤飯を強いるというもので、頭屋交代とも重なって民俗化しているが、これなども地理的に見ても日光の強飯式が伝播したものであることは明らかである。

ここで考察の対象としている「大飯食らい」を仮に「大飯」と称しておくとして、問題は「大飯」と「強飯」との関係である。強飯は、栃木県下を中心に関東にわずかに分布するに過ぎないが、その研究や解説は比較的多い。[8]一方、大飯は直接にそれを扱った研究はほとんどなく、云わば強飯との関係において言及されるに過ぎない。例えば、『日本民俗大辞典』の「強飯式」の項目では「……この行事は、民間の大飯食らいの神事などの行事が日光修験に取り入れられ、日光山の権威を象徴的に示す行事として伝えられてきたもの」[9]（傍点筆者）とされ、この大飯食らいの神事は「各地で行われて」[10]いるとして、群馬県利根村（現・沼田市）の庚申待と奈良県田原本町の観音講の二例が挙げられる。

さらに大飯食らいの神事では「五合とか一升など高盛りにした飯を無理に食べさせることが強調されているが（現在では儀礼化していることも少なくない）、基本的には祭を構成する要素の一つ供物、あるいは神人の共食という要素が強調された習俗にほかならない。椀に山盛りにすること自体、葬送習俗・産育習俗の枕飯や産飯《うぶめし》にみるように、神に供える方式の一つであった」[11]とされている。

この例に限られるわけではないが、強飯に関する先行研究には、民俗学的解釈の枠組が一般に認められる。それによると、まず民間に大飯を強制したり競争したりする行事が広く行われていること、そして強飯式はそれが特殊化した事例であるという見方である。では、そうした大飯行事の本質は何であるかというと、それは本来、接客、歓待の作法であり、それが民間で若者組への加入の際の修練の儀礼となったり、あるいは神事や仏事に際しては、神や仏への供物を、神と人とが共に食べる大飯儀礼となったという見方である。そして、何故、その対象が米飯なのかという点に関しては、米や飯に霊力や呪力を認める信仰の存在が指摘されるのである[12]。

しかしながら、こうした見方あるいは枠組そのものには果たして問題はないのであろうか。確かに、高盛飯という供物の形式は、枕飯や産飯の例を挙げるまでもなく、全国各地に見られるものであろう。その基底に米飯のもつ霊力や呪力に対する信仰があるということも解釈としては認められる。しかし、高盛飯という供物の形式と、それを儀礼的に食するという実践形式の間には断絶がある[13]。そうでないと、「民間」で「自然発生した」大飯行事が「全国各地に」見られるということになるのだが、事実はそうではない。後述するが、現在、全国的に数例があるだけである。廃絶したものがあったとしても、「各地に」あったとは言えないのである。むしろ、大飯行事が各地にある（あった）

という言説は、その一部が強飯という形式に繋がったという「結果」を説明する際の「前提」とされてきたに過ぎないのではないか。そして、その強飯も最終的には「神人共食」で説明される。確かに全国各地で実際に行われている「直会」を「神人共食」で説明することは「可能」である。しかし、大飯の場合は不可能である。そうした実践形式を伝達・教唆した主体は誰かということを考えねばならない[14]。強飯の場合は、「民間から取り入れた」かどうかは別として、日光修験、即ち輪王寺の行人方が主体である。では大飯の場合はどうか。事例を検討してみたい。

まず、大飯という名称は使われないが、能登の「もっそう飯」がある。石川県輪島市久手川町の当番の家で、二月十六日の早朝、「もっそう」と呼ばれる木枠で筒型に盛った大飯が用意され、集まった人々が食べる行事である。椀に三〜五合程を盛るのであるから大飯食らいに類似する。この行事には、伝承があり、加賀藩の時代に圧制に苦しんだ農民が隠し田を作って、年に一度心ゆくまで白米を食べたというものである。淀川の大飯にもこの種の伝承があり、当事者は問われると、昔は貧乏で腹一杯飯を食うということがなかったので、年に一度はこのような機会を持ったのだというものである。しかしながら、これらは起源を説明するものとは言えず、むしろ連綿と繰り返されてきた儀礼行為に対して当事者が施した再解釈とも言えるものである。

能登の場合に用いられる「もっそう」は、浄土真宗の大谷派や佛光寺派で仏飯を筒型に盛るために用いられる「盛槽《もつそう》」のことだと思われる。この地域が浄土真宗地帯であることと関係はあるが、しかし他の真宗地域にこうした行事があるわけではない。むしろ、真宗布教以前の段階にあった行事が、真宗の影響を受けて改変しつつ存続したとも思えるが、詳細は不明である。

室町時代から五百年以上にわたって続くとされているのが、島根県鹿足郡柿木村（現・鹿足郡古賀町）の「萬歳楽」である。十二月の上旬に二日にわたって行われるが、初日は「よどの日」と呼ばれる「餅食い」の日で、二日目が「ひのはれの日」で「大飯食い《おおめし》」の日である。収穫感謝と豊年祈願の行事と言われている。下須地区で五組が輪番で当屋を務めており、二十人程の組代表が集まって、高盛にされた約二合の飯を食べ、お代わりを勧める接待役の女性らと攻防を繰り広げる。起源は不明である。やはりここでも、昔は米は作っていても食べるのは特別な日だけであり、年に一度たらふく食べて交流を深める機会として始まったのではないかという再解釈がみられる。

より神事的色彩が強いのが岡山市杉谷の岩山神社の「大飯《おおめし》ぐい」である。やはり、当屋制行事である。二月の第二日曜日の朝、人々が当屋に集まって神事を行った後、神主・当屋主・次年度の当屋主が正座する前に膳に載せられた高盛の一升飯が運ばれ、これを食べるのである。かつては二日間行われたといわれる。これが終わると、全員で幟旗を立てて岩山神社に参拝し、本殿で祭式が行われる。なお、地名に大飯を残すのが、広島県比婆郡東城町（現・庄原市）の「多飯が辻山」（一〇四〇メートル）である。多飯は「おおい」と読むが、山麓の塩原で現在も四年毎に行われている「大山供養田植」の際に豊作に感謝して大飯を食べたことに由来するという。現在でも田植行事が終わった後、多飯が辻山に登り、供養札を納める。山頂近くに大仙神社があるが、大山遙拝所であり、中世期は神仏混淆の修験道場であったと伝えられる。

東日本では、茨城県西茨城郡岩瀬町（現・桜川市）の本郷及び下泉地区に「大飯祭り」がある。下泉にある鹿島神社の祭礼（十二月十五日）の直前に行われる行事で、かつては旧暦十一月十三〜十五日であったが、現在は十五日より前の日曜日に両地区の当屋で行われている。この後、神社で「当屋わたし」があるので、やはり当屋制と深い関係が見られる。かつては「一升祭り」と称されたが、現在では両地区とも六〜八合の飯が供され、大漁の焼サンマと共に食される。給仕役は「お鹿島様」と呼ばれ、男根を象徴する「サイマラ棒」を下げている。また漁師姿で、大草履で大煙管を携えた「イマハマ」が登場し、滑稽な問答が行われる。また行事の最後に、当屋主人に対して若者らが「大ハンギリ被せ」を行う。飯は高盛で限りなく山型に盛られる。神社の神主の参加は勿論であるが、鹿島信仰や生殖信仰との関係が特徴である。

最後に、比較的に古式を保持していると思われる静岡県磐田市豊田の「大飯祭り」をやや詳しく見ておきたい(15)。行事が伝えられているのは、天竜川河口から約一二キロ遡った旧匂坂西村《さぎさかにし》の下島《しもじま》集落（下組）、戸数三十八戸である。祭りは昔から独立して行われているので、隣接する上組や中組から参加する人は居ないそうである。大飯祭りが行われるのは毎年一月十一日で、場所は元は東光寺であったが、昭和二十七年（一九五二）に東光寺が本寺の増参寺《ぞうさん》に合併し、廃寺となったので、その跡地に昔から信仰が寄せられてきた境内の「薬師堂」が再建され、そこで増参寺住職を招いて行われている。なお、この薬師堂は匂坂西下公会堂を兼ねている。

村（下島）の氏神は「諏訪社」である。この諏訪社の春祭り（祈年祭）が、現在同じ十一日であることから、午前中に諏訪社に神官を招いて祈年祭を行い、午後から薬師堂で増参寺住職を招いて大飯祭りの祈禱会を行うといった二元的構成になっているが、後述するように祈禱会に勧請するのが般若十六善神と諏訪大明神であり、祈禱会の直会（即ち、大飯祭り）に祀官様《しかんさま》（即ち、神官）も出席することを考えると、本来は神仏混淆の寺社行事であったとみて間違いはない(16)。

運営組織についてであるが、ここでは「当屋（頭屋）」という言葉は用いられていない。責任者は三名の氏子総代であるが、その内の長老が代表総代となる。その総代の下で、一年間の祭りの世話役を担当するのが「禰宜番《ねぎばん》」で、かつては二名、現在は三名となっている(17)。選出は一年交代の輪番である。この禰宜番の交代が行われるのが、大飯祭りの直後、同じ場所においてである。まず、「仲人」と呼ばれる代表総代が中央の上座に着座し、その下座の東側に退任する禰宜番三名（下番《かばん》と称す）、西側に新任の禰宜番三名（上番《じょうばん》と称す）が向かい合って着座する。中央に置かれた三枚の皿には、大根の短冊が十字形に重ねて盛られる。仲人の左手、下番側に置かれた諏訪社の鍵もこの時引き継がれる。村人が見守る中で、仲人は、下番から一人ずつ盃を交わし、その都度大根の短冊を箸でつまんで差し出す。これらが終わると、仲人は上番に対して心得を述べ、下番に対してはねぎらいの言葉を述べるのである。

この儀式は極めて厳粛で「むかしは羽織袴で威儀を正し、その雰囲気には近寄りがたいものがあり、女衆はそばに寄れなかった[18]」と語る老人もいるそうである。

さて、時間が前後するが、祭りの前夜、村の若者が薬師堂に集まり、氏子総代と禰宜番の立会いの下で持参した大根や人参で男女のシンボルに当たる陰陽物をできるだけ写実的に作り上げる。この陰陽物が祭りの不可欠の伝統的な奉納物とされる。また、大飯と共に供される膳部は、配置は淀川と類似しており、向かって左上に「オヒラ」（大根・人参・里芋・飛竜頭から成るケンチン）、右上に「オスワイ」（大根と人参の酢和え）、中央に「オツボ」（タタキ牛蒡）、左下に「御飯」、右下に「汁」である。なお、この祭りは村人全員が大飯を食べ合う祭りであるが、特に新嫁の加入儀礼ともなっており、新嫁の分だけは、オヒラのケンチンの部分を陰陽物に調整し、上に飛竜頭を載せるそうである。

大飯祭りの祈禱会は、薬師堂内に臨時の祭壇を設け、正面に伝来の十六善神の掛軸を掛け、上段の左右に御神酒と大飯を供えて行われる。この大飯は、三脚付きの曲げ物に三合の御飯を高盛にして箸を立てたものである。そして下段の両脇には前日に準備された陰陽物が並べられる。

祈禱会は、僧侶による十六善神と諏訪大明神の唱名と般若心経や法華経寿量品偈《じゆりようほんげ》の読経を中心に進められ、村人は順次線香を供えて礼拝する。この儀礼が終了すると、その場で直会が始まる。まず、僧侶と祀官様（神官）、そして氏子総代が上座に着く。かつては村人全員、現在では各戸一名の着座が終わると、祭壇に供えられた大飯と御神酒が禰宜番の手によって全員に分け与えられる。それを「御供様《おんくまさま》」と称する。それから大飯食いが始まる。かつては、「テッパチ」（山盛）の大飯を三回お替りするという伝統があったそうである。現在では、各自に配膳された脚付の高膳からテーブルに代わり、また仕出し料理に変わるなど大きく変化しているが、招待される新嫁の分については高膳で膳部の配置も前述した様式が守られている。新嫁は少なくとも一回はお替りをするものだとされ、また、陰陽物の作り物を食べさせようとする若者連とのやり取りがあるとされる。

この祭りの起源に関しては、村では「一時、オオメシ祭りをやめたらムラに悪い病が流行した」とか、「オオメシ祭りをやっているので、むかしからムラに若後家がいない」との伝承が見られるだけで、不明である。[19]これらの伝承も儀礼執行の、そして中止の効果（結果）について述べているだけで起源を語るものではない。しかも、他地域の諸種の祭りに関してもよく見られるタイプの伝承である。

だが、この下島の「大飯祭り」は、これまで見てきた他の大飯行事との、そして何よりも淀川の「大飯食らい」との比較において、幾つかの重要な示唆を与える事例である。まず第一に、祈禱会に付随する直会における行事である点である。その祈禱会の内容は、法華経と、十六善神や諏訪明神といった仏神を対象にした神分作法とがセットになった顕密修法である。神仏混淆の祈禱系寺社が、この特殊な大飯行事を担った主体ではなかったかということを暗示する。鹿島神社もかつては寺社であったし、多飯が辻山の由来にもそうした関連が認められる。「もっそう飯」は真宗的改変を経ていると推測はされるが、少なくとも仏教の影響は認められる。何よりも、はるかに大きな規模で顕密修法が貫徹された上で行われる輪王寺の強飯式は、近世期の祈禱系寺社の淵源に該当する「寺社勢力」の行事であり、学侶方と行人方のうち、行人方の儀礼形式が特化されて成立したとも考えられるのである。[20]

第二に村の儀礼として見た場合、参加する集落の限定性が顕著である点である。他の事例にも認められるかもしれないが、特に下島と淀川に顕著であり、両者の類似性も認められる。役職に関しても、淀川の御座と寄り子から成る座方に対して、下島では氏子総代と禰宜番の役割が対応していて共に「当屋（頭屋）」という名称は用いられていない。とにかくそうした役職が僧侶や神官と共に行事を統括しているのである。そして「当（頭）わたし」に似た交代儀礼が大飯行事の直後に行われている。参加するのが各戸代表という点も共通しているが、本来は下島の例にあるように集落（狭義のムラ）全員の参加という形態であったかもしれない。

第三に、膳部に関してである。淀川、下島については、菜の種類に違いがあるものの、飯・汁の二椀、菜三皿の配置は共通している。膳椀とも黒の漆塗りで、脚付の高膳というのは、淀川では今日でも守られている。違うのは、「御供様」の呼称からも分かるように、下島では祈禱会の供物である酒と飯を分かつことが大飯食らいの前提となっているのに淀川ではその部分が欠如し、御供の飯と大飯が分離していることである。この点はやはり、下島型を本来の形式と捉えるべきかもしれない。

最後に、下島では大根や人参を細工した陰陽物の要素が儀礼の重要な部分を構成していることである。この点は、鹿島神社の「サイマラ棒」にも認められるが、淀川など他の事例には見られない。東日本と西日本の違いによるものか、事例が少ないので明らかではない。新嫁に対する特別な饗応に見られる加入儀礼《イニシエーション》の要素は、淀川では新客（初参加者）に対して水掛けや特段にお替りを催促するなどの行為にも認められる。強飯式などはこの要素が特殊化した形式と見なすこともできよう。

〈3〉類　例

さてここで一旦視線を福岡県に戻すことにする。ここまでは専ら大飯行事の部分に注目してきたが、大飯食らいは「百手祭」の直会の形式であることは明らかである。百手祭は正月から春に行われる、的に向かって矢を射て、その矢の当たり方で吉凶を占ったり、悪霊退散を念じたりする全国的に広く分布する儀礼であるが、相互の影響を考察できる範囲内、福岡県下に限定してその事例を検討してみたい。なお、弓射という内容の類似性に注目するなら県下に広く分布する「歩射」等の名称をもつ行事も含まねばならないが、そうすると対象事例数が多くなりすぎるので、「百手祭」という名称をもつものだけに限定して二例を選び、その要点を見て置きたい。

福岡県豊前市八屋の、燧灘《ひうちなだ》に面した明神ヶ浜にある厳島神社では、毎年三月五日に百手祭が行われている。[21]神社の

股手の藪

参道に入ってすぐの所に鬱蒼とした小さな藪があるが、「股手の藪」と呼ばれている。この藪は、昔、悪事を働いて人々を困らせた鬼の股と手が埋められた所であるとの言い伝えがある。[22] 注連縄の張られた藪の中程に「鬼」と墨書した的を掛け、三回の弓射を行う。弓射のやり方は「蟇目《ひきめ》の法」と言われ、第一矢は的の上一尺を狙い、第二矢は下一尺、そして第三矢は二枚重ねた的を射抜くというものである。これが悪魔を追い払うやり方とされているが、蟇目という名称自体が、弓矢で憑物を威嚇して退散させる修験の修法との関連を暗示させる。[23] 弓射を行い、その他この祭りを統括する神官は、代々、やや離れた山麓地帯に位置する大富神社の宮司が務めている。大富神社は明治以前は「宗像八幡宮」と称しており、古い縁起と格式を有する古社で、記録上多様な祈禱を行ってきたことが確かめられ、また『感応楽』など中世以来の芸能も伝えている。[24] また、この祭りは当屋制とも密接な関連があり、弓射の際にも神官の背後には前年に籤で選ばれた七人の「当前」が控えており、それ以前の全ての祭りの世話役となり、この百手祭の直会において新しい当前への「当渡し」が行われる。この籤で一番籤に当たった者には伝来の掛軸が渡され、一年間自宅の床の間に掛けて朝夕礼拝することとなっている。その掛軸の中央には「厳島大明神　祭神市杵島姫八大竜王…」と書かれており、やはり神仏習合の要素が見られる。

さて、この祭りは供物や饗応の規式に細かい定めがあるが、大飯食らいに匹敵する行事は見られない。ただ細かく見ていくと、幾つか留意すべき要素はある。祭りの前日の夕刻から、当前七人の手で準備され、調整される「本座」の献立には、「盛相一ツ（赤飯を型に入れて押したもの）但胡麻塩附」の記載がある。[25] また、百手神事（弓射）終了後、青年会館で行われるその本座で新しい当前を選出する籤引き後、神前に供えられた高盛飯を含む御供が列席する人々に一箸ずつ分け与えられる。その後、盛相を戴くわけであるから、大飯行事とは認識されていないもののその基本形式は認められるのである。

また、この祭りの神事に用いられる供物の中に、特に興味深い物がある。当渡しにおいて、当前一番が旧当前一番から引き継ぐのは、五点の品である。前述した「厳島大明神の掛軸」、箱入りの「献立表」、葛籠に入った「裃」、「ユリ箱」、そして「御供椀」である。この内、ユリ箱は、縦三八センチ、横四七センチ、深さ一〇センチ程で周囲を丸くした箱で、この中に白米三升三合三勺を入れ、これに「ホコ（鉾か?）」と称する頭が円錐形の二五センチ程の棒を二本突き立てたものである。(26) これが当前一番の屋敷の祭壇に供えられるほか、百手祭の幾つかの神事でも御供となっている。確かに白米であって飯ではないが、その形状は三合の飯を高盛にして箸を立てた下島の御供を思わせて興味深い。

神前読経　蓑島神社百手祭（行橋市蓑島）

的場での弓射　蓑島神社百手祭（行橋市蓑島）

次に、同じく燧灘に面した、行橋市の海岸部、現在は陸続きであるがかつては島であった蓑島の蓑島神社で毎年五月二十一日に行われる百手祭を見てみたい。弓射に先立って、蓑島神社本殿で大小二つの的[27]と当番区から奉納された二張の弓と二本の矢を供え、射手二名のほか氏子代表らが集まって祭式が行われるが、その際、宮司による祝詞の後、島内の法泉寺、西方寺、浄念寺の三名の僧侶が神前に並び、宮司による大太鼓の伴奏の中、般若心経を唱える。所謂「神前読経」である。若者二名の射手の選出も中心である法泉寺の住職が、数珠に籤を付けることによって選ぶということであるから、本来は神仏混淆で僧侶の関与が大きかったことがうかがわれる[28]。

祭りの起源については伝承がある。室町時代の後半、燧灘に横行する海賊に対抗して始まったと伝えられる。大小二張の的は海賊の目に見立てたものだとも言われる。神前読経の後、神社から少し離れた「的場」と称する小祠に移動し、村人が見守る中、二名の射手は、立て掛けられた的に対して二回ずつ弓射する。終わるとすぐ、押しかけた群衆による「的こわし」が行われる。その後は集落の長老による鶏卵団子の奉納があるだけで行事は終了する。大飯行事に関連するものは認められない。

なお、他の地域との関連で言えば、蓑島は、「松会行事」で有名な等覚寺《とかくじ》の「お潮井採り」の場となっており、現在でも松会の際のお潮井は蓑島の海岸で採られている。等覚寺は現在は地名のみになっているが、豊前六峰の一つ、普智山に位置した寺社勢力であり、その影響圏にあったことと神前読経や百手といった民俗の成立は密接に関連していると推測できる。同じような関係で、前述の厳島神社の在る八屋の浜は、現在は廃絶したが、かつて豊前六峰の求菩提山（護国寺）のお潮井採りの場[29]であった。やはり、同様の影響を類推できるかもしれない。

〈4〉淀川をめぐる宗教的環境

ここまで二丈町淀川の百手祭の直会で行われる「大飯食らい」を、全国的な幾つかの事例と比較し、さらにその前段となる百手祭を福岡県下の事例について検討してきた。何故、この地点に奇祭とも呼べる奇妙な行事が存在しているのかを究明したいがためである。その際、米や飯に霊力を認める信仰が予め存在するから大飯行事が「民間に広く」存在しているという民俗学的前提を留保した。それでは、ある地点に、何故そうした行事が存在しているかを何も説明したことにはならないからである。これまで見てきたように大飯行事は間違いなく「儀礼」である。儀礼というものは、元来は儀軌から派生した規律＝訓練（discipline）とも言える行為実践体系である。[30]頑なに保持されてきたその在り様を「信仰」の存在から説明することは難しい。[31]むしろ信仰の存在こそ儀礼から類推したものに他ならないからである。

ではある儀礼の存在、その成立と保持を説明するものは何か。巨視的には権力関係がその手がかりとなる。儀礼自体が権力関係を発生させ維持させている側面もあるが、[32]儀礼の成立に社会的な権力関係の布置が関わっていることは否定できない。つまり、権力強者が権力弱者の側に与えた一つの形式が儀礼であるという見方である。もし仮に「宗教者」と「民衆」に分けて考えてみた場合、例えば「大飯食らい」の場合、民衆の側から「自然発生的に」生じた形式を宗教者が取り入れざるを得なくなったということが果たしてあるだろうか。むしろ、権力強者である宗教者が民衆に教唆し伝達したと見るほうが「自然」である。主体は宗教者であり、民衆は受動的な客体である。静岡県の下島の事例で示した「一時、オオメシ祭りをやめたらムラに悪い病が流行した」などの伝承は、民衆が受動的な客体であったことを示す表象とも思えるのである。

宗教民俗を考える場合、神仏分離を指標とする近代以前の社会の権力強者の位置にあったのは、中世期においては宗教に留まらず政治的社会的権門であった寺社勢力、[33]近世期には、同じく顕密の教義は保持しつつもその影響力が宗教領域に限定されつつあった祈禱系寺社である。[34]大飯行事に関してこれまで幾つかの事例を検討してきたが、それらの事例の背後に見え隠れしているのは、この祈禱系寺社ではないだろうか。しかし、淀川の場合はまだそれが明確ではない。そこで、この寺社勢力―祈禱系寺社の歴史仮説を念頭に置きつつ、淀川をその中心に含む二丈町（現・糸島市二条深江）一帯の宗教的環境を検討しておきたい。

かつての寺社、特に中世の顕密寺社が山岳に依拠したことは確かである。(35) 淀川の百手祭では、二丈岳（七一一メートル）との関連が見られるが、この二丈岳を中央に置くと西側には同じ脊振山系に、浮嶽《うきだけ》（八〇五メートル）と隣接する十坊山《とんぼやま》（五三五メートル）がある。山麓には浮嶽神社中宮があるが、ここはかつて「浮嶽白山妙理大権現」中宮で本地仏として阿弥陀・釈迦・観音の三体が祀られていた。(36) この三体とは同定できないが、現在も国指定の重要文化財として仏像三体（木造仏坐像・木造地蔵菩薩立像・木造如来形立像）が残されている。いずれも平安前期と比定されるものである。

現在は廃絶し地名となっているに過ぎないが、かつてここには「久安寺《きゅうあんじ》」(37) という「怡土七ヶ寺」の一つがあった。怡土七ヶ寺は、奈良時代に渡来僧である清賀《せいが》上人が勅命によって建立したと伝えられる寺院で、院主坊・清永坊・浄至坊・奥之坊・正桂坊・大門坊・寺司坊・杖立坊・正覚坊・道実坊の属寺十坊を擁し勢威を誇っていたが、戦国時代末期に滅びたと伝えられる。がこの内、清永坊は明治以降も存続し、現神主のK家に繋がるとも言われる。ともあれ、現在も山頂の上宮、さらに麓の白山神社（下宮）を備えた三宮構成の下でオクンチの神輿巡幸などが行われている。また、周辺には数カ所、白山神社が分布しているが、やはりその勢力圏にあったと考えられる。その内、福井の白山神社では、大正時代まで「春祈禱」と称されていた「神楽」が現存している。(38)

一方、東側に目を向けると、獅子舞岳（八四一メートル）の中腹の白糸の地に、熊野神社（祭神：熊野三所権現）があり、その境内に本殿と隣接して観音堂（祭神：青龍大権現(39)及び十一面観音・准胝《じゅんてい》観音）がある。これまた、かつては清賀上人建立の怡土七ヶ寺の一つである「小倉山小蔵寺《おぐらでら》」であった。『太宰管内志』(40) には、建保五年（一二一七）の文書として清賀上人を初代として「實法房勢祐」以下十名の「院主次第」が載せられ、また熊野神社の棟札には天文十一年（一五四二）領主である原田隆種が「小蔵寺鎮守権現」の社を再建したとあるから、[41] 勢威ある寺社勢力であったことが分かる。近世以降は、麓にある宇美八幡宮神主T家が統括して今日に至るのであるが、このT家は、近世末まで社僧であったことが明らかである。寺号は長嶽山瑞雲院寶蔵坊で高野山金剛峯寺に属し、僧位は権大僧都法印であった。その下で今日まで存続する興味深い年中行事が、熊野神社で毎年十二月十八日深夜に行われる「寒みそぎ」である。白糸地区の大勢の裸の若者が神社の横を流れる身を切るような清流に身を浸して禊ぎ（垢離）をするのであるが、T神主以下三名の代表はやや上流部に向かい、三升三合の米を七回磨いで七回流すという独特の所作で磨ぎ、終わるとすぐ本社に設けられた釜で炊き上げる。炊き上がった飯は、大型の折《へ》ぎ盆に先端の尖った円錐形に高盛にして、本社に三膳、観音堂に十二膳を供え、その傾き加減で年の吉凶を占うのである。大飯行事こそ無いものの同系統の行事と見られなくもない。

観音堂に供えられた十二膳（撮影：中西裕二）

さらに東側には同じ脊振山系の雷山（九五五メートル）が位置し、その中腹には清賀上人開創の怡土七ヶ寺の中心である雷山千如寺大悲王院があり、かつては僧坊三百坊を擁したと言われるが今日も真言宗の拠点寺院として隆盛している。詳しい経緯は省略するが、[12] 山麓の人々が毎年五月三日に上宮に参拝する「峰尾登り」の習俗などが注目できる。

さて、中央部、二丈岳（七一一メートル）に焦点を合せる。二丈岳に登拝する主なルートは二つあり、一方の麓に淀川が位置するが、もう一方の山麓にあるのが一貴山《いきさん》集落である。集落は一貴山川の支流が合流する地点にあり、村の入口に仁王門がある独特の構えを有している。ここが怡土七ヶ寺の「一貴山夷巍寺《いきじ》」に該当することが明らかであるばかりか、かつての八坊がどの家屋敷

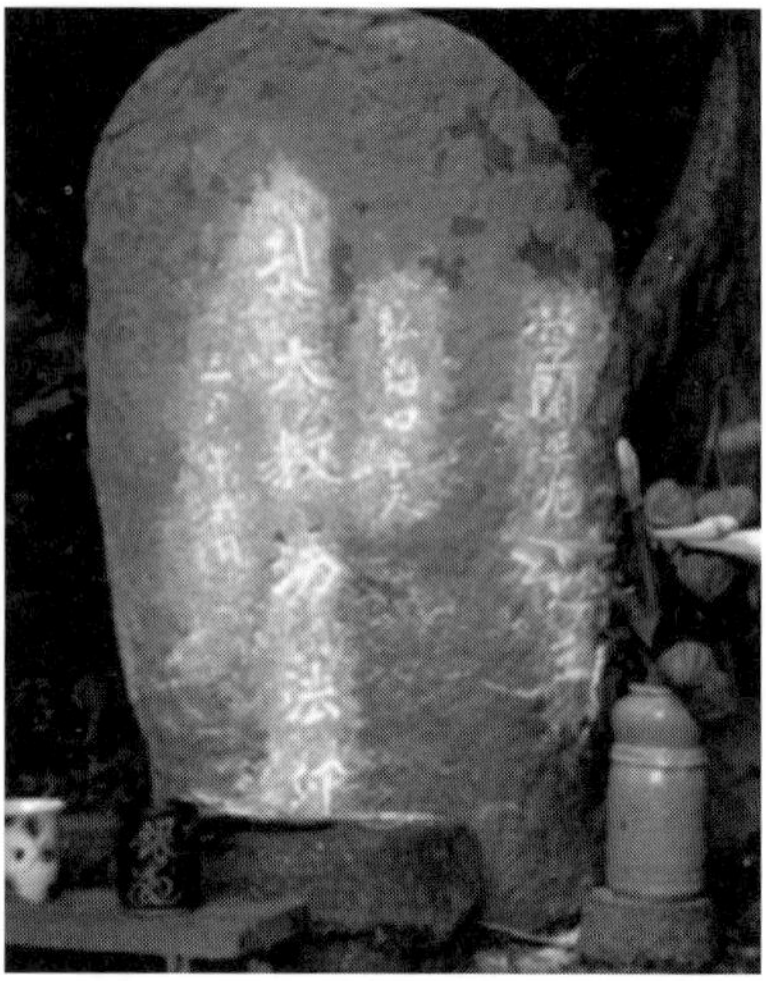

大教坊門前の石塔

に当たるかも明白である。即ち、政所坊（Ｔ家）・寂照坊（Ｋａｂ家）・大教坊（Ｋｕ家）・寂光坊（Ａｏ家・Ｋａｗ家）・門善坊（Ａｒ家・Ｙ家）・覚門坊（Ｈ家・Ｙ家）・華蔵坊（Ｈ家）・尊厳坊（Ｓ家）である。近世期には既に退転し、還俗して久しいが、何故に同定が可能で人々の意識にも明らかであるかというと、一つには屋敷の内部や門前に坊名を刻んだ石塔が存在するからである。これらがどの程度古いのか多くは不明だが、例えば大教坊の門前にあるものは「弘治四午天（一五五八）大教坊法印」（西暦は筆者）と刻まれている。もう一つの理由は、共同で行う行事の存在である。八坊の内、政所坊は近年福岡市内に転出したが、残る七坊は、毎年十二月二十四日に「天台大師講」を行っている。各坊が輪番で「天台大師の掛軸[43]」を預かり、この日近隣の僧侶を招いてそれを掛けて読経礼拝し、その後直会を行うのである。また、毎年九月十六日には「二丈岳参り」が行われるが、早朝、坊全員が集合し、山頂の上宮を参拝するのである。

　この一貴山に隣接するもう一つの登り口に当たるのが淀川である。その宗教的環境を考えると濃厚な神仏両部・顕密寺社地帯の中に在ると言わざるを得ない。

　さて、現在、百手祭で三回ずつ三度の弓射を一番に行い、直会の座でも上座の中央に座するのは深江神社の宮司（Ｋｕ氏）である。深江神社は、隣接する深江本町に在り、近世期中津藩領以来周辺十四カ村の総宗廟とされてきた神社である。[44]その創立は、建仁三年（一二〇三）に遡る。土地の領主原田種直が、信奉する竈門宝満宮・太宰府天満宮を上深江の地に勧請し、さらに現在地に移した年だとされる。[45]さらに天正二十年（一五九二）、肥前名護屋城に出陣した豊臣秀吉の命による本社再建の棟札があるが、この時以降、秀吉によって秀頼誕生を祝って、宮司の坊号に、「誕生山神護寺秀覚院」の寺号が加えられたとされる。

この両部の形式は以降、近世期も変化していない。例えば、深江神社に保管されている「延宝六年（一六七八）の棟札」には、「宮司大法師俊良房」の記載がある。宮司大法師とは何であろうか。まさに両部そのものである。さらに下って元禄年間（一六八九―一七〇三）の記録には次のように記されている。

宝満大菩薩　　　　淀川村　宮司俊了坊
　　　両神壱社　禅宗妻帯
天満大自在天　　　深江村　社人　左京[46]

まず祭神が宝満大菩薩及び天満大自在天と仏神の表記となっており、両神で一社とされている。祀る主体は、宮司俊了坊はそのままだが、さらに左京という社人が加わっている。祭祀対象が仏神なのであるからおそらく主格は俊了坊であり、社人を使って密教的作法の下で奉持したと見るべきであろう。禅宗妻帯とは、近世期であるから宗派所属は形式的に禅宗のいずれかの宗派であったろうし、もし僧侶であれば清僧、即ち非妻帯が本義であるが、俊了坊は宮司であるので「妻帯」したということになる。つまり、代々の子孫に受け継がれていったのである。ここに見られるのは「宮司大法師」という宗教者の今日から見れば複雑な性格である。半僧半俗の形でありながら、明らかに「修験者」とは違い、しかもこの時期他の史料から推測されるように、俊了坊は深江宮という由緒ある寺社を拠点として活発に加持祈禱を主とする活動を展開したのである。地方における祈禱系寺社の一つの在り方を示すものである。

しかしながら、おそらく居住地を示すであろう村の表記が、社人は深江村であるのに、俊了坊は何故に淀川村となっているのか。今回の調査で発見された史料がその経緯の一端を物語る。それは天保十一年（一八四〇）の「神社仏

閣書上」である。この中から関連する部分に焦点を合せて検討してみたい。まず、上述の深江村の神社についてであるが、

宝満宮　　両神　壱社　　淀川村宮司　秀学院　抱
天満宮　　　　　　　　　深江村社人　三橋伊賀

俊了坊という坊号ではなく、秀学院という院号で表記されており、社人は三橋伊賀となっているが、この両人が所有・管理者となっている。既に近世後期のこの時期に、秀学院という宮司の存在、つまり宮司大法師という在り方が許容された理由の一つは、この共同管理という形態にあったかもしれない。つまり、社人が吉田裁許を得ることで、ここ深江では神仏混淆の仏教的な部分を秀学院が、神道的な部分を社人が受け持つことでうまく棲み分けたのである。(17)事実、境内末社や深江村内の宗教施設について、秀学院は同社の「御本地堂」、「御供屋」、「川上大明神」、三橋伊賀は「大神宮」、「秋葉宮」、「稲荷宮」と所有管理を二分し、秀学院はさらに村内の「地蔵堂」や「天満宮」をも「抱え」としている。そしてここでも秀学院については「淀川村宮司」とされている。

では、淀川村の記述はどうか。その筆頭に挙げられているのは、「天神」、即ち現在の淀川天神社である。拝殿は二間×三間半、祠が三尺四方と現在と同じである。その説明を読み下すと以下の通りである。

是は無年貢地、古来より鎮座の神にて淀川天神と唱え来たり、正月二十五日祭礼、社人産子同寺へ打ち寄り、桑の弓、蓬の矢にて百手の的矢等仕り、俗に百手の祭と申し候。往昔、淀川徳太郎家より神事等一切仕り来たり候ところ、中古、和田氏の者へ相譲り、その子孫にて祭礼仕り来たり申し候。

（傍点筆者）

さて、傍点を付したが、天神社の同寺とは何処であろうか。それとも同社の誤りであろうか。もし寺が存在しないのなら誤りであろうが、深江より遙かに小規模なこの村で寺と呼べる場所は一カ所しかない。それより後方に記述される「真言宗」として挙げられている三間×七間半の寺院である。「紀州高野山金剛峯寺末寺」の「誕生山　秀学院」と記され、「是は無年貢地にて宝満宮天満宮宮司に御座候」と説明されている。その場所については現在不明である。しかし狭い村の中で、現行の弓射が行われる場所を考え合わせると、天神社の向かい側、即ち公民館の場所と推定できるかもしれない。

もう一点、上記記述にいう「社人」とは誰であろうか。産子（氏子）は村の約二十軒と考えられる。祭の現行の形態から考えて村外から社人が訪れるとは思えない。だとすれば、淀川村の記述に現れるさらに二人の宗教者しかない。一人は「不動堂」を管理する「英彦山天台修験成円坊末派　山伏　宝厳坊」であり、今一人は「彦山大権現・不動・大内」[48]の二間半×三間半の堂一宇を管理し、二間半×三間半の「庫裏」を所有していた「英彦山天台修験成円坊末派山伏　泉蔵坊」である。なお、行間朱書によれば、この二人は兄弟で雷山が滅亡した時にここに逃れて山伏となったと記されている。

確かに、淀川天神の所有・管理者は「百姓　義平」となっており、また祭の記述では淀川家から引き継いだ和田家の子孫が執り行うことになっている。しかし一方で「淀川村宮司」たる秀学院が無関係ということは有り得ないのである。秀学院は深江神社に関しては三橋伊賀という恐らくは唯一神道の社家を用いざるを得なかったであろうが、自らホームタウンである淀川では、より密教色の濃い山伏を使って祭礼を執行したと思えるのである。

最後に大飯行事についての現段階での仮説を述べておきたい。通常の饗応において主人（ホスト）と客（ゲスト）はどちらが偉い、つまり権力強者であろうか。客であることは言うまでもない。我々は客に喜んでもらおうと思って歓待するのである。田舎へ行くと「食べろ、食べろ」と催促されるが、それは客に満足してもらおうと気持ちからであって、ホストの側が低い地位にある、あるいは低い地位に自らを置くことは明らかである。[49] ところが、大飯—強飯ではこの地位が逆転しているのである。つまり、給仕し接待する側（ホスト）が客（ゲスト）より、地位が上で偉いのである。ここに大飯—強飯の儀礼としての発生源があるように思える。日光の強飯などはその一方の極である。しかし通常の生活ではあり得ないことであり、だからこそ儀礼として残ったのである。特に宗教的権威がそこに重なる場合はなおさらである。

百手祭の直会である大飯行事の場合、給仕する側の長を「御座《おんざ》」と最大限の敬語で呼ぶのは何故だろうか。また、行事の場が女人禁制となるのは何故であろうか。筆者は、御座とは秀学院俊了坊その人であり、「寄り子」とは彼が配下として用いた山伏ではなかったかと思うのである。おそらく一年に一度、秀学院や山伏の主導の下に執行された百手の儀礼の後、今度は彼や山伏が「座方」として給仕役に廻り、村方を寺院の庫裏に招いて独特な饗応の形式による振る舞いを行ったのであろう。米自体は寄り子である山伏らが一軒一升という単位で強制的に徴収したものであったとしても、顕密修法による御供として供された大飯を戴くことは誠に「有り難い」機会ではなかったろうか。

ところが、明治の神仏分離を経て状況は一変する。秀学院は淀川村を去り、また山伏らも退転し、恐らくは村を去ったのであろう。残された村人はどう対処しただろうか。彼らの胸中にあった最大の命題は「祭を中断してはならない」ということではなかったか。明治の初期、彼らは自ら「御座」と二、三名の「寄り子」を選出し、自らが給仕する側と接待される側に分かれてこの特殊な直会の形式を守ったのである。事実、その頃から以降の記録は残るのである。また、寄り子が米を徴収するところの特殊な形式は、彼らが受身であったが故によく記憶され、縄に結び目を作っていく数え方がなお踏襲されているのである。しかし、彼らにとって困ることがある。現在、マスコミや研究者に「何故大飯を食うのか」、「大飯の意味とは何なのか」と問われることである。現在もそしてかつても彼らは「知らない」のである。やっている本人が知らないのが儀礼の最大の特徴である。儀礼とは、形式を踏襲し実践していくことであり、やること、即ち実践にこそ意義があるのである。

〈5〉今後の課題

淀川の大飯行事に関する微視的な仮説は上述した。そしてそれを支える巨視的な仮説は既に何度か述べたように、宗教民俗の形成や成立、その維持や展開に関わったのは、寺社勢力―祈禱系寺社ではなかったかということである。これは種類としては、一種の歴史仮説である。歴史仮説であれば実証することが可能である。もし誤っていれば、別の宗教主体を検証することができる。ところが、民俗学や宗教民俗学では、民間信仰とか民俗宗教といった「超歴史的な」概念を設定する。その形成と担い手は「民衆」ということになろうが、超歴史的であるため検証は不能である。分かりやすく言えば、既に答えが決まっているようなものである。大飯行事を見た途端、宗教主体を考慮するまでもなく、穀霊信仰で話がついてしまうのである。だからこそ、敢えて民俗宗教仮説を留保して、宗教民俗の歴史的動態（historical dynamics）を探るアプローチを採ったのである。

縄を示す村人

しかしながらまだ問題がないわけではない。寺社勢力や祈禱系寺社の在り様を探ったからといって、それらが今日残る宗教民俗行事に繋がる何らかの形式を保有していなければその関係を云々することはできない。淀川の大飯行事に即して言えば、では秀学院は大飯という饗応形式を一体何処から持ってきたかということである。日光では遠すぎてあり得ないし、第一、もしそうなら「強飯」に類する名称や内容が伝わるはずである。

宗像宮は、中世期は規模の大きい複合的な寺社勢力であり、近世に入っても、例えば福岡藩は「例《くだん》の五社」として、特に近世中頃から雨乞い、日乞い、風鎮めなどに際して加持祈禱を依頼するのだが、「筥崎（箱崎八幡宮）・宰府（太宰府天満宮）・宝満・雷山（千如寺）」と並んで「田島（宗像宮）」としてその一つに数えられる拠点となった祈禱系寺社である。その宗像宮において、応安八年（一三七五）に成立した「応安神事次第」は、その年中行事を記した福岡県下では最古の史料である。その中に、「大飯（タイハン）」と称しているが、大飯に比類する行事形式が年中行事のうち、七回にわたって出てくるので、『宗像神社史』下巻（宗像神社復興期成会、一九六六）から抜粋してみたい。なお、大飯を太字にし、また括弧内に頁数を付した。

正月十三日　彌勒寺入花箱事《イリケショウノ》（八八頁）：惣宮師役

弥勒寺の前に「圓座《エムザ》」と「引敷《ヒシキ》」を敷き、各員手松を燃し、庭には「太松《タイマツ》」を燃く。神官と社僧の著座が濟むと、次に「猨樂」で千秋・萬歳を奏する。終わって、政所は「**大飯**《タイハム》」（臺飯）酒肴を合せ、神官は「高ライシ」をもって「上御前」に供し饗膳となる。この間、佛供・燈明及び次第の法要が行はれる（社僧三人の役とある）。

同十四日　弥勒寺中夜佛事（八九頁）

式次第は十三日のそれと同じく、**大飯**・酒肴ともに同前、各手松を持つとしてゐる。

二月の終りの條に「春大祭事《ハルノヲウマツリ》」（一三一頁）

政所の廳座において「**大飯**」（台飯）御酒（甘酒）を用意し、諸員に振る舞いがある。

四月一日　神湊《カウノ》木皮社《キノカワヤシロ》祭礼（一四七頁）

御供献進のことが終ると、「廳座事《チョウサノコト》」があって神官衆に対し、政所所役の「**大飯**」と御酒一瓶及び貝、鮑、魚《ウヲ》、富葛《トミカズラ》をもって饗膳が行はれる。

四月晦日　惣社神祭事《ソウシャカミマツリノコト》（一五五頁）

饗膳は、合掌三供の「**大飯**」符米三升と精進四、菜八種、魚四でこれを「柏」の葉に包んで下すのである。

十二月二十五日　政所社七歌神事（朸折《アフコオリ》）（二五五頁）

政所から「**大飯**」と酒肴とが出る。

十二月晦日　政所社西《ニシノカウトノ》　神殿神事（二五八頁）

先づ廳座で「**大飯酒肴**」がある。

如何であろうか。勿論、ここに見る「大飯」が、本稿で対象とした大飯行事と同形式のものであるとは言えないが、少なくとも正月から春にかけて、そして暮れ近くに行われていることが分かる。また「合掌三供の大飯」とか神官衆への饗膳とか、神仏習合の形式で、また「符米三升」との付記や、「台飯」との注記も気になるところである。しかし、詳しい検討は今後の課題として、ひとまず本稿を終えたい。

【註記】

（1）『二丈町誌』一九六七、四八〇頁。菊理姫という祭神から白山宮が連想されるが、それは伝承であり、現在の祭神は天満大神（菅原道真）である。伝承によれば、この天満大神は元来、この地の豪族であった和田新右衛門の宅地に祀っていたものを川上宮の跡地に移したとされている。だとすれば、本来この社は川上宮であり、その祭神が菊理姫ということとなるが、詳細は不明である。また一説には祭神は与登比売（ヨドヒメ）とも云われる（『二丈町誌（平成版）』二〇〇五、七三一頁）。

（2）この二十名という数字は本来の集落戸数である。現在では、高齢化・少子化によって次第に代表を出せなくなっている。因みに平成十八年一月二十二日の場合は、十六名であった。

（3）これも本来の数である。平成十八年の場合、寄り子が一名減少していた。

（4）現在では、芹と磯菜汁に鯨が、なますには鰯の焼き物が添えられている。しかし、品目そのものは変更されておらず、座方から真冬に芹を採る厳しさが語られる。

（5）興味深いことであるが、この藁縄は、一方が頭で他方が尾を示す竜（蛇）型のものであり、淀川天神社だけでなく北部九州各地の神社の鳥居に付けられているものと極めて類似している。

（6）柴田立史「日光の延年舞と強飯式」（宮家準編『山の祭りと芸能』上巻、平河出版社、一九八四）二一八―二二二頁。

（7）「強飯」（宮家準編『修験道辞典』東京堂出版、一九八六）一二一頁。

（8）福原敏男『神仏の表象と儀礼―オハケと強飯式』歴博ブックレット二三号、（財）歴史民俗博物館振興会、二〇〇三、四九―九四頁に、強飯に関する先行研究がまとめられている。福原自身は強飯式を「近世の権力構造のなかで、幕府・藩・天皇権力への饗応儀礼として成立したもの」（五四頁）という解釈を呈示している。だが、本稿の対象は大飯にあるので論評は控える。

（9）『日本民俗大辞典』上巻、吉川弘文館、一九九九、六〇二頁。因みに同辞典の「大飯食らい」の項目には、昔話や説話のみが扱われて、現行の儀礼についての記述はない。

（10）同上書。

（11）同上書。
（12）柳田國男「食物と心臓」（『定本 柳田國男集』第十四巻、筑摩書房、一九六九）二二三―三七五頁。
（13）宗教儀礼が行為の実践形式を踏襲するものであるという点については、タラル・アサド（中村圭志訳）『宗教の系譜』岩波書店、二〇〇四。
（14）この点については「『大飯食らい』か、『強飯』か？――ある民俗行事の解釈をめぐって」と題して日本民俗学会第五十五回年会（山口大学、二〇〇三）で発表した。
（15）「勾坂西下組のオオメシ祭り」（静岡県教育委員会編『静岡県の祭り・行事』二〇〇〇）五五―五九頁。以降、祭りの経緯についてはこの資料に基いて述べてゆく。
（16）ここで言う「寺社」とは近世期の祈禱系寺社を念頭に置いている。その淵源は、中世の寺社勢力にあり、顕密の僧侶が顕教・密教の修法を司り、さらに神分、即ち密教的な神祇祭祀を、神人を統括しつつ行ったことに基く。しかし、近世期には勢力と呼べるほどの規模を失い、単立の拠点のみとなったが、修法そのものは連続していると考えられる。「顕密仏教と寺社勢力」（『黒田俊雄著作集』第三巻、法藏館、一九九五）。
（17）この下に年番の「屋敷」という単位があるが、この祭りには直接関係しないので触れない。註記（15）を参照。
（18）同上書、五七頁。
（19）同上書、五六頁。
（20）黒田俊雄『寺社勢力――もう一つの中世社会』岩波新書、一九八〇。同「白山信仰の構造――中世加賀馬場について」（『黒田俊雄著作集』第三巻、一九九五）二四二―三一〇頁では、寺社勢力の地域的展開の中で組織内部の独自な権力的布置が生じてくることが論証されている。それが地域独自の儀礼形式を生じさせる原因とも考えられる。
（21）「豊前の民俗芸能」豊前市無形民俗文化財保存協議会、二〇〇一、一二頁。『豊前市史』下巻、一九九一、七〇二―七一二頁。明治初年の頃は、旧暦二月五日に行われた。
（22）鬼の頭は「椎田の海」に沈めたと言われる。同上書。
（23）「蟇目法」（宮家準編『修験道辞典』東京堂出版、一九八六）三一三頁。
（24）『豊前市史』下巻、一九九一、七五四―七七一頁。

(25) 同上書、七〇六頁。
(26) 同上書、七〇七頁。
(27) 大は直径二メートル三〇センチ、小は一メートル八〇センチで、竹に紙を張った的である。
(28) 二〇〇四年五月二十一日の現地調査による。
(29) 重松敏美『豊刕求菩提山修験文化攷』豊前市教育委員会、一九六九、四四一―四四二頁。厳密に言うと、古くは椎田湊の鬼ヵ洲という海浜の小島であり、以降に八屋の浜に移ったらしい。前述したように、椎田の海と「股手の藪」は鬼の伝承に絡んだ関係がある。
(30) タラル・アサド、前掲書、六一―九〇頁。
(31) Needham, R.1972, *"Belief, Language, and Experience"* Basil Blackwell.
(32) 竹沢尚一郎『象徴と権力――儀礼の一般理論』勁草書房、一九八七、二五八―二六五頁。
(33) 黒田俊雄、前掲書、一九九五及び同書第二巻〈顕密体制論〉、法藏館、一九九四。
(34) 祈禱系の用語は、圭室文雄による。圭室文雄「神仏分離」(『図説 日本の仏教』第六巻〈第二刷〉新潮社、一九九〇)三三六―三五四頁参照。もちろん葬祭を専らとした滅罪系と区別したもので、加持祈禱を主活動とする寺院群であり、宗派で言えば真言・天台が主である。近世期その数は圧倒的な程で、既に近世中期から始まる神仏分離の標的は正しくこの祈禱系寺院であった。また寺社の用語は、神仏習合に基く寺院・神社複合体を指すものである。黒田俊雄『寺社』か『社寺』か」(『黒田俊雄著作集』第一巻〈権門体制論〉法藏館、一九九四)三三六―三三八頁。
(35) 例えば、名著出版から刊行された『山岳宗教史研究叢書』などを見れば明らかである。ただ山岳宗教=修験道という見方はいくぶん狭すぎるのではなかろうか。修験は顕密寺社の行人方が修する行法であり、もう少し広く捉えておきたい。例えば、逵日出典『神仏習合』臨川書店、一九八六。
(36) 『二丈町誌(平成版)』二〇〇五、七三七頁。
(37) 地名としては「きわじ」と読まれている。
(38) 『福井神楽』二丈町民俗文化財調査報告書第三集、二丈町教育委員会、二〇〇五。
(39) あるいは龍樹権現とも言われる。

(40)『太宰管内志』上巻歴史図書社、一九六九、六四頁。
(41)吉田扶希子「雷山千如寺に関する一考察」(西南学院大学大学院『文学研究論集』第二二号、二〇〇三)三〇五頁。
(42)同上、二八五—三二八頁、参照。
(43)絹製で中央部に若かりし頃の最澄の坐像が描かれている。年代は現在、鑑定中である。また、最近、仏像らしきものが線刻された銅製の鏡像が寂光坊から発見され、これも鑑定を進めている。
(44)『二丈町誌』一九六七、四七六頁。
(45)『二丈町誌(平成版)』二〇〇五、七三〇頁。
(46)『二丈町誌』一九六七、四七七頁。
(47)吉田裁許については、橋本政宣「寛文五年『諸社禰宜神主等法度』と吉田家」(橋本政宣・山本信吉編『神主と神人の社会史』思文閣出版、一九九八)二六三—三一〇頁。
(48)この内、「大内」が何を意味するかは不明である。
(49)この点を民俗学は見誤って、歓待の習俗から大飯—強飯儀礼が生起したと直接繋げている点が多く見受けられる。

二　呼子の宗教的環境

本節では、大綱引きの考察の前提として、それに直接あるいは間接的に関わる呼子地域の神社・寺院などの宗教施設、それらの祭礼や年中行事、地域住民の信仰など地域の宗教的側面を概括し、その特徴を抽出する。大綱引きが、宗教的意味を有する宗教行事であるかどうかの最終的な判断は後の章に譲るが、地域の宗教的位相をある程度明らかにした上で、そこに位置づけた場合の綱引きに対する暫定的な解釈を提示してみたい。

〈1〉「両山伏」

左頁の上図は、江戸末期、天保十一年（一八四〇）の『小川嶋鯨鯢合戦』の十七丁、「組仕出之図」で「組主中尾氏の座敷にて吉例波座士等太鼓を打て鯨うた唄ふ体」とされている。[1] 捕鯨出漁に際して、組主の中尾氏の座敷での宴席の模様が描かれている。図の左上の上席には組主と並んで赤い袈裟を着した禿頭の僧侶が二名見え、「両山伏」と添え書きされている。両山伏という表現自体が呼子を対象にしたものであり、一人は呼子の中央部、宮町東側の高台に位置する「呼子三所大権現」（現・三神社）の妙泉坊であり、今一人は集落北部海士町東側高台の「八幡宮」[2]（現・熊野三社八幡宮）の龍泉坊である。捕鯨出漁という重要な場に山伏が上座に同席しているということは、宴席に先立って出漁に際しての祈禱が行われ、その後宴席に招かれたと見るべきであろう。

さて、捕鯨出漁に際しては「両山伏」が祈禱を担っていたと思われるが、終了時についてはどうであったであろうか。下の図は、終了時、「組あけ」に際しての四十八丁、「龍昌禅寺において鯨鯢供養之図」である。[3] まず、龍昌禅寺であるが、上述の八幡宮参道中腹にある「龍昌院」であり、曹洞宗であるので禅寺という表記がとられたのである。供養の導師を務めているのがその住持である龍昌院である。その背後には、中町の浄土宗西念寺と先方町の浄土真宗願海寺が控えている。龍昌院の右手側には「龍泉坊」、その後ろには、黒髪山大智院を本寺とする唐津西寺町の真言宗観音寺と唐津西寺町曹洞宗長徳寺が見える。この行事について同書には、「……組あけの時には、毎年呼子の龍昌禅寺において、多数の僧徒を招請して、鯨鯢供養を営み、捕獲の日を卒塔婆に書き法号を与えて読経し、供物一切を海中へ流し、懇ろに弔」う

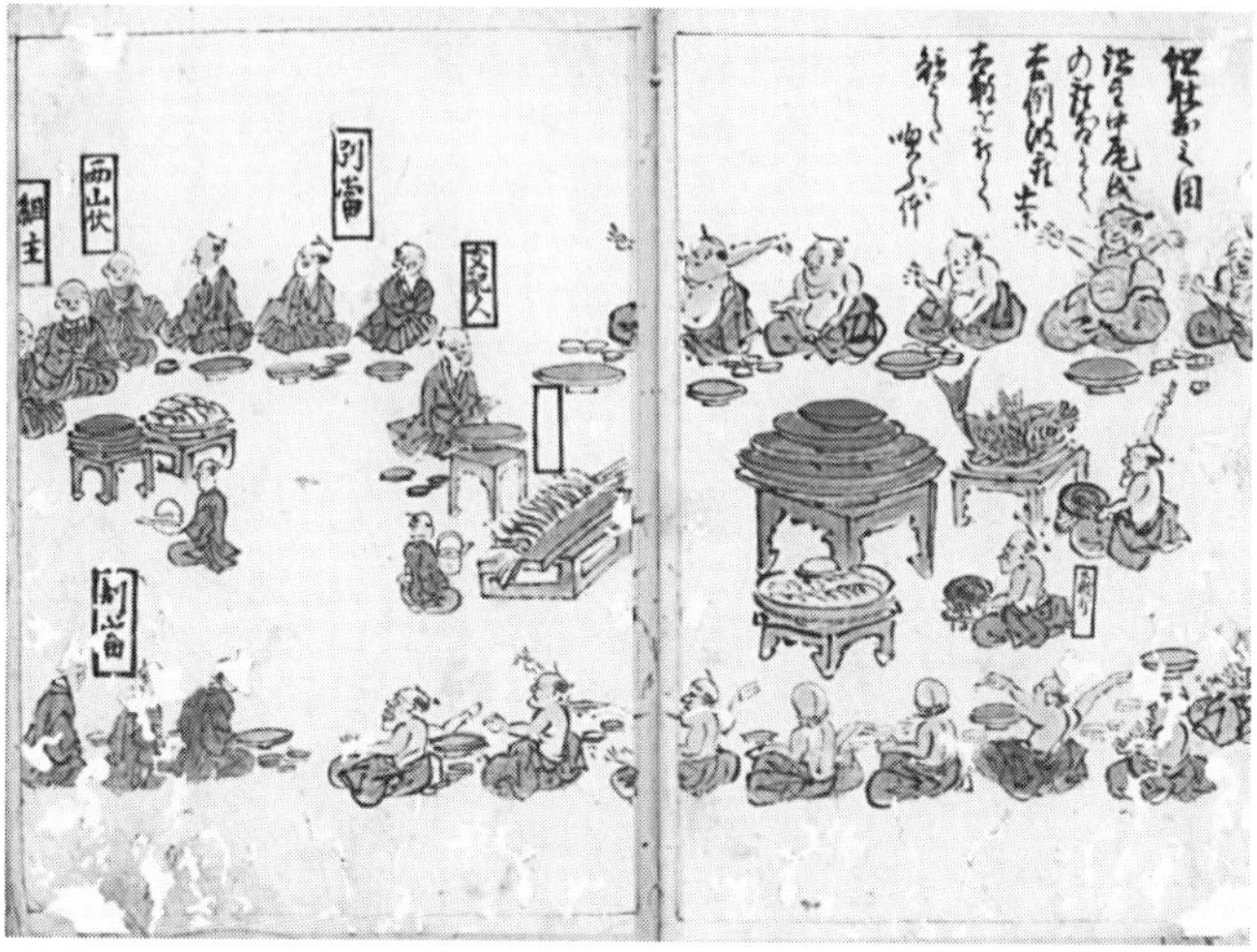
『小川嶋鯨鯢合戦』十七丁「組仕出之図」より「組主中尾氏の座敷にて吉例波座士等太鼓を打て鯨うた唄ふ体」

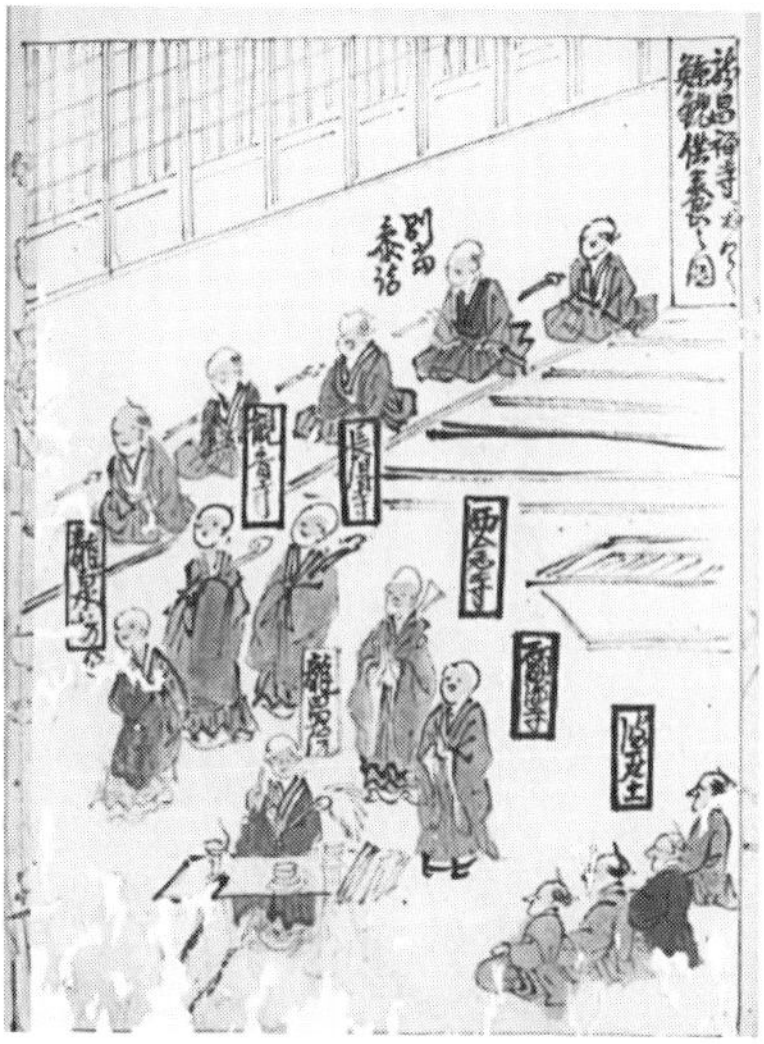
同上四十八丁「組あけ」より「龍昌禅寺において鯨鯢供養之図」

とされている。鯨に対しても人と同様な滅罪供養作法が行われたことが分かる。なお、ここに見える「龍泉坊」が山伏の龍泉坊であるかどうかは、解釈が難しい。呼子の龍昌院の本寺は、隣接する名護屋村の龍泉寺であり、あるいは龍泉寺を龍泉坊と表記した可能性もあるからである。しかし、もし本寺であるなら末寺である龍昌院より装束が簡素であることが奇妙であるし、また、後述するが龍泉坊は家族内で男子は「天台宗修験」であるが、母、妻、娘など女人は黒髪山大智院を本寺とする唐津西寺町の真言宗「西之坊」の檀那であり、観音寺とも関係するからである。故に、ここに見える僧を龍泉坊と仮定するが、「妙泉坊」の姿がないことは事実である。[4]

まとめると、捕鯨出漁に際しての祈願・祈禱に関しては、妙泉坊・龍泉坊という両山伏が独占しているが、終了時の供養については、龍昌院・西念寺・願海寺といった呼子内の滅罪系寺院が主導し、宗派の面でも曹洞宗・浄土宗・浄土真宗・真言宗と複合して営まれており、龍泉坊は地理的に近接していることもあるが、おそらく何らかの繋がりで参加しているに過ぎず、その関与は消極的である。つまり、呼子をめぐる宗教空間には、生を極とする祈禱系の位相と死を極とする滅罪系の位相の二つの位相が認められ、両山伏は前者の位相に位置づけられる。ここではまず、前者の位相から見ていこう。

郷土史料に「唐津拾風土記抄」がある。著者は不明であるが、文化年間（一八〇四―一八一八）の作と推定されており、『松浦叢書』第二巻に収められている。[5]そこには、「寺院名寄」と並んで「山伏両派名寄」が載せられており、当時の松浦郡一帯の宗教状況がうかがえる。

まず、寺院総数一二八カ寺とされているが、両派山伏の総数も一二八坊とされている。寺院数と山伏の坊数が同じということは、江戸後期という時代状況を勘案すれば、山伏の密度がかなり高い地域であるということができる。ただ、実際に記載されている坊名の総数は、一二五坊である。両派というのは、彦山派（天台系）と当山派（真言系）であり、前者が九十五坊に対して、後者は三十坊であり、四分の三強が彦山派であり、本地域一帯が彦山の重要な

「霞」（縄張り）であったことがうかがえる。さらに、全体を「御目見」山伏（上位）と「御目見無」山伏（下位）に二分しており、当山派では三十坊のうち七坊が、彦山派では、九十五坊のうち二十二坊が上位に格付けされている。なお、この「御目見」とは、領主である唐津藩主に対する拝謁資格ということであり、藩内では山伏をこの資格の有無で格付けしていたのである。[6]

上位の二十二坊の「法頭」は唐津城下の「大石山大権現　一條坊」であり、呼子の「両山伏」も「呼子三所権現呼子町妙泉坊」及び「呼子村　龍泉坊」としてその内に列挙されている。祭祀する権現名称が付されているのは五坊であり、法頭の大石山大権現をはじめ、熊野原大権現、呼子三所大権現、黒崎大権現、藤崎権現であることから、呼子が城下から遠隔の地にあるにもかかわらず、かなり重視される位置にあったことが分かる。また、上位二十二坊では城下に偏りが見られるが、その中に呼子の二坊と隣接する名護屋村の「小松坊」が入っている点が注目される。そして、下位（御目見無）を含めれば、呼子村では「胎蔵院」と「歓喜院」二坊が、そして名護屋村では「教如院」、「正悦」、「宝泉坊」、「大福院」、「秀学」、「定日坊」、「大泉」の七坊が追加され、呼子周辺でのかなり濃密な山伏のネットワークが推定されるのである。

彦山側の史料から確認してみたい。「寛政元酉年（一七八九）英彦山坊中弁諸国末山人別写」によれば、坊数の最も多いのが「唐津城下」で、同じく肥前「彼杵郡大村」と並んで三十三坊、ただし、同一地域である「上松浦郡」の四坊を加えると、三十七坊となり、最大の勢力圏と見做せる。[7]そして「唐津城下」の三十三坊のうちには、妙泉坊・龍泉坊も含まれている。もっと詳しい記載のある「英彦山末山帳」[8]では、「肥前国上松浦郡大石山」の項目に五十一坊、「肥前国上松浦郡」の六坊を合わせると、五十七坊で、第一位。次に、「肥前国彼杵郡大村彦流山観音寺配下兼真言宗大乗院」の三十五坊、第三位が「豊前国上毛郡松尾山」二十三坊、第四位が「豊前国中津郡蔵持山」十九坊という順位である。もちろんこちらの史料にも妙泉坊・龍泉坊の名は確認できる。座主を頂点とし、執当―四奉行に連なる末山の法頭は、七十カ所一五八坊庵とされるが、妙泉坊・龍泉坊が属する大石山は、最大の勢力であったと考えられる。

そうした諸国の山伏が檀那を率いて参詣する「彦山参り」は、本山の宿坊側でもその接待に意を尽くしたようである。長野覺によれば「……檀那を迎える坊家は、その接待に最大の努力を尽している。小石原焼きの一升徳利に存分の酒（略）と、白米の飯に、山伏たちの女房が手伝人を雇い、丹精こめてつくった山の幸と、干物・塩物ではあるが肴も付けられた。とくに肥前檀那に対しては二ノ膳付が原則であり、そのうえ夜中にボタ餅を振舞っている。たとえ他国の檀那と同宿した場合も、肥前檀那にのみ振舞われた。そのわけを古老に聞いても確たる理由はつかめない。この風習は一種の儀礼として明治以後まで続けられた」[9]（傍点筆者）ということであるが、坊数の多さという勢力圏は、各坊が抱える檀那数の大きさとも関連し、彦山を支える経済的勢力でもあったことがうかがわれる。

さて、呼子では序列としては妙泉坊が上位であり、近世期における綱引きへの関与も推定されるのだが、妙泉坊は明治の神仏分離によって廃絶し、その後の火災で史料も焼失し、その活動について知るすべがない。しかしながら、熊野三社八幡宮の龍泉坊は、神仏分離によって還俗し、神官となって今日に至っている。故に龍泉坊所蔵の文書類によってその実像に迫ってみたい。

まず、同坊所蔵の「過去帳」であるが、近世期を通じて書写、さらに加筆されたものである。開山は、「南仙院林延宗徹上人」とされ、没年は大永二年（一五二二）、「英彦山より来り院開」とされている。二代以降は「権大僧都法印〜大和尚」の僧位がつくが省略する。二代は「学林」、永禄三年（一五六〇）没、筑後久留米から来たとされる。三代「洞然」、慶長四年（一五九九）没、「英彦山」。四代「林緑」、正保三年（一六四六）没、「英彦山」。五代「盛徹」、寛文五年（一六六五）没、「英彦山」。六代「盛道」、延宝四年（一六七六）没。七代「盛尚」、天和二年（一六八二）没。次の八代から、記述の様式が変わり、葬送地として「君塚」が挙げられる。そして第十代が「中興開山」とされる「林学」である。寛保二年（一七四二）没、「唐津より来た」という言い伝えがある。そして十一代が林学の実子である「林盛」であり、「当寺再興」とされている（天明二年〈一七八二〉没）。十二代がその実子「盛円」、修験伝燈五十七世とされている。十三代が「盛音」、その実子が十四代、「盛洲」である。嘉永六年（一八五三）に没している。十五代はその実子「盛雲（盛重）」が継ぐ。その代で明治維新を迎え、神仏分離によって僧位僧官を返上して、「八幡《やはた》盛重」という姓名で神官を継承して今日に至るのである。

　住持のみではなく、その家族関係についても明らかになるのは八代「林春」（貞享四年〈一六八七〉没）以降である。そして、中興開山とされる「林学」以降は実子継承も明確になる。上の図は、龍泉坊所蔵の掛軸（部分）である。ここに描かれている人物についてであるが、天明五年（一七八五）役廣延の記とされる上段部の記述によると、「龍泉坊林観」が「安永丁酉」、即ち、安永六年（一七七七）七月に橋本坊見住に随い、大先達助周法印の金剛界入峯修行への参与を記した絵とされる。黒の鈴懸衣に頭巾・結袈裟、左手には黒・白の数珠、右手には彦山に縁の「石楠花」と、古くは『梁塵秘抄』に「聖の好むもの」と記された「鹿角」を持ち、帯刀して鹿皮に座した図である。この林観は、十一代林盛の実子とされており、十二代盛円とは兄弟であったと推測される。

龍泉坊林観肖像（部分）安永６年

　次に、祭神関係については、龍泉坊所蔵の掛軸がある。銘がないので作年代は不明であるが、上記の林観像とほぼ同一年代ではないかと推測される。内容は、彦山の垂迹神三体が上部に描かれた十二神の図像である。

　古来、彦山三所権現については、「南嶽―俗体：伊弉諾尊―本地：釈迦如来」、「中嶽―女体：伊弉冉尊―本地：千手観音」、「北嶽―法体：天忍骨尊―本地：

彦山垂迹曼荼羅図（仮称）

阿弥陀如来」と捉えられてきた。[10] 確かに上部の三神は俗体・女体・法体に描かれており、彦山三神と考えて間違いないであろう。ところがその頭上には「白鷹」が描かれている。「白鷹」が出現する縁起は、天正九年（一五八一）以前に成立の「彦山記」がある。[11]

『太宰管内志』に所収の「彦山記」によれば、確かに白鷹は「天祖乾坤ノ分魂」として「石上に影向」するのだが、大己貴《おおなむち》神と田心媛《たごりひめ》尊の婚姻に始まる話の筋立てはかなり違うものである。しかしながら、この図像を解釈するのに貴重な手がかりが含まれている。まず、その婚姻によって設けられるのが三女神であり、その三女神は「宇佐嶋」より来て北嶺に鎮座したとされる。図像の上方二段目の三女神は、宇佐八幡の三女神と解釈できる。すると、中段中央の女神は誰かということになるが、細かい筋は省略するが、「彦山記」は「神代に鎮座した七神」とまとめており、残る一神（女神）は「菊理姫」である。白山に祀られる姫神である。下方には、明王像二体と童子像二体、そして中央に岩窟の中で向かい合う猿が描かれている。これについて、「彦山記」の記述に従うならば、「下の五座は祖師開峰の時に出現した」「童子」であるという。向かって右から「大聖童子」、（左）「金杖童子」（確かに右手に金の杖を持っている）、下段は（右）福智童子、（左）都良童子（確かに虎に跨っている）ということになる。そして「別に深秘の一社有り」というのが、中央の岩窟の猿であろうか。とにかく、「総じて十二社」だというのである。ただ、三女神についてであるが、「彦山記」に現れる名称は「田心姫尊」、「湍津姫尊」、「市杵嶋姫尊」の三神である。言うまでもなく、筑前宗像の三女神であり、また呼子の対岸、田島大明神（現・田島神社）の祭神でもある。何故に宗像三神＝八幡三神であるのかは不明だが、彦山の垂迹曼荼羅とも言えるこのような図像から考えれば、古くからあった彦山＝熊野三神同体説に加えて、八幡三神＝宗像三神も習合し、さらにそこに菊理姫（白山神）も付加される習合的枠組が存在し、近世期の彦山系山伏に共有されていたと見るべきであろう。龍泉坊の宮名「熊野三社八幡宮」も、そして妙泉坊の「呼子三所権現」もこの枠組に即して捉えるべきであろう。先述したように、妙泉坊（現・三神社）は廃絶し、何の史料もないのだが、境内に残る「鷹」の石像は彦山との関係を示す貴重な証拠である。

三神社境内の鷹の石像

龍泉坊には近世期の境内図及び堂社記録が残されているが、それによれば「八幡宮本社（七尺四方）」を中心に玉垣を経て拝殿に到るが、拝殿に隣接して左手には「輿堂」（八幡氏によれば元は神輿三基であったが、近世期に一基が破損し、以降、二基となったという）、右側には「護摩堂」があり、その本尊は「不動明王」とされている。また、境内には「天満宮」「稲荷堂」「龍神堂」、石祠は「中央神」「伽藍神」、石塔として「三宝大荒神塔」「増長神塔」などが祀られている。印信は、三種、「護身法」「御供大事」「進酒大事」で、いずれも安政三年（一八五六）に、「大先達法印鬼石坊」から「盛雲山伏」（一五代、盛重）に授与されたものである。

龍泉坊所蔵文書は、寛政四年（一七九二）頃から明治時代にかけて十数点あるが、全てを詳述する余裕はない。主に活動面に限ってその要点を述べておきたい。活動の主たる側面は、加持祈禱や配札に関わる活動である。まず、漁業関係の活動である。例えば、「正月十八日より二十日まで二夜三日、修行」した上で「藤津山正八幡宮二夜三日大漁満足守護」や「奉講読龍王神王経三十三部大漁満足守護」の御札を書き上げ呼子の地方に配布したり、「鯨御祈禱」の入目（費用）などが記録されている（安政六年〈一八六〇〉『諸雑書附覚帳』）。これに対して、文政四年（一八二一）の「鰯網御初穂」の記録のように漁獲を寄進されてもいる。

次に、周辺の檀那場を廻っての家固め祈禱や病気に対する祈禱と配札がある（安政六年『加唐嶋檀那簿』）。重篤な病気に関しては「火生三昧」（採燈護摩）を行ってもいる。また、文化三年（一八〇六）には疱瘡が蔓延したらしく、それに対する祈禱名簿を作成している（文化三年『痘瘡人受納簿』盛円法印）。

第三に、船の航行に関しての順風祈禱や風鎮めの祈禱である。呼子が航路に位置していることから、藩主クラスの参勤交代の際の祈禱にも関与している。特に、福江藩（五島藩）主は参勤交代で江戸に向かう折には必ず入船して祈禱を受け、帰国の際も立ち寄って、藩主の気分がすぐれぬ時は加持を受けた。弘化四年（一八四七）には、一旦出帆して引き返すということが六日続き、七日目には家老をはじめ船頭まで一日八幡宮に参籠して翌日順風を受けて出発したという。対馬藩主も嘉永五年（一八五二）に風待祈禱を受け、「奉修正八幡宮秘軌風波順時・海上御無難」の守札を受けている。

活動の次の側面は、入峯修行や檀那を引き連れての「彦山参り」である。寛政十二年（一八〇〇）八月一日出立の入峯記録や天保二年（一八三一）十月十日登山の檀那名簿、そしてそれに関わる藩への通行切手願などがある。活動の第三の側面が、在地の活動として最も重要な八幡宮祭礼である。そしてこの面のみが現在にまで継続した行事となっている。寛政四年（一七九二）『記録』（龍泉坊豊城院）によれば、それまで九月十六日であった祭礼が三カ村の要請で九月九日となった旨の断片的な記載があるが、詳しい経緯は不明である。現地では「オクンチ」あるいは「オクダリ」と称されてきた。海士町・先方町・釣町・小倉町の四つの組が先方三地区を構成しており、各組が一年ごとに交代で当番を務めている。近世期（明治四年まで）は、唐津藩主の代参として「呼子番代役」が参詣する唯一の祭りであったという。

明治四十二年（一九〇九『年中行事』（八幡神社社務所）に従ってその経緯をみると、旧九月七日、本社鳥居に注連縄を張った上で氏子の境界六カ所に注連縄を張る。旧八日に神輿二基を拝殿に据え、夜中の一時に酒、神饌、魚、塩を供えて、神霊遷しを行う。旧九日正午に、御神幸が元村境とされるお旅所に到着。御幣を船に立て、「玄海出し」と呼ばれる沖まで行ってお汐井くみをする。それより祭典を行って、午後三時に終わり、その後本宮に還御して終了する。七日より以降、仕事は禁止され、八日より二夜は充分に献燈し、特に村内の若者はすべて献燈するようにとされている。神仏分離以降、国家神道の祭式が強制された後、なお旧暦を基準とした古式の手順を固守している点に熱意がうかがえる。龍泉坊にとって、このオクンチ（秋祭）が最も重要な儀礼であったことは確かである。その他、旧暦四月十八日（現在では、四月第三日曜）の春祭りも現在でも「祭礼さん」と呼ばれ、継続されている。では、妙泉坊にとっては、何であったのか。区割りが厳格であったためか、三社権現に関する史料は見当たらない。

〈2〉滅罪系寺院

先述の「鯨鯢供養之図」において見られるように、出漁に際しての祈願・祈禱に関しては「両山伏」が中心になっていたが、捕獲後の鯨の供養・滅罪に関しては明らかに滅罪系寺院がそれを主導していた。これは鯨に関してだけではなく、人々の日常生活においても死者に対する供養等の宗教的側面は幾つかの滅罪系寺院がその役割を担っていた。

呼子地域においてその筆頭に挙げられるのは、光明山遍照院西念寺（浄土宗）である。開基は、天正十二年（一五八四）、實蓮社眞誉上人とされる。当初は現在地より上方の丘の上、松浦町上方の「網のうち場」の場所に開

光明山遍照院西念寺（浄土宗）

創されたが、呼子の地が開けるにしたがって現在の海沿いの地に移ったと言われる。[12] 中興は鋭意上人で、その代に伽藍が完備され、浄土宗興隆の拠点となったが、安政三年（一八五六）に創設以来四度目の火災で本堂、伽藍を焼失した。[13] この危難を克服し、本寺を再興したのが、十六代性誉上人である。性誉は、文化十四年（一八一七）に田川郡香春の光願寺で八歳で得度を受け、その後江戸小石川の伝通院で修行し、文政十二年（一八二九）には御綸旨を賜る僧侶として尊敬を集めた。その後、西念寺住職となり、文久三年（一八六三）に伽藍を復興し、再興を果たす。そのこともあって、慶応四年（一八六八）には、総本山知恩院の宮門跡、大光明院宮一品法親王の尊牌を安置され、永代供養の御免状が下付され、寺宝として今日に伝えている。

現在の檀家総数は約四八〇軒で、地域的には浜方、先方に密に分布している。そうした檀家を中心に年中行事としては「お十夜さん」が営まれている。かつては旧暦の十月十五日、現在は十一月に、檀家方が家でこしらえたお弁当を持って寺に集まり、寺に安置されている各家の位牌壇にお供えして法要を勤める。かつては、泊り込みで二泊三日を念仏三昧で過ごしたそうである。現在でも泊り込みはなくなったものの三日間の法要は行われている。

また、場所柄もあって漁業との関わりも深く、近世期は網元ごとに寺で「魚供養」を行い、近代以降は組織が漁業協同組合に変わったが魚供養に類する行事は継続しているようである。さらに年末には「阿弥陀名号」の入ったお札を檀家に配札して漁船の無事を祈願している。こうした状況は、宗派が違うだけで先方町の願海寺の場合も同様である。海門山願海寺は、浄土真宗の寺院で、開基は慶長六年（一六〇一）、釋蓮作とされる。正徳元年（一七一一）に火災によって本堂・庫裡以下を類焼し、文政年間（一八一八―三〇）に九代釋教恵によって、庫裡の再建が為される。天保九年（一八三八）に本堂が再建され、現在に至っているが、厳密に言うと、庫裡改築（大正元年）、本堂修築（大正七年）、本堂屋根修繕（大正十二年）、本堂屋根総葺替（昭和四十六年）など幾つかの改築を経ている。(14)檀家数は約二百軒、主に呼子東部地域に分布している。以上、二寺院は浄土宗・浄土真宗というその宗派から言っても滅罪系の名に相応しい寺院であり、両寺の檀家数と分布から見ても呼子全域をカバーして、そうした宗教的希求に応えてきたのである。

石上山龍昌院

しかしながら、それらと同じ滅罪系の枠に入りきらないのが、先述の八幡宮（藤津山龍泉坊）の参道中腹に位置する龍昌院である。(15)石上山龍昌院は、鯨組で有名な中尾家の三代目甚六（茂啓）が、鯨鯢の冥福を祈るため鯨一頭の代価を充当し、中尾家の菩提寺として宝暦五年（一七五五）に中興したと伝えられる。曹洞宗に属し、本寺は名護屋の龍泉寺である。

中尾家は、捕鯨業で財を成し、享保元年（一七一六）歿の初代（仁六）から明治十七年（一八八四）歿の八代まで、「甚六」を襲名し、その隆盛ぶりは、「中尾様にはおよびもないがせめてなりたや殿様に」との里謡を生むほどであった。中尾家との密接な関係から専ら一体化して語られてきた龍昌院であるが、寺側の史料によれば、開基（開山）は、松岩玄貞大和尚であり、歿年は寛文十二年（一六七二）である。また、玄貞は、唐津の宝昌寺の開基ともされ、龍昌院辞任後は本寺である名護屋の龍泉寺の三世となっている。甚六茂啓（一七四二―九一）よりも以前のことである。その後、龍昌院は、中興とされる二世貞誉（元禄十二年〈一六九九〉歿）、三世貞存（遷化年不明）、四世玄橋（明和六年〈一七六九〉歿、龍泉寺九世）と続くのであるが、時期的に見れば、甚六茂啓は四世玄橋の頃に、龍昌院を中尾家の菩提寺と定め、経済的な支援を深めることで中興の礎を築いたということであろうか。因みに甚六茂啓の戒名は、寶樹院釋雅亮居士である。

さて、龍昌院は一世玄貞や四世玄橋に見られるように本寺龍泉寺と密接な関係を保ちながら、というより類推するなら本寺龍泉寺の兼務寺院のような関係で推移するが、経済的支援者である中尾家が八代目甚六（綱太郎）が明治十年（一八七七）捕鯨不振により廃業するに及んで、龍昌院十世固秀（明治二十二年〈一八八九〉歿）の頃から窮乏し、やがては無住の寺となる。この状態を脱し、再興を果たしたのが現住職、明隆和尚の先代、十五世宗隆大和尚であり、昭和二年（一九二七）に入寺し、復興を果たしている。後継の明隆氏の代になって、平成三年（一九九一）曹洞宗を離脱し、単立の宗教法人龍昌院となっている。明隆氏によれば、龍昌院は元来、祈禱系寺院であり、檀家は持たなかったという。現在の檀家数は一二二軒で、宮ノ町、天満町、殿ノ浦、加部島などに点在している。三、四十年前が最盛期でそれでも一八六軒であったという。

檀家となった家は、元々四国などから移住してきた人々で、本来の宗旨は真言宗であったという。つまり、近世期に新たに呼子の地に移住した人々で、本来が祈禱系の信仰をもち、浄土宗や浄土真宗の檀家の枠に納まらない人々が宗教活動の対象であった。とすれば、オーソドックスな曹洞宗の滅罪系寺院の枠に納まらないのも当然であろう。単立寺院として、本尊は釈迦如来であるが、境内には五智如来や七観音、五大明王、天部の神々や四天王、十二神将、八大龍王、役行者、三宝荒神、稲荷大明神、十六羅漢、八大童子などを祀っている。祖師・高僧としては、達磨大師（禅）・弘法大師（真言宗）・道元禅師（曹洞宗）・玄奘三蔵を祀り、禅密習合・神仏習合の様相を呈している。教義上は、「解脱」を究極の理想とし、「般若心経」の空の心を実践することを大綱としている。

年中行事としては、修正会（元日）・春彼岸会（春分）・大般若会（五月第二日曜）・施食会（七月最終日曜）・盂蘭

盆会（八月十五日）・秋彼岸会（秋分）・成道会（十一月最終日曜）を行っているが、このうち最も重視されているのが大般若会である。元来は旧暦四月で、土地の呼び方では「春祈禱」と称されており、同院所蔵の大般若経をリヤカーに積んで呼子全域を巡り、「転読」作法を行っていた。この大般若経は、一説には神仏分離の際に、八幡宮龍泉坊から移管されたものだとも言われる。龍昌院が、本来、龍泉坊と同じ祈禱系の性格を有する寺院であったのか、あるいは、両山伏が還俗あるいは廃絶した明治以降、彼らが果たしていた祈禱系の宗教活動の穴を埋めるべく、徐々に祈禱系の性格を強めてきたのかは断じ難い。しかし、現時点では、祈禱系寺院の位置にあることは確かである。

先述した西念寺の現住職、華頂孝俊氏によると、同氏が住職を継いだ頃（昭和五十八年頃）、檀家からの依頼の中に「岸岳さんの祟り」に関するものがあり、当惑させられたと言う。その多くは、畑を耕している最中に、五輪塔の一部のような丸石を見つけ、家では、子どもや家族に身体的変調が出たので、住職に現場の丸石まで来て「般若心経」を上げて欲しいというものであった。既に人々のほうで丸石を「岸岳さん」と見做しており、経文も般若心経と言われるので、浄土宗の本旨とは外れるものの仕方なく対応していたが、その後十年くらいして減ってきたと言う[16]。これは、一般に「岸岳末孫（キシダケバッソン）」と言われるこの地方に特有の祟り信仰であり、既に田中丸勝彦らの先行研究もある[17]。

岸岳城は、唐津市北波多に在る城跡で、伝承によれば元来この城の城主であり、一帯の領主であった波多三河守が、朝鮮出兵のため名護屋に布陣してきた豊臣秀吉によって滅ぼされ、その家臣らは追われて散り散りになって非業の死を遂げた。五輪塔や丸石は家臣らの墓であって、粗略に扱うと災いや祟りがあるという信仰である。ここで注目しておきたいのは、この岸岳末孫信仰の分布域である。東松浦郡一帯とされるが、近世期の藩領で言えば、唐津藩及び伊万里藩領である。これは、前項で指摘した山伏の稠密な分布域とほぼ重複するのである。もちろん、呼子も末孫信仰の中に位置しており、妙泉坊・龍泉坊の両山伏がこの信仰に関与しなかったとは考えられない。むしろ、彼らの祈禱系宗教活動の「負の」極点を構成したのではないかと思われる。神仏分離以降、宗教者の側は廃絶させられたとしても、民衆の希求そのものが根絶させられたわけではない。龍昌院の祈禱寺院化もこの点から説明されるかもしれないが、「負の」側面に特化したもう一つの「リュウショウイン」の成立にも関わっている。

呼子を南北に挟んで北側の龍昌院とちょうど対置する南側、愛宕町の真言宗善通寺派の「龍勝院」である。歴史は新しく、初代は小川島の漁師の出身で戦後に免許を得てこの地に開院し、小川島を中心に呼子の島嶼部の信者を擁して祈禱中心の宗教活動を展開してきた[18]。三十年ほど前に初代は没し、現在はその弟子である尾田龍禅氏が継承している。大日如来を本尊に祭壇には不動明王をはじめ、多種の仏像が安置され、境内には滝行のための小さな滝も設けられている。現在、祈禱依頼者は福岡市をはじめ、長崎、熊本など広範囲にわたっており、憑きもの落しなど内容も多岐であるそうだが、「岸岳末孫」については独特な折伏法を実践している。同氏によれば、末孫は本来が武士であるのでその信仰対象である「八幡神」、その本地である不動明王に一体化した上で、言わば「対等な」地位に立って「説得」することが要点であると言う。

以上、妙泉坊・龍泉坊の両山伏を取り囲む呼子の寺院群についてみてきた。西念寺、願海寺については、両者の檀家総数は七百軒程に及び、この両寺で呼子全域の滅罪系の希求に十全に対応していると考えられる。つまり、山伏を祈禱系宗教機能を果たすエージェントと捉えれば、民衆の祈禱―滅罪の両要求を満たす形で存立してきたのである。ところが、この山伏の消失によって、祈禱系要求は近代以降、宙に浮くこととなり、本来は滅罪系寺院の一翼を担っていたであろう龍昌院が滅罪―祈禱の両義的存在に移行し、また新たに龍勝院という完全な祈禱系寺院を生むに至ったと捉えられるのである。

〈3〉妙泉坊と大綱引き

ここまで呼子の宗教的環境について考察を進めてきた。地域社会との関係において宗教的エージェントの担う機能を仮に祈禱系と滅罪系に二分するなら、両山伏は前者の役割を、浄土系寺院は後者の役割を果たしてきたと類推される。「両山伏」とはいうものの、我々に残されているのは龍泉坊に関する資料のみで、妙泉坊に関しては全く手がかりを欠いている。しかし、前者の資料から類推することはできる。様々な祈禱活動に従事する中で、前述したようにその負の極点を構成するものが「岸岳末孫」の祟りに関する活動であったろうし、逆に「正の」極点に位置するのが、在地の祭礼、龍泉坊の場合であれば八幡宮の祭礼であったと思われる。では、妙泉坊の場合は、在地の祭礼に当たるものは何であったのか。その手がかりを探ってみたい。

『呼子町史』の記載によれば、まず、「熊野三神社」として祭神は、「速玉男命《はやたまおのみこと》・家都御子命《けつみこのみこと》・夫須美命《ふすみのみこと》」とされる。[19] 呼子村字「彦の上」に鎮座していたが、大正七（一九一八）年に現在地に移転したとされている。ところがもう一つ記載があって、こちらは「三神社」とされ、祭神は「伊装諾尊・天忍穂忽・伊装冉尊」とされ、例祭は「九月九日」、沿革は不明だが、石段の刻銘に「享保十四己九月吉日」（一七二九）とあるので、創立はそれ以前であること、さらに古老の伝承によれば、「国守が此近海を航するや必ず参拝」したということを記している。まとめると、祭神については、前者は熊野三神であり、後者は彦山三神である。

先述したようにこの両者は習合されていたと思われる。元々、現在地より上方の「彦の上」にあったこと、石段の刻銘以外に、彦山との関係を示す「鷹」の石像があり、また、鳥居横の石碑には「呼子山　妙泉坊　歓智代」（山号は龍泉坊が藤津山であるのに対し、呼子山であったこと、歓智という僧侶の代に建立されたことを示す）とある。例

石碑「呼子山妙泉坊歓智代」

祭が九月九日であり、国守の航海の祈願に関わっていたとの伝承は、龍泉坊との類似性をうかがわせる。しかし、龍泉坊側の史料には妙泉坊に関する記述は見当たらない。また、旧暦五月五日の綱引きに対する龍泉坊の関与を示す証拠も一切ない。それだけ区割りが厳格であったということになろうが、それに関連するのが、明治初年の妙泉坊廃絶以降の三神社の管理である。それを請け負ったのは、八幡氏（龍泉坊）ではなく、加部島の田島神社であった。宮司の平野家の分家が明治三十年代以降兼務したようである。[20]三神社は、明治三十年（一八九七）三月に村社への昇格指令を受け、同四十一年に神饌幣帛料供進の指定を受けているが、その管理は田島神社平野家の下で行われたのである。

ここで田島神社について見ておきたい。田島神社は、加部島に位置する、「延喜式神名帳」にも「田島坐神社大明神」として記載される古社である。古くから朝廷の崇敬を受け、天平年間（七二九―七四九）に稚武王を祭祀後、朝廷より派遣された大伴古麻呂によって田島大明神の神号を贈られたとされ、また大同元年（八〇六）には、既に神戸十六戸が付与されている。[21]この崇敬は継続され、近世期には唐津藩領内の神社の筆頭として田島大明神の名で御朱印百石が社家の「平野内藏允」に下されている。[22]

『松浦古事記』（著者不明、寛政元年〈一七八九〉と推定）によれば、祭神は中尊が「田心姫尊」、左が「湍津姫尊」、右が「市杵嶋姫尊」の三神である。[23]同書では「筑前大嶋の神社」は「左田心姫尊・右湍津姫尊・中尊市杵嶋姫尊」であると差異を強調しているが、これらが宗像三神と同一であることは明らかである。また、田島大明神の田島も現地では地名ではなく、宗像社の田島を連想させる。この点については、古くは『太宰管内志』も触れてはいるが、明確ではない。[24]そのことを前提にここでは祭神は田心姫尊を中心とする宗像三神としておきたい。

田島神社について、もう一点述べておかねばならない。それは、境内末社として祀られている「松浦佐用姫」[25]についてである。佐用姫《さよひめ》は、羽衣や浦島と並ぶ三大伝説の一つとされる伝説である。宣化天皇四年（五三九）、新羅の任那侵入に対して勅命によって新羅討伐に向かう大伴狭手彦《おおともさでひこ》は、肥前の国篠原村で長者の娘、佐用姫と恋に落ち結ばれる。出船する狭手彦に対し、その身を案じる佐用姫は松浦川畔で見送り、さらに領巾振山《ひれふりやま》を経て呼子浦より釣船に乗って姫神嶋（加部島）に渡るが、既に船影を見失い、嘆き悲しむその姿は遂に石と化した。これが「望夫石」と言われるもので、現在も「佐與姫神社」の本殿の床下に祀られている。

田島神社の在る岬の付け根の辺りに「田島山龍雲寺」があるが、この寺院が佐用姫伝説の後半部と関連してくる。「影恵・道深」の二人の僧を連れて帰朝した狭手彦は、田島神社背後の「伝登嶽」（田島嶽）に登り、亡き佐用姫の追善供養を行ったが、その後仏教が流布され、やがて天台宗伝登山「恵深寺」が成立する。その後、佐用姫宮の社僧は、「立雲寺」と改称するが、寺はやがて衰微の道を辿る。ところが、波多相模守固の代に神仏分離が行われ、三神と佐用姫は神社にて神職が奉仕し、寺は加部島・加唐島・馬渡島の三島を檀家とし、唐津の曹洞宗龍源寺の末寺となって「龍雲寺」と改称したとされるのである。[26]

『日本九峰修行日記』は、日向佐土原の修験者、野田泉光院（当山派）が諸国を見聞して廻った際の日記であるが、その内、呼子には文化十年（一八一三）五月二十六日から六月七日まで滞在している。[27]二十六日昼に到着してすぐ船で「カベ島」に渡り、「松浦佐用姫の古跡」である宮へ参詣して「納経」している。社主へ「石と化したる姫石」の開帳を願うのだが、開帳は一月十六日のみだと言われている。その石について、本殿の下にあって黒色で長さは六尺程であり、人のうずくまる形だと聞いて、図をもらっている。さらに、太閤朝鮮入りの際に百石の朱印地になったことや「袖振山」のことなど伝説を聞いている。それから「ナゴヤ村」を廻り一泊し、翌二十七日から呼子浦に滞在し、周辺に「配札」をして廻る。翌二十八日の項には「晴天、滞在にて配札。彦山修験見えたり」とのみ記されているが、ここで感知されているのが妙泉坊・龍泉坊の存在であることは確かであろう。

さて、以上見てきたように、田島神社は由緒ある古社であり、佐用姫伝説に関連する神仏習合の恵深寺を原点とする独特な展開を辿って今日に至っている。その祭神は、宗像三神と同一ではあるが、筑前宗像との直接的な関連はない。一方、妙泉坊は、彦山派の山伏であるが、その祭神においては、彦山三神＝熊野三神の習合が見られた。さらに、先述した龍泉坊所蔵の「垂迹曼荼羅（仮称）」に示される祭神観をもし妙泉坊も共有していたとすれば、田心姫尊を中心とする宗像三神との習合関係も加えられるかもしれない。

五月五日の綱引きに関して、現在は田島神社の宮司が祭式を執行しているが、祭式執行の歴史は古いものではない。三神社の社前で行われてきたことから見ても、やはり妙泉坊の関与を考えないわけにいかない。だとすれば、妙泉坊の側から五月節句（節会）そして綱引きに対して、いかなる宗教的文脈を見出すことが可能であるのかに焦点を合わせたい。

まず、彦山であるが、年中行事において五月節句に何かが執行された気配は全くない。享保十四年（一七二九）の義俊坊栄祐による「彦山年中行事」においても五月は最も行事の少ない月であり、五日も「五日六日之内、諸方ニ僕ヲ使シ銀當遣ス之事」とあるだけで何の行事も見られない。(28) ところが宗像では事情は一変する。宗像宮の年中行事を記した、最古の史料である『応安神事次第』（応安八年〈一三七五〉成立）をはじめ幾つかの史料では、五月五日の「五月会」は、「五社神輿御幸五月会大神事」として最も重要な儀礼に位置づけられている。(29) この祭りで最も特徴的なことは、中心となるのが「許斐権現《このみごんげん》」であることである。

図は、『宗像神社史』所収の「五社神輿五月濱殿神幸路図」であるが、許斐権現は釣川の上流部、許斐山に鎮座し、宗像地方では熊野権現と同一視されてきた神である。図からも分かるように、もし釣川を熊野川に見立てれば、許斐社は熊野「本宮」に、田島宮[30]は「新宮」に、そして海岸線に沿ってやや距離のある織幡社は「那智」に位置づけられる。この五月会は、この三社（五社）が一同に会する希少な機会の一つなのである[31]。

まず、「許斐権現五月会御幸神事」として、許斐山麓の黒尾社で、許斐の神輿を迎えた上で、許斐社は「神輿」で、黒尾社は「神馬」で、田島宮に向かう。この際の行列には許斐神人ほか、周辺地区の大勢の神人が行列に付き従う。一方、これを迎える田島宮では、「中殿廟院大神事」が行われる。これは中殿（第二宮）の傍らの宗像氏の祖神を祀る御廟院で、三所宮と許斐社との神に対して特別な傳供による御供作法が行われたようである。四社の神輿は発御し、その後、織幡宮の神輿が加わり、「五月濱」の「濱殿」に向かう。神輿は五基であり、その他黒尾社、伊摩社、浪折社は、榊などの憑代を馬上に立てた神馬で後に続く。ここからが五月会のクライマックス、「濱殿五月会大神事」となる。

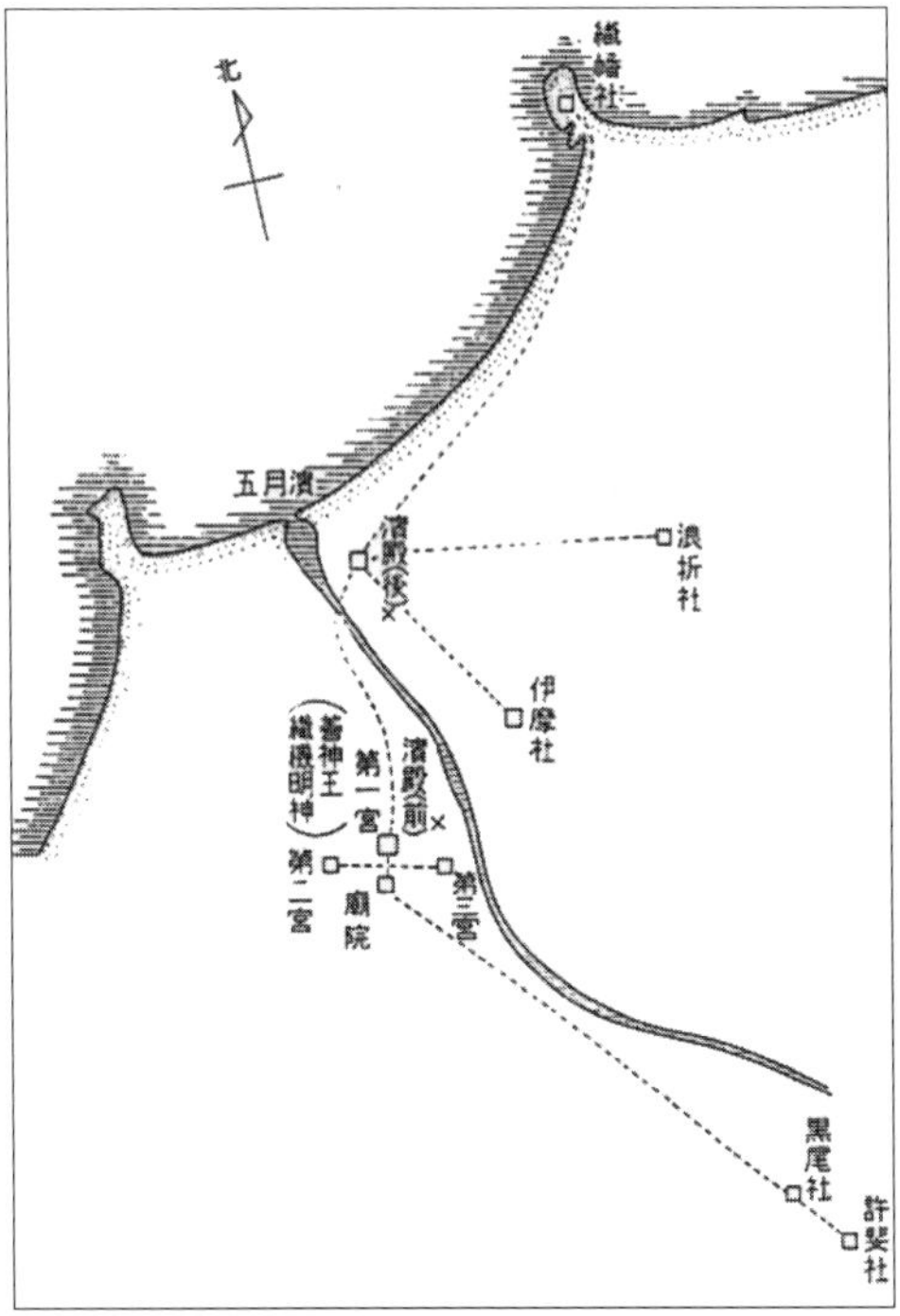

五社神輿五月濱殿神幸路図（『宗像神社史』）

特徴的な要点のみを記すと、まず、大宮司以下騎乗の神官が下馬し、祝詞禰宜が、神輿の「善の縄（ゼンノツナ）」を手に執り、大宮司の肩に掛け、禰宜が先導して神前に参進して、その縄を受けて持つ。次に他の神官は、上座から各神輿の「善の縄」を神前で受けて持つ。この「善の縄」は、「神輿の屋蓋の四隅から轅《ながえ》にからめてある四條の緋綱のことで、これを引き延ばし、手にとって神前に曳く、ことによって、神との結縁をはかった[32]」とされるのである。その後は供奉の社僧が讃嘆文を唱和し、神輿を内陣に入殿させ、御供献進、祝詞奏上、濱殿の神前で直会饗膳が行われ、神幸祭を終え、還御するのである。

さて、以上の五月会の要点は、宗像五社が集合し、濱降りをする、またそれを熊野三神に比定して捉えれば、本宮・新宮・那智の三神が会する場ともなっている。もし熊野神を許斐権現に特定して考えれば、熊野権現が宗像三神を訪ね、浜辺で出会うという構成とも捉えられる。儀礼上の要点は、神輿に結び付られた「善の綱」を引くことで結縁を願うという儀礼行為であった。もし呼子の山伏が、先述したように宗像三神＝熊野三神という習合的な信仰を担っていたとすれば、「彦の上」という山上から濱に下ろした神輿に結び付けられた善の綱を引かせるという儀礼行為があったかもしれない。宗像では、五社が濱殿に会し、同様に「善の綱」を用いる儀式が年中行事の上で、もう一度だけあった。八月十四日の「放生会大神事」においてである。(33) もし上述の仮説に従うならば、こちらの方は呼子周辺で行われている「盆綱引き」に転訛したかもしれない。いずれにしてもこの仮説は、妙泉坊と同様の信仰体系を担った山伏の存在を前提にしている。しかし、その点では東松浦郡一帯は周密な山伏分布地域であったのである。そうではなかった筑前宗像地方では、「綱」の習俗は廃絶し、近世期には「競馬」に変質している。

貝原益軒は、『筑前國続風土記』（宝永六年〈一七〇九〉）の「五月濱」の項に次のように記載している。「五月五日此所にて競馬をなす。此故に五月濱といふ。宗像記に曰、五月五日宗像家人、家々の嫡子花やかに出立て、五月濱に出て馬を乗る。是を五月兒《さつきちご》と云。家をつぐ嫡子なければ、庶子此日かけ馬を乗て、越度なきとき、宗領の座に直る。是古来の風俗也」(34)。「馬」は、先述の儀礼の要素の一つでもあったが、端午の節句の意味合いが強められ、「男子」「競争・競技」の要素が付加されたのである。

呼子においても、原点は神事であったかもしれないが、男子や競技の意味が強化され、現在見られる大綱引きとして民俗化したと考えられる。

【註　記】

（1）『呼子町史　ふるさと呼子』呼子町史編さん委員会、二〇〇五、二一八頁。
（2）八幡宮の社名は天保七年（一八三六）の「呼子村絵図」の表記に従った。「呼子山下家住宅――呼子町呼子山下家住宅（旧鯨組主中尾家屋敷）保存対策調査報告」佐賀県呼子町教育委員会、二〇〇三。
（3）『呼子町史　ふるさと呼子』、前掲書、二四九頁。
（4）名古屋村という表記もあるが、本稿では名護屋で統一したい。
（5）吉村茂三郎編『松浦叢書』第二巻（一九三四・三八）、名著出版、一九七四。
（6）「八幡社記録（仮）」（龍泉坊所蔵文書）。
（7）小林健三編著『稿本　英彦山神社誌』一九四四、二七一―二七二頁。
（8）同上書、二六四―二六七頁。
（9）長野覺「英彦山山伏の在地活動」（中野幡能編『英彦山と九州の修験道』山岳宗教史研究叢書13、名著出版、一九七七）一〇一―一〇二頁。
（10）『稿本　英彦山神社誌』三八頁。
（11）伊藤常足『太宰管内志』中巻、歴史図書社、一九六九、七五―七六頁。
（12）『呼子町史』呼子町史編纂委員会編、一九七八、八〇〇頁。ただし、町史では開山は天正元年とされている。
（13）一説には安政二年とも言われる。『聖光』第一四九号参照。
（14）『呼子町史』前掲書、八〇一頁。
（15）以下の龍昌院に関するデータは、二〇〇八年十二月の住職宮木明隆氏の聞き書き（亀﨑敦司氏）と同院のホームページによるものである。http://www12.ocn.ne.jp/~ryushoin/
（16）二〇〇七年六月七日の筆者調査による。
（17）田中丸勝彦の研究は、同『さまよえる英霊たち』柏書房、二〇〇二に所収。田中久美子「神と対話する人々――佐賀県東松浦郡北波多村の岸岳末孫を事例として」（『日本民俗学』二四三、二〇〇五）、『佐賀県民俗地図』佐賀県教育委員会、一九八〇など。
(18) 二〇〇七年六月八日の筆者調査による。
(19)『呼子町史』前掲書、七九七頁。
(20) 二〇〇七年十二月調査（亀﨑敦司氏による）。
(21)「田島神社」田島神社社務所発行。
(22)「社家名寄」吉村茂三郎編『松浦叢書』第二巻（一九三四・三八）名著出版、一九七四、一三―一五頁。
(23)『松浦叢書』第一巻、前掲書、七八―八一頁。
(24)『太宰管内志』下巻、九九―一〇一頁参照。
(25) 佐與姫、佐世姫などの表記もあるが、ここでは「松浦古事記」による佐用姫に統一した。以下の伝承も同書による。
(26) 恵深寺を天台宗としたのは、『東松浦郡史』東松浦郡教育会編、一九一五による（五一頁）。
(27)『呼子町史』前掲書、四二九―四三一頁。
(28) 五来重編『修験道史料集（Ⅱ）』山岳宗教史研究叢書一八、名著出版、一九八四、四九〇―五〇〇頁。
(29)『宗像神社史』下巻、一九六六、一六八―一八三頁。
(30) 地図は『宗像神社史』から引用したもので、地図上には記されていないが、第一宮（大日）、第二宮（釈迦）、第三宮（薬師）が田島宮すなわち宗像本社のことで、五月濱に向かって流れるのが釣川である。
(31) もう一例は「八月放生会」である。
(32)『宗像神社史』下巻、一九六六、一七六頁。
(33) 同上書、二〇八―二〇九頁。
(34) 貝原篤信『筑前国続風土記』名著出版、一九七三、三七四頁。

3章

神楽と鬼

神仏習合の展開

一　〈落差〉を解く——豊前神楽をめぐる歴史人類学的一考察

〈1〉はじめに

まず表題に挙げた「落差」の説明から始めたい。二〇〇三年三月二日に福岡市のアクロス福岡で大村神楽の駈仙《みさき》舞を見る機会をもった。偶々近くを通りかかって公開公演が行われるのを知り、小ホールに足を運んだだけだったのだが、私にとって豊前神楽を見る初めての機会であった。

山岳宗教や修験に関わる儀礼や芸能にはこれまで全国各地で接した経験があるが、この時に一種の衝撃に近いものを感じた。駈仙の出現以降の静と動が織りなす腰を屈めた巧みな動きと距離を置いて対面する神主との張りつめた緊張感、やがて神主が細かく打ち振る鈴に誘われるように、駈仙は神主に向かって猛然と鬼杖を掲げて打ちかかる。神主は素早くそれをかわして身を翻し、背後から鈴を打ち鳴らす。その後の半時間程はまさに駈仙と神主との争闘と呼ぶしかない状況であった。最後に駈仙は屈服し、神主に鬼杖を差し出し、会場に居る幼児を次々と抱き上げ、神主が鈴を細かく振って傍らで見守るのはそれを統制しているかのようであった。

背景に流れるのは大太鼓、笛、そして鉦が醸し出す躍動的な響きがあるだけで、神主も駈仙も何も語るわけではない。だが私にはこれらのシーン全体が一つの確信的なイメージと重なっていた。修験者（山伏）が鬼を調伏するシーンである。他の観衆も同じイメージを持ったとは思わないが、迫力ある争闘が感銘を与えたことは間違いない。その余韻が残る会場に現れた神楽講の講長が演目の解説を始めた。駈仙は猿田彦尊であり、神主役は実は天鈿女尊である。場所は高天原であり、実はこのシーンは猿田彦が天鈿女を道案内している様子を表しているというのである。

会場からは静かな笑いが起こった。私もつられて笑ってしまった。今見たばかりの争闘と「道案内」とに余りに大きな「落差」があったからである。その空気を察した講長は、一呼吸置いてから苦笑いしつつこう付け加えた。『まぁ、私にもとても道案内しているようには見えませんけどね」

笑いというものは一般に落差から起こる。しかし、落差を起こした講長は決して冗談やとっさの思いつきで道案内と言ったのではない。それは代々伝えられてきた「伝承」なのである。では迫力に富む駈仙の演技が、本来の枠をはみ出したものであり、結局は役者の創意工夫に帰せられるのかというとそれも違う。役者の演技は伝統を忠実に再現したものであり、彼らはそのための努力を怠ってはいない。だとするなら、ここに見られるのはいわば儀礼（ritual performance）とそれをめぐる伝承（oral tradition）との乖離である。この乖離をどう解釈するかが本稿の主題である。

〈2〉前　提

本稿が対象とする豊前神楽について述べておきたい。豊前といってもその範囲は、旧上毛《こうげ》郡、現在の豊前市と築上郡東部である。現在、豊前市内に大村・山内・岩屋・黒土（所在地：久路土）・三毛門・中村の六つの神楽講と、築上郡東部に成恒・友枝・唐原・土屋の四つの神楽講が活動している。[1]これらの神楽講で現在行われている神楽の演目の数や順序、形態や所作には違いが認められるが、後述するように、本来近世期には同一の社家集団が演じていたので、こうした違いは、社家から民間に神楽が伝達された明治以降今日までに発生してきたものと思われる。したがって本稿では原型に繋がる共通性に注目し、差異には焦点を合わせないこととする。

また、神楽の位置づけに関して、それを、宮廷行事を起源とする宮廷神楽と民間で発祥したとする里神楽に分けるとすれば、豊前神楽は後者に含まれる。里神楽は、岩戸など神話をモチーフにした演劇性の強い出雲系や湯立《ゆたて》を基本とする伊勢系などに分類され、豊前神楽は、さらに修験系も含めてそうした諸系統が混交したものと見做されてきた。(2)こうした系統論的立場は、神楽を民俗芸能として捉える立場においては主流であり膨大な研究蓄積を有するが、(3)本稿では神楽を宗教民俗の一つであると見る別の立場から接近してみたい。(4)

神楽を宗教民俗と捉えるならば、まず、宗教民俗の形成主体、即ち神楽を形成・維持してきた担い手がどのような宗教的職能者であったかが問題となる。最初にこの問題を扱い、次に内容の問題に入っていきたい。

〈3〉豊前神楽の担い手――宗教民俗の形成主体

〈3-1〉社家神楽

この地方の神楽は、別名「社家神楽」と呼ばれてきた。神楽を舞った主体に注目した言い方である。自ら黒土神楽の演者であり、かつ豊前神楽の研究者でもある有馬徳行によれば、近世中期には旧上毛郡に、長谷川家、清原家(現・大富神社)(5)、矢幡家(久路土石清水八幡神社)、初山家(山内嘯吹《うそぶき》八幡神社)、高橋家(高瀬村)、矢幡家(角田八幡神社)、矢幡家(成恒吉富神社)、宮崎家(下唐原)の社家があり、縁戚や姻戚で繋がったその一族ら十七〜十九名で舞われていたとされる。(6)これは今日の神楽講の分布とほぼ重なっており、有馬が云うように豊前神楽が同一の原型を持つことを示している。特に、三毛門、大村、黒土、山内の神楽に関しては演目の名称もほぼ共通しており、古来の基本型を伝えていると考えられる。

では、こうした社家はどのようなタイプの宗教者であったのだろうか。今日見る神官と同一視してよいのだろうか。これについては社家の系譜に手がかりを求めねばならない。これらの中の幾つかの社家については、その史料が現在整理中でまだ公刊されてはいない。ただ、ある社家について、元禄十三年（一七〇〇）に「京都吉田御免状」を頂戴したとの記録がある。これは社家の性格を捉える場合の重要な手がかりである。

周知のように、幕府は、寛文五年（一六六五）、全国を対象にした宗教統制政策の一つとして五条からなる「神社条目」、一般に「諸社禰宜神主等法度」と称される対神職政策を発布する。その第三条の装束に関する規定に吉田家の許状の必要が含まれたことは、第二条の位階に関する執奏家の規定と相俟って、神祇管領としての吉田家の地位を確立し、神職の統括が開始されるのである。(7)もちろん、全国的に見れば社家が吉田裁許を得る時期は多様で、地域を支配する藩の政策、藩主の意向、さらに地域の宗教文化的性格如何によっても左右された。吉田神道自体も当初は仏教（密教）的要素を大いに含んでいたものの近世中後期には国学、儒学等の排仏思想の隆盛のもとで次第に復古神道的性格を強めていくのであるが、(8)裁許を得る社家側から見ればその時期が社家の性格を推量する一つの指標となるのである。豊前の場合、神社条目の発布から三十五年後の元禄十三年（一七〇〇）という時期が導かれるのである。しかし、問題はそれ以前の社家である。

筑前側の史料で補足しておきたい。筑前御殿神楽は、旧遠賀郡の狩尾神社・枝光八幡宮・高見神社・仲宿八幡宮・豊山八幡神社・埴生神社・一宮神社・熊野神社・中原八幡宮の複数の神職が共同で神楽を舞う所謂社家神楽の形態を今日なお残している。そのうち、高見神社宮司の波多野學氏が社家である波多野家の家譜を「先祖古証文系図控写」をもとに挙げている。(9)関連する箇所を抜粋する。

万治四年（一六六一）波多野河内守正次　両部習合神道相改吉田御本所御裁許状頂戴仕候[10]

波多野家では、神社条目の発布に先立つ四年前に裁許を得ており、それ以前は「両部習合神道」であった。また河内守の敬称「守」もこの正次以降であり、それまでの大夫名の改称も吉田裁許に伴う措置であったと思われる。さらにそれ以前の大夫から両部に関わる項目を抜粋すると以下の通りである。

慶安二年（一六四九）波多野神大夫（実貞）　権大僧都法印要撰坊より両部習合神道勤方免書

…

天正十一年（一五八三）波多野掃部大夫（春重）権大僧都法印多門坊より両部習合神道勤方之免書

…

明応二年（一四九三）波多野盛直　両部習合由来書付[11]

両部習合神道にいう「両部」とは曼陀羅において智を表す胎蔵界と理を表す金剛界の両界であり、神仏習合に基く真言系神道として中世に隆盛した神道説である。鎌倉末期に、空海に仮託されて成立したとされる『天地麗気記』が大きな影響を与え、その本流は麗気神道とされるが、中世後期には三輪流神道や御流神道を派生していくことになる。[12]ここでは、吉田裁許以前の社家がそうした密教的神道を奉じており、彼らに免書を与えているのが「要撰坊」や「多門坊」といった密教僧であること、時期的には室町期にも遡り得ることを指摘しておきたい。前述したように遠賀の社家が集団化されていることを考えれば、これは波多野家だけの事情に限られるわけではなく、他の社家にも同じ状況を適用できそうである。だとすれば、免書を与えた密教僧の側にも何か彼らを包含する寺社勢力の拠点を想定でき

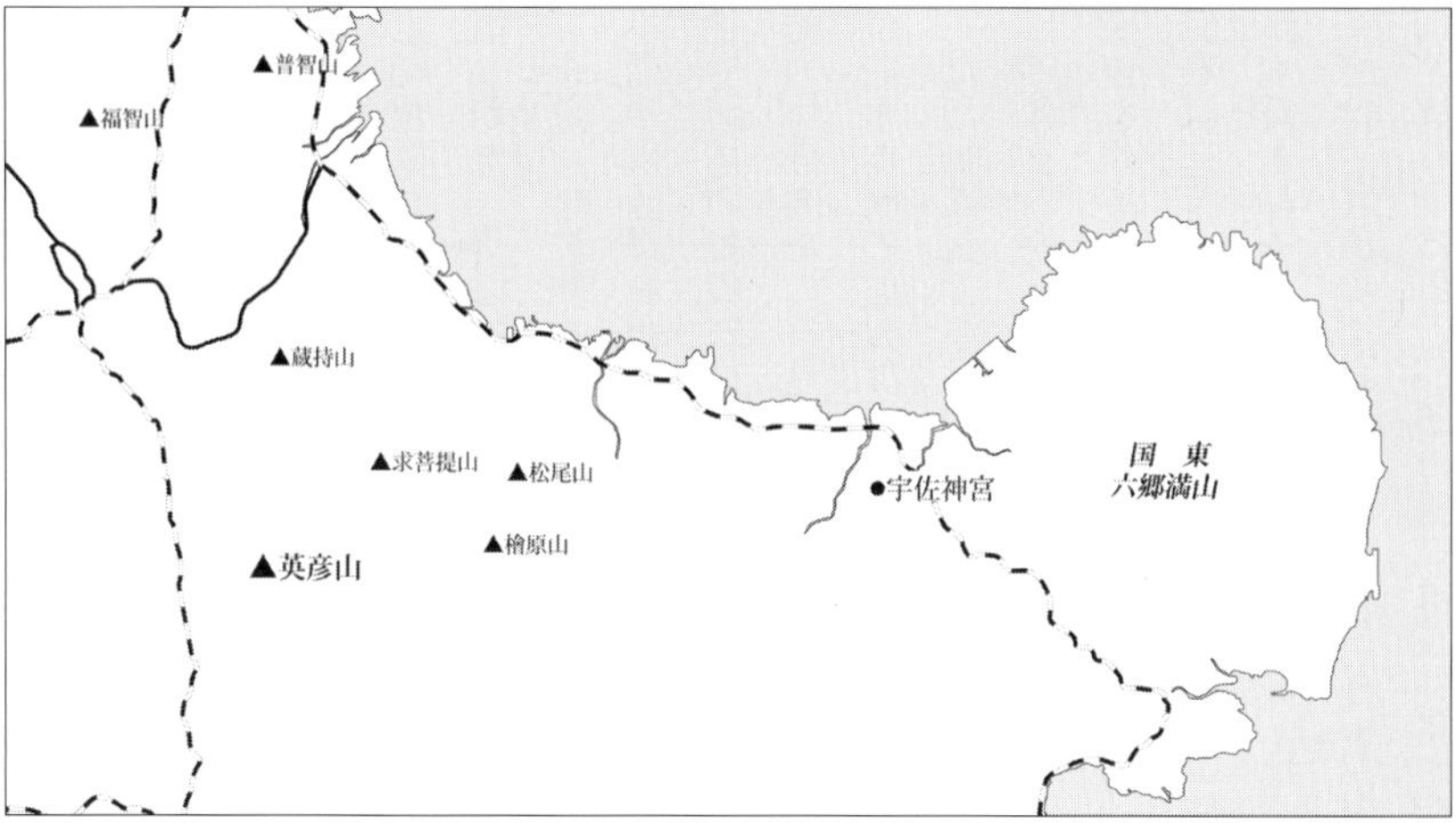

国東六郷満山と英彦山、豊前六峰

るのであろうか、あるいは神社に所属する社僧と見做すべきか、遠賀の事例からは不明である。

〈3-2〉豊前の社家に影響を与えた勢力

〈3-1〉で登場した両部神道は、豊前の神楽を考える場合も吉田裁許以前の段階として設定しなければならない。西日本全域の神楽を対象として研究した石塚尊俊は、吉田神道の受容の前段階として両部神道時代を設けている。石塚が云うように、吉田神道が神楽に与えた影響は、演目の改変というような急激なものではなく、主に真言など仏教的要素の排除に留まり、それも地域による変差を伴いながらの緩やかなものであったかもしれない。[13] 両部段階には不明な部分が多いが、それが里神楽の成立と展開に大きく関わっていることは否定できない。

豊前地方で両部段階の社家と関わったと想定される寺社勢力の拠点として考えられるのが、「豊前六峰」と呼ばれてきた山岳寺社である。豊前六峰とは、彦山（霊仙寺《りようぜんじ》）を囲むように点在する、北から福智山（金光明寺）・普智山（等覚寺《とかくじ》）・蔵持山《くらもてさん》（宝船寺）・求菩提山《くぼてさん》（護国寺）・松尾山《まつのおさん》（医王寺）・檜原山（正平寺）の六峰である（括弧内はかつての寺号）。いずれの寺院も現在は廃絶し、中世から近世にかけてのその隆盛の面影を辿ることも難しいが、各々多数の院坊を抱え、中心勢力である彦山との対立や統合を繰り返してきた神仏習合の寺社勢力であった。

ここで「寺社勢力」というのは黒田俊雄の用語である。[14] それは「…南都・北嶺など中央の大寺社を中心に組織され、公家や武家の勢力とも対抗していた一種の社会的・政治的な『勢力』のこと」で、「ほぼ平安時代のなかごろから戦国時代の末まで、約六〇〇年ほど存続していた」[15] とされる。寺院の組織は、統率者として別当、座主、検校、長者などが位置し、寺務管理の役職として三綱、即ち上座《じょうざ》・寺主《じしゅ》・都維那《ついな》があり、その下に政所や公文所といった寺務局が置かれた。寺院に所属する僧侶の全体は大衆《だいしゅ》と呼ばれたが、その主な目的は「学（学解・学問）と行（修行・禅行）」[16] であり、学に携わる場合は学衆《がくしゅ》・学侶《がくりょ》・学生《がくしょう》、行に携わる場合は行者《ぎょうじゃ》・禅衆《ぜんしゅ》・行人《ぎょうにん》などと呼ばれた。またこうした学僧や修行僧を組織の中心層とすれば、彼らに近侍する堂衆《どうしゅ》・夏衆《げしゅ》・花摘《はなつみ》・久住者《くじゅうさ》などの呼称で呼ばれた存在や、堂社や僧坊の雑役に従う承仕《しょうじ》・公人《くにん》・堂童子《どうどうじ》、さらに仏神を奉じる神人《じにん》や寄人《よりうど》などが外延部を構成していた。[17] こうした勢力は畿内でのみ見られたわけではなく、むしろ地方における寺社の在り方を大きく規定しており、それら地方寺社が顕密体制の広大な裾野を支える基盤でもあった。[18]

ただしここで注意しなければならないのは、ここで云う学衆と行人の区別や、あるいは中心層と外延部の差異、そして各々の内部の分節はあくまで中央の大寺社をモデルにした理念型とも云えるもので、時代や地域によるかなりな変差を伴うということである。黒田自身が白山の加賀側の寺社勢力を調査した結果として、白山衆徒とされる者が云わば「行人的学侶」であり、それは「……中央大寺院のように学侶・学生と行人・堂衆との区別が截然としていなかったとみるべきで、むしろそれが、地方寺社にありがちな形態であったか」[19] と指摘している。

では、この理念型は九州北部ではどのような変形を伴っていたのか。地域の代表的な寺社勢力の拠点であった彦山を採り上げると、その組織は長野覚が明治初期の史料から作成した図1に見て取れる。[20] 近世後期の組織概要とされ

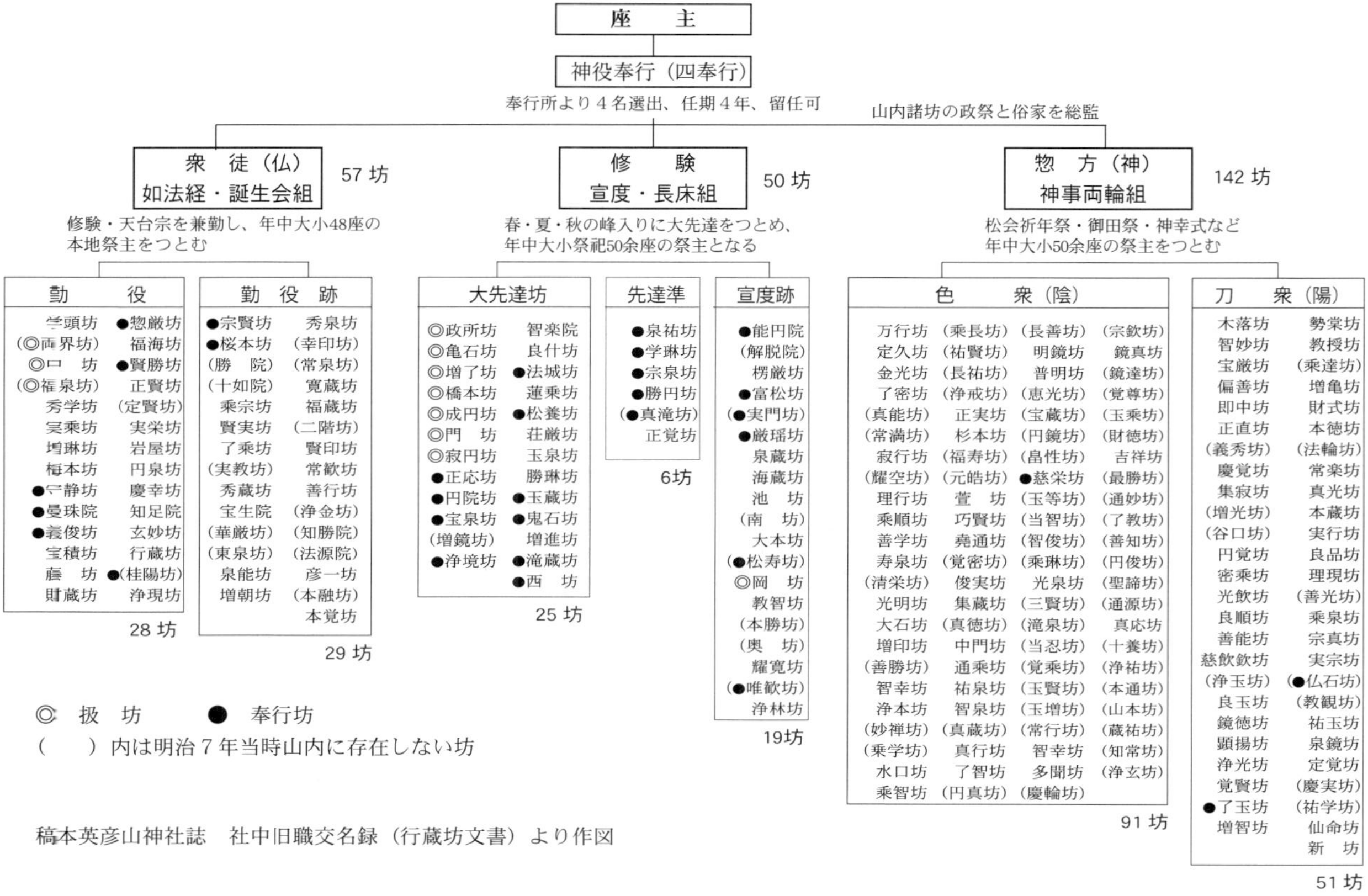

◎　扱　坊　　●　奉行坊
（　　）内は明治７年当時山内に存在しない坊

稿本英彦山神社誌　社中旧職交名録（行蔵坊文書）より作図

図１．江戸時代後期の宗教組織（長野覚作成、『英彦山と九州の修験道』84ページ〈中野幡能編　名著出版　2000年刊〉より）

表1．彦山祭礼担当の変動（長野覚作成『英彦山と九州の修験道』85ページ〈中野幡能編 名著出版　2000年刊〉より）

宗　賢　坊

司祭担当年		祭礼種類	所属
年号	西暦		
天正5	1577	宣度祭	修験
元和4	1618	宣度祭	
寛永3	1626	誕生会	衆徒
寛文4	1664	如法経会	
寛文13	1673	誕生会	
元禄2	1689	如法経会	
宝永5	1708	如法経会	
享保5	1720	誕生会	
元文5	1740	如法経会	
宝暦11	1761	如法経会	
天明6	1786	如法経会	
寛政10	1798	誕生会	
文政10	1827	御田祭	惣方
天保4	1833	如法経会	衆徒
嘉永2	1849	如法経会	

松　養　坊

司祭担当年		祭礼種類	所属
年号	西暦		
天正15	1587	如法経会	衆徒
慶長10	1605	如法経会	
慶長18	1613	如法経会	
元和4	1618	誕生会	
元和8	1622	如法経会	
寛永13	1636	如法経会	
寛永20	1643	誕生会	
寛文1	1661	如法経会	
延宝5	1677	宣度祭	修験
元禄5	1692	誕生会	衆徒
享保13	1728	御田祭	惣方
享保19	1734	宣度祭	修験
文政6	1823	御田祭	惣方
文政13	1830	誕生会	衆徒
天保11	1840	宣度祭	修験
嘉永5	1852	小松刀衆	惣方
文久2	1862	御田祭	修験

玉　蔵　坊

司祭担当年		祭礼種類	所属
年号	西暦		
元亀3	1572	色　衆	惣方
慶長3	1598	色　衆	
寛永6	1629	延　年	
寛永7	1630	御田祭	
宝永5	1708	延　年	
延享2	1745	延　年	
明和6	1769	刀　衆	
安永8	1779	御田祭	
文化1	1804	刀　衆	
文化5	1808	小松色衆	
文化12	1815	誕生会	衆徒
天保8	1837	如法経会	
弘化4	1847	宣度祭	修験
文久4	1864	宣度祭	

るが、それによると、座主を頂点に全体は「衆徒」「修験」「惣方」に三分されている。このうち、衆徒は、法華経書写の霊験功徳によって五穀豊穣を祈念する「如法経会《ねふぎょうえ》」及び釈迦の「誕生会」を中心に「修験・天台宗を兼勤し、年中大中四十八座の本地祭主をつとむ」とされている。修験は、春・夏・秋三季の峰入り修行を行い、大先達への昇進儀礼である「宣度祭《せどさい》」をはじめ「年中大小祭祀五十余座の祭主となる」とされる。一方、惣方は、色衆《いろし》、刀衆《かたなし》と称される神事両輪組から成り、松会、御田祭、神幸式などやはり年中五十余座の祭主を務めるのである。坊数から見れば、衆徒五十七坊、修験五十坊に対して、惣方は一四二坊と圧倒的であるが、図中に示される、座主との血縁関係が認められる「扱坊《あつかいぼう》」や政治的上位の役僧である「奉行坊」の分布を考慮すれば、修験や衆徒への偏りが見られ、惣方は下層であることが分かる。

　寺社勢力という視点から彦山を捉えると、衆徒が「学侶方」、修験が「行人方」に該当することは明らかであり、その上で両者のうち行人方が優勢であることが特徴であろう。この優勢を導いた要因として長野が指摘する檀那所有数などの経済的要因があったことも事実であろう。[21]しかしながら、「性替」と呼ばれる所属の変更は、学行兼務を旨とする顕密的教義からすれば少なくとも学侶方・行人方にとっては必然的な伝統の一部であったかと思われる。むしろ組織上の重要な特徴は、寺社勢力の構成上、最も外延に位置し、世俗性の強い神人を、惣方として山内の組織範疇として組み入れていることであろう。しかもこの惣方も性替の対象となっているのであるから、全体として著しい神事重視の立場が貫かれている。そして色衆・刀衆から成る神事両輪組が統括する中心的な行事が「松会」と呼ばれる複合儀礼であり、長刀、薙刀、鉞、弓矢など武具を用いた祓いを担った刀衆と、田行事や田楽、獅子舞や楽打ちなどを担った色衆とが演目を組み合わせ、最後に幣切りをもって終わったのである。松柱に登っての幣切りは、惣方にとっては昇進儀礼であったが、そこに押しかけた民衆にとっては一年の大切な稔りを約束する種籾を手に入れるための豊饒儀礼でもあった。その点で惣方は行事を介して民衆と接合する接点の役割を担っていたのである。

豊前六峰と呼ばれる各拠点も規模の差こそあれ、その幾つかが今日でも松会を伝えているところから、類似の組織形態をもっていたことが推察される。しかもその法式は両部神道であった。[22]だが、松会を担った神人層が彦山と同じように明確に山内組織に組み入れられていたかどうかは不明である。おそらく彦山ほど明確ではなかったかもしれない。

さて、豊前六峰のうち、神楽の担い手であった豊前の社家に影響を与える寺社勢力として最も注目されるのが松尾《まつのお》山である。松尾山は、社号を松尾山権現、寺号を松尾山医王寺と呼ぶ標高四七五メートルの山である。その歴史は古く、行妙あるいは能行に纏わる開山伝承や求菩提山に伝わる由緒などから平安時代に遡るとされるが、不明な点が多い。[23]山内は上宮・中宮・下宮の三つのブロックに分かれ、このうち、上宮に白山三社とその本地仏として釈迦・十一面・薬師が祀られ、中でも薬師如来が本地仏の中心として崇められていた。中宮には、山王二十一社や涅槃堂、講堂、鐘堂などがあり、下宮には御供屋や渡神堂、観音堂、大般若経堂などがあった。最盛期は中世であり、近世期には衰退の過程にあったが、中野幡能は、下宮付近にあったとされる坊中は延宝四年（一六七六）に座主下ノ坊を含め三十六坊、安政五年（一八五八）の史料ではそれが二十五坊に減少してはいるが、山伏と僧の数がほぼ同数であることから、その組織は「行人方と衆徒方の身分に分れていたのであろう[24]」と推察している。また、松尾山には、松会の一部である田行事が今日まで伝えられているが、その演目の一つである男六人による楽打ちは「色衆楽」と称せられており、彦山と類似する色衆という層がかつて山内に存在したのかもしれない[25]。

豪泉は松尾山の中興開山とされる座主であり、「松尾山座主世代記」では歴代第十六世で寛永十五年（一六三八）に歿したとされている[26]。江戸時代に書写されたと推定される「松尾山神社旧記集」に、豪泉に関して興味深い記事がある。

「元和二丙辰年　湯立法門　豫州ヨリ豪泉伝来　其書今顕前ス」

湯立法門、即ち、今日の湯立神楽に繋がる湯立の流儀は、元和二年（一六一六）にこの豪泉が伊予から伝えたものであり、それに関する書、おそらく流儀を記した切紙の類が、この記事が書かれた当時にあったというのである。さらに、その後、

慶長十一丙午　彦山大南宿ニ於テ神道大灌頂ヲ受テ嗣席豪傳ニ修験併ニ神道ノ奥旨ヲ傳フ　豪傳ニ至テ神道専ラ流布ス　上毛下毛両郡ノ社家悉ク豪傳ノ末流ト為ル　其證今在リ　就中湯立ノ法　皆此豪傳ノ許ス処也

の記事が続く。慶長十一年（一六〇六）に豪泉の後継者である豪傳が彦山大南宿で神道大灌頂を受けて、修験並び神道の奥旨を伝えられる。この豪傳の代に神道が流布したのであり、上毛・下毛両郡の社家は、悉《ことごと》くこの豪傳の末流と

なった。その証拠もある。中でも湯立の法は、すべて豪傳の許可するところとなったとされるのである。[27]

この記載を信じるなら、神楽の担い手であった豊前の社家集団が吉田裁許を得ていく前の段階では、松尾山座主が裁許を与える主体であったことが分かる。そしてその神道の中身は、天台宗系の山王一実神道と推測され、極めて修験色の濃い広義の両部神道であったろうと思われる。また、演目の中でも湯立に関するものは、流儀や修法に関して特別視されてきたのである。その性格については後述に委ねたい。

また、組織の面で彦山と比較すると、彦山が神事両輪組を惣方として山内に組み入れているのに対して、松尾山では山外の社家を緩やかに統合している。こうした山内組織を基盤とした行事の典型が松会であったとすれば、山外に成立した儀礼の代表が神楽ではなかったかと思われる。もちろん、松尾山にも松会が伝えられ、また「色衆」の呼称が残るので、山内の神事組織はあったのであろうが、それ以外に山外の社家集団を緩やかに包摂する独自の地域的な寺社勢力のタイプを形成したと考えられる。有馬徳行が詳述しているように、近世後期、この豊前の社家集団には多くの親族＝姻族関係が認められる。[28]この地域一帯の大庄屋、友枝手永が代々松尾山の有力な守護者であり、政治的な支配者である豊前小笠原藩がそこを藩の祈禱所としていたこともあって、おそらく社家集団は松尾山の院坊とも密接な縁戚関係を保っていたことが推測される。松尾山の側から見れば、社家集団は寺社勢力の最周縁部に位置するわけであり、豊前神楽は彼らを担い手として成立し保持されてきた芸能（儀礼）ということになる。

〈4〉祈禱としての神楽

〈4-1〉神楽と加持祈禱

さて神楽の担い手から、神楽の目的・内容・性格に考察を移したい。神楽は一般に芸能として捉えられることが多いが、豊前神楽はその担い手が顕密寺社勢力の末端に位置した両部神道の社家であることから、神楽の性格は技芸として披露される芸能というよりも、ある目的を達成するための儀礼としての性格が濃厚であったと考えられる。例えば、大村神楽の母体である大富神社（宗像八幡宮）の近世初期に遡る神楽執行の記録を見てみると以下の通りである。(29)

元和六年庚申年（一六二〇）細川越中守忠興公御領中　虫止五穀成就ノ御祈禱トシテ綱切神楽奉納アリ　其後度々綱切執行　古例ニ依リ各郡社家出勤ナリ

寛永三年丙寅（一六二六）五月大旱　大守公ヨリ雨乞御祈禱当宮へ被仰附十七日執行

寛永八年（一六三一）二月十九日細川越中守忠興公ヨリ五穀成就岩戸神楽祓執行御祈禱トシテ米八石八斗ヲ下附セラル…

（西暦・傍点は筆者）

ここでいう綱切神楽が、現在豊前神楽で執行されている「綱駈仙《つなみさき》」のうち藁綱を刀で切断する形態と同じものであるかは定かではない。また、雨乞いについては祈禱とあるだけで神楽とは記されていない。しかし、その他の近世期の神楽執行記録を見ると「文化九年（一八一二）……家堅御祈禱湯立神楽執行〔貴船神社（永久）〕、……四民安全之神楽祓……〔春日神社（三毛門）(30)〕」など、神楽は風雨順調・五穀豊穣・四民安全・疾病除去などの目的を達成するための加持祈禱や祓いとして行われていたことが分かる。これについては筑前側も同様で、例えば福岡県糸島郡二丈町（現・糸島市）の浮嶽白山妙理大権現の勢力下に成立したと思われる福井神楽では、毎年五月に定期的に実施される神楽を少なくとも大正時代までは「春祈禱」の名称で表してきた。

加持祈禱とは「崇拝対象に向ってその印契を結び、その真言をとなえて崇拝対象の境地に入った上で、願事の達成を祈る儀礼[31]」であるが、特に加持は本来密教的な修法を指す用語であり、印契や真言など要素が認められなくてはならない。[32]豊前神楽の場合、神楽の執行主体が本来両部の社家であり、後述するように現在でも印契や真言の要素も認められるので、各演目を各々の願事の達成を目指した加持祈禱の儀礼と見做すこともできそうである。その際、現行で三十三番とも三十四番ともいわれる各演目の全てにわたって分離はできないにしても、主立った演目については願事、即ち目的の違いがあったと推測できる。その名残とも思えるのが、主演目に対する「料金表」である。

神楽奉納料と称しているが、現在神楽執行の際、どこでも受付に掲示されている。昨年（二〇〇四年）十月十六日の黒土神楽において、舞台となった久路土石清水八幡神社の受付に掲示されたものを挙げると以下の通りである。

神楽奉納料
一、式神楽　八〇〇〇〇
一、神　迎　三〇〇〇〇
一、大蛇退治　三〇〇〇〇
一、綱御先　二〇〇〇〇
一、本地割　二〇〇〇〇
一、四人剣　八〇〇〇

一、乱御先　八〇〇〇
一、三　神　八〇〇〇
一、盆　舞　八〇〇〇
一、剣　舞　七〇〇〇
一、二人手笹　七〇〇〇
一、御　先　五〇〇〇
一、湯　立　八〇〇〇〇

平成十二年九月　定

豊前岩戸神楽組合（朱印）

単に人手を要し手間のかかる演目ほど値段が高く、また大蛇退治など後から混入した祈禱性の少ないものも含まれているが、とにかく右記の料金を払って、舞台上方に演目と奉納者名を記した半紙を貼ってもらい、その下で特定の演目が執行されるのであるから、実は「祈禱料」を支払って、「願主」となって神楽祈禱を受けるという形態が、神社に神楽を奉納するという形に転換したとも考えられるのである。

さて、演目の中でまず採り上げてみたいのが、湯立神楽である。湯立は、神楽演目の中で最大のスケールをもつ演目であり、境内に結界された祭場の中央に二メートル程の三本足の鼎《かなえ》を設け湯釜を置き、その傍らにはちょうど松会の柱松と同じく、高さ一〇メートルに及ぶ柱を立て、三方から太縄で支えた中で行われる。舞の中心は湯駈仙、あるいは湯立駈仙と呼ばれる幣役と駈仙の争闘をモチーフとした駈仙舞である。三毛門神楽では幣役を「法者《ほしゃ》」と呼び、また岩屋神楽では二匹登場する駈仙（鬼）を「前鬼・後鬼」と称するなど、天鈿女尊と猿田彦尊に比定される以前の呼称を残している。クライマックスは、幣役に急かされた駈仙が柱を登り、頂上で幣切りを行い、その後太縄の上で「逆さぶら下がり」や「両手離し滑走降下」などの曲芸[33]を行いながら降りてくる。一方、それと前後して沸き立つ湯に全国一宮を勧請し、藁束に五色の人形（三毛門ではミコと呼び、東神＝青、西神＝白、南神＝赤、北神＝黒か紫、中央神＝黄）を刺したもの（山内では湯大将と呼ぶ）を湯に浮かべ、祈禱する。その後、火鎮めの儀礼を行ってから幣役によって「火渡」が数回行われる。

湯大将（山内神楽）

　三毛門の例であるが、妊婦の居る家がこの湯大将をもらって安産のお守りにすることがかつては多く、また湯立の祝詞を借りて家の防火のお守りにすることもあったという[34]。この湯立神楽は、現在は筑前側ではあまり見られないが、かつては行われていた形跡がある。管見の限り、その最古の事例は、筑前高祖城主原田氏に関して『改正原田譜』附録（下巻）に収録される記事、「享禄三年（一五三〇）二月、原田興種が病いのため、高祖宮で湯立神事を行った時、志摩・早良・那珂各郡からも社人百十余人が参加した……[35]」というものである。その内容までは分からないが、湯立が病気平癒に関連する祈禱であったことは指摘できる。

　湯立・火渡の内容を示す史料は、前項で紹介した筑前御殿神楽の波多野家の天正年間の文書に見られる。「天正五丁丑年（一五七七）十月廿六日」の日付の入った「湯之大事」「火之大事」の切紙である。波多野學の著書に収録されているので抜粋する[36]。

　切紙であるから内容は至って簡素であり、両方とも次第はほぼ共通している。湯立を見ると、まず四方に「逆（迷？）故三

湯之大事

先四方ニ立ル文

逆故三界城　語故十方空

一　二

（バン）（ア）丁

※瀨ニカク也

カマ

幣ハ玉ノホコト

観念スヘシ

三　四

（　）原梵字

※熅の誤用カ

本来元東西　何処有南北

次ニ八ヨウ之印ニテ

（ケン）《ケン》（ウーン）《ウン》（ラ）《ラ》（ビ）《ビ》（ア）《ア》（欠吽羅毘阿）

次ニ九字

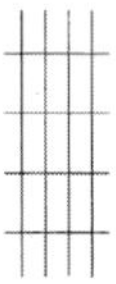

次水ノ印ニテ（バン）ハ火水滅

是生我風神

次ニ四明印ニテ

天竺ノ竜サカ池ニスムシカモシミツ（済水）トモナレコウリ（氷）トモナレ

（ラ）（バン）（アーク）　三遍

天正五丁丑季十月廿六日　両扶 朱印

権大僧都法印多門坊等ゝ 朱印

源三

有盛法印（花押）

火之大事

先護身法、次ニ九字、幷十字、次ニシュクノ文ニ曰、

逆故三界城　語故十方空

本来元東西　何処有南北

ヲキノウヱニ書也、次ニ水ノ印ニテ

（ア）（ビ）（ラ）（ウーン）（ケン）ノ書ナリ次ニヲキフムトキ東ヨリ西ヱ、北ヨリ南ヱフムナリ、

ソノイコハ自由自在ナリ、所（カ）レ云ヲトメヒノヒカリハアマノカケソイテフミナシ月ノサムキ

アカ月（（　）内は原梵字〔阿毘羅吽欠＝大日如来の呪文〕）

次ニ護身法ニテ木火土金水

加持スヘシ　口伝必久（カ）

天正五丁丑年十月廿六日　両扶 朱印

権大僧都法印多門坊 朱印

波多野掃部大夫殿

宥盛法印（花押）

湯之大事・火之大事（切紙）

界城」「語（悟？）故十方空」「本来元（無？）東西」「何処有南北」と書かれた文を立て、中央に釜を置くとされる。岩田勝が収録している安芸の国佐伯郡の中世後期と推定される「天刑星祭文」でも同様の文が登場し、各文の接頭にウン・タラーク・キリーク・アクの梵字が付されている。[37] 現在では、葬礼の幟などに見られるが、かつてはこうした祈禱の際にも用いられたのである。火之大事ではこれらは、「シュクノ文」とされ、燠の上には梵字が書かれたと思われる。ともあれ、中心的な真言はア・ビ・ラ・ウーン・ケン、即ち胎蔵界大日如来の真言で、宇宙の五大要素、地・水・火・風・空を表し、黄・白・赤・黒・青の色で象徴される。[38] 全体として、まず結界し、護身法として九字を切った上で大日如来の真言を唱え、さらに水の印を結び、神呪「天竺の竜さか池にすむしかも清水ともなれ氷ともなれ」を唱えて鎮火を図ったと推測される。そして、こうした次第を「両扶」即ち波多野掃部大夫から多門坊宥（有）盛法印に差し出し、認可を得ているのである。形式としては加持祈禱の様式を踏まえていると見做してよいのではないだろうか。

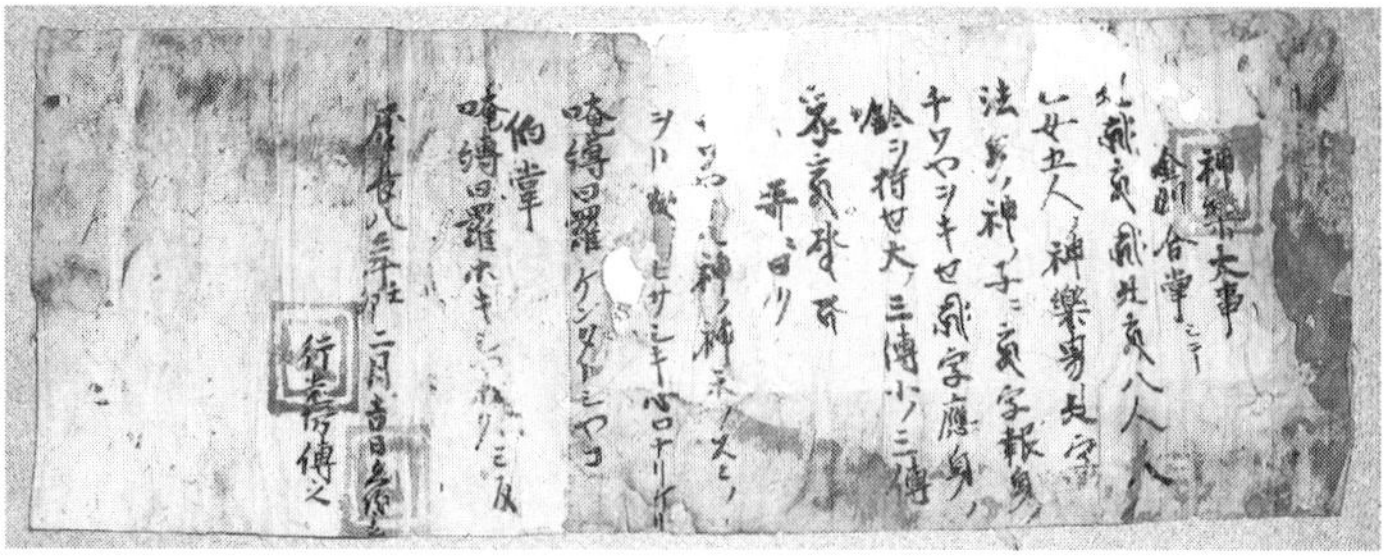

神道神楽大事（長谷川保則氏蔵）

　もし湯立に関してこれが原型であるとすれば、豊前神楽にもその痕跡が見出されるはずである。しかしながら事は吉田神道以前の両部段階の密教的要素である。近世中後期に社家が吉田神道化していった段階でまず大部分のそうした要素は排除されていったであろうし、さらに明治初年の「神職演舞禁止令」によって執行主体が社家から民間に移って以降の長い年月を考えれば、残存そのものが奇跡的である。しかし部分的ではあるが今日用いられている詞章の中に幾つか見出せるのである。

　黒土神楽では安政六年（一八五九）に改訂されたとされる長谷川保則宮司所蔵の

湯立　山内神楽（福岡県豊前市　2003年4月13日　撮影：中西裕二）

「大前張里神楽謂儀」を伝えている。収録された詞章はそのまま用いられているわけではないが、いわば基本テキストとして保持されている。その中の「湯庭火鎮謂儀」には、「一、とろとろと立湯なれば野中の清水が身にしみて向ふ風嵐に吹きつづるなり[39]」、「二、何として雪は氷の隔て無くと来れば同じ谷川の水」の二種の神呪と思われる呪文の後、三の部分に、「火の神―オンマカ、アギャノウェイ、ソワカ　水の神―オンマカ、バロダヤ、ソワカ　地鎮―オンマカ、ビリチビエイ、ソワカ」の三種の真言が登場する。これは現行の真言加持で用いられる火天（オン〔またはナウマク〕アギャナウェイソワカ）、水天（オンバロダヤソワカ）、地天（オンヒリチビエイソワカ）の真言とほとんど同じである[40]。ただし、四の「斬りくわえする者を、かわなひさご針山姫戦争の者は此の火を鎮め奉る」は意味不明であるが、鎮火に関わる神呪の転訛したものと思われる。また、火渡の手順や方向についても重要な記述があり、これは現在でも固く守られている。まず、湯釜を支える三本足の柱を釜柱と記し、その設置を子（北）・辰（≒東南東）・申（≒西南西）に定めている。入り方は、「始めは」東北の丑寅から入って南の午に抜け、午から西北の戌に抜けて、戌からもとの丑寅に帰ると定め、手房（湯手房）を持った時もそうすべきとされている。この方向は先述の「火之大事」に記された「ヲキフムトキ　東ヨリ西エ、北ヨリ南エフムナリ、ソノイコハ自由自在ナリ」に適った定めである。

山内神楽では現在用いられているテキストの中に密教的要素が認められる。火鎮めの行事の箇所で、まず「火渡り修法をなさんとする者は七日前より肉類、ネギ、ニラのごときは食せず朝夕水行をなして心身の清浄に務める」との規定が記され、その後、「呪文秘伝」として「トロトロト　立湯ナレバ　ソデヒキテ　神吹女　アラセニ　立スドシズマル」と黒土神楽と上段の部が同じ神呪が唱えられ、その後、真言らしき文言が記されている。原文のままに記載すると「オンソバハー　シュドカン　サルマ　ダルマ　ソバ　ハンバ　シュドカン　ランバヂラド　ハンバヤ　ソヲアカ　ランタタ　キヤ　ドヲ　カンハンバヤ　ソヲアカンー」（傍線筆者）というものである。

密教の加持祈禱のおそらく最も一般的な修法として、六法十八道[41]がある。金胎両部九会九尊を合わせて十八、約して六法とされるもので、究極的には大日如来を本尊とするものである。六法のうち、勧請や結界に先立ってまず浄めが行われる。その最初が「浄三業」の修法で、蓮華合掌の印を結び、行者の身口意の三業を浄め、本尊の三密（身口意）と平等と観ずるのであるが、その際の真言が「オン　ソワハンバ　シュダ　サラバ　タラマ　ソワハンバ　シュドカン」である。傍線前半部と類似していないだろうか。もしそうだとすれば、傍線後半部はラをヲの表記違いと見て「オン　タタギャタ　ドハンバヤ　ソワカ」と読めなくもない。浄三業に続く「仏部三昧耶」の真言である。とすれば、かなり正式な加持祈禱の修法が徹修されていたことになる。おそらく最初の部分だけが記憶され、今日まで転訛されつつ伝えられたのであろう。しかし、中心的な真言はこの後二回記されており、今日でも火渡の直前に二回唱えられている。「オン　アビラウンケン　ソワカ」、即ち胎蔵界大日如来の真言である。そして最後に火鎮めや火起しに関わる神呪が三種記されている。「露しげき雨の軒端に霜柱氷の屋根に雪の床哉　猿沢の池の大蛇の如く息の烈しき風に火をこめるなり　北方で南をこくす鎮火祭丸なる中はかんの水なり」がそれである。

さてこれまで見てきたように、少なくとも湯立神楽に関しては、両部、即ち密教的要素から成る加持祈禱の形式を踏まえていると捉えることができる。人々は祈禱料を払って願主となることで病平癒や家堅めなど特定の願成就を図ったのである。しかし、この点は、神楽の執行主体が同じ両部の社家であり、祈禱料という形式が共通することを考えれば、他の演目にも拡大できるのではないだろうか。もちろん後に整序され、あるいは追加された演目もあったであろうが、幾つかの基本的な演目、例えば祓いの性格の強い剣舞、厄よけに関わる地割（筑前側では五行）、現在でも子どもの無病息災に密接に関連する駈仙に関わる演目など、本来は各々独立した祈禱ではなかったかと思われる。後述するように、それを宮廷神楽や記紀神話といった脱―密教的な神道に即した筋立てに強引に改変していったところに現行神楽の矛盾が表出しており、冒頭に述べた観客が感じる「落差」の一因となっているように思われる。しかし、この改変は豊前側では完遂していないが、逆に筑前の現行の神楽にはもはや加持祈禱の要素を見出すことは困難なほどに神道化してしまったのではなかろうか。この仮説を示唆する一つの証拠が「福岡藩郡役所記録」所収の延享二年（一七四五）八月二十日に藩から出されたお触れである。

一、村々にて風祭虫祈禱等願成就、只今迄おとり操之類、其度々相願、相催来候得共、此以後願成就一切、神楽執行可仕候。其度々願出に不及候。此以後踊操之類、一切停止に候事。(42)

村々で風祭や虫祈禱などの願成就に際して、今まで「踊操之類」をその度ごとに願い出て催してきたが、今後は一切の願成就では「神楽」を行うようにして、その度ごとの願い出は必要ない。今後は「踊操之類」は一切禁止する、というものである。「踊操之類」（おどり・あやつりのたぐひ）とは、願成就に際して行われていた呪術的所作を伴う舞い、即ち加持祈禱としての神楽ではないだろうか。すると、それに対して推奨されている神楽とは、宮廷神楽を原型とした、あるいは記紀神話を題材とした演目に筋立てのある神道風の神楽であり、それを神社に奉納するという形式への統一を目指したのかもしれない。この禁令と並んで、村の氏神の祭礼の際に、宮座という当番を立ててその家に村人を招いて饗応することも禁止されていることから、藩が問題視したのは、先述した、祈禱料を払って願主となる、即ち神楽を「買う」形式が節倹の観点から好ましくなかったのかもしれない。[43] ともあれ、筑前側では今日でも神楽の「踊操之類」的性格は豊前側に比して弱く、中でも最も加持祈禱的性格の強い湯立神楽はほとんど残っていないのである。

〈4-2〉ミサキ神の正体

豊前神楽は別名「ミサキ神楽」と称しても過言ではない。豊前では、駈仙《みさき》の表記が用いられるが、幣役と駈仙が対峙する「駈仙」だけなく、「乱駈仙」や「綱駈仙」、さらに湯立に登場する「湯駈仙」や式神楽の「式駈仙」など様々な演目のヴァリエーションがあり、また「神迎」や「幣切」など重要な演目の主役を務めている。観衆から最も人気があるのも駈仙であり、特に駈仙に抱いてもらうことで小さな子どもの無病息災を願う信仰は現在でも明確に認められる。筑前側でもミサキ神は神楽の重要な位置を占めている。

荒神　岩戸神楽（伏見神社　筑紫郡那珂川町　2004年７月）

　福岡県筑紫郡那珂川町の伏見神社で七月十四日に行われる岩戸神楽ではミサキは「荒神《あらかみ》」と称されているが、ミサキに子どもや孫を抱いてもらうことを求めてかなり遠方からも含めて子ども連れの人々が殺到し、神楽講側では整理券を配布して泣き叫ぶ子どもを抱いた親たちを順次並ばせて凌いでいるような次第である。そしてこの荒神の演目が終わるや、神楽の名称ともなっている「岩戸」に入るのだが、人々の熱気は去り、境内は閑散とするという現象が毎年見られる。そしてこのような例は豊前、筑前を問わず他の神楽でも見られるのである。

この駈仙は、「公式には」猿田彦尊とされている。しかし、それが今日でも未だ「定着していない」ことは本論の冒頭に挙げた逸話からも推察されよう。では、このミサキの原型をどこに求めればよいのであろうか。手がかりとなるのは、ミサキの自らの語り、即ち祭文（詞章）である。今日、豊前神楽においては、神楽の場でもはや実際にミサキが語ることはない。しかし、詞章は残されている。この詞章と同型にあたるものは中国地方の荒平舞に認められる。荒平は、「山づとの杖」を携えた仮面異装の鬼で、現在でも広島県の旧安佐郡と佐伯郡の全域で「荒平」、「関」、「鬼返し」、「柴鬼神」などと称される舞が行われている。(44) この荒平の詞章のうち、最古とされるのが、壬生井上家所蔵の天正十六年（一五八八）の「荒平舞詞」である。(45) 岩田勝によれば、その内容は四つの部分に分けられる。

（一）「人に似ぬこそ御道理なれ」果報かしこき荒平の名乗り。〔一〕
1　人に似ぬ姿。
2　吹き出す風のすごさ、歩み走る早さ、おらぶ声。

（二）「荒平が参るより道理なれ」
1　山の大王殿から十二の山を領して、安積山の麓にまどろんでいたとき、御柴笹を盗み取られたこと。天竺から日本まで探し廻り、歌の声につれて我が神室なりと参ったこと。〔二〕
2　荒平が山に妨げをするのは、山口太郎・中山次郎の御神たちであること。〔三〕
3　唐土から渡らせ給うた山の大王のこと。〔四〕

（三）「祖父・曽祖父のゆくへ」
1　鹿経王《しきようおう》の異種誕生譚。〔五〕

2　兄弟四人の乙子《おとご》の末のこと。〔六〕
3　釈尊ほどに法を教えてもらえず、荒神・みさき・外道となったこと。〔七〕
4　深沙大王さながらに大蛇・大鬼となって人を餌食にしたこと。〔八〕
5　日本をとび廻り衆生を餌食にせんとたくらんだが、ついにかなわず、降伏したこと。〔九〕

（四）「今夜氏人に得さする也」鈴と杖。　（傍点原著者[46]）
1　鈴と申すは仏の御声のこと。〔一〕
2　しはんぢやうの杖のいわれ。〔二〕
3　鬼の持つ宝のいわれ。〔三〕

豊前神楽の詞章との比較のために、最小限必要な原文を抜粋しながら、その要点を述べておきたい[47]。

まず、（一）の前に幣役（法者）との間で神歌形式のやり取りがある。冒頭の部分のみ引用すると、「偖《さ》て山高し石は木をひしぎ瑠璃の地に花咲き繁り　あやしき阿房らのものや住む」、鬼が返して「あやしき阿房らのものが住までは誰わの者が住むべきぞ　これやこの鬼の住みてうところなり」という具合である。次に（一）の荒平が自らの容貌や形姿について語る部分であるが、「人に似ぬこそ御道理なれ。抑々《そもそも》荒平が百八千数《ももやちかず》角生《を》いあがり、人更に見する眼《まなこ》は日月とうつしたるが如し、鼻高くして、物をかむ四十八の牙強くして物の骨を散散にかみ砕きなん、反噬《はんぜい》の舌長くして物の味ひを知る。抑々荒平が額《ひたい》の髪は天を指し生ひ上る。項《うなじ》に口あり、吹き出す風は十六の大国……無量の粟散国を吹き廻る、この風にあたれる人は一日一夜をきわむるなり。……丈は一丈五尺、気は一尺。されば荒平が歩む事は風の如し、走る速さは稲妻の散るが如し、叫《おら（ぶ）》う声は天に鳴る雷の声して鳴るが如し。かやうに果報かしこき荒平をせくべき者は思ひなし」。怪異な容貌と項の口から吹き出す悪風、飛行を思わせる俊足などに留意されたい。

（二）の部分は神楽庭に出現した理由を語る部分であるが、「抑々荒平が参るより道理なれ。山の大王殿よりも十二の山を給りて日本の内我がのままに領したる時……御柴笹を盗み取られて……是より丑寅の隅へ立寄り見れば……日本秋津島へとりて来りたり。一首の歌にも云ふばかり、入りましを今日と聞くをば綾延へて　錦を並べてとくくと踏ません　か様に参りつる声を聞き、……尋みれば……　我が神室なり。我は此声に付て参したる荒平なり……」とあるように、盗み取られた柴笹を取り戻すために「丑寅」の方角から参上し、「入りましを―」の歌の声に付いて神室に入ったのである。

（三）の荒平の出自、系譜を語る部分は、岩田も指摘しているように、現在残る詞章のうちでも最も欠損の大きい部分である。天竺の伽耶国《かやこく》の鹿経王（獅子頬《ししきょう》王）の出生から説き起こし、遂に日本に到る、神仏習合的性格の濃厚な箇所であり、その過程で「抑々荒平、御仏の前にて荒神《こうじん》となり、神の前にて御前《みさき》となる、有漏の凡夫の外道と成る。……仏神ともに我なり……」との語りで示されるように、ミサキと荒神の習合的関係が荒平の口を借りて語られる。

（四）では、荒平が持つ物について語られる。まず、鈴について「抑々鈴と申はまことに仏の御声なり。鈴《れい》の声は仏の前にて錫杖と云ひ、神の前にて鈴《すず》と云ひ、法師のために衆生と云ふ。……是を聞給ふ人は身の内の悪行煩悩虫の罪障をのがれ、今生にてはからく無量の経を覚る」と語り、錫杖と鈴の同体を説き、その効果（利益）に言及する。豊前では専ら鈴であるが、本来は錫杖も用いられていたらしく、石塚尊俊によれば、中国地方一帯では錫杖との中間形態である「輪鈴」が使用され、長門の三隅地方では錫杖の使用が認められるそうである[48]。

次に荒平の持つ杖であるが、「抑々荒平がつきたる杖に三つの法籠もれり、上に大乗の法籠り、下に小乗の法籠り、中に瑠璃光の法籠る。彼杖に太きかた有り、細きかた有り、細きかたにて年老いたる人を撫づれば若やぐなり、太きかたにて死たる人を撫づればいきて繁昌するなり。爰を以てしはんぢやうの杖とは申なり」とあるように仏教的意味づけが施され、若返りや再生の呪力を秘めた杖とされている。その様は加持を思わせるものである。最後に「しはんぢやう（死繁昌）の杖」も含めた鬼の持つ五つの宝について語り、この杖を今夜、氏人に与えると言明するのである。

さて以上に述べたように「荒平舞詞」は荒平が一人称で延々と語る形式であり、幣役の関与は神歌の掛け合いなどほぼ最小限に留まるが、岩田が指摘するように、時代が下るにつれて、幣役との問答形式の中で幣役の比重が増し、遂には「鬼《き》返し」などのように悪鬼として出現し駆逐される存在となっていく。(49) 先述したように、豊前神楽では現在ではミサキの語りは見られない。しかし、だからといって演目に登場するミサキは「悪鬼として駆逐される存在」にもなっていない。荒平舞詞の記述に重ねてみると、豊前ではミサキの毛頭の毛が常に直立するよう、馬の毛を巧みに編み込んで工夫するなど相当に気を遣っているが、これは一段目の「額の髪は天を指し生ひ上る」に該当するようにも思える。

売られる鬼杖（黒土神楽）

また鈴や杖を持ったミサキに抱いてもらうことが子供の身体健康に結びつけられるし、何よりもこの「鬼杖」は一般の人たちの護符として最も需要が高く、例えば黒土神楽では予めたくさん作っておいて別売りしているほどである。また、舞の形式としても、ミサキは必ず杖を持って出現し、最後に幣役に杖を渡して終わるのである。

語りについては、近世後期のものが残されているので、それを「荒平舞詞」と比較してみたいが、幾つか留意すべき点がある。まず、かなりの部分で神道的な改変や改作があり、荒平と対応可能な部分は極めて少ないということである。次に、転訛や誤記が多く、意味の推定が難しい箇所が多いということである。こうした点を補強するために、ここで扱う黒土神楽の詞章とほぼ類似した内容である福井神楽の詞章を参考として用いることとする。

福井神楽は福岡県西部の糸島市二丈町福井に伝わる神楽であるが、黒土神楽より一段と古いと思われる問答形式を残しており、しかも現在でもミサキの語りが続けられているのである。[50]何故、福井の地に豊前とほぼ同じ詞章が残っているのかは不明である。ただ、福井周辺は、近世期福岡黒田藩の領分ではなく、豊前中津藩の飛び地支配地であったことは大いに関係がありそうである。ただし、問答形式は残しているものの観客の場に踏み込んでいくミサキの役割を素戔嗚尊が行うなど、改変の跡も見られ、全体として豊前より古型であるとは言えない。

以上の点を前提にして、黒土神楽が伝える「大前張里神楽謂儀」の安政六年（一八五九）七月の「駈仙神楽」から、荒平と対応する部分を中心に抜粋してみる。冒頭の神歌は幣方と駈仙の掛け合いで数種が記されているが、幣方「初花のしげく開けし瑠璃の地に魔王のものの伏ぞあやしき」に対して、駈仙「初花のしげく開けし瑠璃の地に丸（魔王？　あるいは麿か？）が伏してはだれが住むべき」が荒平と対応している。因みに福井神楽ではこの部分は「天土の清く開けし神の地に魔王の者の住むぞあやしき」に対して「天土の清く開けし神の地に魔王ならでは誰か住むべき」と、魔王は残すものの仏教に関係する瑠璃の地が神の地に変わっている。黒土では、この後、ミサキの語りに入る前にまず幣方の語りがある。大部分は神道的な記述であるが、注目できるのは「……是より丑寅に當りて悪風颯々と吹き来たり、赤き色なる大魔王、この御神屋に勢をなす。……汝は何者ぞ、速やかに退散せよ」の箇所である。丑寅の方角から悪風がさつさつと吹いてミサキが出現するというのは荒平と対応する。ただここまでミサキが「魔王」と表記されている点は注意すべきだが、この点は後述する。

ここからがミサキの語りである。区切りを入れて全文を引用してみたい。

A．抑々、御前《みさき》と云うは一座神明の分身なれば、人と見えぬも道理なり。毛角三尺にして、眼は赤酸醤《ほおずき》の如く、鼻は七咫[51]、三尺三寸の紅舌を以て瓜体を喰せんとするに似たり。されば容貌（怪異）なりといえども、その心は知べからず。只一心清浄温潤等　和の相を現し、或時は鬼畜木石に身をかる、肩には赤き天衣をかけ、腰には黒き衣をまとひ、しくはん杖を提げ、天地の間を飛行しみれば、国こそ多けれ。豊の前州上毛郡、今此神楽庭において太鼓口鼓笛鼓十二の楽を調べて神主は　いりましをけふとしるさば、綾をはえ、錦をはへてとくと踏ません　などと調べかなで給ふこと謂なし。かおと（斯程）の神事を企る事ならば三日先より荒神と吾をこそ祭るべし。四面八方の神境を許すまじく候。

C．神主の教えの如く此御鈴（五十鈴）を打振まい奉る所に「ききゆもにゆわの身体[52]」となる事疑いなし。御鈴の利生にて飛び、此上は我つける処のしくわん杖を渡催、是を受納に於て福寿増永諸願成就にて候。此の御杖を印として當社に納置き候ほどに　一天泰平、国家安全、五穀成就、氏子繁昌と踏み鎮めん跡より祭り奉らん。

語りはその内容からA～Cの三つの部分に分かれる。この内、A及びCの部分が荒平と対応している。Aの部分は荒平の（一）と（二）の部分を合せたような内容である。「人と見えない」自らの容貌について語り、この神楽庭に現れた経緯を述べている。ただ荒平ではその理由、即ち盗まれた柴笹を取り返しに来たことが説かれるがAでは欠如している[53]。また、悪風や丑寅という出現の方角も、Aではなく、その前の幣方の語りで触れられているに過ぎない。しかし、荒平（二）の「入りましを―」の神歌は、ほぼそのままミサキの詞章にも伝えられている。

最も注目されるのは荒平を最も象徴する採物《とりもの》である「しはんじゃうの杖」が、こちらでは「しくゎん杖（しかんじょう)」としてAとCに二回登場することである。特にAでは、肩に赤き衣、腰に黒き衣を纏ってこの杖を引っ提げて飛行する、より鮮明なイメージが描かれている。岩田が指摘するように、荒平は本来「飛行自在の豊かな能力を備えて[54]」おり、そのイメージはミサキにも投影されているのである。また、その後で、ミサキと荒神の同体にも言及している。

Cの部分は、荒平の（四）に対応しており、鬼の持つ宝に関する言及である。ただし、ここでは、言及は鈴と杖に限定されており、その他の宝の説明は欠如している。再生や若返りの呪力を連想させる「耆旧《ききゅう》も柔和の身体となる事疑いなし」は、鈴の効力とされ、ミサキの飛行も鈴の利生とされている。杖に関しては、荒平におけるように具体的な説明はなく、受納によって「福寿増永」、「諸願成就」が図られるという一般的形容となっている。しかし、杖の名称は「しくゎんじゃう」であり、現在でも杖の神秘的効力を期待して需要が高いことを考えれば、本来は再生の呪力を担っていたと思われる。子どもの健康祈願についても、杖の効力が次第に鈴や杖を携えたミサキ自身の呪力に転化したとも考えられるのである。

ここまで、即ちA及びCの部分は、全体として捉えれば、欠損部分は伴いながらも荒平の基本は継承しており、この両詞章が同系統のものであることは首肯できるように思われる。しかし、問題はBの部分である。荒平では（三）の出自、系譜を語る部分に対応するが、内容に共通性はほとんどない。かなり転訛が激しいので、福井神楽詞章も参照しながら、補足して引用する。

B．汝と我と再三の問答に及べ共　未だ一個の徳を得ざるが如し。汝聞け　我は是天地変満の妙体也。因て一神にして六名あり。第一　猿田彦大神、第二　國底六神、第三　気神、第四　鬼神、第五　太田神、第六　興玉神と云う[55]。是皆神徳廣大なるが故なり。惣て駈仙の数は九万八千五百七十余神在りて　影の形に随如也。其眷属億兆在り。「道祖神　土公神」とも申すなり。千返万化の妙術を以って、悪なる者には罰を以てこらし、善なる者には幸をあたえて……人民善心に帰らさんと欲す。汝此の理を悟りて我にくみせよ。心を一にして天津神の神勅を傳て御先を追仕奉らん。

荒平では（三）は「祖父曽祖父の異常出生譚から始めて、貴種の出自を説き、しかし、兄弟四人の末子の童子で弟子の末であるかなしさに、四万六千人の鬼の大将となって提婆《だいば》さながらに悪逆をはたらき、流沙葱嶺《りゅうされいほう》であばれたり、日本を飛び廻り、日本の衆生を餌食にせんとたくらんだが、とうとう辰の天王に降伏させられたとのべて、荒平が荒神となり、みさきとなり、外道となったいわれを語る」[56]部分である。岩田が述べているように、この部分には『荒平が思うままに飛び廻って悪を働く力が豊かに示されている』[57]のである。それに比してBでは、全体として「変幻自在な鬼神」としてのミサキの特性とその「善神としての働き」が強調されている。全体としては、異なる系統の語りと位置づけてよいのではなかろうか。

内容については、まず、ここで初めて、一神にして六名ある第一の神として「猿田彦大神」という記紀神話の神が『日本書紀』の神名で登場する。ここ以前に記紀神話のモチーフがほとんど出てこないのであるからその出現は唐突である。後半では、善神としての働きが強調されているが、例えば「天津神の神勅を伝えて御先を」務める役割は記紀神話における「道案内（御先）」役としての猿田彦にはふさわしいかもしれないが、本来のミサキにその善性があったかどうかは疑わしい。六名の名称や順序も含めて後世の改変の可能性も考慮しなければならない。では、「変幻自在性」という全体形式を踏まえてそれを何処に求めるべきだろうか。文中の『道祖神　土公神』は、じつは福井神楽の詞章である。[58]黒土神楽の詞章はかなり長く「土公神　道祖神　五穀神　福神　産屋の神」と羅列している。[59]土公神とは、本来は中国の土地を司る神であるが、日本では土の神と竈神が荒神を媒介にして習合し、激しく祟りやすい神として「六三除け」など盲僧や修験者と密接に関連して展開してきた神祇である。[60]ともあれ、一神にして六名があり、付き従うミサキの数が九万八千五百七十余に上り、その眷属は億兆とされ、土公神、道祖神、五穀神、福神、産神とも同体の変幻自在の鬼神という表象の原型は何であろうか。

既に、詞章の冒頭や幣方の語りに「魔王」とか「大魔王」の呼称が用いられているが、ここで「第六天魔王」との関係を考えなくてはならない。仏教的世界観の上で、地獄・餓鬼・畜生・修羅・人・天の六道、即ち輪廻する欲界の最も上位に位置するのが天界である。天界は六層に分かれ、各々を支配する神（天）がいる。下から「四大王衆天」・「三十三天」・「夜摩天」・「兜率天」・「楽変化天」、そして第六番目の欲界の頂点に君臨するのが「他化自在天《たけじざいてん》」、即ち第六天魔王なのである。中世をピークに近世前半に到るまで、この第六天魔王が広く世に知られていた背景には、当時巷間に流布されていた天地開闢をめぐる中世神話の存在が関係している。[61] その最も初期のテキストとして挙げられることが多いのが、鎌倉時代の遁世僧無住の『沙石集』で、弘長年間（一二六一―六四）に伊勢神宮の祠官から聞いたとされる次の話である。

……昔この国がまだなかったとき、大海の底に大日如来の印文《いんもん》（梵字で表される記号）が沈んでいるのが見えたので、天照大神が御鉾を海中に下ろして探ろうとなさった。引き上げられたその鉾の滴《したた》りが露のようになったとき、第六天の魔王（他化自在天のことで人間界の仏法を妨げるという）が遙かにそれを見て、「この滴りが固まって国となり、そこに仏法が流布し、その国の人間が輪廻の苦しみから逃れるようになる兆しがある」と云って、それを妨げるために天上からくだってきた。天照大神は、魔王にお会いになって、「自分は三宝の名を口にすることはしないし、三宝を身に近づけることもしない。だから、安心して今すぐにお帰りください」とおっしゃったので、宥められた魔王はこの国を破壊しないで帰っていった。[62] ……

ここに出現する基本的モチーフは保持しつつも細部において違いのあるヴァージョンがその後派生することとなるが、ここでは時代的にこれをさらに遡及すると思われる史料を引用しておきたい。それは、本論が扱ってきた両部神道の基本テキストとされ、その成立が建久二年（一一九一）以前とされる『中臣祓訓解』である。

……嘗天地開闢之初メ、神寶日出之時、法界法身心王大日、無縁悪業ノ衆生度セン爲メニ、普門方便之智恵ヲ以テ、蓮花三昧之道場ニ入、大清浄願ヲ發シ、愛愍ノ慈悲ヲ垂レ、権化之姿ヲ現、跡ヲ閻浮提ニ垂、符璽ヲ魔王ニ請テ、降伏之神力ヲ施メ、神光神使ヲ八荒ニ驛シ、慈悲慈檄ヲ十方ニ領（アツカリシヨリ）以降、忝ク大神（オホンカミ）、外ニハ佛教ニ異ナル之儀式ヲ顕シ、内ニハ佛法ヲ護之神兵ト爲ル、内外詞異ナルト雖トモ、化度ノ方便同ク、神ハ則諸佛ノ魂、佛ハ則諸神ノ性也……

（傍点筆者）[63]

ここでは、大日如来と天照大神との関係は、さらに明確である。天照は、大日が、閻浮提《えんぶだい》、即ち現実の人間世界に「権化の姿」として現れたのであり、魔王に府璽、三種の神器の一つである八尺瓊勾玉《やさかにのまがたま》を請い、しかもその際「降伏の神力を施して、神光神使を八荒に駅し」というように闘いを挑む様子がうかがわれる。そしてこの交渉があって以降、天照は、外から見ると仏教と異なる儀式を顕すが、内側では仏法を護持する神兵と為ったことを「神は諸仏の魂であり、仏は諸神の性である」と神仏両部の解釈を示すのである。

第六天魔王は、仏教や仏法の流布を障礙《しょうげ》する存在であり、降伏《ごうぶく》の対象であった。それと対峙するのが上述の説話に見られる天照大神であろうと、あるいは後の変形であろう伊弉諾尊、あるいは伊弉諾・伊弉冉二神であろうと、対立争闘が必然的要素であり、当時の中世神話の最も重要な部分であった。実際の神楽祭文の中では、この魔王は「三十万五百歳」を経て「百由旬ノ丈、九足八面ニシテ、六十二ノ眼、一百ノ角生イテ、三十六ノ手ニ一千百ノ指アリ。三十六万ノ眷属ヲ」[64]率いて「丑寅の隅」から妨害する。これに対して、天照大神（あるいは伊弉諾尊）は、交渉の過程で彼を「荒神」として、さらに「産神」として、「地神」あるいは「堅牢地神」として「四季上品の初穂」を献じて祀ることを約束することで、退く契約を得るのである。[65]先述した黒土神楽の詞章のAの部分の最後に、「かおと（斯程）の神事を企る事ならば三日先より荒神と吾をこそ祭るべし」とあったが、この文脈から捉えれば、魔王からの呼びかけとも受け取れるのである。

　さて、黒土の駈仙神楽の詞章の分析を通じて現れてくる表象の一つは、鬼杖を携えた飛翔する異形の童子としての荒平であり、もう一つは天地開闢に関わる中世神話の主役である第六天魔王（他化自在天）であった。この二つは密接に関わりつつ、荒神、土公神（地神）、産神等と自在に融合し、入れ替わりつつ「駈仙（ミサキ）」像を形成していったのであろう。少なくとも神楽が成立しつつあった中世末から近世初期にかけて、両部の社家にとってもそれに関わった民衆にとっても馴染みのある一般的な神話は、記紀神話ではなく、両部神道に基づく中世神話であったはずである。第六天魔王は当初、仏敵として出現し、争闘を経て荒神として祀られるという筋書きこそがそれに相応しいものであった。そして魔王と対峙する相手は大日如来の権化たる天照大神、あるいは伊弉諾尊であったかもしれない。

　ところが現在、筋書きこそ、記紀神話に基づいて、魔王は猿田彦に、そして天照は天鈿女尊に改変されてしまったが、儀礼行為そのものは「争闘」の形式をそのまま十分に踏まえているのである。最大の矛盾は、記紀神話には何処を探しても「争闘」を示す材料がないことである。猿田彦は、神敵として降伏の対象として出現しないのである。そうなると記紀神話における本来の役割である「道案内」という説明を取らざるを得ない。冒頭に述べた印象と説明との落差を発生させるのはその部分である。

　実は、駈仙の演目より、さらにこの落差を大きく感じさせるのが、豊前神楽で定番の演目である「神迎《かんむかい》」である。神迎はその名の示す通り、天孫降臨を主題にした神楽とされている。神輿を奉じた神幸行列に従って、参道や集落内の辻などに赴いて行われるので「道神楽」とも呼ばれている。まず、神輿を道路上に設置した上で、神輿を背にした幣役と約二〇メートル程離れて鬼杖を掲げたミサキが向かい合い、睨み合う。太鼓や鉦、笛の楽の音に合わせて、返《へん》閇《ばい》を踏みながら両側から走り寄って激しく斬り合う。何度かこれを繰り返した後で、今度は幣役に付き随う大太刀・小太刀・薙刀を構えた直面の随神とも攻守所を代えて順次斬り合うのである。ミサキは途中で交代するが、両者が激しく渡り合う様は勇壮で、道の両側に押し掛けた観衆はその度に拍手喝采を浴びせる。最後にミサキは武器を拍った随神らに「退治」され、神輿の上に仁王立ちしたまま次の場所に移動していくのである。

神迎（道神楽）　黒土神楽（2004 年 10 月 16 日）

さてこのシーンであるが、『古事記』の天孫降臨に即して考えてみたい。[66]『古事記』では、天照大神と高木神（高御産巣日神）が日嗣《ひつぎ》の子である天忍穂耳命《あめのおしほみみ》に「すぐ降臨して葦原中国を平定するよう」命じるところから始まる。だが天忍穂耳命は、自らの子で番能邇邇芸命《ほのににぎ》を降臨させたいと申し出て認められる。次に、降臨の途上の分かれ道に上は高天原を照らし、下は葦原中国を照らす一人の神がいた。天照大神と高木神は、天宇受売《あめのうずめ》を呼んで「そなたはかよわき女ながら、いかなる神に立ちむかっても、おめず臆せず、いひ勝つ神ぢゃ。そなたひとりにて、行きてかう申せ。天つ神の御子のくだらせたまふ道に、なにものぞ、かく立ちはだかるかと問へ[67]」と命ずる。天宇受売がそのように伝えるとその神は「これは国つ神にて、名は猿田毘古《さるたびこ》と申す。なにゆえここに立つかとあらば、天つ神の御子のくだらせたまふと聞きしに依り、お先供つかまつらうとて、かくはおむかへにまかり出た[68]」

と答える。この猿田毘古は、道祖神ともいい、丈は高く、面は赤く、口は大きくて眼はらんらんと輝き、中でも赤鼻が長々と突き出した、後世の祭にも神輿の先供に必要とされる異形のものであった。こうしてその先導によって、天宇受売命のほか、天兒屋命《あめのこやね》、布刀玉命《ふとたま》、伊斯許理度売命《いしこりどめ》、玉祖命《たまおや》の五柱の神が降臨するというものである。

以上が「神迎」に対する現在「伝承」されている「公式」の解釈である。確かに猿田彦の異形の容貌はミサキに重なるし、天鈿女に従う随神と太刀や薙刀を携えた直面の幣方も巧妙にその姿を重ねてはいる。だが、『古事記』を見る限り、何故に猿田彦がかくも激しく天鈿女や随神らと立ち回りを演じなければならないのか、その理由がないのである。しかし、もし、神迎が天孫降臨ではなく、天地開闢をめぐる天照と第六天魔王との争いとその結果としての取引（契約）だとすれば、「降伏の神力を施さん」とする仏神と凄まじい呪力を有した鬼杖を持つ魔王との闘いは、妥当な意味を担った儀礼行為なのである。

中世世界に君臨したミサキ＝魔王＝鬼＝荒神は、近代的枠組における悪の範囲をはみ出してしまう存在であった。荒平の表象に示されるように、それは一方で民衆が最も希求する諸願成就を叶える呪力を担った、善に転化し得る両義性を備えた存在であった。この転化を実現し得る法力を保障するものが「中臣祓訓解」に説かれる大日＝天照という仏神の中核であったのではないだろうか(69)。だとすれば、これまた湯立と同じく、加持祈禱形式を伴った宗教儀礼がその本来の有り様なのであり、そうした豊かな多義的意味を担った魔王表象を、記紀古代に現れる言わば「近代的」で単配列的(70)な猿田彦表象に矮小化しようとする現在まで継続する力こそ、神楽改変を促してきた（唯一）神道的近代化の潮流であったのである。しかし、この過程は未だ完遂されてはいない。というより、その途上で中断されたまま現在に至ったのである。

儀礼行為そのものは中世的、そしてその解釈は近代（古代）的というこの引き裂かれた駈仙神楽の在り方を、唯一前者に引き戻そうとする明確な力が、幼児を抱かせたり、鬼杖を持ち帰ったりしてきた駈仙をめぐる民衆が受け継いできた祈りの「かたち」であり、物言わぬ駈仙の、そして民衆の「抵抗」の源泉であったのかもしれない。

〈５〉神楽改変と神仏分離

さて、これまで豊前神楽の湯立そして駈仙の演目を対象にその本来の在り方を考察してきた。それらは宗教勢力として顕密寺社勢力の末端に位置づけられる両部系の社家を担い手として成立し、加持祈禱としての性格が濃厚な宗教儀礼の側面を多分に孕んでいたことを指摘してきた。今日でもそうした特性を看破することは不可能ではないが、表面上我々が接し直面する神楽は改変の「結果」としての神楽でしかない。この改変を推し進めた力が何であり、何故に強大な力を持ち得たのか、その全貌を扱うことは日本思想史に関わる極めて大きな問題であり、本稿の範囲を超える。しかし、その諸力が、神仏分離・廃仏毀釈に代表される「近代」の成立に繋がる大きな力と実質的に同質であったことはまず間違いない[71]。神楽に関していえば、改変に向けての第一段階は、先述したように寛文五年（一六六五）の「諸社禰宜神主等法度」をめぐる状況にあったと考えられる。京都吉田家の裁許を得るということは、即ちそれまでの認可主体である顕密寺社勢力との関係を遮断することになり、それが神楽の内容にもある種の変化をもたらしたであろうことは十分に推測できる。石塚尊俊は、この当時の壱岐の事例を挙げている。

> 寛文の初年、聖母宮に於て両部習合の勧法を改め、唯一神道の式に依りて大神楽を行ふ。伝へ聞ける真言宗の僧徒輩一見して之を笑はんとせしに、唯一の勧法抜群なりければ、何れも我を折りて去れり[72]。

唯一神道（吉田神道）の側に立った見方であるが、両者が対立の関係にあったことは見て取れる。しかし、これによって神楽の内容が大きく一変したとは考えられない。吉田神道も、特に初期に遡るほど、多分に密教的要素そして加持祈禱の性格を含んでいたからである。[73] だが、より過激な純粋神道への希求、政治的な側面では武家の儒学、特に朱子学への傾倒、学問の世界における国学の隆盛など、時代の潮流を構成する諸種の要素が絡み合って、一段と急進性を伴った「廃仏」の気運が醸成されていったのである。

圭室文雄は、寛文前後のこうした廃仏運動の実態を水戸藩及び岡山藩について分析している。[74] それによれば、両藩は共に、藩主の強い廃仏思想に基づいて寛文六年（一六六六）から七年（一六六七）にかけて領内の寺社整理を断行している。水戸藩は元来、朱子学思想の強い土地柄であったが、藩主徳川光圀（一六二八―一七〇〇）は合理主義的発想に導かれて数多くの寺院破却を行っている。直前の段階では、寺院数から見ると、真言宗が実に全体の五六・八％を占め、これに第二位の山伏、第三位の天台宗など、「神仏習合的色彩が強く祈禱を中心として現世利益を強調する祈禱系宗派[75]」を合わせると、約八五％に達する状況であった。一方、各宗派の破却率に注目すると、一位が天台宗の七〇・九％、二位が真言宗の五六・九％と祈禱系が大きな打撃を受けている。神社整理は、寛文三年（一六六三）に立案され、元禄九年（一六九六）に実施されているが、その政策は「（1）仏教的な祭神を取り除き、神道的な幣・鏡などにすること、（2）神社の管理人を山伏や僧侶から神官に変えること、（3）仏教的色彩の強い八幡宮を破却すること、（4）寛文以来の一村一社制を確定すること[76]」の四点で施行されている。

一方、岡山藩では、著名な陽明学者、熊沢蕃山（一六一九―一六九一）の思想的影響を受けて藩主池田光政（一六〇九―一六八二）の下で寺社整理が断行されている。まず寺院整理直前の状況だが、寺院総数は一〇三五カ寺、宗派毎の順位は、1．真言宗、2．日蓮宗、3．天台宗、4．禅宗、5．一向宗、6．浄土宗であるが、この内、真言宗と日蓮宗が極めて多く、両派で全体の約七七％、これに天台宗を併せた「祈禱系」諸派の割合は全体の約九一％と圧倒的である。一方、葬祭を中心とする所謂「滅罪系」は約九％に過ぎなかった。これに対して、破却率の方は、日蓮・

真言で全破却寺院の約八九％、天台を加えると約九七％というのであるから、この整理が「祈禱系三宗派を集中的に潰すことを目的としていた」[77]ことは明らかである。神社整理についても徹底的なもので、岡山藩領の備前と備中の一万一一二〇社の内、氏神（産土神）の六〇一社を除いて一万五一九社の全てを破却したのである。その理由、そして目的について、圭室は寛文七年（一六六七）の『御留帳』（岡山大学池田家文庫）から以下の記載を挙げている。

淫祠の小宮を俗荒神《こうじん》と号し、所々にこれあり、下民疾病・災難・狐付《きつねつき》などのことあるときは、山伏・神子は荒神のたたりにて候、われ祈禱をいたしたたりをのけんと申し財宝を貪る。またその宮地に生まるる草木は民恐れていろはず、かくのごとく民をまどわし土地をついやす。[78]

ここには水戸藩共々、この寛文年間の廃仏気運を表す態度がよく表現されている。正に祈禱系寺社の民衆に対する「精神的かつ経済的収奪[79]」を憂う近代的・合理主義的態度であり、この後、明治初期の神仏分離・廃仏毀釈を貫く精神と全く同質のものである。その標的は、加持祈禱としての神楽を支えた祈禱系寺社、即ち中世と連続する顕密寺社勢力であり、その神仏習合的呪術的精神の徹底的な否定であった。これらの事例は水戸・岡山両藩の儒教・儒学に影響された藩主の政策レベルの改革であったが、宗教的側面では唯一神道、学問的には国学の隆盛と相俟って一つの時代精神を形成したのである。こうした状況が寛文前後の時代の一つの気運を形成していたとすれば、祈禱系寺社と表裏一体の神楽は大きな否定的影響を蒙らざるを得ない。その担い手であった社家が両部習合神道から吉田神道へ切り替わるにつれて、神楽の内容から、まず仏教（密教）的要素が排除されていった。石塚尊俊は、約七十年後の元文三年（一七三八）の「伊豫神楽神祇歌」に載せられた当時の社家の見方を引用しているが、伊予だけに限られず当時の一般的風潮を示すものでもあろう。

……しかるに中興の神祇等考見るに、多くの神哥或はぼんごを交、仏語を引テ、天竺・唐土の古言を出ス。おろかなるかな、我朝のあらゆる神明のおきてを除て、他の国の沙汰を借る事、中興社職ノ誤ならんか。(80)……

この見方は重要である。何故ならここには、神楽改変を当然のこととして進めていった、当時の時代精神と適合とした「眼差し」がはっきりと表れているからである。この眼差しが見据える先にあるのは、古代、そして仏教流入以前の純粋な神道という原型である。もちろんこの「古《いにしえ》への眼差し」が、史実としての古代あるいは上代を目指すものでないことは云うまでもない。客観的な歴史的事実としては、例えば神仏習合という現象は古代の、しかも中央ではなく地方から生起した事象である。(81)この眼差しが想定する古代とは、事実ではなく、むしろ「価値」に関わる古代であり、それは、仏教という外来の要素を排除し、それ以前の状態であったと「仮定」された「神道」への、ナショナリズムの動きと連動する極めて「近代的」なイデオロギーの一環としての国学・神道運動であったのである。だからこそ、神仏習合の性格が強い両部神道や修験に対する嫌悪感を伴った排撃を生起させたのであろう。

この眼差しは、近世中期、北部九州の地誌編纂に携わった国学者たちにも当然ながら共有されている。加藤一純といえば、鷹取周成と共に寛政五年(一七九三)に『筑前國續風土記附録』を編纂した著名な国学者であるが、これに先立つ二年前に、宮地嶽を訪れ、「宮地嶽三所大明神縁起」に接している。(82)宮地嶽は、鎌倉時代の宗像本社の記録にも現れる末社の一つで、中世期は神仏習合の祭祀が営まれてきた所である。ちょうどこの時期には修験僧によって司られていたらしく、これ以前、即ち貝原益軒の『筑前國續風土記』(一七〇九)にそのことが記載されていないことから、年代も作者も不明なこの縁起は、その間に「當社の奉祀者であった修験僧秀岳坊などの手によって、すでに存する中世の御縁起を参考として、両部習合的に作為(83)」されたのではないかと『宗像神社史』は推定している。一方、この縁起に接した加藤一純は、次のように記している。

緇徒の著せるものにて、牽合附會妖妄の説載り。しかれども今改め正さバ民俗の心にいぶかしみなむと詮なきわざなり。且祠を司れるも修験の僧なれば議するに及ばず。只舊本の誤字を正し淨寫せしむ。元より續風土記に里を宮地といへるは、神功皇后臨幸の御事ありしと見へ侍りぬ。……（傍点筆者）[84]

加藤にとってこの縁起が「新たに」作為されたものであるが故に批判しているのではない。彼にとっては、たとえこれが中世縁起に基くものであったとしてもやはり「牽合附會妖妄《けんごうふかいようもう》の説」に過ぎないものであろう。傍点を付したが、神功皇后臨幸のことがあったからここを「宮地」と呼ぶという彼にとっての「事実」が重要なのである。それこそが神仏習合より「以前の」真正な出来事なのである。確かに貝原益軒は宝永六年（一七〇九）の『續風土記』の宮地村の項に「此村　神功皇后のしはらく留り玉ひし舊跡と云」[85]と記している。しかし、『宗像神社史』も認めているように、この地を神功皇后に結びつけたのは実は貝原自身なのである。[86]神儒合一の観点に潜む「古への眼差し」がそれを「発見」させたと考えざるを得ない。

貝原益軒（一六三〇―一七一四）は、国学・神道思想家のグループの中では比較的穏健な位置にあり、決して過激な廃仏論者ではなかった。[87]その彼ですら民俗の記述には、その価値観を露呈している。特に神楽に関しては明白である。筑前地方で最古の神楽に関する記述は、宗像神社に伝わる「正平二十三年宗像宮年中行事」（一三六八）の第一大神宮仏神事二月十六日の条に「御神楽大神事」とあるもので、第二宮にも同日の条に「御神楽神事」とある。[88]その内容が記載されているのは、応安八年（一三七五）の通称『応安神事次第』で、第三宮から一宮の順番で、人長《にんちょう》申《まうしの》事、阿知女《あちめ》作法、九種の採物神楽（榊・幣・杖・篠・弓・劔・鉾・杓・葛）、御神楽歌（延韓神、早韓神など）、内侍舞（八乙女）、萬歳楽などが行われていた。その演目総数は二十六種に及んでおり、その名称の類似性から見ても、『宗像神社史』が指摘するように「當社の御神楽は、地方の里神楽の類のものではなく、その神楽歌の名称によって明らかな通り、平安以降宮廷に行はれた式正の御神楽がここに移されているのである」[89]（傍点筆者）。

一方、この地方の里神楽の拠点となっていたのが、やや内陸地点にある許斐《このみ》山の社家集団である。ここは古くから熊野三所権現が祀られ、通称「許斐権現」とも呼ばれ、宗像社のもう一つの末社である鐘崎の織幡《おりはた》宮の社家と共に宗像の神楽の担い手となってきたのである。[90] つまり、ここには宮廷神楽と里神楽の二つの別系統の神楽が存在しており、貝原益軒は当時、田島の宗像社において、その両方を観察する機会を得ている。ところがその記述は、前者に関しては「其内神楽等のかたはしをしるし侍へる。此地は都遠き辺土なれと、さすか名神の大社なれは、いにしへはかゝる風雅なる事をも奏しけるならし。今は殊にかゝる神事舞楽なと絶てなし」[91]（傍点筆者）と感心し、その次第を細かく記しているのに対し、後者に対しては「神楽あり。いにしへの風雅なる神楽には非す。許斐村の社人等つとむ」[92]（傍点筆者）と簡素で至って手厳しい。傍点を付したようにその評価はそれが「いにしへの風雅なる神楽」であるかどうかであり、その基底には宮廷風の、神道に調和する古風な神楽を是とし、神仏習合的な祈禱を主とする、修験が関わるような神楽を非とする視点が見て取れる。この視点は、前項で述べた延享二年（一七四五）の福岡藩の触書にも反映されており、神楽は推奨するが、「踊操之類」は禁止するという政策にまで帰結するのである。従来はおそらく祈禱色が濃かったであろう里神楽は、次第に祈禱色、仏教色を脱した神道風神楽に改変されていったと思われる。

この傾向を最も強く示す人物が、筑前多賀神社宮司、青山敏文である。彼は「寛文十一年（一六七一）の生まれ、元禄四年（一六九一）に直方妙見社（多賀神社の前身）の神主となったが、若くして荷田春満《かだのあずままろ》に師事、吉田神道を学んで、西国における国学・神道の首唱者となった」[93] 人物である。また、京都滞在中、加茂真淵とも親交を結び、和歌の復興に携わるなど歌人でもあった。彼自らが、神社の祭神・社名を妙見社から「元の」多賀大神に変更し、しかも御所の勅許を得てそうしたというのであるから、「古への眼差し」、「中央への眼差し」を強烈に有していたと思われる。その彼が心血を注いだ一つが神楽である。宮中内侍所の御神楽の秘曲皆伝を受けて、地元に伝え広まったのが

「直方流」とされている。これに関して、地元では以下のような伝承が伝えられている。

> 敏文は宮中の御所神楽を覚えたいと思うが、これは神楽のイエに代々伝わるもので門外不出だと相手にされない。それで、敏文は下男の姿に身をやつして練習の様子などを盗み見していた。そのとき弟子に失敗があって、主人がひどくせっかんしたとき、あまりに怒りが激しかったのか、懐にいれていた神楽の巻物を落して去ってしまった。敏文は、これ幸いなことと拾いあげ、大急ぎで読んで頭の中にたたきこんだということである[94]。

宮中神楽の習得に如何に苦労があったかを伝えているが、習得にかける彼の情熱の背後には、中央、中でも宮中にこそ最も価値のある完全な古型が保持されているという彼の信仰がある。逆に言えば地方には不完全な古型しか見出されないのであり、そこから中央から学ぶことによって不完全なものを完全なものに変えていこうという神楽改変の、青山の視点から言えば神楽復興・神楽改善の志向が導かれるのである。

宝永元年（一七〇四）に彼が纏めた神楽テキストが「御神楽本末《みかぐらもとすえ》」である。その内容については佐々木哲哉が既に分析しているが、序文で青山は次のように述べている。

> 宗像宮には内侍所の神楽が伝えられていたが、今では本来の姿が失われている。郷土の社には榊・幣・劔・弓・篠・鉾の六種の神楽が残っているが、その歌曲の乱れているのを古老の記憶や古記によって整理し、磐戸舞と湯立を加えて里神楽本末とした[95]。
>
> （佐々木訳、傍点筆者）

その内容は「里神楽目録」と「近世御神楽目録」に分かれているが、前者に挙げられている演目は、御幣・五行・

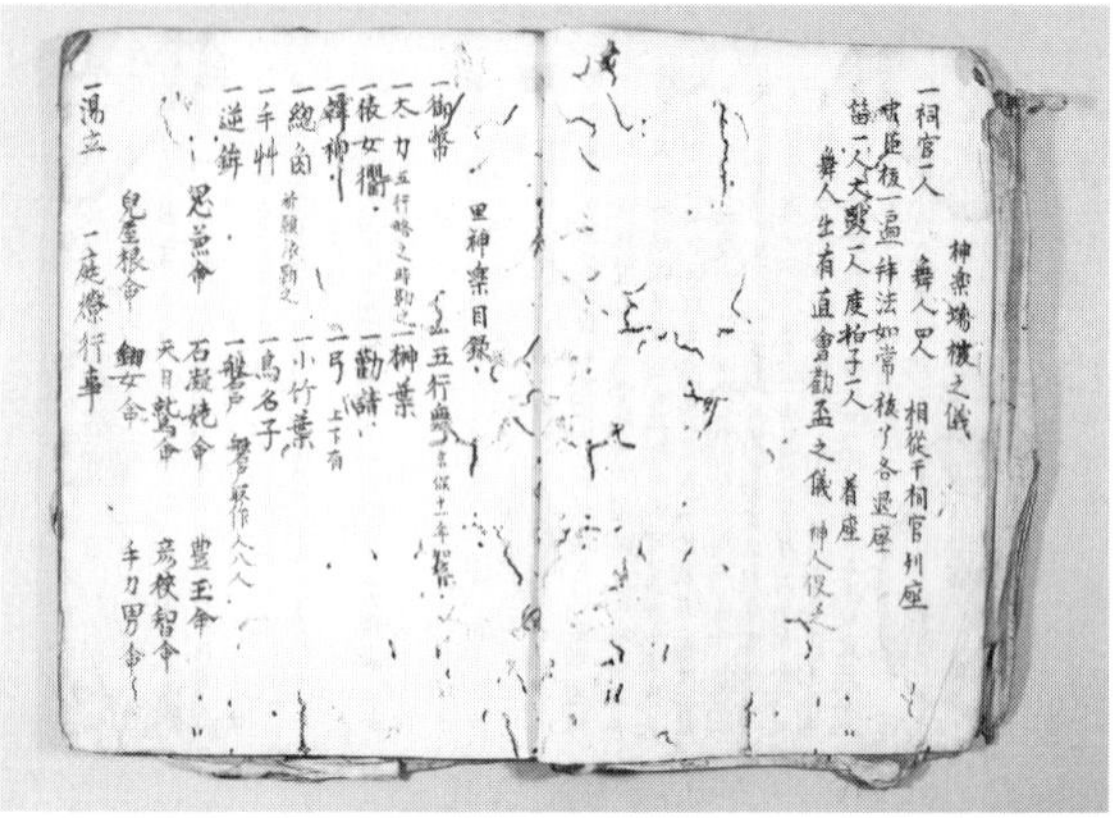
鞍手町・古物神社に伝わる「里神楽本末」（伊藤常足氏蔵　鞍手町教育委員会提供）

太刀・榊葉・猿女《さるめ》衢《くぶ》舞曲・勧請・韓神《からかみ》・弓・総角《あげまき》・小竹葉《おざさ》・手草《たぐさ》・鳥名子《となご》・逆鉾・磐戸・湯立の十五曲である。その内、五行と猿女衢舞曲には「享保十一年（一七二六）にこれを加えた」との注記があり、さらに猿女衢舞曲には「一社の秘奥である」とも記されている。佐々木哲哉によれば、この内、序文の六種の採物神楽に該当するのが、御幣・太刀・榊葉・弓・小竹葉・逆鉾の六曲であり、勧請・韓神・総角・手草・鳥名子の五曲は神楽歌であろうとし、総角、手草は宮中の曲目と対応し、韓神は宗像社と同じであるという。そして宝永元年（一七〇四）以前からあったのは、それら採物神楽と神楽歌であり、そこに演劇的な神楽である磐戸と湯立が加わり、さらに享保十一年（一七二六）に同じく演劇的な五行と猿女衢舞曲が追加されたと捉えている。[96]

しかし果して青山が述べていることを字義通りに受け取ってよいのであろうか。後から追加されたとされる五行・猿女衢舞曲・磐戸・湯立は、本稿で見てきたようにいずれも本来独立していたと思われる祈禱性の強い演目である。[97]例えば湯立は、この近郊の鞍手地方に現在残る行事を見ても人の背丈ほどの三脚に湯釜を設置し、後で火渡を行う豊前神楽とほぼ同じ形態である。[98]また、猿女衢舞曲とは青山の造語とも思えるが、猿田彦と天鈿女がちまたで舞うという意味で本稿で見てきた「ミサキ舞」であろう。何故、これが「一社の秘奥」となるのか。想像を働かせば、ミサキ＝荒神と法者（天照）の対置を猿田彦と天鈿女に置き換えたのは青山自身ではなかったかとも考えられるのである。また、佐々木は神楽歌と分類しているが、「勧請」が豊前神楽でいう

「神迎」であるとすれば、本来は天地開闢をめぐる中世神話を再現したものではなかったかという可能性もあるのである。いずれにしても、後から加えたとされる演目こそ、直方妙見社に伝えられていた中心的な演目ではなかったかという可能性はある。

彼は社名の変更に際して、古記の学びを通じて妙見神（仏）を「元の」多賀大神に戻すと考え実行した。また、神幸行列を「古式ゆかしい」現在の形式に戻したのも彼である。[99]序文に傍点を付したが、おそらく彼にとって宮廷内侍所神楽こそが、そこに戻すべきモデルであったのであり、それに反する演目は、たとえそれ以前からあったとしても新たに「加えられた」ものに過ぎなかったのではあるまいか。もしそうだとすれば、享保十一年という年代は何を表しているのだろうか。おそらく、古型に沿う形に改変し、モデルとなる採物神楽及び神楽歌に付け加えた年代ということになろう。とにかく、字義通りにそれ以前は「存在しなかった」と受け取ることは難しいのである。

以上、近世中期を中心に神楽改変の実態を見てきたが、こうした傾向が後期から末期にかけてなお一層強化されたことは言うまでもない。改変を主導した国学者・神道家を支えたのは「古への、そして中央への眼差し」であり、古式への復帰を主眼とする改変には何の抵抗感もなかったと思われる。もし僅かでも抵抗というものがあったとすれば、それは長年にわたって「加持祈禱」という形式に慣れ親しんできた民衆からの抵抗であったろうが、物言わぬ民衆の抵抗を書き留める史料は見当たらない。やがて明治維新を迎え、神仏分離と廃仏毀釈運動が全国を覆うのである。[100]

神楽に関しては、明治三年（一八七〇）から翌年にかけて神祇院から「神職演舞禁止令」が出されるに及んで、社家神楽は完全に廃絶し、神楽そのものは各々の地域の民間に伝授されて今日に至るのである。その直前、豊前神楽には当時の神祇官から通達された郡触れの写しが伝わっているが、当時の神祇及び祭祀行政を司った神祇官の神楽に対する見方を伝えており、興味深い。

是まで里神楽執行の節は面・毛頭を相用い候所、辰年（明治元年）の六月に田川郡の香春宮の社家である鶴家越後守が上京の砌、神祇官において、面・毛頭を用いることは廃止し、古風の幣神楽を執行するよう申し付けられたので、以降、面・毛頭を着用する事を禁止する事を小家の者共へも漏れなく説諭するよう、そして神事米・神楽米については是まで通り運用するよう申し聞かされた事を申し渡す。以上。

五月廿一日　　　里正中[101]

（訳、括弧・傍点筆者）

里正より出されたこの触書は、明治元年（一八六八）六月に上京した田川郡香春宮の宮司が神祇官から、里神楽を行うにあたって面・毛頭《けがしら》の使用を止め、「古風の幣神楽」を行うよう命じられたもので、翌年の五月に出された触れである。面・毛頭を用いた神楽は「古風の幣神楽」と相反するものと受けとめられ、幣神楽への復帰を促している。正にこれまでの改変と同様に「古への眼差し」に基く政策であったのである。しかしながら、この後、国家神道への統合を目指す祭式の統一に向けての必要から、神職が神楽を舞うことをも禁止するのである。

〈6〉終わりに

かくして里神楽は、歴史上初めて民間の手に委ねられることになる。実に皮肉なことである。豊前神楽では、明治七年（一八七四）頃、築上郡の岩戸見神社社家が氏子に伝えて復活した赤幡神楽が最も早いのではないかといわれている。[102] 以降、神楽は文字通りの「民俗芸能」として、各地で復活して、昭和期の戦争による中断を挟んで今日まで存続してきたのである。

民衆は、極めて忠実に彼らが教えられた通りの内容を伝えてきた。その点で、民俗段階の「改変」を我々は知らない。だが、彼らが忠実であればあるほど、彼らが伝える演技行為（performance）と口頭伝承（oral tradition）は矛盾に満ちたものとなっている。この矛盾が「落差」を生み、観衆の笑いを誘ってしまう。しかし、この矛盾は貴重である。本来、宗教儀礼であり、その担い手が両部習合神道の社家であった神楽は、中世以来長きにわたって民衆に加持祈禱という祈りの「かたち」を残してきた。やがて、近世中期に至り、社家が吉田神道に切り替わっていくに連れて、神楽から密教色が排除され、神楽は次第に神事としての性格を強めていく。一部の国学的復古神道的志向性を強く持つ主導的神職らに促されて神楽祭文などテキスト類も記紀神話に沿う形に改変され、その途上で、明治初期、神職演舞禁止令によって、中断される。この中断で、矛盾を孕んだ「かたち」は民衆の手でそのまま現代に運ばれることになったのである。今日、我々が目にする豊前神楽はほとんどが「神社」で行われ、氏子らが主体となって神社に「奉納」される「芸能」となっている。しかし、それは「近代的」な一事象に過ぎず、行為と伝承が、さらに民衆が抱く幽かな信仰の「かたち」が相互に軋み合う「矛盾」に注目して歴史的にそれを解きほぐす作業が必要である。本稿で試みたのはそのような歴史人類学的試論の一つに過ぎない。

【註　記】

（1）土屋及び沓川神楽は断絶していたが、このうち土屋神楽は平成七年に神楽講が復興した。
（2）柏木實「豊前神楽について」（神楽の里づくり構想推進協議会・京築地域神楽調査委員会編『豊前岩戸神楽』一九九六）。
（3）西角井正慶『神楽研究』壬生書院、一九三四。本田安次『民俗芸能』現代教養文庫、社会思想社、一九六二。本田安次『日本の民俗芸能』第一巻（神楽）、木耳社、一九六六、等を参照。
（4）本稿と同一ではないが似た立場として、沼賢亮「修験者と芸能――能郷白山神社をめぐって」（『まつり』一九号一九七二）五七―八〇頁がある。
（5）神社の名称はかつては宗像八幡宮であった。

(6) 有馬徳行「概観」(前掲『豊前岩戸神楽』、一九九六)。
(7) 橋本政宣「寛文五年『諸社禰宜神主等法度』と吉田家」(橋本政宣・山本信吉編『神主と神人の社会史』思文閣出版、一九九八)二六三—三一〇頁。
(8) 出村勝明『吉田神道の基礎的研究』神道史學會、臨川書店、一九九七、参照。
(9) 波多野學『筑前神楽考——遠賀御殿神楽』溪水社、二〇〇三、四一—四二頁。
(10) 同上書、四二頁。
(11) 同上書、四一頁。
(12) 久保田収『中世神道の研究』神道史學會、一九五九、二〇〇—三五五頁。
(13) 石塚尊俊『西日本諸神楽の研究』慶友社、一九七九、三三九—三七〇頁。
(14) 黒田俊雄『寺社勢力——もう一つの中世社会』岩波新書、一九八〇。
(15) 同上書、ii頁。
(16) 同上書、二六頁。
(17) 同上書、二五—五五頁。
(18) 同上書、一四二—一七〇頁。
(19) 黒田俊雄「白山信仰の構造——中世加賀馬場について」(『日本中世の社会と宗教』岩波書店、一九九〇)九七頁。
(20) 長野覚「英彦山山伏の在地活動」(中野幡能編『英彦山と九州の修験道』山岳宗教史研究叢書13、名著出版、一九七七)八〇—一二二頁、なお、図1は八四頁、表1は八五頁から引用した。
(21) 長野覚、同上書、八三—九二頁。
(22) 例えば、豊前蔵持山の神仏分離の記述の中に「当役宝泉坊文恵神仏両部の法式にて松柱登り松会作法此年限りに止む」の例が見える。『神仏分離史料』第十巻、名著出版、一九八四、二〇四頁。また松尾山ではかつて「色衆楽」があったことを伝えている。檜原山の松会(檜原マツ)では現在も「衆徒」の呼称が残っている。
(23) 中野幡能「求菩提山修験道の起源とその展開」(中野幡能編、前掲書、一九七七)一三五—一五四頁。
(24) 同上書、一四〇頁。

(25) 友石孝之「求菩提山の松会」中野幡能編、同上書、一九七七、一五五―一八五頁
(26)『太宰管内志』中巻、歴史図書社、一九六九、一二三二頁。
(27) 以上の引用は「松尾山神社旧記集」による。なお、同文書には幾つかの異本があるようである。本書が依拠した「旧記集」には表題横に、「大平村郷土史料館　10―8」の分類シールが貼られていることを付言しておく。
(28) 有馬徳行「神楽―豊前市に伝わる神楽について」(『豊前岩戸神楽』、一九九六)。
(29)「宗像八幡宮略縁起」(『豊前市史』下巻、一九九一)七五三―七五八頁。
(30)『豊前市史』下巻、一九九一、七〇二―八六二頁。
(31) 宮家準編『修験道辞典』東京堂出版、一九八六、五六頁。
(32) 小野清秀『真言秘密・両部神法加持祈禱奥伝』青山社、一九九一、二九―三九頁、参照。
(33) 名称は大村神楽による。
(34)『豊前岩戸神楽』一九九六。
(35) 丸山雍成『封建制下の社会と交通』吉川弘文館、二〇〇一、一九〇頁。
(36) 波多野學、前掲書、二〇〇三、二六―二八頁。
(37) 岩田勝『中国地方神楽祭文集』伝承文学資料集成一六、三弥井書店、一九九〇、二二三―二二四、二四九―二五二頁。
(38) 小野清秀、前掲書、一九九一、参照。
(39) 原文は「身にしげみて」となっていたが、「げ」を抜いた。しかし、以降の引用はなるべく原文のままに記載する。
(40) 小野清秀、前掲書、一九九一、一六九―一九八頁。
(41) 同上書、七三―八四頁。
(42)『福岡県史資料』第四輯、一九三五、三八七頁。
(43)「氏神祭礼宮座之義是又御停止之事」同上、三八七頁。
(44) 岩田勝『神楽源流考』名著出版、一九八三、六二―九四頁。
(45) 同上書、二一―六一頁。
(46) 同上書、二〇―二一頁。

(47) 同上書。引用は、五一―一二頁の岩田の解読文による。傍線は比較のために筆者が加えた。
(48) 石塚尊俊、前掲書、一九七九、一一一―一一二頁。
(49) 岩田勝、前掲書、一九八三、六二―九四頁。
(50) 福井ではミサキは「先駈」の表記を用いる。詞章は「福井神楽」と題された現行の詞章であり、書写年代等は不明である。
(51) 「鼻は七咫」そして眼がホオズキ（酸漿）のように赤いというのは、『日本書紀』の猿田彦の描写であるので、後世の改作かもしれない。
(52) 黒土の詞章では意味が不明であるので、福井の詞章を入れた。「耆旧（ききゅう：年寄り）も元気な体になること」の意味である。
(53) これと関連して、豊前や筑前の神楽では演目においても「柴引」に関するものがなく、逆に九州の中部や南部では荒神の柴引きが再々登場することも一考を要する問題である。
(54) 岩田勝、前掲書、一九八三、二八頁。
(55) 福井神楽では、1．猿田彦命、2．常立命、3．鬼神、4．木神、5．太田命、6．沖玉命とされている。
(56) 岩田勝、前掲書、一九八三、二八頁。
(57) 同上書。
(58) 福井の原文は「同相神　土空神」であったが、当て字と思われるので変更した。
(59) 原文は土公神ではなく「土バム神」と漢字をカナに誤読している。
(60) 宮家準『修験道儀礼の研究（増補版）』春秋社、一九八五、二一九頁。
(61) 伊藤聡「第六天魔王説の成立――特に『中臣祓訓解』の所説を中心として」（『日本文学』四四（七）、一九九五）六七―七七頁。
(62) 大隅和雄『信心の世界、遁世者の心』日本の中世2、中央公論新社、二〇〇二、一〇八―一〇九頁。
(63) 『神道大系　古典註釈編8　中臣祓註釈』神道大系編纂会、一九八五、三頁。
(64) 戸宇枋木家「伍大土公神祭文本」（岩田勝、前掲書、一九八三）三九八頁。

(65) 同上書、三九五―四〇〇頁。
(66) 「古事記」(石川淳訳)『古典日本文学全集』1、筑摩書房、一九六〇、四〇―四二頁参照。
(67) 同上書、四〇頁。
(68) 同上書、四〇―四一頁。
(69) 佐藤弘夫『アマテラスの変貌――中世神仏交渉史の視座』法藏館、二〇〇〇、参照。
(70) 長島信弘「比較主義者としてニーダム」(『現代思想』十巻八号、一九八二)六二―六八頁。
(71) 安丸良夫『神々の明治維新――神仏分離と廃仏毀釈』岩波新書、一九七九参照。
(72) 石塚尊俊、前掲書、一九七九、三三九頁、原典は牧山數馬『壱州神楽考』一九五七。
(73) この点については平田篤胤が厳しく批判している。出村勝明「吉田神道における仏教的要素並びに修験道的要素」(出村、前掲書、一九九七)四八二―五二二頁。
(74) 圭室文雄「神仏分離」『図説 日本の仏教』第六巻、新潮社、第二刷、一九九〇、三三六―三五四頁。
(75) 同上書、三三九頁。
(76) 同上書、三四一頁。
(77) 同上書、三四五頁。
(78) 同上書、三四六頁。
(79) 同上。
(80) 石塚尊俊、前掲書、三三九頁。
(81) 逵日出典『神仏習合』臨川書店、一九八六、参照。
(82) 『宗像神社史』上巻、宗像神社復興期成会、一九六一、六四一―六四七頁。
(83) 同上書、六四六頁。
(84) 同上書、六四五頁。
(85) 貝原篤信『筑前国続風土記』名著出版、一九七三、三七三頁。
(86) ここに「はじめて當社が神功皇后と由縁ありとのことが見えている」『宗像神社史』、六四三頁。

(87)『福岡県史　通史編福岡藩文化（上）』一九九三、六一五―六一七頁。
(88)『宗像神社史』下巻、一九六六、一二二―一二七頁。
(89)同上書、一二五頁。
(90)宗像本社（田島）と許斐、そして織幡の関係は、本地仏から見ると、田島（一宮：大日、二宮：釈迦、三宮：薬師）、許斐（阿弥陀）、織幡（如意輪観音）となっており、地理的にも釣川河口西側に田島、上流の内陸部に許斐、田島から東の海岸部に織幡というように、ちょうど紀伊熊野の新宮・本宮・那智と重なっている。熊野信仰の地方的展開とも考えられる。豊島修『熊野信仰と修験道』名著出版、一九九〇、参照。またこれが平家伝説の分布域とも符合することは別考を要する問題である。正木喜三郎『古代・中世　宗像の歴史と伝承』岩田書院、二〇〇四、三二七―三五八頁参照。
(91)貝原篤信、前掲書、三四二頁。
(92)貝原篤信、前掲書、三四三頁。
(93)佐々木哲哉「神楽」(『福岡県史　通史編福岡藩文化（上）』一九九三）六八三頁。
(94)香月靖晴「六嶽神楽」(『鞍手町誌（民俗・宗教編）』一九九五）三八九―三九〇頁。
(95)佐々木哲哉、前掲書、六八三頁。
(96)同上書、六八三――六八七頁。
(97)五行及び磐戸については、本稿では紙数の関係から扱う余裕がなかった。
(98)香月靖晴「八剣神社の湯立神楽――鞍手郡鞍手町中山」(『西日本文化』一七七号、一九八一）三三一―三三八頁。
(99)多賀神社由緒　http://www.tagajinjya.or.jp/yuisyo.html
(100)安丸良夫、前掲書、参照。
(101)この文書は、柏木實「豊前神楽について」(『豊前岩戸神楽』一九九六）より引用した。石塚尊俊は、日付が十一月廿一日となっているほぼ同じ文書を、築上郡の赤幡八幡宮から採集している。石塚は、この文書を吉田家からの禁止令と解釈しているが、確かに年代は記されていないが文中「於神祇官」と書かれているので明治初期と解釈すべきであろう。石塚尊俊、前掲書、三四四―三四五頁。
(102)柏木實、前掲書。

二　豊前神楽の系譜と改変

〈1〉豊前神楽のエージェンシー

エージェンシー（agency）とは、通常は代理機関あるいは代理店などと訳される経済・経営用語であるが、宗教人類学者タラル・アサドによって宗教研究に応用され、何か不明な概念をめぐる全体的関係性を表す用語として用いられた。彼の著書『世俗の形成――キリスト教、イスラム、近代』（みすず書房、二〇〇六）は、近代社会に確固とした地歩を築く「世俗及び世俗主義」のエージェンシーを探求したものであるが、代理関係の全体を一挙に解明する／できるわけではなく、例えば「痛み」や「拷問」の否定などそれを構成する個々のテーマを対象に、行為主体（agent）の背後に構築される代理関係の全体性に迫るものであった。

さて、現在、全国的に流布し執行されている神楽のエージェンシーというものがあるとすれば、神楽とは『神慮を慰めるために』「民衆」によって「神社」に「奉納」される「民俗芸能」であり、その衣装や所作に日本人の「固有信仰（民俗宗教）」の残滓がみられるということになろう。福岡県東部から大分県にかけて分布する約百カ所の豊前神楽において、もしこのエージェンシーを抱いたまま参加すると、見学者はかなりな違和感に包まれることになる。そこでは、観客として参加する民衆の最初の行為は、まるで食堂のメニューのように掲げられた演目の料金表を前にどれかの演目を「買う」ことである。買うと半紙に演目と自分の名前を書いてもらい、やがてその半紙は舞台の周囲に掲示され、その前で舞手によってその演目が執行されるのである。

この料金表は、今日では「奉納料」と書かれてはいるが、所謂奉納とはその性格を異にしている。自分の財布と相談しながら演目を選択するこの行為の背景にうっすらとではあるが、その祈願目的が見え隠れしている。今日でも、少々値は張るが病気全快を願って湯立神楽（湯駈仙《ゆみさき》）を奉納（購入）する人もいる。近世期の史料に目を向ければ、神楽とその祈願目的との関係は一層明白である。大村神楽の母体である大富神社（近世期は宗像八幡宮）の近世初期の神楽執行記録を見ると以下の通りである。[1]

元和六年庚申年（一六二〇）細川越中守忠興公御領中　虫止五穀成就ノ御祈禱トシテ綱切神楽奉納アリ　其後度々綱切執行　古例ニ依リ各郡社家出勤ナリ

……

寛永八年（一六三一）細川越中守忠興公ヨリ五穀成就岩戸神楽祓執行御祈禱トシテ米八石八斗ヲ下附セラル

……

（西暦・傍点は筆者）

ここに見られる「綱切神楽」は現在、豊後では存在するが豊前では消滅している。だが、その他の執行記録でも「文化九年（一八一二）……家堅御祈禱湯立神楽執行［貴船神社（永久）］」、……四民安全之神楽祓……［春日神社（三毛門）[2]］」など、神楽が風雨順調・五穀豊穣・四民安全・疾病平癒、さらに虫除けや家固めなどの特定の祈願目的をもった祈禱として行われてきたことは明らかである。[3]

さて、ここに見られるエージェンシー（代理＝表象関係）に最も類似するものとは何か。おそらく、現在でも広く

神楽を買う（友枝神楽　福岡県築上郡上毛町）

行われている密教寺院における加持祈禱であろう。加持祈禱とは「崇拝対象に向かってその印契を結び、その真言を唱えて崇拝対象の境地に入った上で、願事の達成を祈る儀礼」[4]である。何らかの祈願目的をもった祈願者は、寺院の受付で目的別の用紙に住所・氏名・年齢などを記入し、布施（料金）を支払う。やがて本尊の前で僧侶は印契や真言の誦唱や誦経を通じて本尊と一体化し、祈願文を読み上げてその達成を祈るのである。

加持祈禱のエージェンシーにおいては、中核となる関係様式は、願主―施主関係である。在家、即ち在俗の信者が「願主」となり、修法に通じ、修行を積んだ僧侶が「施主」となる。修行とは縁がない在家信者でも、彼らの代わりに出家した行者の修法を通じて仏の慈悲に与《あずか》れるとした、仏教伝来以来、我が国に定着した大乗仏教の根本形式に通じている。

もし、豊前神楽を、民俗芸能ではなく、この加持祈禱のエージェンシーに沿って見ていくならば、一見奇異に見える「神楽を買う」行為もすんなりと視野に収まってくる。つまり、奉納料を納めることで観客は当該演目の「願主」となる。そして神楽の舞手、地元で「法者《ほしゃ》どん」と呼ばれる社家集団が「施主」に当たるのである。[5]また、演目と祈願目的との関係では、疾病平癒と「湯立」、虫除けと「綱切」は、先述したが、風雨順調と「地割（筑前地方では五行）」、そして火除けや安産、その他諸種の心願成就と「駈仙」との関係もおぼろげながら認められるのである。しかしながら、神楽を厳密な意味で加持祈禱と位置づけるなら、そこにはより直接の関係がなくてはならない。特に、加持は本来密教的な修法を指す用語であり、印契や真言などの要素が必須となる。[6]こうした点を踏まえて、豊前神楽の系譜を探っていきたい。

〈2〉豊前神楽の系譜——加持祈禱

今回の調査で、神楽に関係する最古の文書としては、大富神社に関わる社家である長谷川家から、慶長八年（一六〇三）の印信切紙が発見され、川本英紀氏によって既に整理されている。(7) ここではその内容に関して考察してみたい。

「神道神楽大事」

㊀ 神楽大事

金剛合掌シテ

、八人ノ八乙女、五人ノ神楽男、

字法身ノ神ノ子ニ、字報身ノチワヤヲキセ、字応身ノ鈴ヲ持セ、

大ノ三伝、小ノ三伝

歌ニ曰ク

チワヤ□ル神ノ神楽ノスヽノヲト、成□ヒサシキ心ロナリケリ

唵縛日羅ケンタトシヤコ

伯掌
唵縛日羅ホキシヤホク　三反
㊕
慶長八年壬卯二月吉日久作立
㊕　行光坊伝之

以上が原文の内容である。㊕は、梵字𑖀（ア）の朱印が押された箇所である。川本が指摘しているように、慶長八年は正しくは癸卯であり、前年の十干と取り違えたのかもしれない。

まず、金剛合掌（両手指の先端を交差させた合掌）してア・キリク・ウン、そしてキリク・ア・ウンと唱える。ア字は「法身」（宇宙の真理、即ち仏性）、ウン字は「報身」（その属性、修行して成仏する姿）、キリク字は「応身」（この世における悟りの姿）を表しており、法報応の三身を合一させることが天台本覚思想にも通じる教義の根幹ということである。[8] ここで注目できるのは、法身が舞手の存在（精神と身体＝神の子）、報身がその衣装（襅チハヤ）、そして応身が舞手が持つ鈴に擬《なぞら》えられている点である。そしてその前段で神楽の主体を「八人の八乙女、五人の神楽男」としている点である。八乙女（巫女）や神楽男（サオとも呼ばれる）が主体となる神楽が里神楽の最古の形態であったことは、石塚尊俊が既に指摘しているところである。[9] あるいはここでア字に譬えられている「神の子」とは、厳密には巫女＝八乙女を指すのかもしれない。しかしながら仏教における女人禁制の圧力は極めて強く、やがて巫女は神楽から姿を消すのである。[10]

次の行、大小の三伝とは、法報応の説明であり、次行のボロン・ウン・ソワ・カの真言は、𑖥𑖿𑖨𑖳𑖽（ボロン）、即ち一字金輪の境地を表すものである。法報応の三身即一の境地であり、舞手の身体と衣装、そして鈴を一体と観想することで即身成仏の達成を図るのである。その境地を歌で表せば「ちはやふる神の神楽の鈴の音　成るぞ久しき心なりけり」となる。上段では、神の枕詞に掛けて血（襅チハヤ）と鈴の音を対応させ、舞手がちはやを着て鈴を振り踊る様を示し、下段ではそれによって得られる法報応の三身合一の境地を描いている。次の唵縛日羅（オンバサラ）は、川本によれば、ゲンダトシャコクが正しく、「振鈴の真言」である。[11] その後、伯掌（拍掌の印契）して、「唵縛日羅ホキシヤホク」の真言を三回唱える。現行の密教的加持祈禱の正式な修法は、荘厳行者法（護身法）・結界法・荘厳道場法・勧請法・結護法を経て供養法に至るのだが、供養法の最後に、撥遣《はつけん》の真言として「オン・バザラ・ボキシャ・ボク」が唱えられる。[12] 撥遣とは、開眼（魂入れ）に対する魂抜きである。故に、神楽を通じて即身成仏した舞手を再度俗化させるために撥遣の真言が唱えられたのであろう。

総じてこの切紙の内容は、両部神道[13]における一般的な神楽の意味づけを表したものである。教義的には、法身・報身・応身の三身説に基づいて、三身即一の教理を神楽に観想したものである。前項で述べた真言や印契を通して本尊との一体化を図る加持祈禱の要素を備えたものである。この場合の本尊とは、文中、三カ所に押された𑖀字朱印、即ち胎蔵界大日如来であろう。

さて、この切紙を伝えたのが「行光坊」であることは、文書の最後に記されているが、彼が何処の寺社組織に拠る宗教者であったかが重要である。川本によれば、行光坊という名は、求菩提山《くぼてさん》にも見えるし、松尾山《まつのおざん》にも見えるとのことである。豊前神楽が、中世期、広義の豊前地方に依拠した彦山六峰、あるいは豊前六峰と称された彦山（霊仙寺）を中心に、それを取り囲む六つの山岳寺社勢力に大きな影響を受けたであろうことは容易に推察できる。[14] 北から、福智山（金光明寺）、普智山（等覚寺）、蔵持山（宝船寺）、求菩提山（護国寺）、松尾山（医王寺）、檜原山（正平寺）であるが、これら六寺社は彦山の影響を受けつつも、各々独立性を保って一山組織を維持してきた。当然ながら近隣の地域の神楽をはじめとする宗教民俗にも影響を与えたことが推測されるのであるが、長谷川家（大富神社）に地理的に近接するのは、求菩提山と松尾山である。近世期、長谷川家が所蔵した祭文や祈禱札・護符に現れる坊（寺）名を列挙すれば、松尾山では「大塔寺」「高明坊」「天仲寺」（十一点）、求菩提山では「上蔵坊」「善汲坊」「増鏡坊」「玉蔵坊」「護国寺」「林光坊」（十五点）、彦山（英彦山）では「政所坊」「俊寛坊」「玉蔵坊」「豊前坊」（十八点）となる。[15] その始原はともかく、近世期には、英彦山を加えた三山の影響が拮抗していることが分かる。

切紙の内容に戻りたい。地理的には六峰のうち、福智山に近い遠賀川流域に筑前御殿神楽が伝わっているが、社家である波多野家に「天正五丁丑年（一五七七）十月廿六日」の日付のある「湯之大事」「火之大事」の切紙が残されている。[16] 現行でも湯立神楽は、最後の幣役（法者）による火渡りを伴っているので、これが湯立神楽の最古の切紙と見て良いであろう。波多野氏の著書に引用されているので原文を復元すべく最小限の修正を加えて、抜粋してみたい。[17]

湯之大事

先四方ニ立ル文

迷故三界城　悟故十方空

一　二　三　四

丁

熅エカク也

カマ

幣ハ玉ノホコト

観念スヘシ

本来無東西　何処有南北
次ニ八ヨウ之印ニテ

次ニ九字　＃
次水ノ印ニテ  八火水減
是生我風神
次ニ四明印ニテ
天竺ノ竜サカ池ニスムシカモシミツトモナレコウリトモナレ
　三遍
天正五丁丑季十月廿六日　両扶朱印
権大僧都法印多門坊等ゝ朱印
源三
宥盛法印（花押）

火之大事

先護身法、次ニ九字、幷十字、次ニシュクノ文ニ曰、
迷故三界城　悟故十方空
本来無東西　何処有南北

ヲキノウエニ書也、次ニ水ノ印ニテ
𑖀 𑖪𑖰 𑖨 𑖮𑖳𑖽 𑖏𑖽ノ書ナリ次ニヲキフムトキ東ヨリ西エ、北ヨリ南エフムナリ、
ソノイコハ自由自在ナリ、
所レ云ヲトメヒノヒカリハアマノカケソイテフミナシ月ノサムキアカ月
次ニ護身法ニテ　木火土金水
加持スヘシ　口伝必久
天正五丁丑年十月廿六日　両扶朱印
権大僧都法印多門坊朱印
宥盛法印（花押）
波多野掃部大夫殿

この両切紙はセットであり、しかも現行の豊前神楽における湯立とかなり共通する部分もあるので、その対応も合わせて考察していきたい。

まず、祭場（道場）の設えであるが、現行では四方（東南西北）に青竜・朱雀・白虎・玄武の四神（四獣）の幟が立てられているが、「迷故三界城（迷うが故に三界は城なり）」（東北）、「悟故十方空（悟るが故に十方は空なり）」（東南）、「本来無東西（本来東西無く）」（南西）、「何処有南北（何処に南北有らん）」（西北）の幟であったことが分かる。現在は、四国遍路の菅笠や伝統的な葬祭に使われる文言であるが、岩田勝によれば、安芸の佐伯郡の中世後期と推定される「天刑星祭文」にも同様の文が登場し、各文の接頭には𑖮𑖳𑖽（ウン）・𑖝𑖿𑖨𑖯𑖾（タラク）・𑖮𑖿𑖨𑖱𑖾（キリク）・𑖀𑖾（アク）の梵字が付されていたということであるから、中世には神楽においても一般的であったのかもしれない。[18] そ

湯　立　山内神楽（福岡県豊前市　撮影：清水　健）

の中央に高さ二メートルを超える三足の湯釜が設けられることは現在でも同じである。この両切紙に共通する中心的真言は、𑖀（ア）𑖪𑖰（ビ）𑖨（ラ）𑖮𑖳𑖽（ウン）𑖏𑖽（ケン）、即ち胎蔵界大日如来のそれである。宇宙の五大要素である地・水・火・風・空を表し、その究極的合一を表す根本種子はア字である。それに対応する金剛界大日如来の種子が𑖪𑖽（バン）である。

密教的加持の基本的テーゼは金胎一如である。まず、湯釜の下で燃える熾《おき》に向かってこのバン・アの種子をおそらく幣で書くことから始まる。その際、幣は玉の鉾と観じて行う。次に、八葉印（蓮華合掌）で湯立の場合は、ケン・ウン・ラ・ビ・アと逆に唱える。次に、九字である。#の表記で示したが、ここには所謂早九字と言われる九本の直線から成る図形が描かれている（一一八頁参照）。臨兵闘者皆陣裂在前を刀印で交差直線状に切るのである。次の箇所であるが、水の印、即ち水を表す無名指（薬指）で𑖪𑖽（バン）と書き、火と水の勢いを滅じ、その際自らは「風神」と観想すべきとされている。次の四明印であるが、現行の加持祈禱でも本尊勧請の際に用いられる両手を交叉する特殊な印である。この印を結んで「天竺の竜さか池に住む鹿も清水ともなれ氷ともなれ」という神歌（呪歌）が唱えられる。最後に三回唱えられるラ・バン・アークであるが、ラではなく𑖀（ア）𑖪𑖽（バン）𑖁𑖾（アーク）が正しいのではないだろうか。胎蔵界大日（ア）、金剛界大日（バン）を経て胎蔵五仏の中心に位置する法界定印を結ぶ大日如来を金胎一如の究極の種子アークで表し、一体化の境地を示したと考えられる。

「火之大事」（火渡り）では、まず、護身法から入る。ここで護身法について少し解説しておきたい。[19] 現行の護身法では、まず「浄三業」、蓮華合掌して行者の額・肩、胸などを、真言を唱えながら加持する。「オン、ソハハンバ、シユダ、サラバタラマ、ソハハンバ、シュドカン」がその真言である。次に「仏部三摩耶」、真言は「オン、タタギャタ、ドハンバヤ、ソワカ」、「蓮華部三摩耶」「オン、ハンドボ、ドハンバヤ、ソワカ」、「金剛部三摩耶」「オン、バゾロ、ドハンバヤ、ソワカ」、そして「被甲護身」「オン、バザラ、ギニハラチハタヤ、ソワカ」である。何故、真言まで含めて記述したかと言うと、現行の山内神楽のテキストにこの部分の真言が、錯綜した形ではあるが片仮名書きで残されているのである。[20] もちろん、今日ではその意味を知る人はいない。しかし一方で今日でも、火渡りの直前には「オン、アビラウンケン、ソワカ」と二回唱えることは実行されているのである。印信切紙というものは、本来、口伝で伝えるべきものを書き残すのであるから、最小限のことしか書かれていない。故にその全体像を考えれば、豊前神楽の出自は著しく加持祈禱に近いものとなるのである。

　内容の検討に戻る。護身法の次は、九字、そして十字（九字にその時々の儀礼目的に応じた一字を加えたもの）が切られる。湯立において四方に立てられた文がここでは「シュクノ文」と称されているが、今度は熅（オキ）の上に書かれる。そして、本儀礼の根本真言とも言うべき𑖀（ア）𑖪𑖰（ビ）𑖨（ラ）𑖮𑖳𑖽（ウン）𑖏𑖽（ケン）が、水の印で熅の上に書かれるのである。その上で火渡りが行われるのであるが、「ヲキフムトキ東ヨリ西エ、北ヨリ南エフムナリ、ソノイコハ自由自在ナリ」は火渡りの手順を示しているが、これだけでは意味は不明である。

　図に掲げたのは、現行の黒土神楽で用いられているテキストの一部、火渡りの手順や方向を記述した部分である。それによると、まず湯釜を支える三本足の柱を「釜柱」と記し、その設置を子（北）・辰（東南東）・申（西南西）に定めている。入り方は、まず始めに北東の寅から入って南の午に抜ける。次に、午から北西の戌に抜ける。そして最

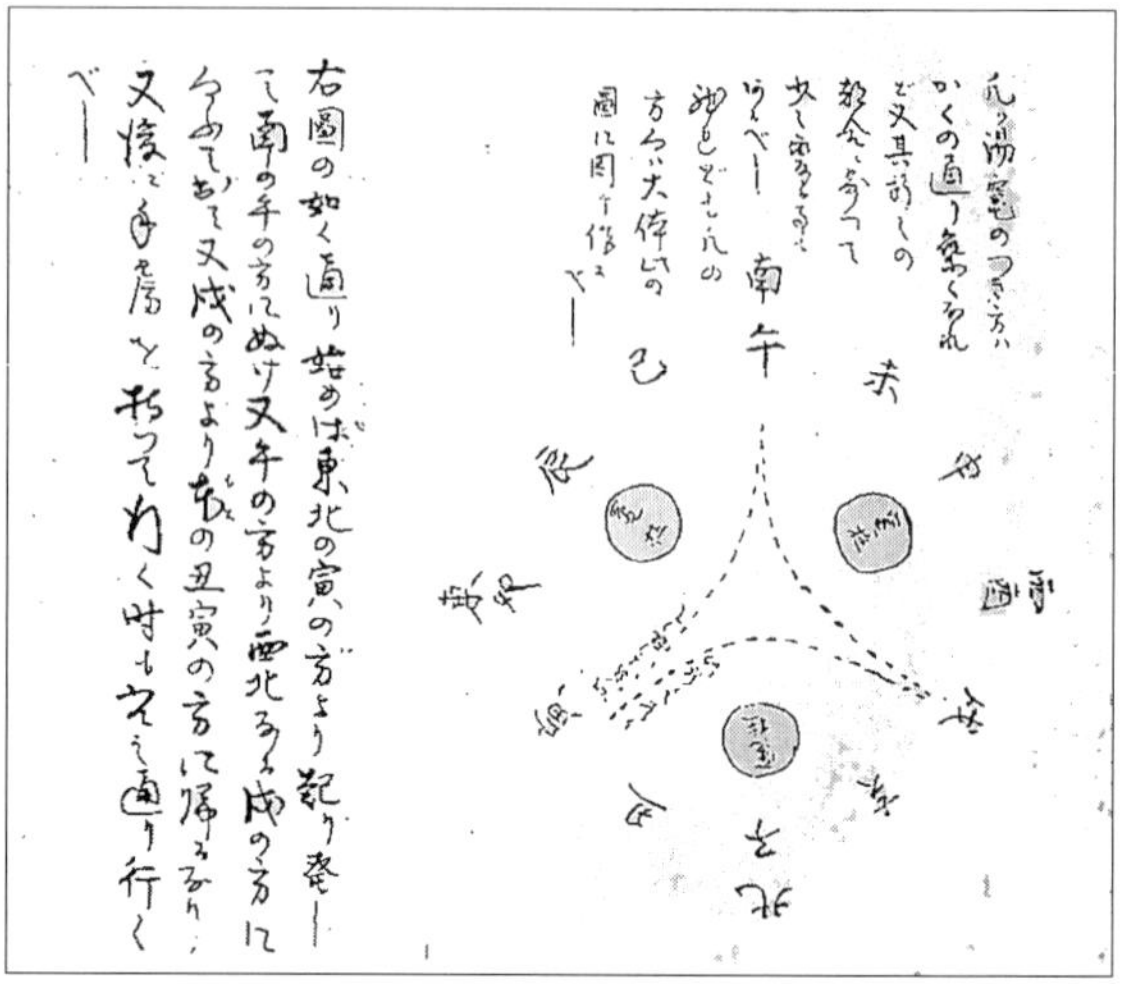

黒土神楽テキスト（長谷川家文書）

後に戌から丑寅に戻るというルールが示されている。湯手房を持つ時も同様だとされている。このうち、最初の動きと第二の動きを組み合せれば「東ヨリ西エ、北ヨリ南エフムナリ」の記述に適う。それ以降は、その場に応じて何度でも「自由自在」に入り、最後は戌から丑寅に戻ることで終了とすると解釈できる。現に、黒土神楽では三回で終わるのではなく、そのようにしているのである。次の「おとめひの光は天のかけそいて文無月の寒き閼伽月」はこの時の神歌（呪歌）である。最後に護身法として、木火土金水の五行の加持が為されるべきであること、そして口伝が伴っていることが記されている。

最後にこの切紙の差出人と宛先について述べておきたい。筑前御殿神楽は、現在でも社家神楽の形態を残す貴重な神楽であるが、構成社家の一つである高見神社宮司の波多野家には、「先祖古証文系図控写」に基づいた家譜が伝えられている。[21] そのうち、関連箇所を古い順から挙げると以下のようになる。

明応二年（一四九三）　波多野盛直　　両部習合由来書付

……

天正十一年（一五八三）　波多野掃部大夫（春重）　権大僧都法印多門坊より両部習合神道勤方之免書

……

慶安二年（一六四九）　波多野神大夫（実貞）　権大僧都法印要撰坊より両部習合神道勤方免書
……
万治四年（一六六一）　波多野河内守正次　両部習合神道相改吉田御本所御裁許状頂戴仕候

これによれば、波多野掃部大夫春重は、切紙より六年後、天正十一年に、同じ多門坊より「両部習合神道」の免書（裁許）を得ていることが分かる。この多門坊が宥盛法印である。おそらく真言系の山伏であろうが、彼が何処の寺社に依拠したかは明らかではない。一方、両部の大夫の系譜は明応二年（一四九三）まで遡れるのである。江戸幕府が対神職政策として、寛文五年（一六六五）に「諸社禰宜神主等法度」を発布し、京都の吉田家による全国統制を強めるのであるが、波多野家ではその四年前に吉田家裁許を得て大夫から守への敬称の変更を済ませている[22]。寛文五年を一つの目安として、それ以前は地域の有力な寺社が与える免書が主で、その対象は「両部習合神道」であったと言える。それこそが密教の加持祈禱の代理＝表象でもあった神楽の母胎であったのである。

以上、長谷川家所蔵の「神道神楽大事」と波多野家が所蔵する「湯立」に関わる切紙二通を、現行の密教系加持祈禱や豊前神楽と比較しながら見てきた。それによって、豊前神楽は系譜上、中世末の時点では密教の印契や真言をその内容とする祈禱儀礼の色彩を多分に帯びたものであった。今度は演目に注目して、その系譜と改変について見ていきたい。

〈3〉天地開闢（第六天魔王）から天孫降臨（猿田彦）へ

演目上、豊前神楽の特色と思えるものを取り出すとすれば、「岩戸」、「地割（五行）」、「湯立」、そして「ミサキ」が挙げられる。まず、「岩戸」であるが、天の岩戸神話をモチーフにした演劇性の高い神楽で、「豊前岩戸神楽」と総称されるように、どの神楽でも演目上、最後に置かれている。最後に置かれているということは、三十三番とも言われる諸演目を通じての目的に当たるものであるということから、石塚は、この岩戸の位置を目安に西日本全域の神楽を分類・整理している。[23]

次の「地割」は、筑前地方では「五行」と称されているが、陰陽五行説に基いた創世神話を再現する神楽である。四季と四方位を表す毛頭・直面の四人の王子が、最後に出現する中央の五郎王子をめぐって剣で切り結び、陰陽博士の調停によって各季節に「土用」が設けられることで治まる（季節の順調な運行が確保される）という筋書きで、演目としての独立性が高く、その起源も相当古いことが推測される。中国地方では、これだけ単独で祭を構成している例もある。[24]

「湯立」については、前項で切紙について検討したが、演目としては豊前地方では「湯ミサキ」という名称に示されるように、幣役とミサキの戦いをモチーフにしたミサキ演目との融合が見て取れる。さらに豊前神楽では、二メートル程の湯釜の横に高さ一〇メートルに及ぶ竹柱が立てられ、幣役に追い立てられたミサキが競って登り、最後に先端部で幣切りを行う独特な所作がある。こうした豊前の湯立に関して、松尾山との関係を示唆する重要な文書があるので紹介しておきたい。

松尾山は、社号を松尾山権現、寺号を松尾山医王寺とする標高四七五メートルの山岳寺社である。その歴史は古いが、「松尾山座主世代記」によれば、中興開山とされるのが歴代第十六世で寛永十五年（一六三八）に没したとされる豪泉である。[25] この豪泉に関して、江戸時代に書写されたと推定される「松尾山神社旧記集」[26]に興味深い記述がある。「湯立法門」、即ち、今日の湯立神楽に繋がる湯立の流儀は、元和二年（一六一六）に豪泉が伊予から伝えたものであり、それに関する書、流儀を記した切紙の類がこの記事が書かれた当時にあったというのである。さらに、慶長十一年（一六〇六）に豪泉の後継者である豪傳が、彦山大南宿で神道大灌頂を受けて、修験並びに神道の奥旨を伝えられる。この豪傳の代に神道が流布したのであり、上毛・下毛両郡の社家は、悉《ことごと》くこの豪傳の末流となった。その証拠もある。中でも湯立の法は、すべて豪傳の許可するところとなったというのである。もしこの記述を信じるなら、湯立神楽の原型は松尾山に求められるばかりか、前項の冒頭に挙げた慶長八年の切紙にある行光坊も松尾山関係者である可能性も高くなる。が、未だ断定はできない。

最後になったが、豊前神楽の特色を示す最大の演目が「ミサキ」であることに異論はないであろう。駈仙・先駈・御先など多様な表記が用いられるが、煩雑さを避けるためにミサキで統一しておきたい。乱れミサキ、二人ミサキ、三人ミサキ、綱ミサキ、湯ミサキ、神迎《かんむかい》など様々な演目があるが、要はミサキという鬼神と幣役（法者）との争闘が中心モチーフとなっており、最大の見せ場でもある。だが、誰の目にも明らかなこの争闘が争闘として説明されることはなく、豊前全域で、『古事記』の「天孫降臨」神話における猿田彦による天鈿女命の「道案内」に即して語られるのである。道案内が地元に伝わる正しい伝承であるとするなら、伝承（言説）とパフォーマンス（演技行為）の間に大きなギャップが存在しており、既に本章第一節（〈落差〉を解く）で詳しく分析し、考察した。ここでは論考に必要な要点のみに限って、その後の考察を加えて論述することとする。

今では語りの部分は省略されてしまったが、豊前神楽には「ミサキ祭文」とも称すべき近世期のテキストがある。黒土神楽が伝える「大前張里神楽謂儀」の安政六年（一八五九）七月の「駈仙神楽」である。[27]この祭文を、中国地方で最古とされる壬生井上家所蔵の天正十六年（一五八八）の「荒平舞詞」と比較してみた。[28]岩田は、荒平祭文を（一）荒平が自らの容貌や形姿について語る部分、（二）神楽庭に出現した理由、（三）荒平の出自、系譜を語る部分、（四）荒平が持つ物について語る部分の四つに分けている。ミサキ祭文を、テキストに沿って仮にA・B・Cに三区分すれば、総じて、Aの部分は荒平の（一）と（二）を合わせたような内容となっていて、Cの部分が（四）と対応していることが分かった。重要な違いは、仏教説話が濃厚に反映する（三）の部分は、ミサキ祭文においては欠落し、Bは、異質な内容となっていることである。以下、その後に気付いた点を中心に述べていきたい。

まず、(一)の冒頭部、「偖て山高し　石は木をひしぎ瑠璃の地に花咲き繁り　あやしき阿房らのものや住む」、鬼が返して「あやしき阿房らのものが住までは誰わの者が住むべきぞ　これやこの鬼の住みてうところなり」の部分、ミサキでは「初花のしげく開けし瑠璃の地に魔王のものの伏すぞあやしき」、「初花のしげく開けし瑠璃の地に［魔王］が伏してはだれが住むべき」となっている。但し、ミサキ祭文では、返歌の［魔王］の部分が、「丸」とか「麿」になっている例が多い。また、仏教に関係する「瑠璃」が「神」に変えられた場合もある。この返歌の［　］の部分は、ミサキ祭文では魔王が本来の形ではなかったかと考えられる。魔王とは何なのかについては、後述する。次に注目できるのは、荒平が自らを同定する箇所である。「抑々荒平、御仏の前にて荒神《こうじん》となり、神の前にて御前《みさき》となる、有漏の凡夫の外道と成る。……仏神ともに我なり……」との語りに示されるように、一般の人々にとっては外道、即ち怪異な鬼の姿で現れるが、本来は荒神(仏)及びミサキ(神)の仏神同体であるとされる。一種の神仏習合であり、荒平＝荒神＝ミサキ(＝外道)という等式が成立するのである。[29] ミサキ祭文でも「かおと(斯程)の神事を企る事ならば三日先より荒神と吾をこそ祭るべし」と荒神との同体を説いている。[30]

あとミサキと荒平の祭文上の類似及び一致点は省略するが、採物について述べておきたい。荒平が持つ代表的なシンボルが「しはんぢやうの杖」である。祭文で語られるその再生の呪力に注目して、岩田勝は初期の論文題目を「死繁昌の杖」としたほどである。[31] 今回の調査で、豊前の広範囲にわたって、ミサキが持つ杖に対して類似の呼称が見出された。ただし、「しくゎんぢゃう」と一部発音が違い、また祭文の中では、「しかん杖」、「かんじょ」など転訛・省略された例も多かった。「細きかたにて年老いたる人を撫づれば若やぐなり、太きかたにて死たる人を撫づればいきて繁昌するなり」とされる再生の呪力については、ミサキ祭文では「耆久《ききゅう》も柔和の身体となること疑いなし」、即ち年老いた人も若い人の身体になることに疑いなしと同じ呪力が出てくるが、但し、それは杖ではなく、「鈴の利生」

とされている。

さらに民俗的な事例としては、豊前全域でミサキが出現すると必ず幼児を抱いてもらうという習俗見られる。質問すると「無病息災」という答えが返ってくるが、再生の呪力がミサキ自身に転化されたとも考えられる。名称については、まだ断定できる段階ではないが、本来は「しはんじょう」だったのではなかろうか。ただし、荒平の「死繁昌」はあくまで掛け言葉であり、本来は「四半丈」という長さの表記かもしれない。一丈の四分の一であるから大体七六から八三センチということになる。[32] 現在でも、長さは共通しているのである。

ミサキと子供（友枝神楽）

さて、問題のミサキ祭文のBの部分である。荒平とは異質で、ミサキは自らが「一神にして六名あり。第一　猿田彦大神、第二　國底六神、第三　気神、第四　鬼神、第五　太田神、第六　興玉神と云う」と述べる。ここで猿田彦が出てくるからと言って、直ちにこの部分が改作だということはできない。何故なら、猿田彦は『日本書紀』にも登場する中世には既に知られた存在だからである。問題はその後である。「惣て駈仙の数は九万八千五百七十余神在りて影の形に随如也。其眷属億兆在り。［道祖神、土公神］とも申すなり」の［　］で囲った部分には、各神楽講のテキストによって、それ以外に産神、地神、荒神、堅牢地神など様々な神名が列挙されているのである。広島県庄原市の比婆荒神神楽に伝わる戸宇杤木家の「伍大土公神祭文本」（一六六七）では、「三十万五百歳」を経て「百由旬ノ丈、九足八面ニシテ、六十二ノ眼、一百ノ角生イテ、三十六ノ手ニ一千百ノ指」を持ち、「三十六万ノ眷属」を率いて、自らを「荒神」として、さらに「産神」として、「地神」あるいは「堅牢地神」として祀れと要求する存在が出てくる。[33] それが、第六天魔王である。

仏教的世界観では、地獄・餓鬼・畜生・修羅・人・天の輪廻を余儀なくされる欲界の最上位に位置するのが、天界である。天界は六層に分かれ、各々支配する神（天）がいる。下から四大王衆天・三十三天・夜摩天・兜率天・楽変化天を経て第六番目の欲界の頂点に君臨するのが、他化自在天《たけじざいてん》、即ち第六天魔王なのである。『太平記』の巻十六「日本朝敵の事」にも登場し、また織田信長が自らを擬《なぞら》えたことでも知られるが、[34] 広く人口に膾炙されたのは天地開闢をめぐる中世神話を通じてである。最も代表的な、鎌倉時代の遁世僧無住が弘長年間（一二六一―六四）に伊勢神宮の祠官から聞いたという話を載せる。

……昔この国がまだなかったとき、大海の底に大日如来の印文《いんもん》が沈んでいるのが見えたので、天照大神が御鉾を海中に下ろして探ろうとなさった。引き上げられたその鉾の滴りが露のようになったとき、第六天の魔王（他化自在天）が遙かにそれを見て、「この滴りが固まって国となり、そこに仏法が流布し、その国の人間が輪廻の苦しみから逃れるようになる兆しがある」と云って、それを妨げるために天上から下ってきた。天照大神は、魔王にお会いになって、「自分は三宝の名を口にすることはしないし、三宝を身に近づけることもしない。だから、安心して今すぐにお帰りください」とおっしゃったので、宥められた魔王はこの国を破壊しないで帰っていった。[35]

……

大日如来の印文とは、（バン）のことである。加持祈禱の本尊である。故に大日の本国が大日本国という国名の由来だという説がある程、密教教説は浸透していたのである。しかしながら、この神話ではアマテラスと魔王の敵

対＝争闘関係がよく表されていない。そこで豊前神楽の淵源である両部神道の基本テキストである『中臣祓訓解』にあたってみたい。その成立は建久二年（一一九一）以前とされている。

……嘗天地開闢《ムカシアメツチヒラキハシメシ》之初メ、神寶日出之時、法界法身心王大日、無縁惡業ノ衆生度セン爲メニ、普門方便之智惠ヲ以テ、蓮花三昧之道場ニ入、大清淨願ヲ發シ、愛愍ノ慈悲ヲ垂レ、權化之姿ヲ現、跡ヲ閻浮提ニ垂、府璽ヲ魔王ニ請テ、降伏之神力ヲ施メ、神光神使ヲ八荒ニ驛シ、慈悲慈檄ヲ十方ニ領《アッカ(リ)シヨリ》以降、忝ク大神《オホンカミ》、外ニハ佛教ニ異ナル之儀式ヲ顯シ、内ニハ佛法ヲ護之神兵ト爲ル、内外詞異ナルト雖トモ、化度ノ方便同ク、神ハ則諸佛ノ魂、佛ハ則諸神ノ性也……(36)

（傍線筆者）

ここに至ってミサキ神楽の構図は漸く明確になってくる。天照大神とは、天地開闢に際して、法身の大日如来が日本の衆生を救おうとこの世に現れた「権化の姿」なのであり、そこに現れた第六天魔王に対して「降伏《ごうぶく》の神力を施して、神光神使を八荒に駅し」というように、戦いを挑み、その結果、自ら請うた「府璽（八尺瓊勾玉）」を手に入れる。しかし魔王を引き取らせた妥協の結果として、伊勢神宮は外から見ると仏法を遠ざけているが、それは方便の一つであり、実は仏法を守護する神兵と為ったというのである。ミサキと幣役（法者）が何故争うか、それは、第六天魔王と天照大神（＝大日如来）の天地開闢の際の争闘を再現しているのである。

この争闘を最も忠実に再現しているのが、「神迎」という演目である。別名「道神楽」とも称されるように、祭礼の際に神輿を先導する形で、各所で執行される。また、神社境内で行われる場合も、神楽殿（拝殿）からは外れ、境内から境外にかけて行われる。その内容はミサキ舞と同様であるが、幣役（法者）側には、剣、長刀、薙刀など配下の者が従い、ミサキ側も複数居て、相当大がかりな闘いが催される。(37)最後に、ミサキが「杖」を渡して降参し、次の

神　迎（友枝神楽）

場所に移動する。つまり、天地開闢の創世神話を再現しているのである。このように捉えるなら、ミサキ祭文において、前述した冒頭の部分以外にも「……是より丑寅に當りて悪風颯々と吹き来たり、赤き色なる大魔王、この御神屋に勢をなす」と語られる大魔王が、第六天魔王であることは明らかである。[38] また、湯立の火渡りの際に必ず「丑寅」から入るという規則もこれに関係しているかもしれない。

　ともあれ、儀礼行為（パフォーマンス）のレベルでは、豊前神楽は天地開闢の中世神話の再現という側面を多分に残しているのであり、それが最大の特色でもある。ところが前述したように、伝承のレベルは、『古事記』に由来する「天孫降臨」の神話として解釈する枠組が広く流布している。ここにおいて、第六天魔王と天照（＝大日）との「争闘」は、猿田彦による天鈿女の「道案内」に転換してしまうのである。枠組の転換をもたらしたのは誰か、そして何故か、次項において考察してみたい。

〈4〉改変の主体——青山敏文「御神楽本末」

近世中期、寛政十年（一七九八）、三十数年をかけた本居宣長による『古事記伝』の完成は、当時各地で胎動しつつあった国学運動のひとつの結節点であった。[39] つまり、当時全国的に醸成されつつあった社会思想（イデオロギー）が全四十四巻に及ぶ膨大な『古事記』註釈を産み出したのである。その根底にある価値観は現実に対する態度として、二つの眼差しを有していた。一つは、〈古《いにしえ》への眼差し〉である。歴史的に古いほど価値が有るということであり、『古事記』に支えられる我が国固有の大和言葉を評価し、その後に移入された漢語や外国から入った仏教を下に見るということである。もう一つは、それと密接に関連する〈中央への眼差し〉である。我が国の固有性を何処に求めるかというと、それは周縁ではなく、神世の代から続く天皇と公家が居住する都《みやこ》であり、中でも宮中である。この二つの眼差しは相俟って地方の知識人をも魅了していったのである。前項までで述べた神楽はこうした眼差しに晒されたのである。

貝原益軒（一六三〇―一七一四）は、国学・神道思想家のグループの中では比較的穏健な位置にあり、決して過激な廃仏論者ではなかった。(40)その彼ですらこうした見方から決して自由ではなかった。当時、宗像大社には、二種類の神楽が伝わっていた。一つは『応安神事次第』（応安八年〈一三七五〉）の系譜を引くと思える宮廷神楽である。これは「……地方の里神楽の類のものではなく、その神楽歌の名称によって明らかな通り、平安以降宮廷に行はれた式正の御神楽がここに移されている……(41)」とされるものである。一方、この地方の里神楽の拠点となっていたのが、やや内陸にある許斐《このみ》山の社家集団である。ここには古くから熊野三所権現が祀られ、通称「許斐権現」とも呼ばれ、鐘崎の織幡《おりはた》宮の社家と共に宗像宮の里神楽の担い手となってきたのである。(42)これら二種の系統の神楽は今日では既に廃絶してしまったが、当時、貝原は田島の宗像社においてこの両方を観察する機会を得ている。その評価は対照的である。前者については、「其内神楽等のかたはしをしるし侍へる。此地は都遠き辺土なれと、さすか名神の大社なれは、いにしへはかゝる風雅なる事をも奏しけるならし。今は殊にかゝる神事舞楽なと絶てなし(43)」（傍線筆者）としてその次第を細かく記しているのに対し、後者に対しては「神楽あり。いにしへの風雅なる神楽には非す。許斐村の社人等つとむ(44)」と至って手厳しい。やはり、前述の二種の眼差しが色濃く反映した評価と言わざるを得ない。

この二種の眼差しをより強く有し、国学的価値観を具現するのが、筑前多賀神社宮司、青山敏文である。彼は、「寛文十一年（一六七一）の生まれ、元禄四年（一六九一）に直方妙見社（多賀神社の前身）の神主となったが、若くして荷田春満《かだのあずままろ》に師事、吉田神道を学んで、西国における国学・神道の首唱者となった」[45]人物である。また、頻繁に京都に足を運び、滞在中、加茂真淵とも親交を結び、歌人として和歌の復興にも携わった。妙見社から多賀神社への祭神・社名の変更は、彼の第一の課題であったが、北極星（北斗七星）の仏教的神格化である妙見神（菩薩）から唯一神道（伊弉諾・伊弉冊）への変更を、彼自身は変更ではなく、「元の形に戻した」（復元）としている点が重要である。しかもその際、わざわざ御所の勅許を得てそうしている点でその「古＝中央」志向の強さがうかがわれるのである。その彼が心血を注いだのが神楽である。宮中内侍所の御神楽の秘曲皆伝を受けて、地元に伝え広まったのが「直方流」と呼ばれる形式である。これについて、地元では次のような伝承が伝えられているが、その志向性の強さを表す挿話である。

敏文は宮中の御所神楽を覚えたいと思うが、これは神楽のイエに代々伝わるもので門外不出だと相手にされない。それで、敏文は下男の姿に身をやつして練習の様子などを盗み見していた。そのとき弟子に失敗があって、主人がひどくせっかんしたとき、あまりに怒りが激しかったのか、懐にいれていた神楽の巻物を落して去ってしまった。敏文は、これ幸いなことと拾いあげ、大急ぎで読んで頭の中にたたきこんだということである。[46]

宝永元年（一七〇四）に彼が纏めた神楽テキストが「御神楽本末《みかぐらもとすえ》」である。その内容については佐々木哲哉が既に分析しているが、序文で青山は次のように述べている。

宗像宮には内侍所の神楽が伝えられていたが、今では本来の姿が失われている。郷土の社には榊・幣・劒・弓・篠・鉾の六種の神楽が残っているが、その歌曲の乱れているのを古老の記憶や古記によって整理し、磐戸舞と湯立を加えて里神楽本末とした。

（佐々木訳、傍線筆者）

本書の内容は「里神楽目録」と「近世御神楽目録」に分かれている。前者に挙げられている演目は、御幣・五行・太刀・榊葉・猿女《さるめ》衢舞《くぶ》曲・勧請・韓神《からかみ》・弓・総角《あげまき》・小竹葉・手草《たぐさ》・鳥名子《となご》・逆鉾・磐戸・湯立の計十五曲である。このうち、序文に挙げた内侍所神楽に対応する六種の採物神楽が、御幣・太刀・榊葉・弓・子竹葉・逆鉾の六曲であり、勧請・韓神・総角・手草・鳥名子の五曲は神楽歌に相当する。□で囲っておいたのが残る四曲であるが、五行と猿女衢舞曲には、注記があり、「享保十一年（一七二六）にこれを加えた」とされ、さらに猿女衢舞曲には「一社の秘奥である」とも記されている。磐戸と湯立については、序文で述べた通り、宝永元年に加えたとされている。

まとめると、多賀社においては、宝永元年（一七〇四）以前からあったのは、採物神楽と神楽歌であり、その時点で面神楽である磐戸や湯立が加わり、二十二年たって五行と猿女衢舞曲が追加されたということになる。これをそのまま信じてよいのだろうか。

それよりまず、猿女衢舞曲とは何であろうか。猿女の君とは、天鈿女命のことである。天鈿女命がちまたで舞うとは、ミサキ舞の「天孫降臨」バージョンに他ならない。だとすると、本来あったミサキ舞を天孫降臨に読み替えたのが享保十一年（一七二六）だということになる。しかも彼はそれを「一社の秘奥」としている。本居による『古事記伝』の完成より遥か以前に、古事記による神楽の読み替えは進行していたのではないだろうか。また、追加されたという四曲は、岩戸・地割（五行）・湯立・ミサキは、前項で豊前神楽の特色として挙げた独立性の高い歴史ある演目である。青山の国学イデオロギーによる偏向を加味すれば、本来、直方妙見社には、それら四演目を中心とする里神楽が伝わっていたが、宝永元年（一七〇四）を契機に、彼はそれらを整理し、彼が京都（中央）で学んできた「古の」（宮廷）神楽を「創始」した可能性も高い。ただ、彼にとっては創始ではない。仏教に潤色された「乱れた」神楽を、本来の「正しい」元の形に「戻した（復した）」に過ぎないのである。[47]

この青山のテキストを嚆矢として、筑前及び豊前地域の神楽改変は、祭文から仏教的要素を消滅させ、また改竄するなど徐々に広がり、進行してきた。だが、結果としてみれば青山の意図は、半分しか成功しなかった。言説レベルでは、確かに全域にわたって、ミサキ神楽には「天孫降臨」神話が付随しており、それ以外の説明を聞かない。だが、儀礼行為（パフォーマンス）のレベルでは、ミサキは猿田彦に成り切っていないし、幣役（法者）も天鈿女命には成っていない。後の「岩戸」の演目では女装し女面を着けた天鈿女が出てくるのだが、それとの矛盾にも気付かないほど別者である。何よりもミサキと幣役との激しい「争闘」がミサキ舞のエトスであり、演じ手も観客もそこで大いに盛り上がっているのである。この側面は今後も残っていくであろう。要は、その淵源が忘れられたに過ぎないのである。

【註　記】

（1）「宗像八幡宮略縁起」（『豊前市史』下巻、一九九一）七五三―七五八頁。

（2）『豊前市史』下巻、一九九一、七〇二―八六二頁。

（3）近世期、豊前中津藩の飛び地支配地であった福岡県西部の糸島郡二丈町（現・糸島市）福井には豊前神楽と同系統の福井白山神楽が伝えられている。同神楽の神楽帳では、毎年五月に定期的に実施される神楽に対して、神楽の名称を用いずに少なくとも大正時代までは「春祈禱」と称してきた（「福井神楽」『二丈町民俗文化財調査報告書』第三集、二〇〇五、参照）。

（4）宮家準編『修験道辞典』東京堂出版、一九八六、五六頁。

（5）同様な願主―施主関係は、近世までの棟札の記載にも見られるように、上棟儀礼においても同様であった。古くは建築そのものが仏教儀礼であった点については、松尾恒一「建築儀礼をめぐる宗教者・職能者と宗教テクストの位相」

（阿部泰郎編、名古屋大学ＧＣＯＥ『日本における宗教テクストの諸位相と統治法』名古屋大学大学院発行、二〇〇八）参照。豊前地方では、等覚寺の松会に「施主　盛一臈」の名が見える。
（6）小野清秀『真言秘密・両部神法 加持祈禱奥伝』青山社、一九九一、二九―三九頁。
（7）長谷川家文書Ｃ6―1。川本英紀「村のなかの神社、神事のなかの神楽」（『平成十三～十七年度　京築地区神楽関係史料調査』福岡県古文書等調査報告書第一七集、福岡県立図書館、二〇〇六）。
（8）花野充道「智顗と本覚思想」（『印度学仏教学研究』第四八巻第一号、一九九九）一五四―一五六頁。
（9）石塚尊俊『里神楽の成立に関する研究』岩田書院、二〇〇五、参照。
（10）三隅治雄・神崎宣武「儀礼（神事）から芸能（神楽）へ」（『伝統文化』四二号、二〇一二）参照。八乙女舞が現存するのは、福岡県下では志賀海神社のみである。
（11）川本英紀、前掲、二九頁。
（12）小野清秀、前掲書、参照。
（13）本節では、以降、両部神道という用語を用いるが、それはあくまで豊前地方で用いられてきた「両部習合神道」という概念に対応している。一般的な意味での両部神道は、真言系や伊勢神道の総称である用語であるが、それと厳密に対応しているわけではない。本地方で用いられてきた両部神道の意味内容は、今後の実証的な研究蓄積の中から確定させていかなければならない。一般的な両部神道については、久保田収『中世神道の研究』神道史學、一九五九、参照。
（14）寺社勢力とは、歴史学者、黒田俊雄の用語である。黒田俊雄『寺社勢力―もう一つの中世社会』岩波新書、一九八〇参照。また、豊前地方の寺社については、第3章第一節、参照。
（15）『平成十三～十七年度　京築地区神楽関係史料調査』福岡県古文書等調査報告書第一七集、福岡県立図書館、一〇〇六。
（16）波多野學『筑前神楽考――遠賀御殿神楽』溪水社、二〇〇三。
（17）同上書、二六―二八頁。本章第一節も参照。
（18）岩田勝『中国地方神楽祭文集』伝承文学資料集成一六、二二二―二二四頁、二四九―二五二頁、参照。
（19）小野清秀、前掲書、参照。

(20)詳しくは拙稿、前掲書を参照。
(21)波多野學、前掲書、四一―四二頁。
(22)吉田裁許に伴って、神主の大夫という敬称は大名のそれと重複するので、避けるよう措置が施された。橋本政宣「寛文五年『諸社禰宜神主等法度』と吉田家」(橋本政宣・山本信吉編『神主と神人の社会史』思文閣出版、一九九八)二六三―三一〇頁、参照。
(23)石塚尊俊『西日本諸神楽の研究』慶友社、一九七九、参照。
(24)例えば、東広島市豊栄町の五行祭(豊栄神楽)がそうである。
(25)『太宰管内志』中巻、歴史図書社、一九六九、二三一頁。
(26)上毛町所蔵文書、以下の参照は本書による。
(27)長谷川家所蔵文書である。同系のテキストは、豊前の各地に流布されており、また糸島市(旧二丈町)の福井神楽にもある。違いは、細かい字句の改竄のみである。またこのテキストの総称であるが、謂儀(しょうぎ・いいぎ)、唱行、詞章と様々である。ここでは一般名称として「祭文」に統一しておく。
(28)岩田勝『神楽源流考』名著出版、一九八三、二一―六一頁。
(29)神仏習合の捉え方については、本書第1章第二節、二三―四五頁、参照。
(30)神田竜浩は、壱岐神楽も荒平舞と同定できるという論考を著している。但し、その中で、本来、「御先」という名が『古事記』の天孫降臨の記載に由来するとしているが、如何だろうか。神田竜浩「壱岐神楽の荒平舞」(『民俗芸能研究』五一号、二〇一一)二四―三八頁。民俗事例については、三浦秀宥『荒神とミサキ』名著出版、一九八九、参照。
(31)岩田勝「死繁昌の杖」(『山陰民俗』三一号、一九七八)。
(32)丈を日本基準でとるか、中国基準でとるかによって違ってくる。
(33)東城町教育委員会編『比婆荒神神楽』東城町文化財協会、一九八二。岩田勝、前掲書、一九八三、三九五―四〇〇頁、参照。
(34)藤巻一保『第六天魔王信長』学研文庫、二〇〇一、参照。
(35)「沙石集」(大隅和雄『信心の世界、遁世者の心』日本の中世二、中央公論新社、二〇〇二)一〇八―一〇九頁。

（36）『神道大系　古典註釈編八　中臣祓註釈』神道大系編纂会、一九八五、三頁。
（37）幾つかの神楽では、複数のミサキを、阿形（口を開く）、吽形（口を閉じる）に分け、前者を前鬼、後者を後鬼と称していて興味深い。
（38）第六天魔王を祀る第六天（神）社の分布が神奈川県から東京を経て千葉県西部に限られていることは大変興味深い。西日本では、神楽等の芸能を通じてミサキや荒神と習合してしまったのかもしれない。
（39）子安宣邦『宣長学講義』岩波書店、二〇〇六、及び同『日本ナショナリズムの解読』白澤社、二〇〇七、参照。
（40）『福岡県史　通史編福岡藩文化（上）』一九九三、六一五―六一七頁。
（41）『宗像神社史』下巻、一九六六、一二五頁
（42）現在、本社の在る田島との地理的関係から、許斐＝本宮、織幡＝那智、田島＝新宮と熊野三山に比定されていたことは明らかである。
（43）貝原篤信『筑前国続風土記』名著出版、一九七三、三四二頁。
（44）同上書、三四三頁。
（45）佐々木哲哉（「神楽」『福岡県史　通史編　福岡藩　文化（上）』一九九三）六八三頁。
（46）香月靖晴「六嶽神楽」（『鞍手町誌　民俗・宗教編』一九九五）三八九―三九〇頁。
（47）このように述べると、この構図が、明治維新及びその急進的宗教政策である神仏分離と同じ構図であることに気付くかもしれない。その構図の解釈については、本書第１章第二節、参照。

三　多配列クラスとしての「鬼」――修正鬼会から神楽まで

〈1〉鬼を恐れるアジア圏留学生

九州は鬼の宝庫である。鬼が出現する祭りや芸能は至る所にあり、学生を連れてよく調査に出かけたが、そこで興味深いのは留学生たちの反応である。中国や韓国などアジアからの学生は、鬼に祈る人々の姿や、子供たちと境内を駆け回る鬼の様子、果ては我が子の無病息災を願って泣き叫ぶ幼子を鬼に抱いてもらう母親の姿を見て一様に驚愕する。あるラオス人留学生は心配のあまり、私の耳元でこう囁いた。「これは問題です。とてもいけないことです」……彼ら／彼女らの反応は決して異常ではない。後に大学院で修士論文を「鬼」をテーマにして書くことにした中国人留学生（朝鮮族）は、悩みに悩んだ挙句、テーマを「鬼」から「観音」に変えて最終的にはフィールドワークに基く優れた論文を書き上げた。

節分の豆撒きから昔話や民話まで、人間世界のあらゆるシーンに親しく出入りするという点で日本の鬼は他のアジア諸国とはかなり様相を異にする。節分の原型ともされる、宮中に伝わる「追儺《ついな》」の儀礼を挙げるまでもなく、災厄をもたらすとされる「儺」は本来中国大陸から伝えられたものである。しかし、中国大陸や朝鮮半島では徹底的にネガティヴな存在としてやがては「死霊」と同一視されていくのに対し、日本文化の中に融解していった儺は、独自の展開を経て変幻自在な「鬼」の表象を構築していくのである。

〈2〉日本の宗教文化の基層――神仏習合

さて、日本独自の「鬼」の表象の構築過程を何処に求めるべきであろうか。言葉を換えれば、鬼やその他の民俗事象を包含する宗教文化の基層を何処に求めるかであるが、この点に関して、近年の宗教史学や宗教民俗学の発達は、過去の定説とは違った答えを呈示しつつある。六世紀半ばに朝鮮半島からもたらされた仏教（大乗仏教）は、これまで想定されていたより相当早い段階で日本文化に習合し、あるいは仏教の側から言えば民俗化し、神仏習合という独自な宗教文化の基層を構築していたのである。(1) 日本の神々が「神の身を離れて仏になりたい」と巫女の口を借りて希求する「神身離脱現象」は既に八世紀後半には明確化するが、それは日本各地の社に「神宮寺」が併設されていく過程と軌を一にしている。やがて神は仏教の天部の諸尊と共に「護法神」や「鎮守神」の意味を担い、平安時代に入り、天台や真言の密教が体系化されると、独自な「御霊神」を成立させ、最終的には、日本の神々は実は印度の仏が衆生を救済するために姿を変えて現れたものだという「本地垂迹説」に結実することになる。

こうした神仏習合の過程を「共時的」に捉えれば、その実態は組織と教義の二つの軸で捉えられる。(2) その組織の実態は「寺社」という範疇で括られる。それは、「統率者として別当、座主、検校、長者などが位置し、寺務管理の役職として三綱、即ち上座《じょうざ》・寺主《じしゅ》・都維那《つぃな》があり、その下に政所や公文所といった寺務局が置かれた。寺院に所属する僧侶の全体は大衆《だいしゅ》、あるいは衆徒《しゅと》などと呼ばれたが、その主な目的は『学（学解・学問）と行（修行・禅行）』であり、学に携わる場合は学衆《がくしゅ》・学侶《がくりょ》・学生《がくしょう》、行に携わる場合は行者《ぎょうじゃ》・禅衆《ぜんしゅ》・行人《ぎょうにん》などと呼ばれた。またこうした学僧や修行僧を組織の中心層とすれば、彼らに近侍する堂衆《どうしゅ》・夏衆《げしゅ》・花摘《はなつみ》・久住者《くじゅうさ》などの呼称で呼ばれた存在や、堂社や僧坊の雑役に従う承仕《しょうじ》・公人《くにん》・堂童子《どうどうじ》、さらにその外延には、仏神を奉じる神人《じにん》や、その堂社に身を寄せる寄人《よりうど》や行人の存在があった」[3]。だが、ここで述べる寺社範疇はあくまで組織の理念型であり、近代的な役割名称ではないことには注意が必要である。中世期に実際に用いられた各名称は、地域的な偏差も大きく、名称の重複もある。クラスの外延も限定できない。

この特徴は、教義の面についても同様である。実際に用いられた用語である「顕密」という語が指示する意味内容に関しては、「字義通りには、『顕教《けんぎょう》』と『密教』を表す。顕教とは、南都六宗と言われる三論《さんろん》・成実《じょうじつ》・法相《ほっそう》・倶舎《ぐしゃ》・華厳《けごん》・律《りつ》の六宗である。歴史的には、法隆寺や大安寺を拠点とする三論宗が成実宗を付置し、元興寺や興福寺を拠点とする法相宗が倶舎宗を従え、やや遅れて東大寺を中心にした華厳宗と唐招提寺を中心とする律宗がそこに加わったという形をとる。密教とは、言うまでもなく天台（台密）と真言（東密）の二宗である。顕密とは、……これら八宗の各々、そしてその総和を指すと同時に、さらにそれを越えた圧倒的な密教の優位をその意味内容に含むとされる」[4]。

では、何故に包括名称としての「密教」ではだめなのか。八宗が各々独自であると同時にその総和として密教が優位に立つ独特のクラスの存在。神仏習合を司った、奈良時代から江戸時代末期まで約千二百年にわたって、日本の宗教文化の基層を担ったのは、「顕密寺社」であるとして、その分析概念として「多配列クラス」及び多配列分類の必要性を指摘した[5]。

ここで簡単に「多配列分類」について説明しておきたい。多配列分類（polythetic classification）とは、英国の人類学者、ロドニー・ニーダムが呈示した概念である[6]。通常の近代的・科学的分類は、単配列分類（monothetic classification）である。次頁の表1の個体6と7のように、両者の共通特性であるF・G・Hによって分けられたクラスである。我々が通常用いる範疇は、「動物」、「植物」というようにすべての個体に共通する特性によって、成立している。ところが、同じ表の個体1～5に注目して欲しい。特性は、A～Eの五つが挙げられているが、全体に共

表1．単配列クラスと多配列クラス

	多配列クラス					単配列クラス	
個　体	1	2	3	4	5	6	7
特　性	A	A	A	A			
	B	B	B		B		
	C	C		C	C		
	D		D	D	D		
	E	E	E	E			
						F	F
						G	G
						H	H

通する特性は一つもない。個体1～5は、単に「似ている」に過ぎず、単配列クラスとしては成立しないのである。ニーダムは、哲学者ウィトゲンシュタインの「家族的類似性（family resemblance）」や心理学者ヴィゴツキィの「鎖状複合（chain complex）」の概念を例証しながら、それらが多配列クラスと同義であり、日常言語による人々の分類は多配列的であることを指摘した。しかし人類学では、その後、親族研究における単配列的な出自概念の批判などに用いられただけで、大きく展開したわけではなかった。

　だが、日本の宗教文化の基層を構成する「神仏習合」を理解するためには、極めて有効である。例えば、末木文美士が「神仏習合という語は曖昧である。しばしば誤解されるように、仏教と神道という二つの宗教が混淆したというわけではない」[7]と述べる時、そのもどかしさを解く鍵は多配列クラスにある。つまり、神仏習合とは多配列世界なのであり、明治元年（一八六八）の「神仏判然令」とは、「純粋な神道」という単配列クラスを新たに構築するために、神仏習合という多配列クラスから「仏教」という特性を除去させるための政策、言わば「単配列革命」であったのである。こうして成立した近代世界では、習合という多配列状況は「見えにくく」、むしろ「仏教以前」の超歴史的な「固有信仰（柳田國男）」が希求されたのである。

　本項が考察の対象とする「鬼」は、その概念自体は「儺」として中国から伝来したものであろうが、その表象は、当然、神仏習合、より具体的に言えば「顕密寺社」を母胎として発生そして展開してきたものであり、単配列ではなく多配列クラスとして捉えていくことになる。したがって、鬼を「定義」し、その共通特性を探るアプローチをとらず、顕密寺社の儀礼に注目し、その展開や分布の中に多様な特徴を考察していくこととする。

〈3〉鬼と修正会――「見えない鬼」から「見える鬼」へ

二月三日、節分の鬼を想起するまでもなく、鬼といえば正月や新春と密接に関連している。これは、寺院の正月行事である「修正会」（あるいは修二会）が関わっているからである。修正会は、年頭にあたって僧侶らが我々衆生の犯した罪や過ちを各寺院の本尊仏に対して悔い改める「悔過《けか》」が法会の主題となる。薬師悔過や観音悔過など本尊によって呼称は違うが内容は類似している。七日・十四日などを節目として、長い場合は一月にもわたって撤修され、満行（結願）の日を迎えるのである。その原型とも言われるのが、千二百年もの伝統を有するとされる東大寺二月堂の修二会（観音悔過）である。一般には「お水取り」とも呼ばれ、二月堂外縁に掲げられる大松明の火が目を奪うが、内陣では一月にもわたる練行衆による顕密修法が続けられており、その満行の日に当たるのである。その最後に「達陀《だったん》」と呼ばれる不可思議な火と水の儀礼が催される。しかし、そこに出現するのは練行衆の扮する火天・水天であり、鬼ではない。だが、畿内の場合、一歩外へ出れば例えば薬師寺の修二会のように、鬼は必須の存在となっている。東大寺の場合、鬼は出現しないというより「存在しない」のであり、そのことが歴史の古さを示す指標ともなっている。

しかし、鬼は一挙にその全貌を現すわけではない。次に「見えない鬼」の段階があったように思われる。九州、有明海に面した佐賀県藤津郡太良町の竹崎観世音寺は、かつては三十三坊を擁したと伝える顕密寺社である。正月の初めに「修正会鬼祭」を今に伝えている。複合的な儀礼の過程を詳述する余裕はないが、そのクライマックスは「鬼追い」である。鬼（鬼面）が収められた「鬼箱」が「鬼副《おんぜえ》」と称せられる若者に担がれて、それを奪おうとする若者らに抗して境内を所狭しと逃げ回るのである。最後に鬼副は、本堂に駆け込んで住職に鬼箱を渡して終わりとなる。鬼面が顕わとなることはないのである。まさに鬼は追うだけの対象であり、その点から見れば、「追儺」の伝統に沿っているとも思われる。注意すべきは、こうした鬼箱が納められたとされる鬼神社や鬼堂が、求菩提山（福岡県）や厳島神社（広島県）など幾つか認められることである。かつて同種の儀礼が行われていたことを示しているのではないだろうか。

同じく「見えない鬼」でも、もう少し実在感を感じさせるのが、福岡県久留米市の大善寺玉垂宮の「鬼夜」である。寺社組織としては崩壊してしまったが、毎年一月七日の夜、厳重に管理された漆黒の闇の中で儀礼は執行されている。

大善寺玉垂宮「鬼夜」の大松明（福岡県久留米市ホームページ）

阿弥陀堂を囲んで竹の棒で叩く赫熊を被った子供たち

境内に押しかけた大群衆が赤々と燃え上がる大松明や鉾面神事（火王・水王）に目を奪われている頃合に、鐘堂から「乱声《らんじょう》」（鐘・太鼓の乱打）が響き渡る。大松明は一基ずつ本堂の背後の広場に移動していき、群衆もそれに続き、本堂周辺は漆黒の闇となる。本堂横の阿弥陀堂（鬼堂）は闇に閉ざされてしまうが、堂を取り囲んだ「赫熊《しゃぐま》」（棕櫚《しゅろ》で編んだ被り物）を被った子供たちが「鬼出ろ！　鬼出ろ！」と叫びながら、手にした竹棒で激しく壁面を叩く。やがて全身を赫熊で覆った鬼が出てくるが、子供たちや警護の若者らに厳重に取り巻かれ、その姿を見ることはできない。彼らは、阿弥陀堂の周囲を「七回半」廻り、その後近くの川の潮井場で垢離《こり》をとり、そのまま本堂に帰っていく。境内の照明の禁止は解かれ、露店の賑わいが戻る。ここでは、大松明の光に象徴される「陽」と、鬼の一団とその動きを取り巻く「陰」の対比と、その反転が儀礼の骨格を形成している。鬼はあくまで陰の世界に住む者で、姿を見せないことでその迫力を醸成している。また「鬼役」を務めるのは今日でも特定の「坊」の子孫とされている。

「見える鬼」としての鬼の出現を画するのが、大分県国東半島、長岩屋に位置する天念寺の「修正鬼会」である。この地域は「六郷満山」と称される古代から由来する寺院（寺社）群であり、かつては多数の寺院で修正鬼会が行われていたが、現在では毎年旧暦一月七日に、天台宗寺院群の西組では天念寺が、東組では岩戸寺と成仏寺が隔年で行っているに過ぎない。天念寺では、長岩屋という地名にも表されているように、川中に不動明王の磨崖仏が屹立する渓谷に沿った、岩屋が覆い被さるような講堂で午後から深夜にかけて法会が営まれる。その行法を列挙すると「伽陀《かだ》　懺法《せんぼう》　序音　回向　初夜　仏名　法咒師《ほずし》　神分《じんぶん》　（三十）二相　唄匿《ばいのく》　散華《さんげ》　梵音　縁起　錫杖　米華《まいけ》　開白　香水《こうずい》　四方固　鈴鬼《すずおに》　災払《さいはらい》（鬼）　荒鬼《あらおに》　鬼後咒《きごじゅ》」となるが、これを二十二の儀礼項目から成る単配列的な過程と理解してはいけない。各行法は相互に重複しながら、重層化し、幾分立体的な意味空間を構成している。前半の中心は法華懺法であり、六根の罪を懺悔し衆生に代わって悔過する顕教の修法である。やがて、般若心経、観音経、薬師経など秘密真言が唱えられ、二名の法咒師《ほずし》が登場し、密教世界が開闢する。ここでの中心は「神分」であり、「榊」を手にした導師によって全国の権現や明神が勧請される。夕刻から堂内に突き入れられる大松明によって堂内に煙が充満し始める頃、僧侶らは袈裟から行衣に着替え、「立役」が開始される。荘厳された堂内に天部の諸尊が招かれ、最後に鬼が登場するのである。鬼の出現する最後の過程をやや詳しく見ていきたい。

立役は、僧侶二名が向かい合って香水棒を持って短経の節に合わせて舞う法舞が中心となる。まず、吉祥天に五穀成就を祈念する「米華」、次いで五方竜王に水中の清浄を祈念する「開白」、「香水」では「立香水・賢劫香水（打香水）・阿弥陀香水（西方香水）・四方香水」の四種の法舞が舞われる。その後、「地結、金剛結、四方結、金剛結」の力強い咒言で「四方固」の結界が為された後、男女二面に扮した「鈴鬼」が登場する。鈴鬼は、鈴と団扇（東組では三色の御幣）を手に十種の法舞を舞って、次の二鬼を「招く」。全身を縄目で縛り、荒々しい憤怒の鬼面を付けた「災払鬼（赤）」「荒鬼（黒）」が出現する。鬼に扮した二名の僧侶は、各々二名の介錯を従え内陣正面に進み、しゃがんで両手で九字を切りながら「般若心経」の読経を受け、導師によって神酒を吹きかけられて後、各々燃える松明と斧や刀を手に堂内を「ホーレンショ、ソレオーニワヨ」の掛け声に合わせて激しく立ち回る。立役の開始から約四時間を経過して、最後に院主による「鬼後咒」によって終了するのである。

「神分」（神を招く）（豊後高田市　天念寺　撮影：清水　健）

立役（香水棒を振り、天部の諸尊を招く）（撮影：清水　健）

以上の儀礼過程全体に「顕密」クラスの多配列的重層性がよく表れている。顕教による仏

荒鬼と災払鬼（撮影：清水　健）

の世界の演出、密教による神祇や諸天の勧請を経て後に、鬼が出現する。その際、その出現を仲介する「鈴鬼」に注目すべきである。その面相はまったく怖くなく、穏やかであり、むしろ「人」に似ている。しかし、その面の両端には「幣」が付けられており、何よりも神の象徴である「鈴」を手にして鳴らす。だが名称では「鬼」の範疇に括られる。しかも、男女の区別が明白である。つまり、「人」と「神」の中間に位置しており、鬼の「和霊」的側面を表しており、災払鬼や荒鬼は「荒霊」的側面を表しているのである。本来、神仏習合の契機となった神身離脱現象の基底には、「六道」観念の普及がある。六道とは輪廻転生を余儀なくされる六つの世界で「地獄・餓鬼・畜生・修羅・人・天」に分かれる。ここから解脱した仏の世界が「声聞・縁覚・菩薩・如来」の四界である。日本の神々（神祇）は、性別を持ち寿命を持つ「天」部の存在であることを自覚したからこそ、そこからの離脱を願ったのである。日本の神祇に捧げる経典は、六波羅蜜の過程を説いて最終目的である般若波羅蜜を描く「大般若経」が一般的であり、後には咒を唱えることでその要点を説く「般若波羅蜜多心経（般若心経）」が奉じられた。[8] この儀礼では鬼も般若心経を唱えられているのである。また、神仏習合の過程の中で本地垂迹の考え方が優越してくるのと同じく、天念寺では、災払鬼（赤）は愛染明王の、荒鬼（黒）は不動明王の化身と見做されてきたのである。

〈4〉寺社から出た「鬼」――ミサキ・荒神・第六天魔王

さて、天念寺の鬼には絶対に守らねばならぬルールがある。それは講堂の外へ出てはならないということである。鬼は介錯に背負われて講堂内に運ばれ、儀礼が終わると背負われて去っていく。周辺には、この禁を破って外へ出たために石になってしまったという伝承地もある。元来、この長岩屋という集落は、応永二十五年（一四一八）の文書によれば住僧屋敷が六十二カ所も記されており、しかも住僧でなければ山内に居住できない旨も記されている。現在も、大松明や介錯など儀礼に動員される村人はそうした坊家の子孫たちである。つまり、鬼は、顕密寺社「内部」にのみ出現し、旧一月七日の修正会の時のみの出現である。にもかかわらず、狭い講堂の中に押しかける大勢の群集は、何を目的としているかというと、最後の「鬼後咒」の前に、内陣にしゃがんで鬼から「加持」を受ける（松明で背中を叩いてもらう）ことである。ここでは鬼は「ご利益を授ける」神と同義の存在となっている。

顕密寺社は、国東半島の六郷満山にのみ限定された存在ではない。それより北部、豊前地方という福岡県東部から大分県北部にかけての一帯にも、「豊前六峰」と呼ばれた山岳寺院を拠点とする寺社勢力地帯があった。ところがこの地域は、神仏分離及び廃仏毀釈の影響が大きく、拠点となる寺社のほとんどが廃絶し、もはや修正会の鬼に出会うことはない。だが、この地域一帯の末社は「神社」として存続しており、「神楽」を伝えている。こうして残された同系統の神楽及び神楽講は、一帯で約百カ所を数え、我々は「豊前神楽」としてそれらをまとめた(9)。「鬼」は、この豊前神楽の主役なのである。もっとも「鬼」という名称が用いられているわけではない。「駈仙」、「先駈」、「御先」などと様々な表記がされるが、呼称としては「ミサキ」が一般的である。地域ごとに、地域の名称を付した「〇〇神楽」と呼ばれ、全部で三十三程の演目を擁し、地元の民間人から成る神楽講が運営を担っている。

神楽講の起源は明治初期である。それ以前は、地域ごとに神職らが団体を構成し、各地域を春秋の祭礼を中心に廻っていた。これら神職の出自を遡っていくと、中世後期まで辿り得るが、神楽印信や切紙などの記載から、「両部の太夫」とか「両部習合神道」といった語に出会う。つまり、彼らをめぐって地域の中核的な顕密寺社組織の末端に連なる「神人」や「行人」層であったのであり、寺院の僧侶から裁許を得て神楽演目に従事していたことが分かる。さらに、現在では「奉納」と称しているが、豊前地方では、神楽演目の料金表が入口に掲げられ、人々は願いに応じて演目を選び、料金を払うと、演目とその人の名前を半紙に書いて舞殿の周囲に掲げるという形式が見られる。修正会にも共通形式が見て取れるが、これは「願主」の祈願を「施主」が代わって祈禱するという「加持祈禱」の基本形式と重なるのである。(10)

駈仙（ミサキ）は、幣役と駈仙が対峙する「駈仙」だけでなく、「二人駈仙」や「乱駈仙」や「綱駈仙」、さらに湯立に登場する「湯駈仙」や式神楽の「式駈仙」など様々な演目のヴァリエーションがあり、また「神迎」や「幣切」など重要演目でも主役を務めている。観衆から最も人気があるのも駈仙であり、特に幼児を駈仙に抱いてもらうことで無病息災を願う信仰習俗は現在でも確認できる。もちろん荒々しい憤怒相の鬼面であり、子供は泣き叫ぶが、怖がり泣き叫ぶほど良いとされる。演技の基本プロットは単純である。鈴（錫杖鈴）や御幣を手にした幣役（豊後から豊前南部では「法者《ほしゃ》どん」と呼ばれる）と対峙し、駈仙は「しくゎんじょう」（長さ九〇センチ程の両端に紙手という紙房の付いた竹の棒、「鬼杖」とも呼ぶ）を手に徹底的に争う。この時間が長いほど観衆を魅了するようである。最後に駈仙は降参し、鬼杖を幣役に差し出して、幣役と反閇《へんばい》を踏みながら舞殿を廻り、終わりとなる。

この駈仙とは一体どういう存在なのであろうか。現在、ほとんどの神楽講でこのシーンは、『古事記』の「天孫降臨の段」を再現したものだと伝えている。それによると、幣役は、ホノニニギ命の一行を先導するアメノウズメ命であり、駈仙は、行列を待ち受ける猿田彦命で、アメノウズメを下界に「道案内」している状況を表していると言うのである。だが、どうもこの説はしっくり来ない。というのも後の「岩戸」の演目でもアメノウズメは出現するが、その際は女性の面をつけて女性の形姿で登場し、直面の幣役とはまったく違う。それに何よりも、明らかな「争闘」を「道案内」と解するにはあまりに無理があるのである。

神楽講には、近世後期の「詞章（祭文）」が残されているのだが、それによると幣役と駈仙の間に掛け合いの語りがあったことが分かる。それを詳しく分析した結果、二つの点が明らかとなった。[11] 一つは、詞章の中に出てくる駈仙に対する呼称、例えば「赤き色なる大魔王」など魔王という語が「第六天魔王」であることである。「六道」世界については先述したが、その輪廻する欲界の最上位が天界である。天界は六層に分かれ、各々支配する神（天）がいる。下から四大王衆天・三十三天・夜摩天・兜率天・楽変化天、そして第六番目の欲界の頂点に君臨するのが『他化自在天」、即ち第六天魔王なのである。その魔王が何処に出現するかというと、中世神話の「天地開闢」バージョンである。簡単に言うと、昔この国がなかった時、大海の底に大日如来の印文（バーン）が沈んでいるのが見えたので、アマテラスが鉾を海中に下ろして探り、それを引き上げようとしたら、鉾の滴りが固まり始めた。第六天魔王は、仏国土が形成され人々が輪廻から解脱し始めたら大変だとやって来て、（両部神道のテキストであり、建久二年〈一一九一〉以前の成立とされる『中臣祓訓解』によれば）大日如来の垂迹神であるアマテラスに闘いを挑んで敗北し、三種の神器の一つである府璽（八尺瓊勾玉）を差し出すのである。つまり、幣役をアマテラス、駈仙を第六大魔王と位置づければ、神楽は「天地開闢譚」を再現しているのである。

もう一点は、この詞章が中国地方の荒平舞と近似していることである。荒平も「山づとの杖」を携えた仮面異装の鬼で、その最古の詞章が、天正十六年（一五八八）の「荒平舞詞」である。[12] ここで興味深いのは、荒平が自らの出自・系譜を語る部分である。「抑抑《そもそも》荒平、御仏の前にて荒神となり、神の前にて御前（ミサキ）となる。有漏の凡夫の外道（鬼）となる。……仏神ともに我なり……」（括弧内筆者）と荒神（仏）⇔ミサキ（神）⇔外道（鬼）の習合的関係を示している。豊前神楽の詞章でも、駈仙は「自らを荒神として祀れ」と命ずるほか、さらに土公神＝道祖神＝五穀神＝福神＝産神との関係も示している。まさに変幻自在な多配列クラスである。

岩田は、さらに荒平の持つ杖に注目している。詞章によると「抑抑荒平がつきたる杖に三つの法籠もれり、上に大乗の法籠り、下に小乗の法籠り、中に瑠璃光の法籠る。彼杖に太きかた有り、細きかたあり、細きかたにて年老いたる人を撫づれば若やぐなり、太きかたにて死たる人を撫づればいきて繁昌するなり。爰を以てしはんじょうの杖とは申なり[13]（傍線筆者）」。杖に仏教的意味づけが施された上で、その効力として若返りや再生の呪力が宣言されている。まさに「死繁昌の杖」なのである。豊前神楽でも杖の名称として「しくゎんじょう」という語が確認された。極めてよく似た名称である。またある神楽講の詞章には「耆旧《ききゅう》も柔和の身体となること疑いなし」、つまり老いた年寄りも若々しい身体となることが確実であるという若返りや再生の呪力を示す言葉が確認された。ただし、後者の場合、この神秘的効力は杖にのみは限定されず、杖や鈴を持つ駈仙自身の呪力に転化されたのである。かくして、幼い子供を駈仙に抱かせるという北部九州の一見不可思議な習俗の輪郭の根源に突き当たる。この習俗は、かつて人々が駈仙に期待した若返りや再生の呪力を表象しているのである。

さて、本節をまとめておこう。当初、駆逐し排除すべき「儺」として伝来した「鬼」は、神仏習合のフィルターを経ることで次第にその存在と姿を顕していく。その表象が確立するのは、顕密寺社の修正会の儀礼空間の中であった。「人」と「神」を仲介する存在として現れた鬼は、やがて寺社空間から脱出し、「駈仙」や「荒神」として広く里に展開し、祭りに付き物の、人々に親しまれる身近な存在となったのである。これは単線的な歴史的展開ではない。多配列クラスとしての「鬼」は、これらすべての要素（特性）を重層的に複合する過程として、日本の宗教文化の一翼を担ったのである。

【註　記】

（1）末木文美士『日本宗教史』岩波新書、二〇〇六。
（2）本書、第1章第二節。
（3）同上書、三一頁（第1章第二節）。
（4）同上書、三六頁（第1章第二節）。
（5）同上書（第1章第二節）。
（6）Needham, R. 1975 "Polythetic Classification: Convergence and Consequences," MAN (N.S.) 10, pp.349-369
（7）末木文美士　前掲書、岩波新書、三九頁。
（8）嵯峨井建『神仏習合の歴史と儀礼空間』思文閣出版、二〇一三。
（9）福岡県文化財調査研究委員会編　二〇一二『豊前神楽調査報告書――京築地域の神楽を中心として』。
（10）本書、第3章第二節。
（11）本書、第3章第一節。
（12）岩田勝『神楽源流考』名著出版、一九八三。
（13）同上書、五―一二頁。

四　まとめ──「鬼」と伝統文化

〈1〉プロローグ

今年（二〇一四年）八月に、上海の華東師範大学で国際シンポジウムがあった。「記憶の場としての東アジア」を主題とした中国、日本、韓国、米国等の文化人類学・民俗学の研究者によるかなり大規模な研究大会であった。ここで私は「鬼」をテーマにした研究報告を行ったが、それには理由がある。

二〇〇二年に福岡大学に赴任して以来、北部九州を中心に歩き回ってきたが、様々な儀礼や祭礼、民間神楽や伝承の中で、これまで多くの鬼に出会ってきた。「九州は鬼の宝庫である」、この言葉は、二〇〇七年一月の『文藝春秋』の巻頭特集で初めて書いたのだが、それ以来いろいろな所で書いてきた私の正直な印象である。しかし、それだけではない。これまで、中国、台湾、韓国、ベトナム、ラオスなど東アジア圏の学生や院生と調査を共にする機会があったが、彼らは総じて、日本人である私から見れば、異様に鬼を「怖れる」のである。一方、日本人は鬼を怖れないどころか、例えば那珂川町伏見神社の岩戸神楽では、「荒神」と呼ばれる鬼に我が子を抱いてもらうために母親たちが参集し、神社側では整理券を配って対処している始末である。中国を中心とする他のアジア圏とは対照的な日本人の鬼に対する態度、もし起源が同一であるとすれば、日本とアジアとの鬼に対する「記憶」のズレはどこから生じているのか。

もう一つ、エピソードを紹介したい。私の父は二〇〇三年一月二日に四国の実家で亡くなった。それは、ちょうど娘が福岡で高校受験の年であった。娘にとっては二重の辛い試練であった。だが幸い、三月の受験でとても無理だと思われていた志望校に無事合格し、我が家は彼女の「神秘的な経験」の話で持ち切りであった。それは、受験の時に前の座席が偶然空席であったのは、きっとおじいちゃんが居て守ってくれたのだとか、どこの家庭にもある他愛もない話なのだが、科研の共同調査でたまたま我が家を訪れていた中国人学者はこの話を聞き逃さなかった。

彼は、突然真剣な表情に変わり、血管が浮き出ていないか娘の腕をチェックし始めたのだ。おじいちゃんといっても死者であることに変わりはなく、死霊は鬼に関係し、どちらにしても「良くない」ことであると大いに心配してくれたのである。その後、彼は、調査地で別の韓国人学者にもこの話を確認し、同意を得たのである。

荒神の演目で子供を鬼に手渡す親。岩戸神楽（福岡県筑紫郡那珂川町　伏見神社　2018 年 7 月）

〈2〉文化と民俗

さて、鬼は我々日本人には比較的なじみやすい存在であるかもしれないが、いきなり比較文化の事例に直面するととまどう方も多いであろう。そこで、文化や民俗という概念について少し解説しておこう。文化人類学は文化について研究する学問である。では文化（culture）

とは何かということになるが、私はコンピュータの比喩を使って説明している。最近では、学生を含めほとんどの人がパーソナル・コンピュータを使っているので、ハードウェア、ソフトウェアの用語が分かりやすい。ハードウェアというのは、コンピュータの「機械」の側面で、ＩＢＭだのＮＥＣだのは、ハード面の名称である。人類学では、人間のハード面の特徴を表す場合は「ヒト」と表記する。文化とは、コンピュータでの、言わばソフトウェアに該当するものである。ハードのみというコンピュータはなく、ＯＳを初めとして様々なソフト（プログラム）がインストールされて機能できるように、ヒトも言語ソフトや親族ソフト、あるいは宗教ソフトなどが内蔵されて初めて「人間」として存在できるのだ（「コンピュータ　ソフトがなければただの箱　人間も文化がなければ　ただのヒト」）。このように考えれば、鬼という要素は主に宗教ソフトに関係する問題であることが分かる。

しかし、人間にとっての文化と、コンピュータにおけるソフトウェア（プログラム）には重大な違いがある。例えば、あるゲームをやりたくて、コンピュータにゲームソフトをインストールした場合、そのソフト（プログラム）自体は「予め分かっている」。ところが、人間の場合、どういうソフト（文化）が内蔵されているのかが分からないのである。我々日本人の宗教ソフトとは何なのか。ソフトは分からないが、結果として行われてきたゲームを見ながら、そのプログラムを「類推」するしかないのである。

ここで「民俗（folklore）」が登場する。民俗学者・篠原徹によれば、民俗とは「学校教育以外で伝達されてきた知識」の全体である。知識というと、観念的なものだけを連想しがちだが、膨大な実践的知識、即ち行動プログラムも含まれる。日々の挨拶から祭りのやり方まで、我々の眼前には膨大な民俗が横たわっており、そして日々更新されている。しかし、その大部分は歴史的に伝承されてきたものであり、伝統と呼んでも差し支えない。文化よりもより具体性に富んだ民俗なら直接的な調査対象となる。気の短い学生ならすぐにでもフィールド（調査地）に飛び込んでしまいそうになるが、この段階で特に注意しなくてはならないことがある。それは、民俗知に特有な癖のようなものである。例えば、複雑で奇妙な祭りなどを調査する時、調査する学生に与える注意は、「何故（why）」と訊くな、あくまで「どのように（how）」を主眼とせよということである。儀礼遂行者は何でも「知っている」と思い込んでしまいがちであるが、民俗知は実践知であることがほとんどで、「理由」を訊くことは参考程度に留めておいたほうがよい。つまり、「何故」という問いは、上述した宗教ソフト、即ち文化に関わる問いであり、そのプログラムを解明するのが文化人類学や民俗学の目的なのである。

〈3〉鬼と神仏習合

さて、日本人の宗教ソフトとは何だろうか。先ほど「分からない」と書いたが、人によっては、「仏教」と答える人もいるだろうし、「神道」と答える人もいる。宗教ソフトは「無い」と答える人も世論調査ではかなりの割合に上る。この混乱の直接の原因は、明治初期の「神仏分離」にあった。分かりやすく言えば、国家政策として宗教ソフトの「書き換え」を図ったのである。それまで仏教と渾然一体となっていた神道は、強引に仏教的要素を剝奪され、「神社」と「寺院」に分けられ、今日の景観が作りだされた。それ以前の施設は「宮寺」とも「寺社」とも称されたが、そこからあらゆる仏教的要素を排除し、純粋な「神道」や「神官」が据えられた。かろうじて前時代から残った物といえば、鳥居と狛犬くらいであろうか。その目的は神道を国教とするためであったが、話がややこしいのは、それから間もなくして、神道をその他の「宗教」と区別して、「道徳」としてしまったことだ。これによって我々の内面に「宗教」を低くネガティヴに見る視線を醸成してしまった。さらに、一九四五年、第二次世界大戦の敗戦によって、神道は再び「宗教」に復帰する。これでは混乱するなと言うほうが無理である。

しかしながら、この宗教ソフトをブランクにしておくわけにはいかない。ブランクのままでは、眼前に横たわる膨大な民俗、特に宗教民俗の束を解くことができない。だがここに近代以降の「神道」や「仏教」を基本ソフトとして充当することもできない。今日存続しているほとんどの宗教民俗の形成は明らかに「神仏分離以前」だからである。民俗学では、柳田國男の「固有信仰」をはじめ、民間信仰や民俗宗教など、多様な基本ソフトが考案されてきたが、そのどれも充分妥当というわけではなかった。特に私のように北部九州をフィールドとした場合は説明が行き詰まってしまうのだ（我々はこの状態を「フォークロア・パラドクス」と呼んでいる）。

そこで神仏分離以前の宗教の「状態」を包括する概念として「神仏習合」を基本ソフトとすることを提案している。神仏が習合する（syncretize）ということは、単に混淆している（mixed up）ということではない。秩序を伴ったシステムとして総合されているということであり、ハイブリッドな一つの宗教と見做すこともできる。だがその実態は明らかではなく、宗教史における解明もまだ始まったばかりと言ってよい。むしろ我々は宗教民俗を解くための基本ソフトとして神仏習合を措定し、その実態の解明を目指すべきであろう。

さて、「鬼」のテーマに戻り、神仏習合という視座から何が言えるのか、考えてみたい。

日本の鬼の起源が中国の「儺」にあり、「追儺」の儀礼として日本に伝わったことは確かであろう。儺は目に見えない「陰」の世界の代表であり、駆逐すべきネガティブな存在である。中国では、やがて「死霊」（鬼）と結びつき、明確に表象化されることはなかったのだが、日本では寺社、あるいは寺院の正月行事、修正会や修二会の主役となっていく。その代表的事例が、豊後国東半島の六郷満山と称される寺院群である。ここでは「修正鬼会」と呼ばれ、かつてはすべての寺院で実施されていたが、今日では僅か二カ寺（三カ寺）のみとなっている。長岩屋の天念寺では、旧暦一月七日の夜、厳密に言えば午後三時頃から深夜にかけて延々と二十二の儀礼項目が実施され、その内最後に、「災払鬼（赤）」「荒鬼（黒）」が登場し、講堂内を燃える松明と斧や刀を手に暴れ回るのだが、その両鬼を「招く」とされる「鈴鬼」に注目してみたい。鈴鬼は全く奇妙な鬼である。男女一対からなるが、その面相は人面で全く怖くな

修正鬼会の鈴鬼（左：男／右：女）（豊後高田市　天念寺　撮影：清水　健）

い。しかし、鈴や御幣などの象徴に注目すると、「神」と「鬼」の中間的存在と言えるのである。

この長い儀礼次第の意味空間を分節化していくと幾つかの分岐が見られる。前半の中心は「法華懺法」である。六根の罪を懺悔し衆生に代わって悔過《けか》する「顕教」の修法である。やがて秘密真言が唱えられ、二名の法咒師《ほずし》によって「密教」世界が開闢するが、その頂点が「神分」である。導師によって全国の神々（権現や明神）が勧請される。さらに堂内に突き入れられた大松明の煙が充満する頃になると、吉祥天や五方竜王など天部の諸尊が招かれ、最後に「鈴鬼」が鬼を招くのである。つまり、ここには「仏―神（天）―鬼」という連続体が認められ、その意味で鈴鬼は中間的存在なのである。

我が国の神仏習合は、八世紀後半、畿内各地で起こった「神身離脱現象」をもってその嚆矢とする。簡単に言えば、神々が巫女の口を借りて「神の身を離れて仏になりたい」と願ったのである。その基本的な考え方は「六道輪廻」思想であり、我々（人）の住む輪廻転生を余儀なくされる世界を「地獄―餓鬼―畜生―修羅―人―天」の六つに分ける。日本の神々は天部に在ることを悟ったのである。天部に在る限り、人と同じく、男女の別もあり、寿命を持ち、喜怒哀楽や苦しみも持つ。ここから脱却して「声聞―縁覚―菩薩―如来」の仏の世界に参入したいと願ったのである。全国の神社には神宮寺が併設され、神前読経として大般若経が読まれていく。やがて、鎌倉時代後半になると、「本地垂迹説」、即ち日本の神々は、印度の仏が日本の衆生を救うために神の姿で現れたものだという神＝仏という考え方が一般的となり、寺社には「本地堂」が建てられるようになる。天念寺では、赤鬼は愛染明王、黒鬼は不動明王の化身であるという伝承があるが、この段階の解釈であろう。ともあれ、鬼は、神仏習合の歩みの中で、神と人の中間の、とりわけ神に近い位置に出現したと考えられる。

〈4〉大善寺玉垂宮の鬼夜

しかしながら、追い払うべき「儺」から一挙に鬼の出現とは飛躍しすぎではないかと思われる向きもあろう。実はその中間形態も認められるのが北部九州のフィールドの豊かさである。九州は鬼の宝庫であるということは、取りも直さず鬼を育んだ神仏習合文化がよく残されているということであり、また地域の拠点となる寺社が多く、その勢力も強かったということである。例えば、修正鬼会は一月七日であることが多いが、一月七日に村の入口などで火を焚く行事を多くの地域で「オーネビタキ」と呼ぶ。明らかに「鬼火焚き」の意味である。また「ホッケンギョウ」とか「ホンゲンキョウ」などと呼ぶ地域もあるが、「法華経会」あるいは「法華行」という意味であり、民俗学者・佐々木哲哉によれば、後者は安楽寺信仰圏に重なるとされる。安楽寺とは、太宰府天満宮のことであり、元は安楽寺天満宮という拠点的寺社であった。現在でも一月七日の夜には「鬼すべ」という行事を伝えている。

佐賀県藤津郡太良町竹崎といえば有明海に面した漁村であり、今では竹崎蟹で有名だが、その中心となる竹崎観世音寺はかつては三十三坊から成る顕密寺社集落であった。正月の初めに「修正会鬼祭《しゅじょうえおにまつり》」を今に伝えている。鬼祭りといっても鬼が実際に出てくるわけではない。「鬼追い」という演目だが、鬼面が収められた「鬼箱」が鬼副《おんぜえ》と称せられる若者に担がれて、それを奪おうとする若者らに抗って境内を所狭しと逃げ回るのである。最後に、鬼副は本堂に駆け込んで住職に鬼箱を渡して終わりとなる。まさに鬼は追うだけの対象であり、最後までその姿が顕わとなることはない。その点から言えば、修正会の一環ではあるのだが、「追儺」の伝統には最もよく沿う形態である。つまり、「見えない鬼」の段階を画する事例である。

この「見えない鬼」の段階から、天念寺などに代表される「見える鬼」への過渡的な段階を表すのが、福岡県久留米市の大善寺玉垂宮の「鬼夜《おによ》」である。よく質問されるのが、大善寺玉垂宮とは何かということである。元来は、衆徒方だけでも四十五坊を数えたとされる大寺社である。ところが神仏分離によって、最も大きな範疇である「寺」が消滅し、高良玉垂命を祭る玉垂宮と仏教的な施設としては「阿弥陀堂（鬼堂）」と「鐘楼」のみが残されたのである。

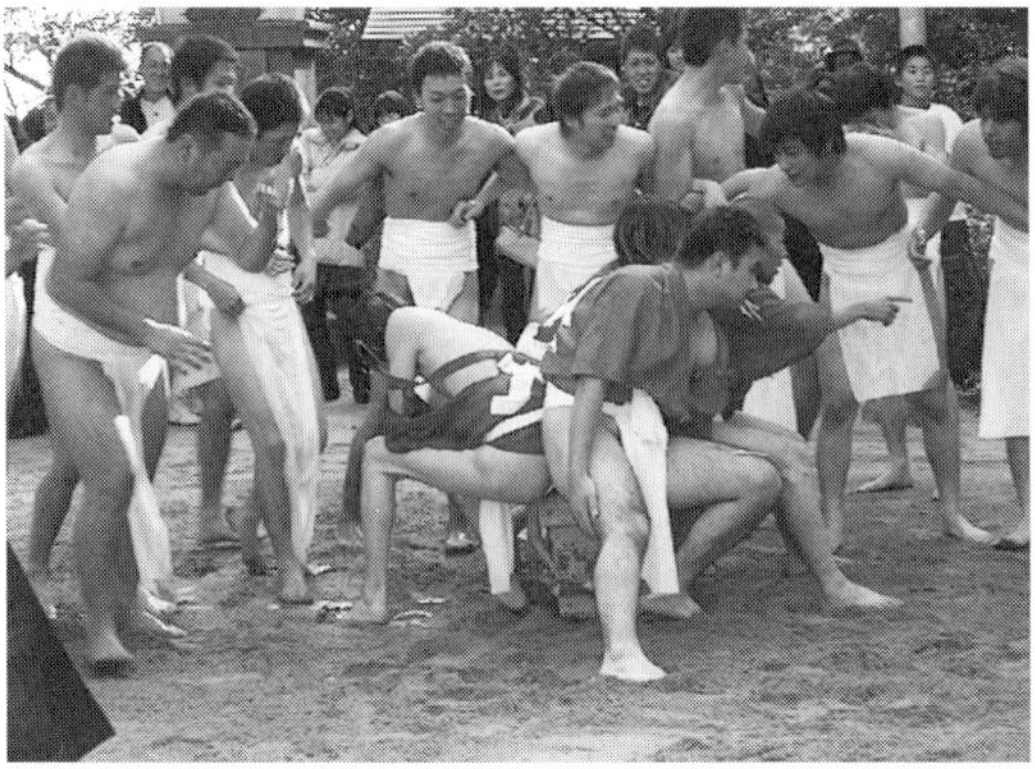
鬼副が鬼箱を守る（佐賀県藤津郡太良町　竹崎観世音寺）

この両施設は鬼夜の執行に不可欠であったというのがその理由かもしれない。安楽寺天満宮も同様である。今日では大善寺という寺名は、地区名にその痕跡を残すに過ぎない。

さて、「鬼夜」は大松明と鬼を中心にした複合性に富む儀礼であるが、ここでは専ら鬼を中心にその概略をみていきたい。一方の、一月七日夜、各地区から出される六本の赤々と燃える大松明であるが、その火の元となる「鬼火」は、大晦日の夜、宮司によって火打石から造られる。各地区で大松明が準備される中で、同日午後、まず「鬼面尊神」の儀礼が行われる。儀礼の執行主体は、旧坊家につながる「赤司家」と「川原家」の男たちである。この儀礼は鬼面尊神が収められた「鬼箱」が本殿から東側に位置する阿弥陀堂（鬼堂）に移され、一旦安置される。鬼堂には赤司家と川原家だけが残り、ツンキリ餅が供される。やがて、午後四時ごろ、鬼箱は本殿に「還御」する。

阿弥陀堂から出てきた鬼と赫熊を被った子供たち（福岡県久留米市大善寺玉垂宮）

次のピークは午後九時である。鐘楼から響く一番鐘を合図に、本殿の前面の境内は一切の明かりが禁じられ、暗闇となる中、順次一番から六番の松明衆が松明の下に揃う。鐘楼から響き渡る「乱声《らんじょう》（鐘や太鼓の乱打）」を合図に、本殿から「鬼火」松明が赤司家の者によって運ばれ、一番松明に点火され、順次、六番まで点火されると今度は、境内は明かりと熱に包まれる。その中で赤司家と川原家の二名によって男女一対の「鉾面神事」が行われ、それが終わると松明は順次、本殿西側（裏）に移動していき、辺りは再び漆黒の闇となる。

その時である。闇に包まれた阿弥陀堂（鬼堂）を「赫熊《しゃぐま》」（棕櫚で編んだ被り物）を被った子供たちが取り囲み、「鬼出ろ！　鬼出ろ！」と叫びながら、手にした竹棒で壁面を激しく叩き始める。やがて全身を赫熊で蓑状に覆った鬼が出てくるが、その周囲は子供たちや警護の者らに取り巻かれ、その姿を見ることはできない。鬼の一団は阿弥陀堂の周囲をゆっくりと「七回半」右回りに廻り、その後、鐘楼横の暗闇に潜む。しばらくして本殿裏（西側）に待機した大松明から一番松明が境内を廻り、山門を潜り、その前の潮井場が設けられた川の岸まで来るがそこで火が消される。明るかった境内が再び闇に戻ると、鬼の一団が動き出し、川岸から中央の潮井場まで進み、垢離をとる。鬼はその後、本殿内部に入り、その姿は消失する。やがて二番松明から順次境内を巡り、六番まですべて消火されると、祭りが終了するのである。

大善寺の鬼は複雑な二元的構成の中でその存在を神秘化させている。まず、鬼面（鬼箱）と鬼の二元構造である。

もし鬼面を鬼と捉えるなら、当日午後、鬼面は阿弥陀堂に一旦移されるが、その後本殿に「還御」しているのである。だとすると、夜、阿弥陀堂から出現する鬼は一体何者かということになる。あるいは、午後四時に還御するのが、「鬼箱」だけであり、鬼面は残されていると考えると辻褄が合うが、そうすると深夜に出現する鬼は「鬼面」を着けていることになるが、その確認を阻むのが「陰」と「陽」の二元構造である。鬼と松明は、儀礼の全過程を通じて陰と陽の二極に位置づけられており、陰の極にある鬼の様相を我々は「見ることができない」。第三の神秘化の軸が「赤司」と「川原」という坊家の二元性である。鉾面神事などに表れる二元性とつなげると、赤司：川原／陽：陰／男：女／松明（火）：鬼（水）という二項対立が導かれるが、それはあくまで象徴的対立であって、川原家のみが鬼を管轄しているわけではない。焦点となるのは、当日午後の鬼面尊神の儀礼において阿弥陀堂に残された河原家と赤司家がその秘密を握っているのだが、我々はそれを「知ることができない」。

全体としてこの儀礼が伝えているのは、鬼については、その「存在」を感知することはできるが、それが何であるのかは「知り得ない」仕組みである。地元の伝承では、「鬼夜」は鬼が「改心」する儀礼であるという。竹崎観世音寺や国東天念寺の事例と照合して、神仏習合ソフトによる解釈を示すと、当初、排除すべきネガティブな対象として伝来した鬼（儺）は、「改心」することで、やがて仏に仕える存在として神に近い位置に転生し、最後は愛染明王や不動明王の化身となっていくのである。その点で大善寺玉垂宮の鬼夜は「中間」段階を示す貴重な民俗文化財といえるのである。

鬼面（室町時代後期）求菩提資料館所蔵

〈5〉エピローグ――伝えられる「実践」

思わず「段階（stage）」という言葉を使ってしまったが、鬼が進化するとか、発展すると言いたいわけではない。また鬼箱が、災払鬼や荒鬼より「古い」形態であると言うつもりもない。これまで、民俗学では特定の民俗の多様性を「伝播（diffusion）」という概念で説明してきた。つまり、似た民俗は自然に伝わった「はずである」という仮説である。しかし、今まで見てきたように、「鬼」に関しては拠点となる寺社や宮寺という神仏習合勢力（force）との関わりが濃厚である。これは「権力（power）」と言い換えてもよい。つまり、我々が目にする、鬼に関する儀礼や表象の多様性は、各々が依拠した宮寺や寺社の権力が最高度に達した時の実践形態がそのまま固定（fix）されたのではないかということである。

組織は変わり、権力は衰退・廃絶し、何よりも「神仏分離」という徹底的な文化改変が為されて以後、一四七年を経てもなおこうした民俗儀礼が存続しているのは何故だろうか。それは伝えられる民俗のかなりの部分が、実践行為（practice）及びその知識だからである。祇園山笠のような巨大な都市祭礼から村々の小さな祭りに至るまで、年中行事や祭りに携わる人々に伝えられているのは「実践」であり、その改変に対して人々は頑強に抵抗する。たとえ祭祀対象が国家によって変化させられたとしても、実践体系そのものは存続する。それは、考古学における遺物と同じく、民俗学者には前時代の記憶装置なのであり、文化人類学にとっては文化を解く鍵なのである。

4章

山岳寺社と神仏習合

文化資源論への展開

一　弥谷寺の信仰と民俗

〈1〉弥谷参りの行方

四国八十八箇所霊場第七十一番札所の弥谷寺について最も著名な宗教民俗は、「弥谷参り《いやだにまいり》」である。一九九九年刊行の『日本民俗大辞典』にも同名項目として取り上げられ、以下のように解説されている。

香川県西部に行われる、死者の霊を弥谷山に送って行く習俗。弥谷山は香川県三豊郡三野町と仲多度郡多度津町にまたがる標高三八二メートルの山で、三〇〇メートル付近に四国八十八ヵ所の第七十一番札所、剣五山弥谷寺（真言宗）がある。この山は香川県西部、ことに三豊郡・仲多度郡・丸亀市およびそれに属する島嶼部一帯で死者の行く山と考えられており、葬送儀礼の一環として弥谷参りが行なわれた。特に近年まで盛んだったのは荘内半島（三豊郡詫間町）である。同地の例では、葬式の翌日か死後三日目または七日目に、血縁の濃い者が偶数でまずサンマイ（埋め墓）へ行き、「弥谷へ参るぞ」と声をかけて一人が死者を背負う格好をして、数キロから十数キロを歩いて弥谷寺へ参る。境内の水場で戒名を書いた経木に水をかけて供養し、遺髪と野位牌をお墓谷の洞穴へ、着物を寺に納めて、最後は山門下の茶店で会食してあとを振り向かずに帰る。この間に喪家でヒッコロガシと呼ぶ竹製四つ足の棚を墓前につくり、弥谷参りから帰って来た者が鎌を逆手にもってこれを倒すという詫間町生里などの集落もある。山中を死者の行く他界と考え、登山し死者供養を行う例は各地にあるが、死亡後まもない時期に死霊を山まで送る儀礼を実修するところに、この習俗の特色がある。近年は弥谷寺で拝んでもらい、再び死者を負うてサンマイに連れ帰るとするところも多く、弥谷寺ではなく近くの菩提寺ですます習俗も広まっている。なお、イヤダニやイヤを冠した地名（イヤガタニ、イヤノタニ、イヤンダニ、イヤガタキ、イヤヤマなど）は古い葬地と考えられ、弥谷山にもその痕跡がみられる。[1]
（傍点筆者）

弥谷寺山門

弥谷参りの主体が死霊であり、死霊が生者に背負われて弥谷に参るというイメージは強烈である。また、一九五〇年代、この習俗を「イヤダニマヰリ」として中央学界に紹介したのが地元、多度津町に在住した民俗学者・武田明であったことも印象的である。[2] 柳田民俗学の「死者の霊魂は里に程近い山に籠る」という祖霊観に適合することもあって、全国的に流通するところとなる。と言うより、そうした死霊・祖霊観を立証する事例ともなっていく。

こうした動きに警告を発したのが、二〇〇三年『日本民俗学』誌上に発表された森正人の研究ノートである。[3] まず森は、フォークターム（民俗語彙）として「イヤダニマイリ」として括られるこの習俗がかくも明確であるなら、何故に戦前の地方史、例えば『香川縣史 第二版』（一九〇九）や中山城山の『國譚 全讃史』（一九三七）、また弥谷寺の地元、三豊郡大見村の『大見村史』（一九一七）にその記述がないのかを問題視する。その理由は、「この習俗は香川県の民俗学者である武田明が発見し、民俗学界にその存在を発表したから[4]」であるとして、武田の民俗学者としての成立過程、研究史、調査記録、中央学界との関わりと地方学会（香川民俗学会）における権威化、関係者の証言、さらに現地調査まで含めて詳細に検討する。そして弥谷に参る習俗の存在は認めるものの、「イヤダニマイリ」という民俗範疇については、武田がそれを設定し、地域的差異を示す他の用語や表象もそこに収斂させていったことを論証した。森の指摘は重要である。それが弥谷参りのみに留まらず、他の事例も含めた民俗学全体の研究方法への批判を孕んでいるからである。本稿ではそうした全体的（民俗学）批判も受け止めつつ基本的枠組を設けるつもりであるが、それについては後述することとして、武田以降、この弥谷参りの問題を前進させた説として、赤田光男の論考の検討に移りたい。

そもそも武田の弥谷参りへの注目の基底には両墓制との関連があった。両墓制とは、「死体を埋葬する墓地とは別の場所に石塔を建てる墓地を設ける墓制[5]」のことで、一般に前者を「埋め墓」、後者を「詣り墓」と呼び、近畿地方に濃密な分布が認められるが、香川県にもある。というより、弥谷参りがみられる荘内半島の生里、積、大浜などの集落、仁尾町、高見島、志々島、粟島といった島嶼部一帯は、埋め墓を「サンマイ」、詣り墓を「ラントウ」と呼ぶ濃厚な両墓制地帯であった。

武田説は、簡潔にまとめるなら、古来、地域一帯の村々では「埋め墓」しかなく、霊魂祭祀の場が弥谷山であったのであり、その祭祀行為の残存が「弥谷参り」ではなかったか。そしてその後、弥谷山信仰が衰えていくに連れて村内に「詣り墓」が形成されていったのではないか、というものである[6]。これに対して、赤田光男は、「弥谷山のすぐ下の大門、大見あたりであればこのことがあるいはいえるかもしれないが、両墓制地帯の荘内半島や粟島、志々島のような離れた所が、古くから弥谷山を唯一の霊魂祭祀場としていたか疑問が多い[7]」として、荘内半島の一村落、約二二五戸から成る「箱」について平成三年（一九九一）に両墓制と弥谷参りを中心にした集中的な調査を行った。その結果、箱では、初七日に死霊を弥谷山に連れて行くことを「オヤママイリ」、永代経の時（旧二月十三〜十五日）に弥谷山に行くことを「イヤダニマイリ」と呼んで区別していること、オヤママイリ（弥谷参り）については、詣り墓が設けられている村内の菩提寺（香蔵寺）の勧めもあって昭和二十五、六年（一九五〇、五一）頃、廃止され、その後は香蔵寺がオヤママイリの対象となったことを明らかにした。[8]一方で、武田説には欠けていた弥谷寺の歴史的研究も進め、境内の祭祀場や宗教遺跡の検討も進め、中世以来弥谷寺を崇敬し保護してきた戦国時代の領主、香川氏や生駒氏、その後の山崎氏との関わりも考察している。[9]

結局、両墓制との関連において、荘内半島、箱を基点とした死後の霊魂祭祀の場としては、「①原始古代においては紫雲出山ないし家の盆正月に臨時に作られる霊棚、②中世においては、浦島太郎の墓伝説をともなう惣供養碑的残欠五輪塔、さらに香蔵寺、弥谷山など、③近世においてはラントウ内の家型石厨子や詣墓石碑、④明治以降においてはサンマイのオガミバカ[10]」の四段階を推定している。赤田説においては、弥谷山は「中世」において霊魂祭祀の場として大きな影響力を持って出現してきたものとされる。どの時点か、については、「香川氏は天霧山に貞治元年（一三六二）頃に城を築き、またこの頃に弥谷寺の檀越となり、山内に一族の墓地を作って菩提寺とし、弥谷山信仰を高め、そのことが庶民のイヤダニマイリを拡大、助長したと推定される[11]」としている。

赤田説は、弥谷参りと両墓制を概念的には分離し、また弥谷山及び弥谷寺の歴史を丹念に跡付け、弥谷参りという習俗の隆盛の背後に、領主としての香川氏の影響力を指摘した点で武田説を改良・前進させたものである。しかしながら、両者が一貫して持ち続けているテーゼがある。それは、「死霊、さらにそれが浄化された祖霊は、里近くの山に籠る」という命題である。それだけは疑われることなく、議論の出発点に据えられている。歴史に目を向けた赤田も、古来、弥谷山は死霊（祖霊）の籠る山であり、そこに仏教が入って歴史的に展開していったという見方は一貫している。だからこそ、森が批判したように、数多い民俗の中でそれを直接的に例証する「弥谷参り」が、「選択的

磨崖五輪塔群（弥谷寺）

に」注目され、取り上げられるのである。このテーゼが、柳田國男が一九四六年「先祖の話」において定式化したものであることは言うまでもない。だが、決して定式ではなく、仮説として捉えなおし、再考すべきだという考えは民俗学者にはないようである。例えば、赤田はこう述べている。

「身体から離脱した霊魂が、身体が朽ちてもなおどこかに住み続け、時々わが家を訪れて子孫の生活を守護するという考えがまさに祖霊信仰の根幹をなすものであり、そうした宗教意識がいつ頃発生したのか明確な答えは今のところない[12]」

歴史学者・佐藤弘夫は、最近、この問いに正面から答えている。

「柳田國男が論じ、多くの研究者が祖述してきた山に宿る祖霊のイメージは、けっして古代以来の日本の伝統的な観念ではない。人々が絶対者による救済を確信できなくなり、死者が他界に旅立たなくなった近世以降（一七世紀～）に、初めて形成される思想だった[13]」というのが、検討の結果得られた結論である。

佐藤の結論に従うなら、我々は次の問いに導かれる。中世の弥谷信仰とは何であったかという問いである。難しい問いではあるが、考察の手がかりはある。承応二年（一六五三）に訪れた澄禅をして「山中石面ハ一ツモ不残仏像ヲ切付玉ヘリ[14]」と言わせ、元禄二年（一六八九）の『四国偏礼霊場記』（寂本）で「此あたり岩ほに阿字を彫、五輪塔、弥陀三尊等あり、見る人心目を驚かさずといふ事なし。此山惣して目の接る物、足のふむ所、皆仏像にあらずと言事なし。故に仏谷と号し、又は仏山といふなる[15]」と記述された夥しい磨崖仏、石仏、石塔群である。中世を基点とする磨崖・石仏群こそが弥谷信仰を担った相当数の宗教者の活動の「痕跡」に相当するものである。元文二年（一七三七）の弥谷寺の智等法印による「剣御山彌谷寺略縁起」[16]では、阿弥陀三尊の磨崖仏の一帯が、「九品の浄土」と呼ばれてきたとされるが、彼らの信仰内容の特徴は強烈な「浄土信仰」である。彼らの修行の情熱とエネルギーは当然外部社会にも向けられたであろう。中世を通じての彼らの活動（社会的交渉）の「結果」が近世において「弥谷参り」という習俗を産み出したとは考えられないだろうか。

本稿では、浄土信仰を担った彼らがどのようなタイプの宗教者であったかを中心に考察を進め、さらに四国遍路とどうつながるかについて述べていきたい。

〈2〉中世弥谷（寺）の特徴──「弥谷ノ上人」のこと

『南海流浪記』（以下『流浪記』）は、高野山の学僧である正智院の阿闍梨・道範（?──一二五二）が政争に敗れた結果、仁治四年（一二四三）に讃岐に配流され、建長元年（一二四九）に赦免されて高野山に戻るまでの紀行文である[17]。その間、主な配所であった善通寺を拠点に周辺の主だった寺に行っているので、当時の記録としては貴重である。この記事の中に、宝治二年（一二四八）「十一月十八日、瀧寺に参詣す。坂十六町。此の寺東高山に向て瀧有り。古寺の礎石等、所々に之有り。本堂五間、本仏御作の千手と云々[18]」という記載がある。赤田は、距離（十六丁）や滝の存在（現在の水場のことか?）、本尊が千手観音であることから、この瀧寺を弥谷寺としているが、断定はできない。既に『善通寺市史』（一九七七）では、『流浪記』の前後の文脈やその他の史料を基に、「瀧寺跡」の場所を特定している。「瀧寺は、大麻山の中腹にあった。弘法大師の創立であろうか。南海流浪記に……とあり、本尊は千手観音で弘法大師の作と伝えられている。この瀧寺附近には、大川政時の居城内山城があったが文明三年（一四七一）に滅びたと伝えられ、その時にこの寺も焼失して廃寺となったらしい。寺の名は、葵瀧の名をとって瀧寺と名づけられたといわれている」(19)として、瀧寺跡の石塁の写真も載せられている。

善通寺の近辺には殊更廃寺が多く、大麻山や五岳山における廃寺を検討した後で、おそらく延暦寺や金剛峰寺といった山岳寺院が開創されてまもなく讃岐にも同種の山岳寺院が創られていったのではないかとされている。それが、大麻山においては瀧寺、そしてその上方に位置した野田院であり、さらに同種の寺院として讃岐では「雲辺寺、尾ノ背寺、白峰寺、横山寺、吉水寺、伽藍山寺、根来寺、屋島寺、八栗寺、大窪寺」(20)が挙げられている。この内、瀧寺、尾背寺、白峰寺については、道範が実際に訪れているし、また現在まで札所寺院として存続しているものは傍線を付した。残念ながら弥谷寺は出てこない。

では、この当時（平安~鎌倉時代）の寺院組織はどうなっていたのか。あくまで畿内の大寺社についてであるが、黒田俊雄は次のような範型を呈示している。(21)まず、統率者として別当、座主、検校、長者などが位置し、寺務管理の役職として三綱、即ち上座・寺主・都維那《つぃな》があり、その下に政所や公文所といった寺務局が置かれた。寺院に属する僧侶の全体は、大衆《だいしゅ》、あるいは衆徒《しゅと》と呼ばれたが、その主な目的は「学（学解・学問）と行（修行・禅行）」であり、学に携わる場合は学衆《がくしゅ》・学侶《がくりょ》・学生《がくしょう》、行に携わる場合は行者《ぎょうじゃ》・禅衆《ぜんしゅ》・行人《ぎょうにん》などと呼ばれた。またこうした学僧や修行僧を組織の中心層とすれば、彼らに近侍する堂衆《どうしゅ》・夏衆《げしゅ》・花摘《はなつみ》・久住者《くじゅうさ》などと呼ばれた存在や、堂社や僧坊の雑役に従う承仕《しょうじ》・公人《くにん》・堂童子《どうどうじ》、さらにその外側には、仏神を奉じる神人《じにん》やその堂社に身を寄せる寄人や行人の存在があったのである。こうした中世寺院組織の最大の特徴は、今日からみるとその曖昧さにある。筆者は分類の観点からそれを「多配列クラス」と捉えているが、例えば、行人という名称は、衆徒と呼ばれる中核組織の行人なのか、寺院の末端の堂社に依拠する行人なのか、近代的感覚では不明であるが、類似する範疇の連なりから構成される多配列クラスとしては十分に通用していたのである。そうした点を前提として、特徴を述べると、まず、「…寺」というのは最大の範疇であり、そしてその活動には「学」と「行」という二本の柱があったと言うことである。

さて、主に十二、三世紀くらいを基点として西讃岐を捉えると、寺領も保有した最大の寺は善通寺であった。しかし、善通寺も本末関係で言えば、京都の東寺の末寺であり、その規模から見て東寺に適合するような上述の組織を有していたわけではない。だが、基本的な特徴は通じていたであろう。当時の文書には、寺領の共通性からなのか、曼荼羅・善通寺という共通認識が一般的である。[22] そして、その曼荼羅寺の範域には当然、出釈迦寺及び奥之院も含まれ、組織的には善通寺として統括されていたのではないだろうか。『流浪記』で道範は、寛元元年（一二四三）九月十五日に鵜足津（現・香川県綾歌郡宇多津）から善通寺に移住後、すぐ二十一日に「大師の御行道所」に訪れている。「世坂」と呼ばれる「行道」を人に助けられて登り、「五岳の中岳の我拝師山の西の岫《みね》」の「行道所」に到っている。この一帯は地元では「禅定」とも呼ばれており、組織上、善通寺の「行者・禅衆・行人」方の拠点であったことは確かである。

行道所（禅定）

「善通寺文書」の中に、健治二年（一二七六）の蒙古人誅伐の祈禱に関するものがある。[23] そこには祈祇の分担が述べられており、毎日三回「五檀法」（調伏護摩）は「御影堂衆」と「金堂衆」と「法花堂衆」が担い、また大般若経の不退転読は、おそらく八幡社に関わった「供僧分」とされ、仁王経の長日読誦は「職衆分」、薬師経・観音経は「交衆分」、そして尊勝陀羅尼・千手陀羅尼は「行人」が担うとされている。このうち、職衆《しきしゅ》（色衆）は法会において梵唄や散華など特定の役割を担う僧侶であるが、交衆《きょうしゅ》が学僧に相当する。だとすれば、この文書の中にも、学―行、及び神―仏の軸が交差する組織の概要が示されていることになる。

　さて、『流浪記』の中に弥谷に関わる記事は出てこないが、実は道範は善通寺に滞在中、「弥谷」に関わる文言を書き残している。宝治二年（一二四八）に道範が著した『行法肝葉抄』の下巻の奥書に次のような記述がある。「宝治二年二月二十一日　善通寺大師御誕生所之草庵ニ於テ　之抄ヲ記ス。是　弥谷ノ上人之勧進ニ依テ　諸口決之意ヲ以テ　楚忽ニ之ヲ注ス。[24]……」（傍点筆者）。つまり、「弥谷の上人の勧進によって」この書が著されたとする部分である。上人とは高僧に対する尊称であるが、何故に僧位や僧官を付した個人名ではなく、弥谷の上人という一般的な言い方になっているのか。また、当時、磨崖仏等から判断して既に活発な宗教活動が行われていたであろうに、弥谷寺ではなく、地名としての弥谷しか記されていないのか。さらに上人は代表者であろうが、多数の宗教者が「勧進」活動を通じて学僧道範に修行法のテキスト執筆を依頼したのか、といった様々な疑問が浮かぶ。

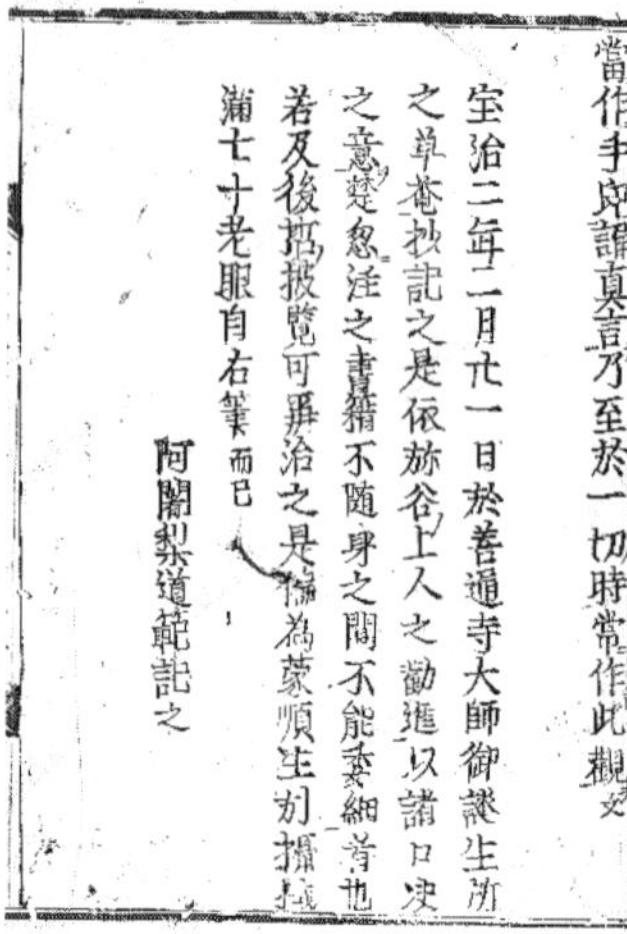
當作手印誦真言乃至於一切時常作此觀文
宝治二年二月廿一日於善通寺大師御誕生所
之草庵抄記之是依弥谷上人之勧進以諸口決
之意楚忽注之書猶不随身之間不能委細者也
若及後哲披覧可再治之是偏為蒙順生利攝
満七十老眼自右筆而已
阿闍梨道範記之

『行法肝葉抄』（末文）（善通寺所蔵文書）

　先述した中世寺院組織の末端、最周縁部に注目したい。末端の堂社に依拠する「寄人」や「行人」の存在である。彼らは、寺院内部の堂社のみならず、外部の「別所」にも依拠していた。弥谷は、善通寺という中心部に対して、そして中核部の行人が行道所（出釈迦・曼荼羅寺）に依拠したのに対して、外部の「別所」として存在したのではなかろうか。「行人」とも「聖」とも呼べる彼らが依拠した弥谷は、行場が中心で、しかるべき組織形態を整えた「寺」ではなかったかもしれない。仏道修行に情熱を注いだ別所の行人集団が、中央から来た学僧・道範に対して彼らが勧進で得た資材を基に行法の注釈書を依頼し、敬意をもってそれを受けた道範は、老いた身で、しかも配流先の身の上で参照すべき書籍等のない中で専ら記憶によって要点を記したというのが、奥書に言う「弥谷ノ上人」という称呼の背景であろう。

『流浪記』で道範は、こうしたタイプの宗教者とのつながりを示している。同じく宝治二年（一二四八）十一月十七日に、現在、仲南町に位置する「尾背寺」（廃寺）を訪ね、十八日、善通寺への帰途、「称名院」に立ち寄っている。ここは松林の中に、九品の庵室があり、本堂は五間、持仏堂があり、院主は「念々房」であった。あいにく、院主は不在であったので、「九の　草の庵りと　見しほどに　やがて蓮の　台となりけり」等の歌を残して去る。念々房からの返歌もあるのだが、後日、「三品房」からも五首の歌を添えた返礼がある。その最後の歌「君がたのむ　寺の昔の　聖りこそ　此山里に　住家しめけれ」などは、称名院の性格をよく示している。つまり、浄土系の念仏聖なのであり、弥谷もまたこうした念仏聖の結衆の拠点だったのである。

〈3〉蔵王権現と蛇王権現

さて、平安末から鎌倉時代にかけて弥谷に依拠した行人・聖集団の信仰内容とは何だったのだろうか。「九品浄土」とされる境内の中心部に刻まれた磨崖の阿弥陀三尊、梵字「ア」、磨崖の五輪塔（宝塔）群、時代は下るが「名号刻字」などから見て、先述した称名院と同じく、浄土系の念仏聖が想定されるのだが、弥谷寺の性格の中に強い刻印を記しているのが修験道の本尊である「蔵王権現」の存在である。『略縁起』（元文二年〈一七三七〉）では、唐から帰朝した弘法大師が自ら岩窟を穿って求聞持《ぐもんじ》の秘法を修している（求聞持窟＝獅子窟）と、「五柄の利剣」が空から降り、金色の光の中から「金剛蔵王大神、忿怒威猛の形を現じ」、大師に千手観音を造仏し、伽藍を再興するなら、自らは常しえに鎮守の守護神となると談じたことを剣五山弥谷寺の縁起の中核としている。[25] この鎮守神、蔵王権現のことは澄禅の『四国遍路日記』（承応二年〈一六五三〉）にも見えているし、寂本の『四国偏礼霊場記』（元禄二年〈一六八九〉では、「大師登臨の時蔵王権現示現し玉ひ、即鎮守とす。其像大師御作、御長七八尺、もとより畏る可しの形ちなり」と像容にも触れている。

蔵王権現は、延元二年（一三三七）の『金峯山秘密伝』によれば、役小角《えんのおづぬ》が大峯の岩窟で守護仏を祈請するとまず釈迦如来、次いで千手観音、弥勒菩薩が現れたが小角は満足せず、最後に現れたのが蔵王権現で、小角はこれこそ自分に相応しい仏と感じて、金峯山の守護神とした仏神である。その像容は、一面三眼二臂、青黒身、忿怒相で、頭部に三鈷冠を頂き、右手に剣印を結び、左手を腰に据え、左脚は磐石を踏み、右脚は空に構える姿勢である。(26) もしこうした蔵王権現が祀られていたとするなら、開祖である役行者（役小角）と共にその祀り手は修験・山伏であり、弥谷寺は、寂本がその類似性に驚いているように、第八十五番札所の五剣山観自在院八栗寺と同じ性格の寺院ということになる。

だが弥谷寺の像容は全く違うのである。鎮守堂に祀られる鬼神形像は、近年では「深沙大将《じんじゃだいしょう》」とされる倚坐形式の木像である。『弥谷寺詳細調査報告』では、「穏やかな彫り口から」本像の制作年代を「平安時代中期　十一世紀ころ」と推定しているが、その構造については、

頭体を一材から彫り出して頸部で割首とするものか、背面から体部と頭部に内刳りを施して背板状の材を当てているかとみられる。腕は両肩から先を別材として寄せ、膝前は横一材として腹前に矧ぎ付けるようであり、ほぼ通例的な木寄せとみられるが三角材の使用は不明である。炎髪部から姿をあらわす蛇形は当初のものとみられるが本像に特徴的なものである。右耳から後方の地髪部には大きな修理が加えられており、髻の形にも後の手が入るようである。首周りの髑髏の瓔珞は全て後補であり、ひとつ亡失している髑髏部の下にみえる体部材には彫出した痕跡は確認されない。また、深沙大将の図像に特有なものとされる腹部にあらわす童子面も本像にはみられず、かつて彫出あるいは添付をなされたようにはみられない。倚坐の形式は当初からのものとみられるが、深

上：「蛇王大権現」と記した扁額。右：深沙大将像

沙大将図像の特徴に上げられる象頭の袴をあらわす両足の膝頭部から下方の足先指にいたるまでは、体部に比して保存状態も良好であり胸部の彫りに比べるとやや硬く後補とみられること、さらに同様な蛇の巻き付く両腕部は、天衣の一部をあらわす左上腕部だけは当初の可能性があるものの、ほかは天衣とともに後補とみられる。現状にみる体部表面の彩色も古色風に塗りなおされた可能性が高く、修補時に深沙大将像の図容として髑髏の瓔珞と象頭の袴などを調えた可能性を否定できない。像表面にみる胡粉下地を厚く整えた様子から推測すれば、一時期、かなり傷んだ状態にあったのではなかろうか。[27]（傍点筆者）

と述べられている。

まとめると、弥谷寺像の特徴とされる頭髪部の「七匹の蛇」など当初は蛇に纏わる夜叉神像が、後に、深沙大将に似せられた可能性が指摘されている。何よりも鎮守堂に掛けられた扁額には「蛇王大権現」と記されているのである。もし蛇＝龍という象徴的類推が許されるなら、本像の本質は、龍冠の夜叉神であり、役小角が感得した蔵王権現とは大きく異なることになる。

そもそも金峯山の蔵王権現と役小角との結びつきがみられるのは『今昔物語』巻十一の「役優婆塞誦持呪駈鬼神語」であり、時期としては十二世紀以降である。蔵王（菩薩）は、

それ以前に出現している。寛治八年（一〇九四）以降に比叡山の僧・皇円が編纂したとされる『扶桑略記』の中で抄記として載せられる「道賢上人冥土記」（九四一）である。(28)

それによれば、道賢は延喜十六年（九一六）、十二歳で初めて金峯山に入り、発心門である椿山寺で剃髪、出家する。塩穀を絶って籠山六年、母の病によって一旦京洛に帰るが、その後も二十六年にわたって入山修行をした。しかし年来、天下に災難が続き、自分の身にも天文陰陽も不吉を告げるので、霊験を得るために再び金峯山（笙の窟）に籠り、二十一日間、無言断食と「一心念仏」に没入した。そして天慶四年（九四一）八月二日正午頃、枯熱が続き、喉が渇き、気息が絶える。気がつくと自分は窟の外に立っているのだが、岩窟の中から一人の「禅僧」が現れ、金瓶をとって弟子に命じて水を飲ませてくれた。彼は自らを「執金剛神」と名乗り、釈迦の遺法によってこの岩窟を守護してきたと告げる。また弟子は二十八部衆の童子たちであった。しばらくすると西の岩上（西の覗か）から一人の宿徳の「和上（和尚）」が下りてきて、道賢を黄金の輝く山頂に導き、ここが金峯山浄土で、自分は釈迦牟尼の化身である「蔵王菩薩」であると告げる。そして道賢に「余命は幾ばくもない」と告げ、「日蔵」と改名すべきことを教え、「日蔵九九、年月王護」と書いた短冊を渡す。

その時、西方から「金剛力士」「雷神」「鬼王」「夜叉神」のような無数の異形の眷属を連れた「太政威徳天」が飛来し、蔵王菩薩の許しを得て道賢を太政天の宮城に案内した。太政天が語るには、自分は日本の菅公（菅原道真）で、初めは怨により日本国を滅ぼそうとしたが、日本国では密教が流布していることと諸仏菩薩の慰めにより自分の怨

笙の窟（金峯山）

み も減ったが、自分の眷属である「毒龍、悪鬼、水火雷電、風伯、雨師、毒害邪神」等が災害をもたらしていること、さらに短冊の意味は、日は大日、蔵は胎蔵、九九は八十一、年は八十一年、月は八十一カ月、王は蔵王、護は守護で大日如来に帰依し胎蔵界の大法を修行すれば八十一歳まで生きられると説く。道賢は再び蔵王菩薩の所に戻り、地獄に案内されるが、そこでは醍醐帝が三人の家臣と共に鉄窟に閉じ込められているのを見る。その後、笙の窟に戻り、八月十三日寅時（午前四時頃）蘇生するのである。

さて、仮にここに現れる蔵王を道賢系蔵王菩薩とすれば、役小角系の降魔神型の蔵王権現とは大きな差異がある。まず、その形姿が、「僧形」であり、そして他界（浄土）と近接した位置にあり、また、そことの媒介の働きがみられる。そして何よりも、道賢ら六道における「人の寿命を司る働き」が顕著に示されている。この説話では、この世の災厄をもたらす龍神や夜叉神は、蔵王菩薩より格下の太政威徳天（天満大自在天）の眷属という扱いであるが、上田さち子は、本来山に棲む龍神が寿命の神であり、仏教と習合することで蔵王菩薩の機能となったのではないかと述べる[29]。

寿命の神である夜叉神は山に棲み、あるいは自力で天に昇る。彼らは、仏教の四天王をおそれ、僧形の蔵王菩薩に使われるようすを見れば、土俗的な存在といえる。生命を司る土俗の神が棲むゆえに、高山は他界となり、極楽往生を願う聖が山に登るようになったと私は考える[30]。

これは極めて重要な指摘である。山中他界が何故発生したかについて、重要な仮説を呈示しているからである。水分神として山に棲むと考えられた龍（蛇）形の夜叉神は、生活になくてはならない水を供給する一方、自然災害を発生させる負の側面を持つ。そしてそれと同時に人間の生命や寿命を司る神であり[31]、顕密仏教と習合することで彼らが棲む山が浄土化し、大勢の聖や行人を惹きつけていったとされるのである。道賢系蔵王菩薩は、平安時代のこのよう

空也像（松山市 49 番札所浄土寺）

な状況下で産み出された仏神である。だとすれば、弥谷寺の神像が「蛇王権現」と称されるほど、蛇（龍）が強調される理由も分かる。それは他界性の象徴なのである。一方の蔵王権現が、他界性を喪失し、忿怒の降魔神として、修行としては山中抖擻《とそう》を行い、即身成仏を目指したのに対し、一方は、山中浄土観を保持し、道賢の如く、無言断食や一心念仏による籠り行、磨崖仏や磨崖五輪を刻み、民衆の葬儀や死者供養などにも積極的に関わっていったのではなかろうか。彼らの念仏行は、後の法然や親鸞の絶対的な阿弥陀如来を前提とした専修念仏とは違い、苦行によって直接的に浄土に迫ろうとする言わば自力の口称念仏であった。しかし、彼らもまた「修験」であることに変わりはない。もし役小角系の修験を「陽」の修験とするなら、彼らは「陰」の修験の系譜に位置づけられる念仏系行人集団である。そうした集団の信仰の一端を表すのが「蛇王権現」である。それは、誤りでも転訛でもない。金剛蔵王権現に対して、胎蔵蔵王権現の表象形態なのである。[32] だが、後の展開の中でこの系譜は鎌倉新仏教の波に飲まれ、あるいは真言宗の大師信仰に吸収されてしまい、歴史の表に立つことはなかったのである。

　上田は、こうした行人あるいは聖の具体的な人物像として、阿弥陀聖、市聖とも称された空也（九〇三頃—九七二）に注目している。[33] 京都の六波羅蜜寺の彫像が有名である。首から鉦を下げ、撞木と鹿角の付いた杖を持ち、草鞋履きで歩く姿であるが、空いた口元から「南無阿弥陀仏」の六字名号が六体の化仏として表現された像である。平安末期に編まれた『梁塵秘抄』（巻第二）で「聖の好むもの　木の節鹿角鹿の皮　蓑笠錫杖木欒子《もくれんじ》　火打笥岩屋の苔の衣」[34]と歌われた聖の典型的な形姿であり、彼こそ「山の聖」から様々な活動を経て都市に下り、「市の聖」に転換した宗教者を象徴する人物であった。彼がその最後を迎えた六波羅蜜寺は、元は西光寺と呼ばれたが、その場所は鳥辺野と呼ばれる葬地であり、京都の中では最も他界性の濃厚な場所であった。

空也は、典型的な遊行宗教者であったが、四国との直接的関係は多くない。若い頃、阿波と土佐の間の海中の島で苦行したという話があるが、これは伝説に過ぎない。ただ愛媛県の第七十九番札所、西林山三蔵院浄土寺には、天徳年間（九五七―六一）に滞在し、布教活動を行った形跡がある。同寺の本堂の厨子には、六波羅蜜寺と同等の空也像が納められており、同等の制作年代（鎌倉時代）で国の重要文化財にも指定されているので、事実であろう。浄土寺は、本来は法相宗で、隆盛期には六十六房を擁したとされるので、そうした念仏聖や行人の活動拠点であったのだろう。

残念ながら空也と弥谷寺を結ぶ直接の関係はない。だが、弥谷にも空也と同種の念仏聖・行人集団が存在し、修行をはじめ多様な活動を展開したであろうことは十分に想定できる。もし、彼らが前節で想定したような別所の行人集団であるとすれば、寺院組織の中では地域民衆との接点が最も大きく、寄人として地域の他の寺院に寄宿することも多かったであろう。こうした行人層は、寺領によって日々の糧を保障されているわけではないので、日常的な托鉢行を余儀なくされたであろうし、行基や空也の如く、橋を架け、水を引くなどの土木活動にも尽力し、さらに治病にも貢献し、死者の供養にも積極的に関わっていったであろう。そうした活動の中で、民衆にも実践できる平易な口称念仏を広め、何よりも弥谷が浄土であることを周知させていったのではなかろうか。

浄土信仰の展開過程を踏まえれば、やがて在家の庶民が浄土に往生する保証を得ようとすれば、霊場とされる寺院の過去帳に名前を残し、確実に「結縁」することが導かれる。弥谷寺には、日牌・月牌と称される永代供養のやり方があるが、今回の調査で、江戸時代の日牌・月牌を忌日別にまとめた「忌日別過去帳」の概略が検討された。[35]ここには法名・没年・俗名・施主の住所・施主名などが記されているが、大体、寛文（一六六一―七三）から元禄年間

（一六八八―一七〇四）の記載から始まり、慶応年間（一八六五―六八）で終わっている。一冊で約一五〇人、全部で延べ四五〇〇人程にもなるので、まだ詳細に検討されたわけではない。だが、記載地名について、ある傾向が現れている。およそ二百を数える記載地名が「中・西讃地方の三野郡・多度郡・那珂郡・鵜足郡・豊田郡・阿野郡・塩飽諸島の村落名が中心であり、いわゆる東讃地方はほとんどみられない」という点である。これが、弥谷信仰の範域なのであり、本稿が呈示した浄土信仰を担った弥谷の聖・行人集団の活動範域に相当するものと思われる。

中でも、最初に呈示した、死後まもなくして「弥谷参り」をする習俗は、比較的弥谷に近い地域に残った、永代供養以前の形式と思われる。どちらにしても、歴史的に先行するのは中世の聖・行人集団の「浄土信仰」なのであり、そうした宗教者の活動を考慮することなく、民衆から自然発生的に成立した死霊・祖霊信仰から説明しようとしたところに民俗学の問題点があったのではなかろうか。

〈4〉弥谷寺行人の活動範域――四国遍路との関係

本稿では、民俗の形成に大きく関与したであろう寺院組織末端の聖や行人に焦点を合わせたので、弥谷寺の寺としての側面も強調しておきたい。第七十七番札所の桑田山明王院道隆寺は、真言宗の古刹であり、寺には後陽成天皇の御世（一五七一―一六一七）に製作されたとされる『道隆寺温故記』が伝わる。[36] それによれば、宝治二年（一二四八）の冬に前述した道範も同寺に訪れている。それよりも約五十年後の正安元年（一二九九）の六月十七日に、同院主が「彌谷寺観音堂入佛導師」を執行しているから、この頃には既に寺としての体裁も整っていたかと推察される。さらに後の応永十五年（一四〇八）六月十七日にも、再び「彌谷寺観音堂入佛導師」を務めているが、十五世紀から十六世紀にかけて、弥谷寺境内でも在地産石材（天霧石）を用いた五輪塔や宝篋印塔や石仏の製作、さらに磨崖の名号刻字などが活発に行われているので、あるいは建築の拡張があったかもしれない。ともあれ、寺院組織も整い、学と行がかなり活発化したことは、同寺に伝わる膨大な聖教類からも推察できる。(37)

しかし、行人層を主体とした布教を中心とした民間活動は、前節に述べた範域の中で続けられたであろう。その際、中・西讃地方に分布する寺院や寺院間のネットワークが活動の拠点となったと考えられる。まず、弥谷の西側、西讃地方に注目すると、第六十八及び六十九番札所の七宝山神恵院観音寺に、徳治二年（一三〇七）に同寺の第四一一世蓮祐が他筆を雇って書写させた『讃州七宝山縁起』がある。この中で、観音寺を初宿として三十三日をかけて峰を修行することが述べられている。原文を引用すると、「第二宿ハ稲積。二天八王子　本地千手。大師勧請。（第三ノ宿ハ経ノ瀧、第四ノ宿ハ興隆寺、中蓮ト号ス、第五ノ宿ハ岩屋寺、第六宿ハ神宮寺）結宿ハ善通寺我拝師山是也」(38)。括弧内の部分は行間に書かれているので追記された可能性もあるが、結宿が我拝師山《がはいしさん》であることは強調されていて、弘法大師に絡む釈迦出現の伝説が紹介され、鎮守は五岳山の八幡大菩薩（本地阿弥陀）であり、全体として「西ハ初宿、金剛界ノ峯ト為ス。東ハ結宿、胎蔵界ノ義ヲ表ス。中ハ不二惣体観音ノ峯也」という意味づけがされている。括弧内の部分は、追記されたとしても、中世のある段階では峯中の宿とされていたことは確かであろう。「経の瀧」と興隆寺は、第七十番札所七宝山持宝院本山寺の江戸中期の『縁起』によれば、同寺の奥之院とされる霊跡で、「経の瀧」は、別名「不動之瀧」と呼ばれ、毎日三回「威怒尊王」が影向すると伝えられる滝である。奥之院とされるのが興隆寺で、二十五段の岩窟があり、種子が刻まれた石が敷かれていたとされるが、近世期には二段しか残らず、本堂や仁王門も礎石が残るだけであった。第六宿の神宮寺は、先述した『道隆寺温故記』にも登場する。道隆寺の院主が、文保二年（一三一八）八月に「三野郡生里之神宮寺大明神」の「遷宮導師」を務めているので、荘内半島の生里浦とみて間違いないであろう。

荘内半島の積浦には、かつて山麓に「船積寺」と称する中世寺院があった。天保十一年（一八四〇）に庄屋の陶山氏が藩に提出した書上帳の中に、船積寺の寺院ネットワークとも思える興味深い記載がある。[39] それは「岡本村　不動瀧、比地村　岩屋寺、下高野村　興隆寺、生里浦　神正院、積浦　船積寺」の五寺院である。もし上述の神宮寺が後の神正院に該当するとすれば、観音寺の中世縁起の峯中宿とほぼ重複するのである。船積寺には役行者伝承が色濃く残されている。中世期には、以上に挙げた行場や寺院間でかなりな行人集団の行き来があったと思われる。彼らが歩んだ道は、また修行の道でもあった。

近藤喜博によれば、四国遍路と西国巡礼との最も大きな違いは、遍路には「修行の道」という意味合いが強く込められていることである。[40] それは、辺地《へち》を巡る行道の旅であった。中世行人集団の行道修行が四国遍路の前段を形成したことは確かであろう。しかしながら、ここに挙げた西讃の範域では、寺のうち札所として存続したのは、観音寺と本山寺の二カ寺に過ぎない。そして、民俗としては行人たちの活動の結果として、「弥谷参り」を残したのである。

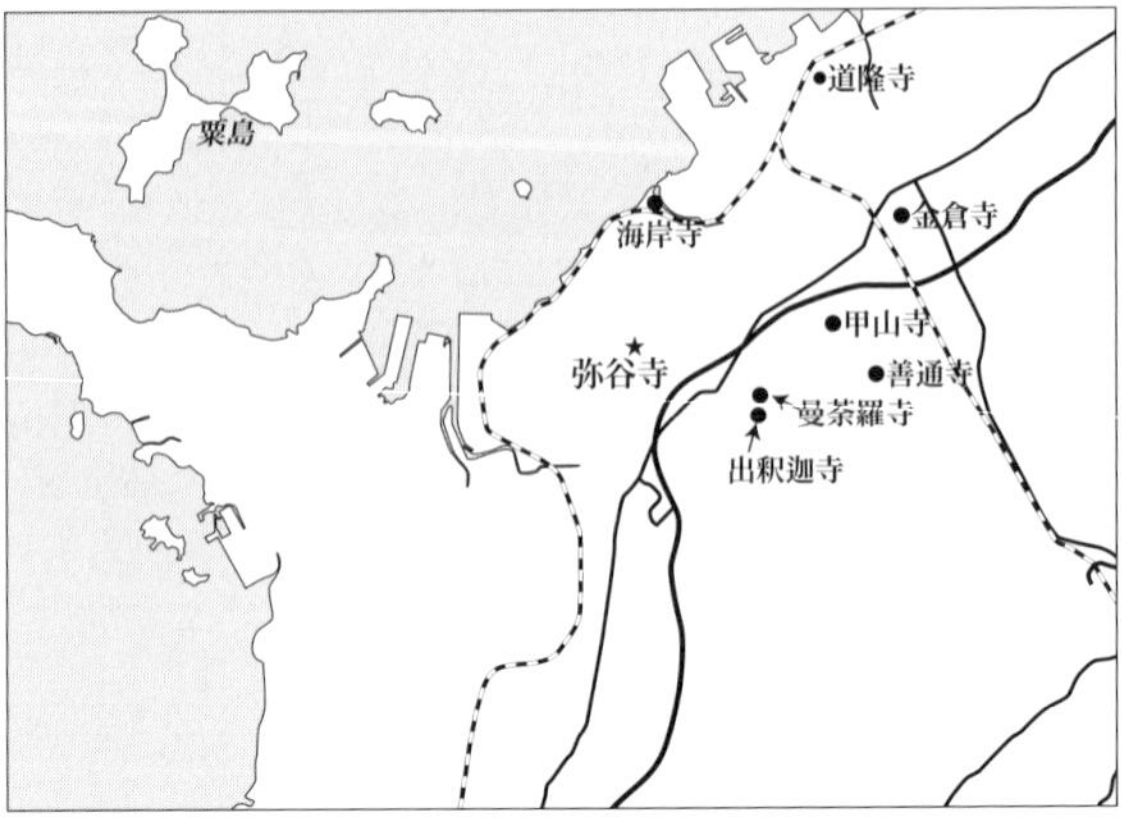

「七ヶ所参り」

さて、ここまでみてきたように、弥谷寺が最も関係をもった寺として、善通寺もさることながら道隆寺を挙げることができる。真言宗醍醐派大本山である同寺は、信仰面でも弥谷寺に大きな影響を与えてきた。前節で述べた「蛇王権現」について、それ以外に目撃した唯一の例は、聖宝理源大師の生誕の地といわれる沙弥島の小さな神輿堂であった。あるいは、その像容の形成にも道隆寺の関与があったかもしれない。その道隆寺と弥谷寺をつなぐ民俗が「七ヶ所参り」である。[41] 七ヶ所参りを、近世後期の写し霊場とか、八十八カ所の短縮版とみる向きもあるが、中世まで遡って中讃地域の状況を考えれば、拠点である曼荼羅寺・善通寺をはじめ、智証大師円珍の生誕の地である天台寺門宗の金倉寺、道隆寺や弥谷寺が相互に無関係に存在したとは考えられない。事実、『道隆寺温故記』では中世における活発な協同や協力が記載されている。修行の側面としては、『七宝山縁起』の七宿に匹敵する七ヶ寺行道が行人の間では成立していたのではないだろうか。

筆者は多度津町出身であるが、小学生時代、一九六〇年代前半には、春の彼岸にまず道隆寺（七十七）に参拝し、金倉寺（七十六）を経て、善通寺（七十五）で一服、甲山寺（七四）、出釈迦寺（七十三）・曼荼羅寺（七十二）を経て、午後頑張って弥谷寺（七十一）へ登り、接待を受けた記憶がある。帰りは海岸寺（番外）に下ったものである。今からみると「逆うち」なのだが、あくまで「弥谷さんに登る」ことが目的であり、それが「結願」であるという意識があったように思われる。もし、「行道」を「一定の地を右回りに旋繞《せんにょう》すること」[42]とするなら、中讃の弥谷山を中心とする範域内部で捉えれば決して逆うちではないのである。ただし、四国全域で捉えれば逆うちになる。この視点の変更と歴史的な古さを考えれば、どうもローカルな見方のほうが先行していたような気がしてならないのである。

西讃の七宿は、ほとんどが廃絶してしまったが、中讃の七ヶ所参りは八十八カ所遍路と重なることで存続し、共存しているのである。しかし、この民俗の根底には、弥谷寺をはじめとして近辺の寺社の行人たちの行道などの修行活動があったのである。

【註　記】

（1）福田アジオ他編『日本民俗大辞典』上巻、吉川弘文館、一九九九、一三五頁。

（2）武田明「西讃岐の両墓制資料その他」（『民間伝承』一九五〇）一四―五頁。

同「讃岐彌谷山麓の葬制――イヤダニマヰリのこと」（『日本民俗学』一九五五）二―三頁。同『日本人の死霊観――

四国民俗誌』三一書房、一九八七。
(3) 森正人「香川県における武田明の民俗学的実践とイヤダニマイリ――民俗の発見・表象・地域差」(『日本民俗学』二三三、二〇〇三)七七―九七頁。
(4) 同上書、八〇頁。
(5) 福田アジオ他編『精選 日本民俗辞典』吉川弘文館、二〇〇六、六〇一頁。
(6) 武田明、前掲書、一九八七参照。
(7) 赤田光男「弥谷山信仰と両墓制について」(『日本村落信仰論』雄山閣出版、一九九五)三八六頁。
(8) 同上書、三七五―三九五頁。
(9) 赤田光男「弥谷山信仰の形成と展開」(『日本村落信仰論』雄山閣出版、一九九五)三五七―三七四頁。
(10) 赤田光男、前掲書、三九三―三九五頁。
(11) 赤田光男、前掲書、三八七頁。
(12) 同上書、三七五頁。
(13) 佐藤弘夫「先祖は山に棲むか？――日本人と山・再考」(『記憶の場としての東アジア』国際シンポジュウム予稿集上巻、中国・上海華東師範大学、二〇一四)三〇八頁。
(14) 澄禅『四国遍路日記』(宮崎忍勝校注)大東出版社、一九七七。
(15) 近藤喜博編『四国霊場記集』勉誠社、一九七三。寂本著(村上護訳)『四国徧礼霊場記』教育社、一九八七、参照。
(16) 『香川叢書(第一)』名著出版、一九七二、五三三―五三六頁。
(17) 高橋徳・安藤みどり・佐藤竜馬「史料紹介『南海流浪記』洲崎寺本」(『香川県埋蔵文化財センター研究紀要』Ⅷ、香川県埋蔵文化財センター、二〇一二)。
(18) 『香川叢書(第二)』香川縣、一九四一、六〇六頁。
(19) 『善通寺市史』第一巻、善通寺市、一九七七、七九六頁。
(20) 同上書、八〇二頁。
(21) 本書、第1章第二節、『黒田俊雄著作集』第三巻(顕密仏教と寺社勢力)、法藏館、一九九五、参照。

(22)『善通寺市史』第一巻、善通寺市、一九七七、三七五―四六八頁。
(23)同上書、三九四―五頁。
(24)『行法肝葉抄』下巻、函号八九―三三、四九頁、五一頁、善通寺所蔵文書、国文学研究資料館。
(25)『香川叢書（第二）』、前掲。
(26)宮家準編『修験道辞典』東京堂出版、一九八六、一四〇―二頁。
(27)『弥谷寺詳細調査報告』二〇一三、四―五頁、彫刻（一）古像。
(28)『新訂増補　國史大系』第一二巻、吉川弘文館、一九九九、二一九―二三三頁。
(29)上田さち子『修験と念仏――中世信仰世界の実像』平凡社選書二二三、二〇〇五。
(30)同上書、六四頁。
(31)同上書、第四章「念仏聖が山を好むわけ――山に寿命の神が棲む」参照。
(32)後述するように、蛇王権現の表記例は管見の限り一例だけである。
(33)上田さち子、前掲書参照。
(34)『新編　日本古典文学全集』四二巻、小学館、二〇〇〇、二六六頁。
(35)『弥谷寺詳細調査報告』二〇一三、（九）忌日過去帳。
(36)『香川叢書（第二）』、前掲、四七七―四九四頁。
(37)例えば、『新編　香川叢書』史料編（二）、第一法規、一九八一、九三三―九八四頁参照。
(38)『香川叢書（第二）』、前掲、五八四頁。
(39)同上書、五〇六―九頁。
(40)近藤喜博『四國遍路』桜楓社、一九七一。
(41)本稿と同様な「七ヶ所参り」に対する注目は、高橋渉「『参詣』の形態と構造」（『宗教研究』二四一、一九七九）四七―六八頁参照。
(42)村上護、寂本著、前掲書、二〇頁。

二　湖底に沈んだ文化資源——地域開発と文化保存

〈1〉はじめに

「文化資源（cultural resources）」は、学問的な用語として確立された定義を持つ概念ではない。だが実例を通して見ればその意味するところは比較的分かりやすい。例えば山下晋司編『資源化する文化』（弘文堂、二〇〇七）では、現代日本の文化政策の展開の中で「ふるさと」という概念が国家の政治資源として利用されることになったことの分析、あるいはオーストラリア・アボリジニの美術が国家と先住民の相互関係を通して文化資源化していく動態の分析や、京都府美山町（現・南丹市）の「里山」が観光資源化していく過程の分析などが取り上げられている。[1]総じて文化資源という概念は、ある文化が対象として認識され、資源化されていくという動態（dynamics）と切り離せない。それは、文化財保護法の制定以来既に半世紀を経た、行政と密着した「文化財（cultural property）」の形式性や静態性を超え、あるいはそこからこぼれ落ちる対象を吸収する柔軟性に富む概念でもある。

本稿が対象とする事例は、福岡県朝倉市の山間地域である江川に関わるものである。江川地域の信仰の中核に位置する神社と寺院を取り上げ、そのハード面（モノとしての側面）とソフト面（民俗、特に儀礼実践や信仰）の両面から考察するものである。しかしながら、ここには単純な調査を阻む二重の困難がある。まず、昭和四十年代の江川ダムの建設によって地域を構成する集落の大半が水没してしまったこと、そして今また計画（二〇一三年着工）されつつある小石原川ダムの建設によって、残る構成集落も一集落を除いて移転を余儀なくされているということである。かといって注意しなければならないのが、文化が「消滅」したわけではないということである。[2] 神社も寺院も水没はしたが、新たな場に移転し、同じく移転した人々によって支えられてもいる。しかし、施設も人々も本来の「場」から引き離されている以上、かなりな変質や変化を遂げていることは当然である。だとすれば、江川地域の信仰の元型を探るべく、地誌や歴史的史料や文献、さらに先行研究も含めて手にし得る資料を駆使して考察しなければならない。かなり応用的ではあるが、文化資源の「真正性（authenticity）」に関わる「遠隔（remote）」研究を試みたいのである。

江川高木神社（2009 年　撮影：藤坂彰子）

秋月を抜けて国道五〇〇号線に入り、曲がりくねった坂道を登っていくと、やがて右側に巨大な江川ダムの本堤が見えてくる。本堤を過ぎると右側に広がるダム湖、上秋月湖の秀麗な風景に目を奪われがちになるが、気をつけて進むと沿道左手に石鳥居を前にしたひっそりとした瓦葺の社殿が見える。江川高木神社である。どことといって特徴があるわけでもない平凡な神社の佇まいである。昭和四十年代に江川ダム建設によって移転された後の景観であり、本来の社殿の場は上秋月湖の湖底深くに沈んでいる。江川谷の中心に位置し、江川七村[3]を束ねたかつての大行事社は、近世中期の『筑前国続風土記附録』の著者らに「石階八十余級を登りて社頭にいたる　宮所ものふりて自ら神霊の鎮り給ふへき所也」と語らせた神秘的な景観を保っていたが、今では見る影もない。それでも江川の各集落の人々にとって今日でも大事な神社であることには変わりはない。移転に際して、当初、社殿の位置が道路より低かったので、住民らは慌てて急遽盛り土をして社殿を上げたということである。また、今も正月と春・秋の祭礼には全集落から代表者が集まって祭式・参拝を続けている。この高木神社（大行事社）は江川の人々にとって今も昔も信仰の中核を構成しているのである。

江川ダム建設前の高木神社（常法寺所蔵）

当然、ダム建設に伴う江川谷からの移転に際しての「民俗資料緊急調査報告」でも、大行事社については力点が置かれている。執筆は、民俗学者・佐々木哲哉氏であるが、同社に関して当時見ることのできたあらゆる史料を駆使して考察している。[4] それは、調査報告の域を超えて質の高い研究論文とも言うべきものである。約四十年前のこの研究が、同氏のその後の宮座研究を中心とする諸研究の起点となるのだからそれも肯けるところである。また、同氏がその論考で用いた史料の中には、今日ではもはや見ることのできないものもある。したがって、その後発見された部分は追加するとしても、佐々木氏とほぼ同史料を用いて、筆者なりの視点から再考察を試みることとした。同氏のこの論考以降、民俗学において大行事社や宮座の研究が大きく進展したわけではない。神仏習合を対象とした筆者なりの研究視点から、佐々木氏の論考を再考察し、何らかの仮説を呈示したいと考えている。考察の中心は、高木神社と言うより大行事社、即ち時代的に古い方が中心となり、現在の江川の人々の思いが及ばないことも出てくるであろう。しかしながら、それが、江川高木神社（大行事社）が有する高い価値なのである。江川地域の「信仰の元型」を研究テーマにして、文化資源の「真正性」を探っていくことにしたい。もう一方の信仰の核を構成した浄土真宗寺院、常法寺については、第４項で述べることとする。

〈2〉江川高木神社（大行事社）の系譜――モノから見た文化資源

江川地区全集落の総氏神の性格を持つのが、江川高木神社である。旧社地は江川ダムに水没し、ダム湖の畔の道路沿いに社殿が移転されて現在に至っている。この高木神社は現在のひっそりとした佇まいとは対照的に、近世までは「大行事社」として、明治初期の神仏分離以降は「高木神社」と改称させられたが、江川全地区の信仰の中心に位置づけられる神社であった。ここでは、主に近世や近代初期の地誌や史料からその様相に迫ってみたい。

まず、寛政十年（一七九八）の『筑前国続風土記附録』（加藤一純、鷹取周成編。以下『続風土記附録』）であるが、江川の「大行事社」記載は以下の通りである。

大行事社　　神殿　方二間　拝殿　二間半　四間半

祭礼　九月十五日　　石鳥居有　奉祀　圓光坊

江川七村の産神也。高皇霊尊　伊弉諾尊　伊弉冊尊を祭れり。石階八十余級を登りて、社頭にいたる。宮所ものふりて自ら神霊の鎮り給ふへき所也。社内に大神宮　山祇二祀有り。社説に天長十一年彦山の神領四十八所ことに大行事社を立らる。此社も其一なりとそ。

この後には、この大行事社（圓光坊）が管轄した末社・末堂が集落名（村名）を付して述べられている。即ち、「山神社」（栗河内）及び「山祇六祀」（大河内、尾祓、大河内、下戸河内　鮎帰、高野河内）、「天満宮」（大河内）、「恵比須神」（大河内）、「観音堂六宇」（尾祓、下戸河内、鮎帰、井口、井口、栗河内）、「阿弥陀堂」（高野河内）、「虚空蔵堂」（尾祓）、「薬師堂」（鮎帰）、「地蔵堂二宇」（下戸河内、栗河内）である。末社・末堂に関しては、概して、山伏圓光坊の影響もあってか、山ノ神と仏堂が色濃い印象を受ける。しかし、「江川七村の産神」とはされても、大行事社は、天長十一年（八三四）に彦山神領四十八カ所に立てられた大行事社の一つとされていることが重要である。(5)まずはその点から考えていきたい。

佐々木哲哉氏が、元彦山神社権宮司の熊懐充彦氏より筆写した史料に「往古彦山神社領境内大行事社縁起」がある。原本は近世末期のものと推定されるが、昭和四十二年の火災で焼失したようである。ここには領内大行事社について彦山側の所伝が載せられている。それによれば、弘仁十三年（八二二）、第四世羅運によって、七里四方の神領内に、六十八の世を超える阿弥陀の悲願に擬して四十八カ所の大行事社が設置されたと伝えられる。羅運とは、彦山中興の祖とされる法蓮の弟子で、没年は嘉祥三年（八五〇）である。一方、法蓮は弘仁七年（八一六）に勅賞によって四維七里の神領を賜ったとされているので、九世紀前半という起源説は首肯できる範囲内にある。

さて「大行事社縁起」は、四十八社を四つに区分している。

1．四土結界地内大行事社　六カ所

祓川より一の鳥居の間の中心神域内の汚穢不浄を取締まる守護神であり、点合《てんない》護法神と呼ばれる。ここには、養老五年（七二一）法蓮が高皇産霊神を勧請して建立したと伝えられる産霊神社（大行事社）をはじめ、「彦山第一窟」「下谷」「西谷」「北坂本」「南坂本」の六社が含まれる。

2．六峰内大行事社　七カ所

豊前国の天台派修験の道場となっていた六峰で、「福智山」「京都郡等覚寺第十三千仏窟」「京都郡蔵持山第二窟」「築上郡求菩提山」「築上郡松尾山」「下毛郡桧原山」「壁野窟（第四九窟）」の七社である。

3．山麓七大行事社　七カ所

前述した弘仁年間に勅賞として賜った七里四方の神領荘園内鎮守神の惣社として設置されたもので、守護不入の境界を示す。「田川郡添田」「朝倉郡黒川」「朝倉郡上須川」「朝倉郡福井村」「日田郡朝日村」「日田郡小野村」「下毛郡森実村」の七社である。

４．各村大行事社　二十二カ所

神領内の各村に配置された鎮守神であり、二十二社の地名が挙げられている。

以上、総計すると、四十二カ所となり、六社が不明となるが、同縁起が近世末と推定されることから、その時点でおそらく各村大行事社に含まれる六社の同定が不能であったと思われる。江川大行事社は各村大行事社に含まれている。

この四区分については、産霊神社を起点とする中心神域とその周辺に広がる七大行事社を各地区の中心とする七里四方の神領、さらに彦山を取り囲む「豊前六峰」と呼ばれる宗教的拠点地区に大きく二分することができる。この内、前者について「大行事社縁起」は、往古彦山第一之門として「佐田村字仏谷の通堂（天正年中小早川隆景建立、その後鍋島紀伊守再建）」、第二之門として「小石原霊仙見（小早川隆景の代までに建立、慶長二年〈一五九七〉黒田長政再建）」、第三之門として「彦山南坂本」を挙げている。南坂本は、前述の中心神域の関門である。そして小石原霊仙見は、宝珠山口と共に南坂本に通じる彦山南面の入口に当たる。

南側の山麓一円は、中世末まで彦山座主院のあった黒川（七大行事社）を中心に、近世期には佐賀の鍋島藩士が彦山信仰に厚かったこともあっていわゆる「肥前導者」が「彦山詣り」をする表参道のルートになっていた。そのルートを見てみると、①杷木から松末、皷を経て小石原（白木、赤谷、皷の大行事社）、②菱野から黒川、佐田、塔ノ瀬を経て小石原（黒川、佐田の大行事社）、③比良松から須川を経て尾根伝いに荒田、仏谷、佐田、塔ノ瀬を経て小石原（上須川大行事社）、④十文字から三奈木、荷原、峠、呑吉、仏谷、塔ノ瀬を経て小石原（三奈木大行事社）、⑤馬田から依井、弥永を経て、あるいは甘木、持丸を経て、上秋月、江川、塔ノ瀬を経て小石原（江川大行事社）と、五つのルートがある。各ルート沿いの大行事社を括弧内に記したが、本来彦山神領内の各村に配置された鎮守神としての性格を担っていた大行事社が、この彦山南麓に見られるように、近世期には参詣路の守護神としての属性も得ていくのである。

しかしながら、中世から近世への移行は決して平易なものではない。ここまで江川大行事社の起源について、『続風土記附録』が依拠する天長十一年（八三四）説に従って大行事社の分布を中心に見てきたが、同社の創立については別の所伝がある。慶応四年（一八六八）の「上秋月八幡宮縁起」（秋月本覚寺所蔵）では、「江川高木神社」は上秋月八幡宮の「摂社」とされており、その創立については「当社勧請の年代旧記に文禄四年九月の由相見へ候」と間接的な表現で述べられている。「縁起」の述者が、同宮祠掌の宮永保親という神官であったこともあり、慶応三年（一八六七）から明治元年（一八六八）にかけて太政官や神祇事務局から布告・通達された法令（神仏分離令）と同時期に既に、両部習合的な大行事社の名を廃して高木神社の名称が用いられている。大行事社の主神、高皇産霊尊は、『古事記』の天地開闢の段の造化三神（天之御中主神・高御産巣日神・神産巣日神）の一神であり、別名、高木神と称されたので高木神社と改称されたのである。[6]

さて、文禄四年（一五九五）の「勧請」説についてであるが、「旧記」の存在が確認されないので推測の域を出ない。戦国時代、相次ぐ戦乱の中で次第に浸食されつつあった筑前の彦山神領は、天正九年（一五八一）の大友の戦乱ではさらに浸食され、古来、維持してきた領地をかろうじて保持している状態であった（「彦山寺領之次第」『稿本英彦山神社誌』[7]）。天正十五年（一五八七）筑前入国を果たした小早川隆景は、彦山に対する崇敬の念が厚く、上座郡のうち、黒川・菱野・白木・宝珠山・福井・腰原（小石原）・佐田の七カ村の知行二千石余を祈禱料として彦山に寄進している。既にこの七カ村の中に江川の名が見えないことに留意しなければならない。さらに、隆景の子の秀秋の代には、彦山領地を押領したとされる山口玄蕃頭の改易があり、その後、細川忠興が豊前国を拝領して彦山に千四百石を寄進した慶長六年（一六〇一）に到るまで彦山の寺領は無きに等しい状態であったと推察される（「彦山寺領之次第」同上）。

文禄四年（一五九五）とは正にこの時期に位置する。とすれば、一旦廃絶していた江川大行事社を新たに再興、あるいは再建した年であるとも考えられる。あるいは「勧請」という表記にその意が込められているのかもしれない。

ともあれ、この「上秋月八幡宮縁起」は、明治以降に出された神社関係の記録にこの文禄四年説が散見される一因ともなっている。例えば、明治十二年（一八七九）に福岡県の求めに応じて神社側から提出された資料の草稿と思われる「夜須郡神社明細帳」（三浦末雄氏所蔵）では、江川高木神社について「文禄四年創立の事上秋月八幡神社の縁起に見えたり」と記している。さらに下って、昭和十九年（一九四四）刊行の『福岡県神社誌』中巻（大日本神祇会）でもほぼ同様の記載がある。だとすれば、明治初年の神仏分離の影響は、大行事社から高木神社への改称に留まらず、その時点で上秋月八幡宮の「摂社」であったことも含めて彦山との関係を払拭しようという意図が認められ、その後もそれが継承されたと考えられる。『福岡県神社誌』の村社高木神社の項を見てみよう。

祭神　天御中主命　高皇産霊命　神産霊命
由緒　昔英彦山の神領七里四方の内必此御神を祭ると云ふ。文禄四年創立の事秋月八幡神社の縁起に見えたり。
元禄二年村中より再建す　棟札有　明治五年十一月三日村社に被定　六月十八日祭典す
例祭日　九月十五日
主なる建造物　本殿　拝殿　渡殿　御供屋
境内坪数　九百八十坪
氏子区及戸数　江川全域　百五十戸
境内神社　大山祇神社　大山祇神社　大神宮

前述したように、この内容は「夜須郡神社明細帳」と同様である。彦山神領七里四方の記載はありながら、創立は文禄四年（一五九五）とされている。由緒をそのまま読めば一種の矛盾であることは明らかである。やはり、創立ではなく、再興・再建と解すべきであろう。しかし、次の「元禄二年（一六八九）村中より再建す　棟札あり」であるが、この棟札は現存していない。だが、この時点を期する銘の入った遺物は現存する。神殿前に幣帛《へいはく》が三体立てられているが、中央の幣帛の木軸の裏側に「𑖭　奉寄進　元禄九丙子年　十一月吉祥日　大工上野彦市」との墨書がある。元禄九年（一六九六）に、おそらく本殿再建に際して製作された幣帛であり、神殿前に立てられて日常の儀礼の際に圓光坊によって用いられたのであろう。冒頭に𑖭の梵字が記されていることが興味深い。サは、観世音菩薩（聖観音）の種子である。おそらく中心の高皇産霊命の本地仏は、聖観音と捉えられていたことを示している。だとすれば、本殿内から不動明王像とその厨子が見つかっていることも説明がつく。観音の脇侍として、不動明王と毘沙門天が祀られることが多いからである。また、この幣帛とは別に、祭礼に用いられたと思われる銅製の幣帛（寛保二年（一七四二））があるが、これについては次項で述べる。棟札として現存するのは明和九年（一七七二）のものであり、記載内容は以下の通りである。

明和九壬辰　　当村長大河内孫七藤原之保
聖主天中天迦陵頻伽声　御国家安全御武運長久

奉再建江川村大行事社拝殿一宇大檀那黒田甲斐守源長恵朝臣
哀愍衆者我等今敬礼　宮司圓光坊権律師信栄
大工北原甚助　　小工五人
御息災延命御願満足　卯月吉祥日

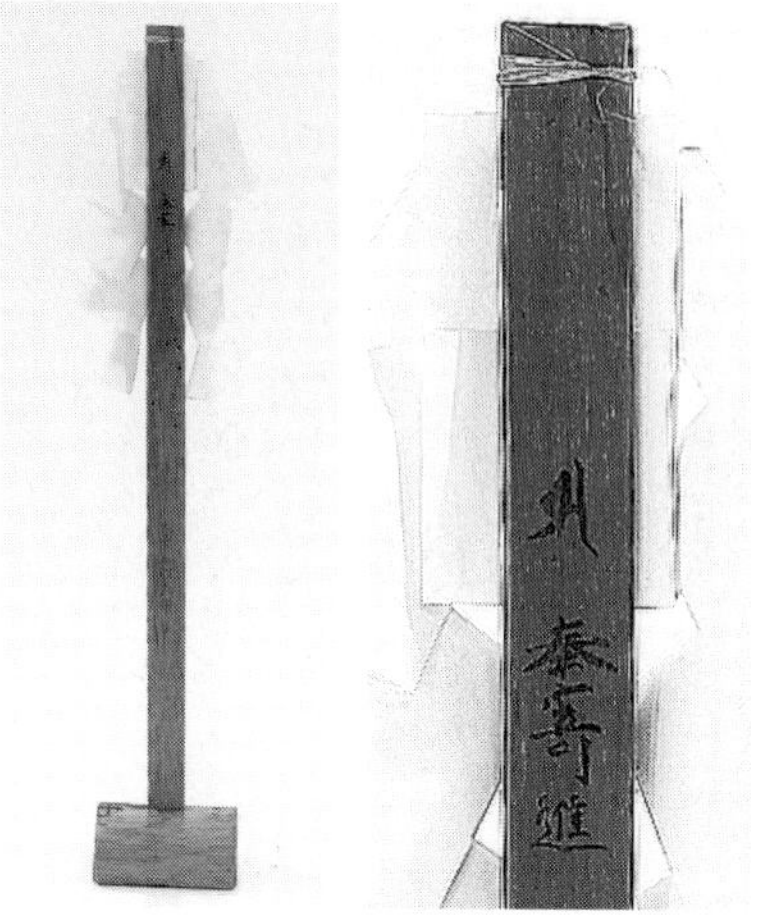

左：元禄9年(1696)幣帛
右：同幣帛の梵字部分

不動明王像と厨子

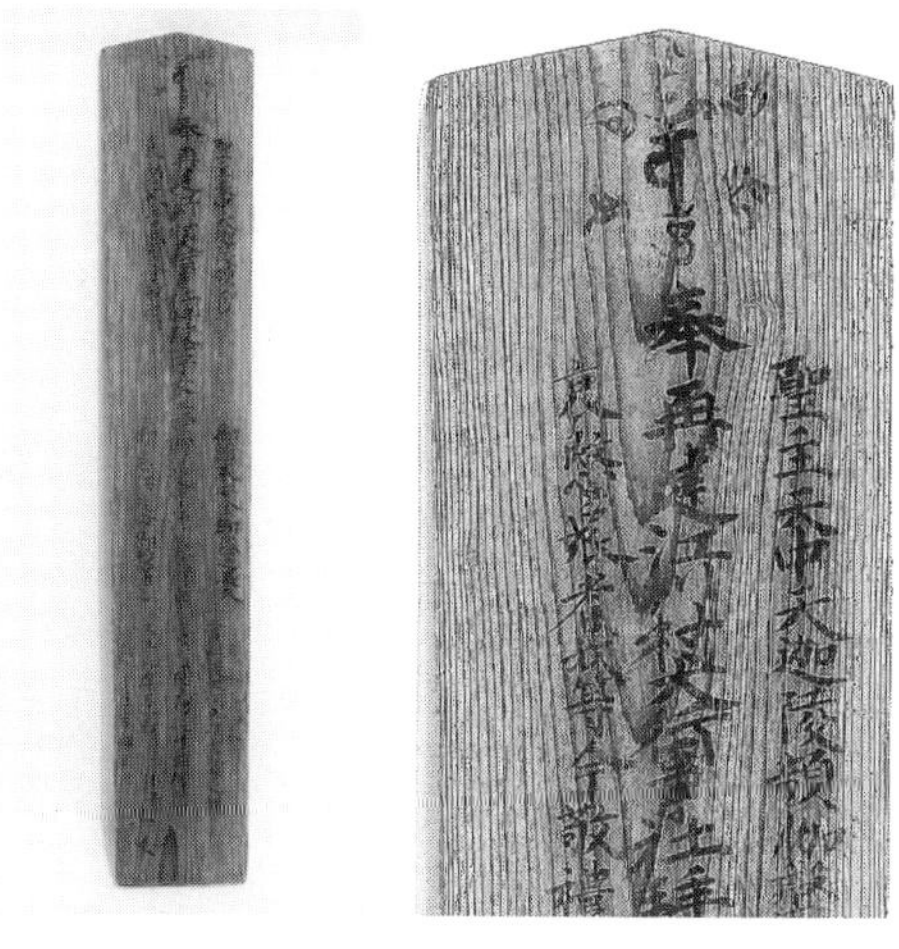

左：明和9年（1772）棟札
右：同棟札の梵字部分

この時点での拝殿の再建は、秋月黒田藩の六代目藩主長恵公の寄進によるものであり、宮司は圓光坊信栄であったことが分かる。冒頭に紹介した寛政十年（一七九八）の『続風土記附録』の「神殿方二間・拝殿（入）二間半（横）四間半」の記述はこの段階のものである。また記載の中で注目できるのは、中央の奉再建の上に、「𑖪𑖽」（バン）を中心にその周囲を六つの種子で取り囲んでである。大日如来を中心にした六観音と読めなくもない[8]。前述の「𑖭」（サ）と合わせて圓光坊に関わる神仏習合の要素である。以降、近世期において棟札の記録はないが、神殿内の内宮三社のうちの左側の扉の裏に天保十三年（一八四二）の墨書があるので引用する。

奉寄進　当村下戸河内組頭　むねあげ之せつ
　山中　新八　掛鯛　壱掛
　山中善左衛門　塩　三升三合
　山中　孫市　米　三升三合
　餅　三重
大行事内宮三社
天保十三壬寅七月七日　むねあげ　但　六升餅程
宮司圓光坊栄観　第八世四九才　圓光坊源四郎
当住　仙秀　孫七　彦次郎
大工当村尾払　善兵衛　亦次郎
同人弟子　利三郎　八郎左衛門
下座郡城村恵作　養人　喜三郎

左：天女来迎彫刻／右：象鼻

「夜須郡神社明細帳」には、「本殿横二間三尺　入一間三尺、拝殿横五間　入二間三尺、渡殿　横一間　入一間」との記載があるが、この当時の規模を示している。

以降の再建の記録はなく、明治以降の部分的な改修としては、昭和十二年（一九三七）に神殿・拝殿の屋根の葺き替え（檜皮葺）、昭和三十四年（一九五九）に屋根の改修（瓦葺）が行われ、昭和四十年代、江川ダム建設に伴い、現在地への全面的な移築によって鉄筋コンクリート製の社殿となって現在に至っている（昭和四十六年〈一九七一〉棟札、宮司三浦安正）。

以上、江川大行事社の歴史を社殿の変遷を中心に見てきたが、文禄四年（一五九五）を「再建」とすれば、以降、元禄二年（一六八九）「再建」、明和九年（一七七二）「拝殿再建」、天保十三年（一八四二）「神殿再建」を経て、明治初年の「高木神社」への改称以降は部分的な改修に留まり、全面的な移転改築を迎えたことが分かる。近世期の再建の際にも、建物の特色を示す重要な社殿装飾は前時代のものがそのまま使われ、今日まで保管されている。それが、社殿に取り付けられていた「象鼻」と「天女来迎」の彫刻である。共に年代は記されていないが、大行事社時代の神仏習合的な特色を示す重要な彫刻であり、神殿前に掛けられていた「鰐口」と共に激しい廃仏毀釈の嵐をかい潜って存続してきた貴重な遺物である。また、現在の高木神社に保持されてきた御神体も歴史を感じさせる貴重な遺物であり、人々の信仰対象となっている。三体共に、

寛保３年（1743）石鳥居部分

高さ五〇センチ程の石躰で陽石の形状を保っている。

『続風土記附録』の記述から激変したのは、社殿を取り囲む景観である。「石階八十余級を登りて、社頭にいたる」とされた石階は、既に昭和二十七年（一九五二）江川小学校の運動場拡張のために削り取られ、「宮所ものふりて自ら神霊の鎮り給ふへき所也」と記された風情を完全に喪失しており、移転後も状況は変わらない。継続したのは、「石鳥居有」と記された現存する石の鳥居である。右側の刻銘には「奉建立石華表一宇　宮司圓光坊栄秀　寶座前　庄屋　願主　中尾平内久保」とあり、左側には「寛保三癸亥年三月吉日」（一七四三）と刻まれている。圓光坊の□の部分は削り取られているが、明治初年の神仏分離の際に、仏教に関係する坊名を憚って削り取ったのであろうが、今日ではむしろ神仏分離の歴史的証拠を示す痕跡として価値がある。ともあれ、ここで大行事社の宮司、圓光坊についてまとめておきたい。

寛保三年（一七四三）の石鳥居　「宮司圓光坊栄秀」
明和九年（一七七二）の拝殿再建棟札　「宮司圓光坊権律師信栄」
寛政十年（一七九八）『続風土記附録』「奉祀圓光坊」
天保十三年（一八四二）神殿再建の記載　「宮司圓光坊栄観第八世四九才　当住仙秀」

これら以外には、文政十三年（一八三〇）の「彦山末山名附」（『稿本英彦山神社誌』所収）に「夜須郡寿応山圓光坊」の名があり、彦山の末寺として位置づけられている。また、近世中期と推定されるが編者年代不詳の『筑前国神社記』（秋月郷土館所蔵）では、同社について「社僧ノ坊ヲ寿応山神福寺声明院トイフ」という記載が見られる。

このうち、最も詳しい記載が見られるのが、江川小学校が所蔵していた『江川村風土誌』である。同書は、編者作成年代とも不詳であり、おそらく明治以後に幾つかの資料を集めて編纂されたと思われるものである。今、その関係部分を明らかな誤字等を補正し、西暦年代を付加して抜粋すると以下の通りである。

社中　山伏　圓光坊

此社　往昔は寿応山神福寺（禅宗）と言う寺なりしが、無住退転し、その後英彦山岩屋坊より栄金という山伏を差し越し社守とする由。天和三年（一六八三）同山座主入峰の折節、御領中に同山派の山伏が外になき故、同山の方、此の栄金に御取次を仰せ付けられ、元禄七年（一六九四）に栄金事　年々社守をはじめ滞りなく相勤るに付き、御心を添られ下されます様に太守より開山に御頼み仰せ遣わされし所、其の砌金襴の袈裟を免許せり。直に末山とせらる。この栄金より当圓光坊まで五代

この記述に依拠すれば、大行事社の社僧であった神宮寺は寿応山神福寺という寺であったが、既に無住で退転していたので、天和三年（一六八三）に彦山の岩屋坊から「栄金」という山伏を遣わして社僧となった（圓光坊初代）。元禄七年（一六九四）には、金襴の袈裟が許され、彦山直末となったとされる。とすれば、前述した元禄二年（一六八九）の再建や幣帛の調製（元禄九年）に関わったのは栄金ということになる。その後、「栄秀」、「信栄」を経て「栄観」（八代）、「仙秀」（九代）と続き、やがて明治を迎えるのである。

今回の調査で中央の御神体の厨子の背面から興味深い墨書が発見された。不明な箇所はあるが、厨子の背面裏側に

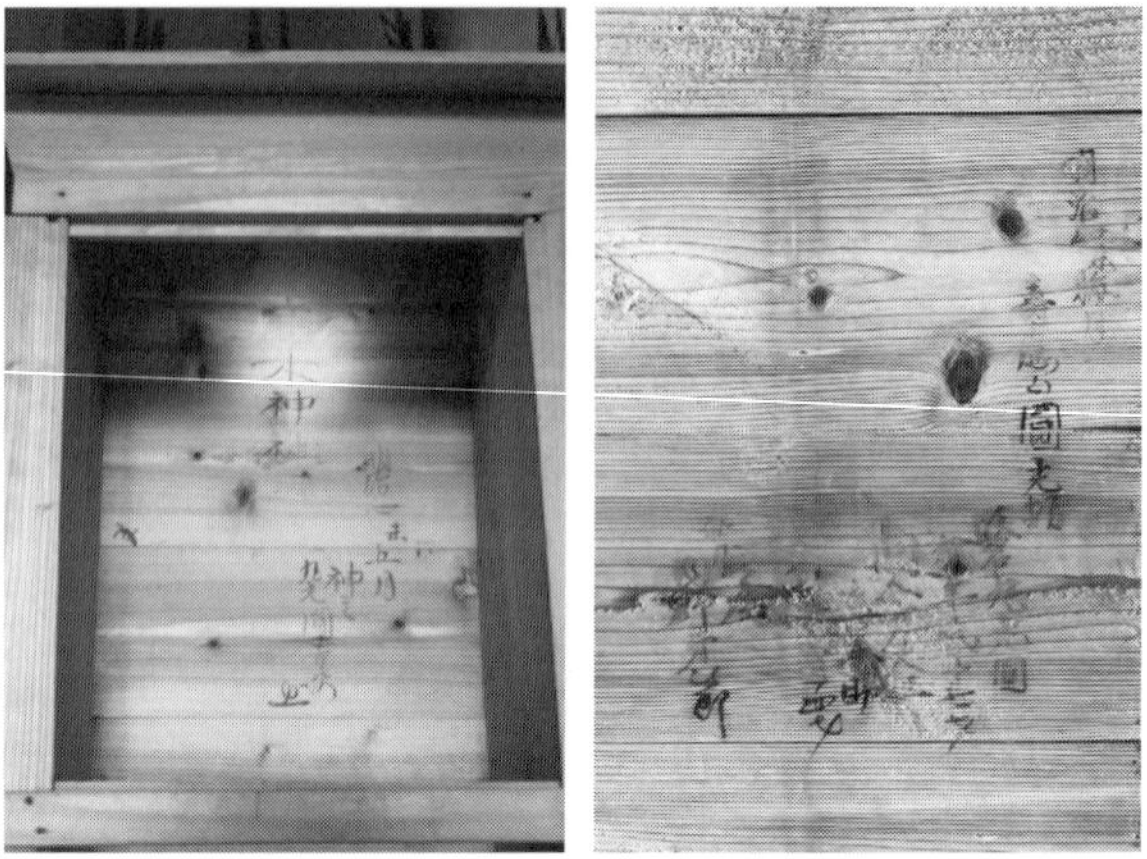
左：御神体厨子背面表側／右：御神体厨子背面裏側

は「明治四未梅月　寿應山圓光坊　改名九光圓　行年□十七才……」、表側には「明治四未五月　神主　九光圓吉秀（花押）」とあり、中央部には前に書かれていた文字を消して上から「高木神社」と不自然に書かれた跡があった。これらの記述から、圓光坊の末代は、明治四年（一八七一）に還俗して姓を「九光圓」に改めた「吉秀」であり、少なくともこの時点では「神主」として活動を継続しようとしていたことが分かる。また、極めて不自然な「高木神社」の表記から、あるいは御神体にも仏教的痕跡を消そうとする何らかの加工が施された可能性もある。さらに、石鳥居の「宮司圓光坊栄秀」の削り取りも改名後にも共通する「圓」の字だけを残した「吉秀」が関わった加工であったかもしれない。とにかく、神仏分離という明治初期の悪政がもたらした宗教史上の「傷」を保存し残しておくことが重要である。

〈3〉江川高木神社（大行事社）の祭礼——民俗文化資源

前節では、江川地域全体の信仰の元型として、高木神社（大行事社）の歴史的概要と変遷を宮司であった圓光坊も含めて史料や遺物に依拠しながら、客観的に跡付けてきた。本項では、信仰の実践的側面として祭礼（儀礼）に焦点を合わせて考察していきたい。

現在の高木神社の祭礼の基本形は、江川ダムの完成に伴う移転前の昭和四十年代前半に遡る。その時点で既に形式化・簡略化されており、例祭日は年二回、春は三月十五日、秋が十月十五日で、区の委員三名を中心に地区の全戸主が参加して実施されていた。祭りの当番は、区全体を「河原瀬（六戸）・稗田（十一戸）・栗河内（十戸）」、「鮎帰（九戸）・高野河内（八戸）・大河内（十五戸）」、「尾払（十六戸）・馬場野（十九戸）」、「下戸河内（二十九戸）」の四地区に分け、各地区から春と秋に一組ずつが担当となり、二年で一巡するというものであった。祭りは、神官（兼務）によるお祓いや祝詞奏上といった標準的な祭式で、供物は、餅一重（三升餅）、季節の野菜、塩と米が一升ずつであった。祭式が終わると、区全体の総会が開かれ、春は会計や行政報告、新年度の計画など、秋は様々な区の問題が話し合われた。この後、直会に移行し、各戸から持ち寄った重箱（一重）と区の会計から調達した酒が振舞われた。秋の祭りでは、江川小学校の協力によって子供相撲も開かれた。

この時点での人々の記憶を聞き書きなどから総合すると、春秋の二回の祭礼を四地区で分担とするという形式は、明治四十年代からそうであったようである。つまり、記憶上の画期となる「日露戦争（一九〇四―〇五）以後」という言い方である。しかし、江川地区全体の自治的な総会と兼ねた形式は、第二次世界大戦（一九三九―四五）後の変化である。さらに、戦前までは高木神社の祭りは、年四回を数えたと言われる。

まず、三月十五日の春祭りは風封じの「御願立（御願かけ）」で、全戸主が参加して神官によるお祓いを受けた後、風止めの御願かけをして、願成就の行事を決める「御籤」を引く。予め湯呑の中に絵馬、相撲、座頭唄など神様の喜びそうな行事を書いた紙を入れておき、こよりでそれを吊り上げて決めるのである。その後に一重持ち寄りの直会となったという。次に、夏の旧暦六月十八日の「ヨド祭り」で、かつては江川全村の祭りで千灯明を上げる華やかな宵祭りであったが、比較的早くから各部落の祭りへと移行してしまい、高木神社の在った馬場野と尾払だけの祭りとなってしまい、千灯明もやがて消失したらしい。三月の「御願かけ」に対応するのが、旧暦八月十五日の風止めの「御願成就」で、祭式の後、御願かけで決められた行事が行われた。最後に、旧暦十一月の初丑の日に行われた「霜月丑祭り」である。すべての農作が完了した収穫感謝の祭りであり、地区の全戸主が参加しての祭りであった。かつては、この高木神社の丑祭りが終わらないうちは各部落の山の神の霜月祭りが始められなかったとも言われたが、消滅の時期は「戦争中」とされるだけで詳しいことは不明である。

以上、人々の記憶を頼りにすれば三月十五日の「御願立」、旧六月十八日の「ヨド祭り」、旧八月十五日の「御願成就」、旧十一月初丑の「霜月丑祭り」の四回の祭礼を画することができるが、御願立が旧暦の三月なのか、あるいは元来は旧暦の二月なのかは不明である。そして現在の祭礼との対応に関しては、昭和四十年代の時点では、御願立が春祭りに、御願成就が秋祭りに収斂するのではないかというのが民俗レベルの解釈である。しかし、大行事社の時代に考察を広げればそう簡単には結論は出てこない。同社の祭日に関して記された史料は以下の通りである。

- 筑前国神社記（近世中期か）　「祭礼十一月吉日」
- 同　異本　「祭礼十一月十六日」
- 筑前国続風土記附録（寛政十年）　「祭祀九月十五日」
- 上秋月八幡宮縁起（慶応四年）　「毎年十一月に宮座」
- 福岡県地理全誌（明治十年）　「祭日六月十八日・九月十五日」
- 神社明細帳（明治十—二十年か）　「六月十八日祭典す、例祭九月十五日」

民俗レベルの伝承との大きな乖離を示すのが、三月の御願立、八月の御願成就に対応するものが見当たらないということである。ではそれらの儀礼が存在しなかったのかと言うとそうではない。高木神社が保管する絵馬の中に、願成就を示すものが四面確認されている。記載内容は以下の通りである。

「奉　風止願成就　弘化三丙午年氏子中」（西暦一八四六）
「奉　日乞願成就　明治十一年歳戊寅　八月吉日村中」（一八七八）
「奉納　風止願成就　大正五年九月吉日　江川区中」（一九一六）
「奉納　風止御願成就　昭和九年旧八月中旬　江川氏子中」（一九三四）

弘化三年というと近世末期、大行事社時代である。旧八月十五日に願成就の絵馬が奉納されているわけであるか

明治 11 年（1878）日乞願成就

大正 5 年（1916）風止願成就

ら、それに対応する願立があったはずであり、それが三月十五日に該当するのであろう。それが、旧二月か、それとも旧三月かという点については旧三月説をとっておくが、その理由は後述することにしたい。上記諸史料に、祭日として記載されていないのは、大行事社の例祭としての性格を持たなかったためで、願立―願成就という言わば祈禱儀礼的要素が濃く、おそらく宮司が修験者（山伏）であったこともあって、近世期を通じて確立していったものであろう。しかし、大行事社の宗教的性格を捉えるためには重要な祭りであり、例えば近隣の黒川大行事社でもこの両祭礼は民俗の基幹を構成している。言わば修験系神社の特色とも思えるものであり、近世期の修験者の在地活動の特徴を反映しているのである。宗教活動のうち、加持祈禱の要素を前提にしなければ願立―願成就という儀礼行為は成立せず、それが年中行事化して祭礼となって存続してきたと考えられる。

次に、上記史料のうち、明治以降のものに明記されている旧六月十八日の祭りであるが、これが「ヨド祭り」に該当することは明らかである。これは朝倉郡一円に分布する一種の夏越祭りで、前述したように千燈明などを伴った華やかな宵祭りである。特に、近世末期から明治にかけて隆盛したものと思われる。「神社明細帳」のように例祭とは別個に「六月十八日祭典す」という記載からその隆盛の度がうかがわれる。高木神社の神殿の扉の裏には次のような墨書が残されている。

嘉永七寅六月十八日　大雨風水出る
井出川橋つなぐ　同日参詣人三四人有之
明十九日祭礼勤　千燈明上げ尾払村中祭有之者也

嘉永七年（一八五四）の六月十八日が大風雨のため祭礼を一日延期したという記事であるが、この時点で大行事社

各村大行事社祭日（旧暦）　○は宮座のあるもの

種別／地域	くにち祭	霜月祭	その他
朝倉郡　須川	○ 9 月 17 日		
朝倉郡松末　赤谷	9 月 9 日	○ 11 月 15 日	百手　3 月 15 日 ヨド　6 月 8 日
朝倉郡杷木町白木	○ 9 月 19 日	11 月 14 日	ヨド　6 月 18 日
朝倉郡　黒川	○ 9 月 29 日	11 月 1 日	ヨド　6 月 28 日
朝倉郡　佐田	○ 9 月 23 日	11 月丑の日	ヨド　6 月 22 日
田川郡　上津野	○ 9 月 24 日	11 月卯の日	
田川郡　下津野	○ 9 月 29 日	11 月卯の日	
田川郡　落合		○ 11 月卯の日	
京都郡　上伊良原	○ 9 月丑の日		例祭　3 月 13 日
京都郡　下伊良原	9 月 9 日	○ 11 月丑の日	

の在る尾払村だけの行事になっていたかどうかは不明である。

さて、大行事社の祭日に関わる前記史料（二四四頁）を通覧しての最大の問題に移りたい。この六書のうち、三書が「九月」説、三書が「十一月」説と真っ二つに分かれている。根本史料である近世中期の『続風土記附録』が「九月十五日」、そして『筑前国神社記』が「十一月（十六日）」とその見解を異にしている。このうち、十一月説が、江川の「霜月丑祭り」に該当することは容易に推察できるが、すると「九月十五日」に合致する祭日についてはどう考えればよいのであろうか。九月ということでは、大行事社に限らず、北部九州一帯で「おくんち（おくにち）」と呼ばれる秋祭りの集中する時期である。「くにち」とは漢字では「九日」「供日」「宮日」などが当てられる九月九日を中心として分布する時期を示す祭日である。佐々木哲哉は、江川の周辺に位置する大行事社の祭日を調査して表にしているので、それを抜粋してみたい[9]。

上の表から、大行事社に深く関わる祭礼として、九月（くにち祭）と十一月（霜月祭）の二つの系列が存在していることが分かる。須川と上伊良原では霜月祭が、落合ではくにち祭が失われているが、本来は両系列とも存在していたのではないだろうか。宮座とは、頭渡しを含む頭屋制行事に関わる、村落の基幹的祭祀組織であるから、それの有無はどちらの系列が各村にとって重要であるかが分かる。表から見ると、七：三でくにち祭が優位であるが、それだけで本来くにち祭に宮座が関わっていたと言うことはできない。ここに江川大行事社の事例を加えるとするなら、くにち祭が「九月十五日」、霜月祭が「〇十一月丑の日」となるか、あるいは田川郡落合のように、前者を空欄とすべきかであろう。どちらにしても、江川における「九月十五日」の祭日の存在は、『続風土記附録』しか依拠すべき史料がなく、明治以降の史料もそれに拠っているのだから、どちらとも言い難い。現在の住民からの聞き書きでは、おくんち（おくにち祭）の存在は確認できるが、その内容は明らかに八月十五日の願成就を示しているので、佐々木が推測するように、本来はおくにちは九月十五日であったのだが、歴史上相当早い段階で願成就（八月十五日）との混同が起こってしまったのかもしれない。

さて、表に見られるように、大行事社に関わる祭礼としてくにち祭（九月）と霜月祭（十一月）の二系列が存在することについて、さらに考察を進めたい。そもそも大行事社の「大行事」という名称自体が、比叡山の日吉山王二十一社の中七社の筆頭の「大行事」（本地、毘沙門天）を連想させるように、あるいは彦山の神使が山王と同じく「猿」と見做されているように、叡山の天台系信仰と密接に関連していることは言うまでもない。同じ天台系信仰の北部九州におけるもう一つの拠点が、国東の六郷満山の寺院群である。前節で述べたように、大行事社設置の祖である羅運の師である「法蓮」は、六郷満山の中興の祖とも伝えられている。その中核寺院の一つである長安寺に、安貞二年（一二二八）の「豊後国六郷山諸勤行幷諸堂役祭等目録〈写〉」[10]が残されている。この書は、時の将軍家（執権、北条泰時）に献上された祈禱巻数目録の写しであるが、安貞二年と言えば延暦寺や興福寺、あるいは多武峯といった顕密仏教の寺社勢力が強訴を繰り返していた時期である。この頃、地方の六郷山で実際にどのような宗教活動が行われていたかを知ることができる好史料である。

この時点であるので多くの寺院が「岩屋」と称され、まだ確立した寺院形態を擁しておらず、また寺院総数も後世と比較すれば少なくはあるが、総計三十二カ寺のうち、十八カ寺が「神祭」に関わっている。祭祀対象は、その全てが「六所権現」である。六所権現とは、宇佐女神の系統に連なる「比咩神」と「神功皇后」から成る二所権現と「隼別皇子」「大葉枝皇子」「小葉枝皇子」「聡鳥皇子」の四所若宮から構成される六郷山の地主神である〈中野幡能「六郷満山の歴史」〈和歌森太郎編『くにさき』吉川弘文館、一九六〇〉。また、その祭日については、十八カ寺全てについて「二季五節供」とされている。五節供とは、一月七日、三月三日、五月五日、七月七日、九月九日のことを指すのであるが、それ以外の「二季祭」について「後山石屋」の項では「二月十一月初午勤也」、また「辻小野寺」の項では「二季祭　二月十一月中午日勤」とさらに特定されている。初午か中午の違いはあるものの、二季祭は二月と十一月に行われることが定型化されていたと捉えることができる。さらに、同文書では、顕密仏教組織における役割分担にも言及されており、神祭は、「顕宗学侶」でも「初学行者」でもなく、「密教仏子」の管轄であることに触れている。

この中世の六郷山の事例に、彦山大行事社の祭礼を重ね合わせてみると、おくにち祭とは、五節供の最終、九月九日の節供の系列に位置づけられるし、霜月祭は、午か、丑か、卯かは別にして二季祭の後者に重なってくる。本来、顕密仏教的な感覚からすれば、五節供は一年の重要な節目を構成する行事であったが、それが簡略化される場合は、正五九の三節供、最低でも正月と九月は絶対に外すことのできない祭日であった。現在、民間にも色濃く残る「修正会」の痕跡がそれを示している。例えば、鬼すべや鬼夜などと称して修正会結願の七日夜に火を焚く行事がそれであるし、さらに民俗化すれば「おーねびたき（鬼火焚き）」や「ほーけんぎょう（法華行）」という習俗となっている。これに対して九月節供も、遷宮や遷座、あるいは神輿の動座を伴う重要な節目であり、それが北部九州一帯で「おくんち」と呼ばれる独特な祭りの系譜を形成してきたのではなかろうか。

こうした五節供に対して、「二季祭」はそれとは別の位相に位置づけられる。より政治的経済的色合いが濃いので

栗河内オーネビタキ（2011 年 1 月 7 日）

ある。彦山の場合、二月の中心行事は「松会」である。神領、つまり彦山の支配する荘園の農民にとって、ここで種籾の一部を受け取ることが重要な課題となる。これがやがては「彦山詣り」の習俗を産出していくことになる。だが領主である彦山にとって最も大事な課題は、収穫米の徴収である。この言わば年貢徴収の機会が、収穫が完了した霜月祭の元型であったのではないだろうか。各村の権利—義務関係や責任体制が顕在化する宮座は、言わば「政り事」としての色彩を帯びた宗教行事としての側面を残しており、特に大行事社が彦山の直轄領であったことを考えれば、本来は霜月祭に付随するものであったと思われる。

しかしながら前節で述べたように、中世末期の戦国時代には荘園領主としての彦山は、その領地の大半を喪失してしまう。宮座の形式の一部は、近世的な地方支配に組み込まれていったかもしれないが、全体として霜月祭は宗教的な「祭事」に移行したのではあるまいか。そうなると、元来、宗教的な節供であったおくにち祭と区別はつけ難い。地域によっては、宮座は宗教的な組織形式としておくにち祭と合体したであろうし、あるいは霜月祭の形式をそのまま維持した所もある。だが、もし祭事に「収穫祭」という根源的意味を持たせるならそれは霜月祭であり、おくにち祭（おくんち）ではないのである。だが、北部九州全域でその後の歴史的経緯の中でおくんちの優位と隆盛は拡大し、今日見られるように「おくんち＝秋祭り」という定式が確立していったのである。

旧暦九月九日を中心とするおくんちの時期には、まだ稲の収穫は完了していない。秋祭りなのに、収穫が終わっていないという我々が感ずる疑問の背景には、そのような経緯が内在しているのかもしれない。江川では、大行事社

（高木神社）の霜月祭が終わるまでは、各部落の「山の神」祭は開始できないという決まりが近代まで言い伝えられてきた。霜月祭の祭日の重要性を画するこうした言い伝えの基底にある心意には、案外に前時代の意味が隠されているのかもしれない。

では、宮座を伴った、古式を伝えると思われる江川大行事社の霜月丑祭りとは実際にどのような祭りであったのか、それを探っていきたい。『江川』（一九六九）で、佐々木哲哉は、明治四十年（一九〇七）以前の、村の自治的な寄り合い行事になる前の霜月丑祭りについて、明治二十一年（一八八八）生まれの古老、井尻嘉太郎氏の語りを採集している。貴重な証言であるので、そのまま再録しておきたい。(11)

私がまだ十五、六の時で、丑祭には父が出ていましたのでしかとは覚えませんが、この祭に加わるのは村内で二十四軒の決まった家に限られていました。この二十四軒は多分江川に人が住み始めた頃からいた古い家だろうと思いますが、その人達の名前は高木神社の鳥居に刻まれてあります。そのうちから毎年二軒ずつが座元になって祭の世話をしていたということです。祭の前の日には羽織、袴で一軒一軒を案内してまわるのですが、昔は七迎え半といって庄屋さんだけは七回迎えに行って八回目に途中で会うことになっていたということです。何かとやかましい決まりが多かったそうで、祭の座にも羽織、袴で腰には刀を差して出たということですが、或る時喧嘩があって人が斬られたのでそれからは箸か何かを腰にさすようになったそうです。祭元は祭の前からどぶ酒（濁酒）をしこんでおき、前日には組内の青年が加勢に来て川で禊《みそぎ》をしたあと「しとぎ（粢）」（水に浸した生米を砕いて粉にし、いろいろな形（多くは四角）に固めたもので、これを神前のお供えにする風習が朝倉郡一円に広がっている：佐々木註）つくりをしていました。神様のお供えには土器に小豆飯を高盛りにしたのがあがっていたそうです。祭が終ってから父がよくお供えをいただいて帰ったのを覚えていますが、お神酒に小豆飯、しとぎの四角に切ったもの二つ、それに塩鯛の切り身でした。ずい分むずかしいしきたりのあった祭のようですが、この祭が終らないうちは部落の山の神の霜月祭がはじめられませんでした。

おそらく近世後期から継続していたであろう丑祭りの様相を伝える貴重な証言である。宮座の構成員は地域一帯では通常「神家《じんが》」と呼ばれ、神課・神官・神和など様々な字が当てられるが、江川では二十四軒であり、毎年二軒ずつが座元となったことが分かる。寛保三年（一七四三）年の石鳥居の刻銘であるが、氏子名として記されているのは、「川上孫三郎（栗河内）、荒瀬善六（鮎帰）、高津忠五郎（高野河内）、井尻多三郎（大河内）、尾畑吉六（尾払）、山崎彦市（下戸河内）」の六名である。江川七村のうち、井ノ口を除く六村の人名であり、二十四軒が記されているわけではない。摩滅による消失もあるかもしれないが、おそらく組頭級の人々であり、この六軒を含む二十四軒が江川の神家であったのであろう。神家の数は各大行事社によって一定せず、黒川では十一軒、旧松末村赤谷では十六軒、白木では六軒、そして江川に隣接する佐田では七軒である。佐田では神家ではなく「七仙頭」と言われるように「仙頭《せんとう》」という名称が使われている。この点は重要である。何故なら、中世期、畿内の大寺社でも在地組織の役職に仙頭という名称が用いられており、この宮座組織が彦山という宗教的支配組織の末端に位置づけられていたことを示しているからである。その他、この証言には、七迎え半、粢、高盛り飯など興味深い事項が出てくるが、おそらく近世期の丑祭りの実態を示しているのであろう。

史料上、近世期の祭りの実態を記しているのは、「上秋月八幡宮縁起」（慶応四年〈一八六八〉）である。「例年十一月此里に往古より伝りたる祭礼御座候　身口（みそぎ）をして衣服をぬぎ　榊を口に喰へて粢を搗　直会と唱　或は醴酒を甘つらなど申候　其外古事多く伝はり申候　祭の神課幣帛を採　大宮司或は代官座　庄屋を招請するに七使半などといふ事あり　其外あまた珍敷作法伝はり申候」という記載である。ここで注目できるのは、祭式の部分、つま

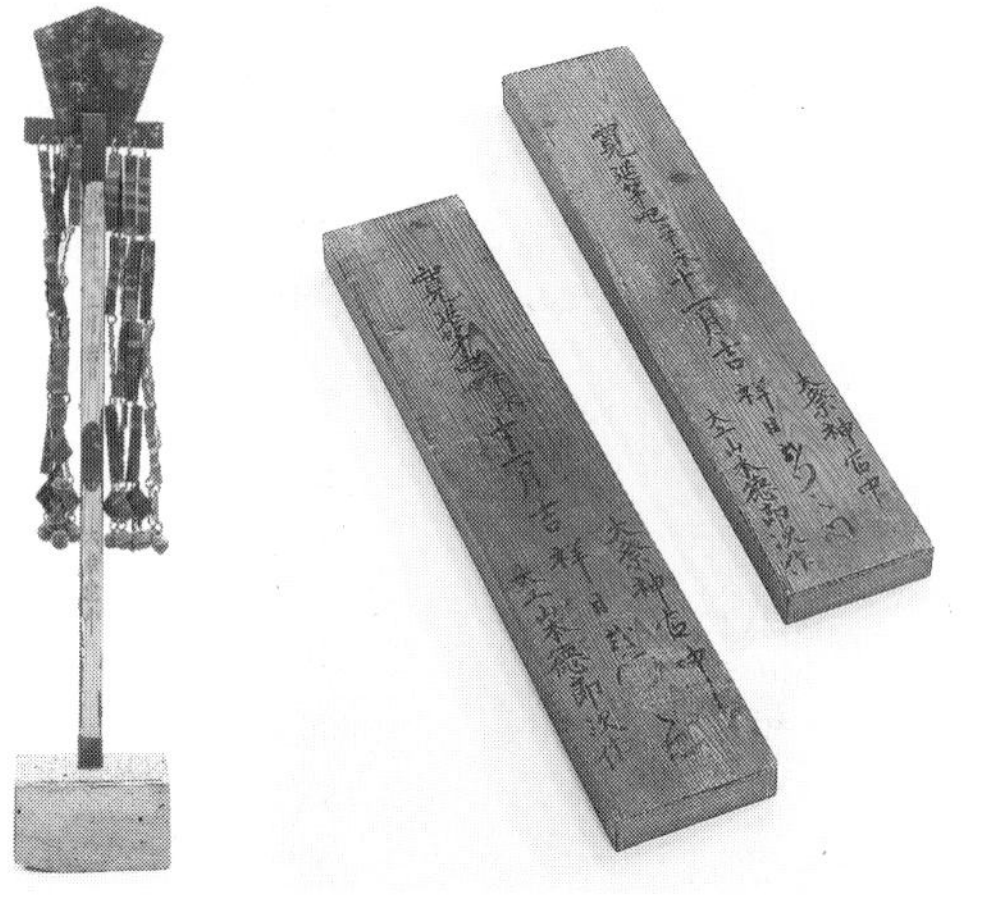

左：寛保２年（1742）銅製幣帛／右：寛延４年（1751）幣帛函蓋

り、神課（神家）が幣帛を採って大宮司や代官は座してその幣を受けたと解される部分である。前節でも触れたが、実は神社には、通常の白幣以外に、独特な形状の銅製幣帛三体が残されている。このうち二体が収められた函蓋には「寛延第四辛未十一月吉祥日弐つ之内　大祭神官中　大工山本徳郎次作」（一七五一）との墨書があり、幣帛の木軸には「寛保二天戊二月吉日　大祭連中」（一七四二）との刻銘がある。ここにおける「大祭神官中」や「大祭連中」が、神家集団を指すのであれば、これらの銅製幣帛は座元二名が使用する霜月祭り専用の幣帛であった可能性が高いのである。

霜月丑祭りの宮座に関わる文書としては、昭和四十年代の調査で二通が大河内の江川正実氏宅で保存されており、報告書『江川』（一九六九）に載せられている。現在では、もはや原文を見ることはできないので、その内容を採録し、その意味を考えてみたい。一通は、田地の質証文であり、その内容は以下の通りである。[12]

高野河内村脇

一、上田五畝九歩　高九斗壱升五勺

徳米五斗八升五合弐勺三才

大祭座受持之節銭弐百文差出候事

右私持懸り分質に指出代六拾文銭三百五拾目只今慥ニ受取申候処
相違無御座候　尤元銭拂立し節ハ右地方何年目にても御返し可被
下極ニ御座候　為後年書物如件

高野河内
久作
受人
利吉
文政二年　未二月　組頭　孫次郎
大河内
源次郎殿

文政二年（一八一九）に高野河内の久作から、大河内の源次郎宛に出された、高野河内村脇の「上田五畝九歩」の質証文であり、受け人（保証人）のほか、組頭も連名となっている。注目できるのは、この田地に、大祭（霜月祭り）の座元になった場合には「銭弐百文」を出すという条件が付与されていることである。江川大行事社には、所謂祭田というものはなく、各部落の特定の田地に、座元になった場合の費用を捻出するための条件が付けられていたのではないだろうか。

次に、宝暦九年（一七五九）の「御宮座之節毎年大祭両至願纏入用之品定」と題された文書である。ここで「至《じ》願《がん》」とされているのは神家のことであり、両至願というのであるから祭りの座元二名を意味すると思われる。

御宮座之節毎年大祭両至願纏入用之品定
一、御供白米弐升六合　　但両至願纏
一、御□（粢）六合六勺　　但両至願纏
一、御燈明銭　　但銀弐匁三分右同断
一、天満宮御祭　但馬草山栗壱把
　　右夜座至願纏神納分
一、掛ヶ魚壱懸ヶ朝座至願纏
　　但塩鯛
一、御へい紙四重　　但両至願纏
一、御へいくし七拾本
　　但ましの古竹　　右同断
一、大箸三勺　　至願両人纏
　　右八圓光坊へ納申分
一、大箸百六十　　両至願纏
右年々宮柱纏両至願元へ知せ申事
　寶歴九年
　　卯十一月吉日　　改之
　　　宮柱　大河内惣三郎

左：黒川高木神社供物（高盛飯、栗箸）／右：疣目高木神社供物（掛け魚、粢、栗箸）2003年

毎年の霜月丑祭りの際に、両至願、即ち座元二名が用意すべき品々を列挙しているのだが、まず、お供えの白米と粢は今までに述べた通りである。次の「燈明銭」銀二匁三分は、この祭りの際に宮司圓光坊に収められたものであろうか。前述した条件付の田地は、この費用に充てられたものと考えられる。

「天満宮御祭」については説明が必要である。実は、江川大行事社には、境内摂社として天満宮が祀られている。その祭りが、「夜座」としてこの時に行われたことを示している。おそらく、丑の日の前日の宵祭りとして行われたのであろうが、その際の供物のうち、馬草と山栗一把が座元から用意されたのである。掛け魚（塩鯛）は、大祭当日の朝、用意された。次の「御へい紙四重」と「御へいくし七拾本」であるが、現在の祭式の玉串奉奠《ほうてん》と同じように、祭りの参加者、つまり江川村の全戸主が奉奠してやがて各戸に持ち帰ったものと思われる。その数が七十本ということであり、後の「大箸百六十」本と合わせて、宝暦九年（一七五九）時点での江川の戸数（百姓）は七十から八十戸程と類推されるが如何であろうか。文政十三年（一八三〇）の「秋月藩御領分中家畜人高牛馬数」（秋月郷土館所蔵）の江川村の項では、家数一四二軒とされているが、そのうち「百姓」は一〇六軒で、三十三軒は「遊民」とされている。それより約七十年前の時点で七十〜八十軒という数は決して外れてはいないだろうが、もし霜月祭りへの参加に何らかの限定があったとすれば、百姓全戸はもう少し数が増えるかもしれない。

さて、「大箸」三匁は、圓光坊へ納めるとされているが、おそらく圓光坊を通じて神殿の御神体三体に供える膳部に添えられたのであろう。現行の黒川高木神社（大行事社）や疣目高木神社の宮座で観察できるように、栗の生の枝を削った大ぶりの箸で、粢や五穀を備えた膳に添えられたと思われる。以上の品々を毎年「宮柱」から座元に伝えるよう指示されている。宝暦九年（一七五九）は「己卯」の年であるからその年の十一月吉日に宮柱が記したのである。

以上、江川大行事社の信仰について、信仰の実践的側面を伝える祭礼についてみてきた。諸祭礼の中心とされるのが秋祭りであるが、そこに「おくんち」と霜月祭りの二つの系統が認められた。その起源を中世期に求めるのであれば、前者は「五節供」に、後者は「二季祭」に該当する。そこに荘園支配の権力の中心である彦山本山を位置づけるなら、二季祭のうち、二月午祭を「松会」を通じた種籾の配布（彦山詣り）、霜月午祭を収穫米の徴収の機会と捉えることができる。一般に「神家」などと称される特権的宮座集団における頭屋（座元）交代を伴う複雑な形式の根底には、彦山による政治経済的な権力支配と服従の関係があったのではないだろうか。その服従の代償が宗教的な保護・加護・守護であったと思われる。実質的な支配権力としての彦山は、やがてその地位を喪失して、近世の藩支配に移行するが、宗教的守護の側面だけが存続し、江川においては消滅してしまったが他の大行事社において行われている宮座祭の実践に繋がったと思われるのである。江川の事例だけでは論証できない仮説に過ぎないが、本報告の暫定的な結論としておきたい。

〈４〉常法寺について

前節で参照した文政十三年（一八三〇）の「秋月藩御領分中家畜人高牛馬数」の江川村の項には、家数一四一軒の内訳として、宗教者と思われる家が二軒載せられている。「壱軒　山伏、壱軒　寺」がそれであり、山伏が「圓光坊」

現在の常法寺

（大行事社）であり、寺が「常法寺」（浄土真宗寺院）である。人々の信仰生活を、仮に陽（正・生）の部分と陰（負・死）の部分に分けるとすれば、陽の面を主導してきたのが圓光坊であったとすれば、陰の面の中核であったのが、常法寺である。一日に昼と夜があるように、常法寺は江川七村の人々の信仰生活にとって太陽に代わる月のような存在であった。最後に、常法寺について述べておきたい。

不変山常法寺は、浄土真宗本願寺派に属している。寺に伝わる寺暦によると、開基は天正十五年（一五八七）とされるが、その経緯は以下の通りである。肥後の浪士であった高山遠江守は、兄弟であった吉良修理亮・右度右京と共に、本願寺石山籠城戦（元亀元年〈一五七〇〉—天正八年〈一五八〇〉）に六字の御旗を押し立てて加わり、その戦功に対して鎧や長刀などを賜った。だが、人生の無常を感じて出家得度し、本願寺門主顕如上人から「宗遊」という法名と直筆の六字名号を賜り、筑前に下り、江川谷に草庵を構えて村人に念仏を広めた。その年が天正十五年であったと言われる。以降、「累代系図」によると以下の通りである。

初代　宗遊　高山遠江守　後に孫太郎と改める
二代　宗吟　高山孫次郎
三代　空信　高山孫之函

四代　法信　高山伊四郎
五代　宗膳　高山伊右ェ門　享保四年（一七一九）歿（以下、月日は省略）
六代　玄正　享保十八年（一七三三）歿
七代　元台　宝暦五年（一七五五）歿
八代　観瑞　寛延二年（一七四九）歿
九代　萬同　寛政四年（一七九二）歿
十代　至同　天保六年（一八三五）歿
十一代　昇道　天保八年（一八三七）歿
十二代　龍音　明治九年（一八七六）歿
十三代　大鳳　明治十九年（一八八六）歿
十四代　与志丸　昭和十七年（一九四二）歿
十五代　普照　昭和十二年（一九三七）歿
十六代　一心　昭和十九年（一九四四）歿（戦死）
十七代　大照　現住職

系図上、没年と代数が矛盾する例がある。例えば、七代と八代、十四代と十五代がそうであるが、これは継承が親子間のみではなく、兄弟間でも行われたことにもよるし、またその間に養取も介在したことを考えれば首肯できる。例えば、現住職の高山大照氏にとって、十二代の龍音は曾祖父に当たる。大変識見の高い僧で多くの門弟を教育し、「過去帳」によれば弘化二年（一八四五）には本山から七高僧の一人として、聖徳太子の御影を申し受けている。

だが、先代（十一代）との血縁はなく、福岡の寺から養子として入っている。大照氏自身の継承もやや複雑である。父・普照（十五代）が、昭和十二年（一九三七）、五十二歳で亡くなった後、六人兄弟のうちで、兄・一心（十六代）が継ぐという形にはなったが、当時は学生であり、その後は学校の教員と兼職であったので、実質的には母親が住職の役割を担っていたそうである。その兄も教育召集で徴兵され、昭和十九年（一九四四）に戦病死したので、他所に居た自分が昭和二十三年（一九四八）に呼び戻され、一年間本山で修行して翌年から住職となったということである。曾祖父・龍音も、六、七人の子供が居たというから、兄弟間の継承も特別なことではなかったと思われる。

さて、常法寺の「過去帳」には延宝二年（一六七四）以降の記録が残されているが、それ以前についても重要な記載がある。寛文十年（一六七〇）「一宇を建立し、寺号、本尊を申し受ける」というのがそれで、常法寺という寺号、本尊と共に寺院形式の建物が建てられたということであるなら、それに相応する滅罪寺院としての宗教活動もそれ以降と見てよいであろう。ところが、本尊については、正徳三年（一七一三）「木仏本尊寄進　鮎帰権助」の記載がある。現在の本尊阿弥陀如来木像の下に、同年の記銘があるので、鮎帰の門徒である権助から寄進されたものが今日に残されたのである。その後、享保十四年（一七二九）に本堂を焼失し、三十年後の宝暦九年（一七五九）に、総門徒中を施主として本堂が再建されている。江戸時代の常法寺は、甘木二日町の光照寺の末寺であった。江川村全域を檀家として、葬儀はもちろん、盆と正月の檀家廻り、墓地の管理や法要、報恩講などの講や集会なども行われていた。明治十年（一八七七）の江川小学校の創設は、二月八日より二年六カ月の間、常法寺本堂を仮校舎としたというから、本堂は村内で最大の建物であったのであろう。その後、明治二十六年（一八九三）に大風のため庫裡が崩壊するが、翌年には信者の手によって再建されている。大正十一年（一九二二）には、喚鐘（直径一尺三寸、代価八十五円で京都若林店より求む）が寄進され、同十五年（一九二六）には、七尺四方総けやき作り碁天井の鐘楼が建てられ、梵鐘も寄進されている。

上：常法寺内陣／右上：常法寺全景／右下：常法寺からみたダムに沈む前の村の様子（江川時代）

昭和二十九年（一九五四）、周辺十町村が合併して甘木市が誕生するが、この年は大照氏の記憶の上でも重要な節目を成している。大体この頃までに江川全域で、葬法上、土葬から火葬への切り替えが完了したからである。土葬時代、死者が出ると、常法寺まで「二人の使い」が知らせに来ていた。住職は、葬家に出向いて「枕供養」をするのだが、遺体の枕元には枕飯（高盛仏飯）が供えられ、箸が一本立てられていた（浄土真宗では最近はこれをしないようにしている）。その後、お通夜があり、そして葬儀となるのであるが、葬儀の前日の夕方、葬家の組内の人で墓を掘ったのである。組内とは江川七組（部落）を指しており、常法寺は大河内組に属していた。葬儀後、遺体は瓶《かめ》に入れて酒を添えて、組内の人で埋葬した。墓地は、各部落にあり、墓は家ごとの墓であった。火葬場は、上秋月中学校の下にあり、江川からそこまでリヤカーなどで運搬していた。

　その後の最大の変化は、江川ダム建設による移転である。昭和四十五年（一九七〇）に常法寺は、現在の朝倉市甘木の一木《ひとつぎ》の地に移転するのだが、移転に際してかつて土葬にされた墓もほとんど全て掘り返して、改めて火葬にしてから新しくできた納骨堂に納めたのである。この墓の「掘り上げ」が大事業で、「オンボさん（隠坊か？）」[13]と呼ばれた墓掘り業者を中心に、地区全域の土葬墓を掘り起こしたそうである。

移転先の選定も大変であった。浄土真宗寺院は大体どこに行ってもあり、当時寺がない地域は限られており、一木に決めたが、その際、浄土真宗の近隣の組合、即ち、夜須二十三カ寺と朝倉上下で十七カ寺から構成される組合に移転の許可をもらったそうである。現在の檀家は、移転後、近隣から新たに檀家になった家もあるが、江川の檀家数は八十軒と移転前とほぼ変わらない。江川大河内のかつての寺院はダム湖の湖底に沈んでしまったが、常法寺が江川の寺であることに変わりはない。本堂奥の納骨堂の壁面には、江川時代の常法寺をめぐる風景写真が周囲に貼られている。祖先と共にそうした懐かしい風景がお参りする者を迎えるのである。江川の人々にとって、常法寺は高木神社と並ぶ信仰の支柱の一つなのである。

〈5〉終わりに――地域開発と文化保存

江川七村と言われた旧江川村の西部、江川谷（現・江川ダム）の入口に位置するのが下戸河内集落である。昭和四十年代の江川ダムの建設によって、大河内、尾払、馬場野、高野河内、鮎帰の各集落は、既に上秋月湖の湖底に沈んでしまった。残る東部地区、栗河内、稗田、河原瀬、それと栗河内からの分かれである水浦の各集落も、今回の小石原川ダムの建設（予定）によって移転を余儀なくされている。この小石原川の流れに沿った栗河内（水浦）から下戸河内に到る全集落を「江川」と総称するなら、二回にわたるダム建設によって残るのは江川の入口に位置する下戸河内だけとなる。我々の調査対象は、この下戸河内（江川西部）と水浦、栗河内、稗田、河原瀬（江川東部）であった。

三年前、調査に入った我々は、移転の進む集落の中で人々の声を記録し、祭りに参加し、残った江川の生活実践を民俗の形として留めようと努めてきた。江川に入る我々が調査の行き帰りに目にしたのが、下戸河内に立てられた「水を守るとも　やおいかんばい」の看板であった。実はこの看板には裏があって、そこには「江川の水は、都市住民の命です」と書かれている。これは分かり易い。江川ダム、そして建設予定の小石原川ダムも、治水以外にも近くに控える福岡や久留米という大都市圏の貴重な水甕である。しかしながら、方言に疎い私にはこの「やおいかんばい」が分からない。調査の当初は、「裏側の標準語を方言に言い換えたものですか」などと地元の人々に訊ねて失笑されたこともある。何度か調査を重ねるうちに次第に方言にも慣れ、「やお」が「柔らかく」であり、字義通りには「水を守るということも簡単にはいかないことですよ」という訳はできるようになったが、地元の人の中には納得しない人もいる。それもそうだろう。簡単に標準語で言えるようであればわざわざ方言では書かない。この言葉にこもるニュアンスを人々は伝えたいのである。

江川入口の看板（下戸河内）

民俗（folklore）とは何か。ある人は民間伝承と訳し、口頭伝承に限定する人もいる。また、学校教育以外で教わり、伝えられた知識の全体を指すこともある。さらに知識だけでなく集合的に伝えられた行為実践や慣習も含まれてくる。人間というものは土地に根ざして生きてきた。その土地に根ざした生きざまのすべてが民俗であり、もしこの地で文化資源としての民俗誌を描こうとするなら、その生きざまの諸側面を記述するものでなければならない。だが、本論では、そのほんの一部しか伝えられなかった。しかも、その大部分は既に「過去形」の文化資源である。そして、今また残る集落の人々も、今まで暮らしてきたその土地から離れざるを得ないのである。過去にこの土地に生きてきた祖先の墓と共にである。誰だって嫌であろう。もし他に選択肢があるなら、それを選ぶに違いない。だが、長年かかって人々を移住の決断に導いたのは、一体何だったのであろうか。

それは、小石原川の「水」であったように思う。それは、聞き書きから得られた、特に近代以降の人々の生きざまから推測できる。国家的な、国際的な政治や経済の大きな変動の中で江川の人々は、この江川の地で苦しいながら対応し、適応の営みを続けてきた。近世の山間農業から炭焼きに転換し、果樹、櫨蠟《はぜろう》、さらに昭和四十年代以降、より以上の激しい変動の下に晒され、養鶏や肥育牛にまで生業は転換していった。この最後の段階で問題が派生した。牛の肥育の過程で流される排水に対する苦情である。本来、小石原川の清流は、その川魚や渓谷の水遊びの思い出と共に彼らのものであった。江川谷なくして人々の生活は語れないものであった。ところが、江川の「水」はいつの間にか、彼らのものではなくなっていたのである。それは、汚染を許さない、都市圏住民の貴重な「水」となっていた。言わば「公共財」としてその時既に彼らの手を離れていたのである。よし、それなら都市住民の命である「水」を我々が守っていこうという決断、これが唯一残される下戸河内の人々があの看板を立てた動機であり、また東部の人々に移住を促した契機なのではあるまいか。

「江川の水は、都市住民の命です」。江川の水は、江川の人々に占有されるものではなく、彼らの知らない都市住民の命ともなっている。都市の人々へのメッセージである。しかし、そのために「水」を手放し、「土地」を離れる思いを看板の反対側に込めたのではないだろうか。「水を守るともやおいかんばい」そこに込められた感情や思いを標準語で言い切ることはできない。だが、「やおいかんばい」という表現なら、少なくとも土地の人々には伝えられるのである。ダム建設という公共的地域開発の是非をここで判断することはできない。しかし、それが人々が構築する文化の在りようを根底から変えてしまったことは事実である。土地と人々が一体になって作り出してきた文化資源は湖底に沈んでしまったが、一方で移転・移築されて現在も存続している。しかし、本論で見てきたようにその「歴史」からは切断され、遺産としての価値を保有するに過ぎない。また、本来の土地から離された人々は、新しい居住地で、移転し、距離も大きく隔たってしまった神社や寺院を支えている。一種の文化の解体であることは否めない。人々の居なくなった江川の土地には、荒れ野の風景が広がっている。しかも、一つの槌音の響きもない静かな荒れ野である。これが、政治に翻弄される現代特有の光景なのであろうか。

＊本論文は、平成二十一年度〜二十三年度の水資源機構／福岡県朝倉市からの受託研究「小石原川ダム水没集落の『地域開発と文化保存』に関する調査研究」の研究成果の一端であることを付言しておく。

【註　記】

（1）山下晋司編『資源化する文化』弘文堂、二〇〇七。
（2）ここで言う文化の消滅と生成については、ジェイムズ・クリフォード（太田好信他訳）『文化の窮状——二十世紀の民族誌、文学、芸術』人文書院、二〇〇三、参照。ただし、本稿が扱うのは「生成の語り」ではなく、むしろ歴史を遡る本源性である。
（3）「江川七村」という表記の初出は、貝原益軒『筑前国続風土記』（宝永六年〈一七〇九〉完成）である。七村とは、下戸河内、尾袮、井口、大河内、高野河内、鮎帰、栗河内とされている。
（4）佐々木哲哉他（「江川の信仰」『江川』甘木市教育委員会、一九六九）一〇一—一七六頁。
（5）彦山については、英彦山との表記もある。享保十四年（一七二九）、霊元法皇の院宣により「英」の字を賜り、以降今日まで英彦山の表記が一般的であるが、本稿ではより古い時代を対象にしているので史料名以外は彦山で統一した。

(6) 神仏分離とその歴史的・宗教的意味については、本書、第1章第二節を参照。

(7) 小林健三編著『稿本 英彦山神社誌』英彦山神社社務所、一九四四。

(8) 六観音とは、(モ)不空羂索観音、(カン)馬頭観音、(サ)聖観音、(キリク)如意輪観音、(キャ)十一面観音、(キリク)千手千眼観音であり、真言系では不空羂索観音が准胝観音(ブ)に変わる。

(9) 佐々木他、前掲書、『江川』一九六九、一二三頁。

(10) 渡辺澄夫編「豊後国荘園公領史料集成 二」(『別府大学史料叢書第一期』一九八五)一四―二一頁。なお、本文書は、寛文九年(一六六九)の権律師豪隆による写しである。が、安貞二年(一二二八)の年記については、関連史料の検討によってほぼ確証されている。一瀬智「作品番号一〇解説」(『大分県国東宇佐六郷満山展』図録、九州国立博物館、二〇一七)三四頁を参照。

(11) 佐々木他、前掲書、『江川』一九六九、一二四―一二五頁。

(12) 同上書、一二六―一二七頁。

(13) もしそうであれば、隠亡、隠坊などの字を充てられる中世以来の葬送に関わった三昧聖のことで、これまで差別の対象となってきた。細川涼一『漂泊の日本中世』ちくま学芸文庫、二〇〇二、四六―四九頁、参照。

三　英彦山の信仰と民俗

〈1〉彦山信仰の錯綜

古代から現代に続く彦山信仰の全体を、ここでは「彦山」の総称で括っておくが、その特徴を一言で言うなら大変錯綜して分かりにくいということである。古代・中世・近世・近代・現代と幾重にわたる信仰の糸が織り成す誠に複雑な織物で、その文様を一挙に解き明かすことは難しい。現在、一般の人々が彦山の山内に足を踏み入れても、一体何を対象にどのように拝めばよいのやら、途方にくれてしまう。第一、彦山と言えば、山伏を連想するが、その姿を目にすることもなければ、法螺貝の音を耳にすることもない。これが現代の状況である。

歴史を俯瞰して捉えてみると、彦山信仰には二つの局面が認められる。第一局面に重要な情報を提供するのが、建保元年（一二一三）成立の『彦山流記』（以下『流記』）である。成立年代に若干の疑義が示されてはいるが、鎌倉時代初期の彦山信仰の実態を伝えていることは間違いない。信仰面の最大の特徴は「神仏習合」である。神仏習合とは、ただ単に仏教と神道が混合している状態を指す用語ではない(1)。神道という言葉が、今日の神社神道と等しく捉えられてしまうので、六世紀中頃に我が国に仏教が伝えられる以前の土着の神々に対する信仰を「神祇信仰」とすれば、それと公式／非公式に伝えられた初期密教を含む仏教との相互交渉の中で、両者が総合された（syncretized）新たな段階である。歴史的には、八世紀後半には、畿内を中心に「神身離脱現象」を契機に神を祀る神社に「神宮寺」が併設されていき、やがて、日本の神は印度の仏が衆生救済のために姿を変えて現れたものだという「本地垂迹説」が一般化していく。(2)『流記』の伝える信仰世界の背景にはこうした思想状況があり、彦山信仰を解明するということは神仏習合を解読することに他ならない。

『流記』には、信仰を支えた組織についても記述がある。それは寺社勢力と呼ぶに相応しい大組織で、彦山神領とされるその支配領域は、豊前・豊後・筑前にまたがる「四境七里」の範域（四十八の大行事社）で、中心となる天台宗霊仙寺《りょうぜんじ》の大講堂（現・英彦山神宮）には、講衆一一〇人、先達二〇五人が詰め、さらに山内の南谷・北谷・中谷・惣持院谷に二百余りの坊があったとされる。組織は、鎌倉時代以降、さらに拡大していくのだが、この第一局面の彦山信仰を一挙に遮断してしまう事態が生起する。近代の幕開け、明治元年（一八六八）の「神仏分離」とそれに続く「修験道廃止令」である。神仏分離とは、簡単に言えば、第一局面の彦山信仰の中核であった神仏習合の禁止であった。そして組織の中核であった修験者（山伏）は、還俗や帰農を余儀なくされ、ほとんどが山を去った。しかし、彼らこそ民衆との間にあって、中世期は神領の大行事社を通じて、近世では九州全域に分布する檀家を通じて、人々を山に導き、また村々の祭りや芸能を教導する主体であった。この第二局面の事態とは、例えば、周辺地域に大きな影響を与えた六百年続いた大規模な学校から、教師が全員消えてしまい、残ったのは校長先生（座主＝宮司）と生徒（民衆）、そして施設だけといった事態である。しかし、神仏分離から約百五十年、我々が研究対象とできるのは、第一局面の史料と、第二局面を通じて人々に伝えられた記憶伝承や行為伝承しかない。

ここでは宗教民俗という視点からそれらを解きほぐしながら、第一局面の彦山信仰の要点に迫りたい。

〈2〉ヒコとヒメ——彦山信仰の基層

元来、ヒコとヒメは古代的な男女の呼称であるが、具象的な指示対象としては陽石（男根石）と陰石（女陰石）を表す。記紀神話の国生み・神生み自体が男女の結合から始まる。我が国の山岳信仰にも濃厚な痕跡を残しているが、おそらく仏教以前の民俗信仰を反映している。彦山の山域でこの段階の遺跡を挙げるとすれば、深倉峡の「男岩・女岩」であろう。男岩とは、崖上に屹立する男根形の自然石であり、谷を挟んで「姥《うば》ヶ懐《ふところ》」と呼ぶ、巨岩の岩陰（女岩）と対置している。平成八年（一九九六）を第一回として、毎年十一月の第二日曜日に「男魂《おとこ》祭」が行われている。もちろん、この祭は現代的に再編されたイベントに過ぎず、祭り自体に歴史的な価値があるわけではない。しかし、祭りに先立って、姥ヶ懐の女岩の岩陰に祀られた観音に対する法会が、篠栗の呑山観音寺の僧侶によって執行されるが、その契機は地元の老婆の同観音に対する熱心な祈りであったという。

男岩（英彦山深倉峡）

男岩については、次のような伝承がある。天狗の悪さに村人が困っていたところ、「権現様」がその天狗の子供を大きな岩に変えてしまった。ところがその後、その天狗の祟りと思える出来事が続いたので、慌ててその岩を探したが、見つからない。ある日、姥ヶ懐に「お参り」に行くと、子供の泣き声がするので見上げたらその岩がそそり立っていた。これが天狗の子供の化身かということで、男の神と

姥ヶ懐（女岩）

して祀るようになったというものである。単純な話ではあるが、「男岩」が、姥ヶ懐（女岩）とセットとして崇拝されることが説かれている。この段階の基層信仰と類似するのが、四国の石鎚山の事例である。そこでは、石鎚山現在も、谷を挟んでこの両岩は長い注連縄で繋がれている。現在も、谷を挟んでこの両岩は長い注連縄で繋がれている。

=天柱石（男根）と隣接する瓶《かめ》ヶ森《もり》=瓶壺（女陰）の対置として表れている。彦山の場合、このヒコ／ヒメの対比は、中興の祖とされる法蓮の伝承に鑑みれば、広域では彦山／宇佐の対置に拡大される。

こうした仏教以前の民俗信仰に、時を経て雑密系法師集団が関与してくると、この男女の象徴的対比は、ヒコ／ヒメ／ミコの三元論に転換し、山内の主峰に比定されるようになる。最高峰である南岳にイザナギ、中岳にイザナミ、そして北岳にはミコ神であるアメノオシホミミが祀られる。もっとも彦山の場合、各々、俗躰嶽・女躰嶽・法躰嶽と称されてきたように、当初より神仏習合色が顕著である。即ち、南岳は「釈迦」が俗形で現れ、中岳では「観音」が女性の姿で、そして北岳は、「阿弥陀」が僧形で垂迹したと伝える。この段階で熊野との類似性に気づくのは自然である。熊野では、新宮=速玉（イザナギ）=薬師、那智=イザナミ=観音、本宮=ケツミミコ=阿弥陀という構成をとるが、ヒコ／ヒメ／ミコの三元構造は共通する。石鎚の場合であると、石鎚（ヒコ）／瓶ヶ森（ヒメ）／子持権現（ミコ）の三峰構成である。この段階の熊野や石鎚との共通性は、先述した『彦山流記』にも述べられているし、『長寛勘文』（一一六三—六四）所収の「熊野権現御垂迹縁起」にも説かれている。

熊野と比較して、彦山の特徴を挙げれば、熊野は三山という構成であるのに対し、彦山は一山で閉じて三所権現という形態をとること。それから、ミコ神の位置づけが熊野に比べて、記紀神話との連続性が高いという点である。山内には、高天原という地名もあり、天孫降臨の主役であるホノニニギは、後述する般若窟（玉屋窟）で誕生し、日向の国に降ったとの伝承もある。そしてこの点が、後に彦山の一山組織を特徴づける、皇室との繋がりをもつ「座主」制の根拠ともなっていく。さらに、彦山の場合、山内全体に基底にある男女の二項対立の象徴性が充満している。彦山の修行形態の特徴は、山内の「四十九窟」とされる岩窟への籠り行である。ここには、俗躰（男）である行者が、岩窟（女躰）に籠り、何かを「結ぶ」（産出する）というロジックが潜在している。

さて、彦山の神格にみられる三元構造がそれ以上の展開を示さなかったのかというと、そうではない。佐賀県（肥前）の呼子は、近世期、鯨漁で名を馳せた唐津藩支配の漁村であるが、集落に主な神社は二社あり、今日まで存続している。今は、三神社、八幡神社と呼ばれているが、近世期は各々、妙泉坊、龍泉坊という「彦山山伏」が社僧を勤めた神社である。このうち、妙泉坊は神仏分離を契機として結局廃絶してしまったが、龍泉坊は還俗して八幡《やわた》氏と改名され、今日もその御子孫が神官を務められている。(3) 同氏所蔵文書によれば、近世期の社名は「熊野三社八幡宮」、

彦山垂迹曼荼羅

一方の妙泉坊は「呼子三所権現」であった。この龍泉坊には、近世期の掛軸が二軸伝わっている。そのうち、一幅には記述があり、龍泉坊林観が、安永六年（一七七七）に彦山に入峰修行したことを記念する肖像画であり、天明五年（一七八五）に役廣延が記したとの記載がある。もう一幅の絵図であるが、彦山の神々が描かれたものであることは推測できるが、何の記載もないので仮に「彦山垂迹曼荼羅」と

しておく。龍泉坊のような地方の神社（宮）の社僧が入峰修行を行った際に配布されたものと思われる。つまり、近世中期においては、彦山の神格について同図の捉え方が一般化されていたのではなかろうか。

ここに描かれた神々をどう特定するかについては、『太宰管内志』所収の「彦山記」の記述が参考となる。[4] 伊藤常足によれば「彦山記」は、橘正通の作で天正九年（一五八一）に大友氏の兵火に焼かれて天保十二年（一八四一）頃の段階ではわずかしか残されていないという。同記述を参照すれば、まず、上段の三神は、俗躰・女躰・法躰に描かれた彦山三所権現に間違いなく、三神の頭上には神鳥である「白鷹」が描かれている。[5] 中段の三女神について「彦山記」は、「宇佐嶋」より来りて北嶺に鎮座したとする。ところが、「神代に鎮座した七神」（上七神）と「祖師開峰の時に出現した五童子」（下の五座）とに分けると、前者に属するその固有神名は「田心姫命」、「湍津姫命」、「市杵嶋姫命」ということになる。宗像三女神である。この段階で宗像＝宇佐八幡同体の枠組があったと解釈せざるを得ない。神代鎮座の七神のうち、残る一神が、絵図中央の女神、白山「菊理姫」である。下の五座については、向かって右の赤色鬼神形が、「大聖童子」（四　大南窟）、左の青色鬼神形が「金杖童子」（一　玉屋窟）、下段の、向かって右が白馬に跨った「福智童子」（七　智室窟）、左が虎に乗った「都良童子」（六　鷹栖窟）である。残る一社が、「彦山記」は「深秘の一社」としているが、絵図では中央で猿が二匹対面して蹲《うずくま》っている部分である。実際の窟としては、第五の五窟（大行事窟・経の窟・鷲窟・龍窟・問窟）を指しているかもしれないが、「彦山記」は「総じて十二社」であることが強調されており、「深秘の一社」としてまとめたのかもしれない。とにかく、彦山三所権現の枠組は、熊野十二社権現と同等視され、天神七代・地神五代を経て、その枠組の中に、宇佐八幡及び宗像三神、そして白山権現をも取り込む形で近世期には広く人口に膾炙されていたのである。

最後に、この三元構造が、民間の宗教民俗にどう波及したかという点について、一点だけ指摘しておきたい。筑後から肥前、佐賀地方に濃密に分布するのが、浮立（風流）と呼ばれる民間芸能である。この浮流に不可欠なのが大太鼓三基なのであるが、三基に装束（衣装）の飾りつけをする。その飾りつけのルールが、ほぼ共通して俗躰・女躰・法躰なのである。つまり、太鼓三基は、彦山三峰を象徴しているのかもしれない。とすると、どの舞においても中心となる「宝珠」形の被り物は、次に述べる「如意宝珠」を表している可能性もある。

〈3〉如意宝珠とオホシサマ――仏教と民俗の接点

般若窟（玉屋神社）

彦山四十九窟のうち、第一窟が「般若窟」である。鎌倉時代に成る『彦山流記』によれば、元来、彦山権現は八角の水晶の石体となって般若窟に天下ったとされるが、後に法蓮が十二年間参籠して金剛般若経の読経を続け、ついに倶梨伽羅龍の口から「如意宝珠」を得る。如意宝珠とは、サンスクリットで言うチンタマーニ、あらゆる願いを叶える不思議な宝珠（玉）である。しかし、法蓮の修行を助けてきた白髪の老人が自らを八幡大菩薩であると告げ、最終的には法蓮より宝珠を譲り受け、それを宇佐宮に納め、法蓮は神宮寺である弥勒寺の開基となる。その後、法蓮は般若窟に帰り、宝珠に因んで玉屋窟と名づける。ここには、彦山三所権現の結実が如意宝珠であること、そして法蓮を介しての彦山と宇佐八幡との密接かつ錯綜した関係が語られているが、宇佐信仰圏の国東・六郷満山の諸寺院がほぼすべて、開基仁聞菩薩、中興を法蓮としているので、彦山と宇佐はほぼ同一の信仰圏であると見て間違いはないであろう。

御供人に背負われて神社に入るオホシサマ（福岡県東峰村福井神社）

さて、如意宝珠はあくまで修行者が感得するとされる仏教的な「概念」であり、その具象形は玉とされるものの具体的なモノではない。しかし、これが民俗に展開すると「オホシサマ」として物象化される。彦山山麓から例を挙げてみたい。

一つは、宝珠山村（現・東峰村）福井神社である。ここは元来、米童大権現社と呼ばれてきたが、その名の由来は、修験道の開祖である役小角がここを訪れた際、彦山南岳の神々が童子の姿で供応し、その際、福の井という井戸から米が噴出したという奇跡に因む。十月末にオホシサマ祭りが行われるが、まず、前日に祭元の家の裏山に一年間奉置した神聖な「御饌米」を祭元の家で開き、その状態で年の吉凶を占う。翌日には、オホシサマと呼ぶ藁神輿に穀霊を迎え入れ、以降、祭の期間中、オホシサマは御神体として扱われる。オホシサマの内部には、御供米一升三合で作った餅が、白餅を上に、小豆で塗したものを下にして入れられる。御供人はオホシサマの尾を前に両肩に乗せるが、オホシサマの頭の部分には大幣が挿される。この大幣は柄の竹の部分を「八角形」に削らねばならない。それが「一番手間のかかる大切な作業[6]」であるとされる。この八角が、彦山権現が「八角の水晶の石体」となって天下ったという故事に因むことは明らかであり、オホシサマは「如意宝珠」そのものを表している。

もう一つの事例は、彦山座主の山麓の住居（黒川院）があった朝倉市黒川の例である。黒川高木神社は、元は大行事社で、福井と同じく、彦山神領、即ち荘園の一部であった。祭は、同じく十月末で、ここで「ミホシ」と呼ばれるのは、長さ一六〇センチ、中心部の直径四〇センチ程の藁苞で、中心部には「ミホシ」米が木箱に納められている。

一年間、天神森の椎の大木の上部に括られたミホシを降ろし、ミホシ改めと称して中の米粒の状態を検分する。異常がなければ吉、あれば凶とされる。これらの事例から、「オホシ」あるいは「ミホシ」と言われるものが「御宝珠」であることは明らかである。しかしながら、同じ形状の物を「ホシ」（宝珠）ではなく、「ミト」と呼ぶ例があるのでそれを紹介してみたい。

彦山山麓の落合高木神社は、元は大行事社で、霜月第一卯日（現在は十二月第二日曜日）に「神家（ジンガ）」を主体にした宮座制の祭を行っている。宮座の口上なども現存する古式ゆかしい祭なのだが、祭祀の中心となる「御造米様（オミトサマ）」については、大正六年（一九一七）に中絶され、今日まで復活していない。しかしながら、昭和三十一年（一九五六）に旧落合村神家中による「高木神社霜月祭々祀記録」があり、佐々木哲哉が収録しているので、それによってオミトサマの形状や内容も明らかとなる。[7]御造米様は、左右二体が作られ、左が「御神之御造米様」とされる。選り藁で丹念に作られるが、その形状はほとんど黒川のミホシと同様である。注目すべきは中に入れる物である。予め「神の膳」として供えられた中から蓋付きの木地椀（少し米が入っている）に左右の盃の米及び御神酒を混ぜて、「恰も磨く様に揺する[8]」。こうして中に残る水滴を振り出して、蓋を固く結えて御造米様の中に納める。右の御造米様には、神の膳に供えられた紙包みの白米七合五勺をそのまま納め、「当渡し」の受け取り夫婦が自宅の神前に供えてから炊いて食する。

ミホシ（朝倉市　黒川高木神社）

一方、左のオミトサマは、白衣の若者が、「下部の藁を二つに分けて首を挟みこむようにし、後ろ肩から頭上に垂直に立てて[9]」当場を引き受けた神家の家に運び、オミト柿やオミト栗と称する

呼子三所権現の正面に据えられた巨大なミト（佐賀県唐津市呼子町）

柿や栗の巨木に藁で覆って結える。一年経つと木地椀の中の米は綺麗な「麹」となり、御神酒の仕込みに用いられたのである。

以上、ホシあるいはミトと呼称が違っても、ご神体としての形状や扱われ方（運び方）はほぼ共通しており、「如意宝珠」信仰が展開した民俗と捉えられる。ただ、ホシと違って、ミトという言葉の由来は明らかではない。佐々木哲哉は、オミトは「御神苞（おみつと）」であるかもしれないという考えに触れている。だが断定はできない。

最後に、ミトの事例として、先述した佐賀県呼子の事例に触れて置きたい。呼子には、妙泉坊・龍泉坊という二人の彦山山伏が居たことを述べたが、このうち、妙泉坊が管轄する呼子三所権現（三社神社）の真前で、旧五月五日に行われたのが「大綱引き」である。巨大な雄綱と雌綱の片一方の端が輪になっており、その輪を中央部で繋ぎ、上から藁と筵で幾重にも覆って大きな膨らみを作る。現在はその膨らみをさらにロープで覆って結えてあるが、元は藁綱であったという。この膨らみを「ミト」と呼ぶ。その中央には、「ジャー」と呼ぶ独特の幣を挿し、三所権現の鳥居の正面にセットする。勝敗は、このミトが雄綱側か、雌綱側のどちらに引き寄せられたかによって判定される。三回競われ、先に二回勝った方が勝者となる。この結果には、豊漁となるか、豊作となるかという占いの要素もあり、ミトは明らかに御神体として扱われている。松村利規は、このミトについて、「古語にみる『男女の陰部』としてのミトであって、それは『男女陰部の結合そのものの状態』と解されるべきものだ」という民俗学者・山口麻太郎の説を紹介している。[10] 松村と同様に、筆者もその真偽を判定することはできない。ただ、ここまでに見てきたように、彦山三所権現の三元構造に照らすと、ミトは男女の象徴的な結合の結果として産出される「宝珠」と等価であり、呼子三所権現を統括する妙泉坊がこの綱引き儀礼に関与したとしても信仰の枠組には整合するのである。

〈4〉顕密寺社の神祭の原型――「二季五節供」

さて、ここで祭りについて少し整理しておきたい。祭り、そして年中行事としてのその祭日をどう特定するかは、現在まで存続する祭りを考察する場合の鍵となる重要な問題である。民俗学の一般的定説としては、四季の祭りとその意義が想定されるのであるが、本稿が対象としているのは、彦山という中世の顕密寺社である。「顕密」というのは、中世仏教の教義内容に注目した実際に用いられた言葉で、字義通りには「顕教」（生前の仏陀が説いたとされる三論・成実・法相・倶舎・華厳・律の六宗）と「密教」（その後に展開した天台及び真言密教）の両方を指すが、具体的には密教の優勢のもとにそれらが統合された状態を示している。また、「寺社」とは、仏を祀る寺と神を祀る社が統合された神仏習合の組織・施設的状態である。本節第1項で述べたように、平安末・鎌倉から江戸時代にかけての第一局面の彦山信仰を対象にするのであれば、その信仰や儀礼を担った主体は、中世を主とする顕密寺社であるということになる。

もちろん、顕密寺社という形態は全国的なものであり、彦山霊仙寺《りょうぜんじ》に限られるわけではない。北部九州で言えば、先述した宇佐八幡や宗像宮は言うに及ばず、彦山を取り囲むように配置される福智山（金光明寺）・普智山（等覚《とかく》寺《じ》）・蔵持山（宝船寺）・求菩提《くぼて》山（護国寺）・松尾山（医王寺）・檜原山（正平寺）の豊前六峰、さらに天満宮安楽寺（太宰府）や高良山、脊振山など、ほとんどが顕密寺社であり、同様な信仰構造を担っていた。となると、現在残存する宗教民俗のうち、いずれが彦山に関連するかを特定することは至難の技ということになるが、とりあえず、顕密寺社としての共通性を念頭に置きつつ、地理的近接性や歴史的関連性を手がかりに検討していくしかあるまい。

まず、祭日についてであるが、先ほど、彦山と宇佐はほぼ同一の信仰圏であると述べた。その宇佐の六郷満山の長安寺に「安貞二年（一二二八）」の「豊後国六郷山諸勤行幷諸堂役祭等目録〈写〉[11]」（以下、「六郷山文書」）が伝わる。この書は時の将軍家（執権、北条泰時）に献上された祈禱巻数目録の写しであるが、当時の宗教活動を知るための好史料である。ここには、総計三十二カ寺が載せられているが、そのうち十八カ寺で「神祭」が行われている。祭祀対象はその全てが「六所権現」である。六所権現とは、宇佐女神に連なる「比咩（ヒメ）神」と「神功皇后」から成る二所権現と四所若宮である。祭日については、その全てが「二季五節供」という定型的表記が用いられている。

五節供とは、既に近世には一般に流布し、現在も定着している節句である。即ち、一月七日の人日《じんじつ》または七草の節句、三月三日の上巳または桃の節句、五月五日の端午の節句、七月七日の七夕の節句、九月九日の重陽の節句である。宮中の行事が民間に広まったというのが定説であるが、顕密寺社においても「神祭」として実施されていたことに注目しなければならない。北部九州では、むしろ、顕密寺社が基点となった行事が目立つ。例えば、現在でも旧暦一月七日を中心に六郷山天念寺など三カ寺で行われる「修正鬼会」であり、新暦に変化したが一月七日夜の、久留米の大善寺玉垂宮の「鬼夜」、太宰府天満宮の「鬼すべ」などがある。現在も、大勢の若者に担がれた大松明の「火」や「鬼」が出現する大掛かりな儀礼であることに変わりはないが、実は顕密の教義双方、そして寺社組織全体を動員する儀礼であった点に注意しなくてはならない。先述した「六郷山文書」には、「神祭」や仏事「勤行」だけではなく、その役割についても興味深い記載がある。即ち、各寺社（寺院）において、「顕宗学侶」は、観音や薬師の前で「一乗妙典」、即ち法華経を学び、「密教仏子」は、八幡神を崇め、六所権現の社檀において「神咒」を唱える。そして「初学行者」は仁聞菩薩に縁のある百余りの巌窟を回峰修行するというのである。つまり、寺社組織全体には大きく「学侶」と「行人」の区分があり、教義的には「顕教」と「密教」の違い、そしてそれが「仏事」と「神事」に重複する。顕／密、学／行、仏／神が複合する大規模法会であったのであり、その影響は北部九州全域に及んだ。一月七日に村の入口などで大きな火を炊く習俗を、「オーネビタキ（鬼火焚き）」とか「ホッケンギョー（法華行）」と呼ぶ地域は多いが、その習俗が各地域の拠点寺社の修正会に由来することを示している。

さて、彦山周辺にこの「五節供」の痕跡は見出せるのであろうか。佐々木哲哉は、『彦山流記』に記される「第十一鷹窟、守護神、検僧童子」の所在を確かめ、昭和四十三年（一九六八）に現地を訪れ、鷹窟権現の宮柱を勤めてきた岩屋河内集落の緒方治氏から、本来、鷹窟に安置されていた三体の権現像（仏像）と、寛文十一年（一六七一）に記された『鷹崛由来略記』（以下『略記』）を確認し、記録している。[12]『略記』によれば、鷹窟三所権現とは、伊弉冊尊・伊弉諾尊・天忍骨尊の三神であり、本地仏は千手千眼観音菩薩、釈迦如来、阿弥陀如来である。弘仁四年（八一三）に羅運[13]がこの窟で修行中「願ワクハ三所和光ノ尊躰拝セント」祈った所、岩中が震動して三所権現が出現した。「僧身　俗形　女容（ノ）各威儀厳然タリ」とされるのが、三体の仏像であり、その背面には正保四年（一六四七）、「宮司梅本坊」との銘がある。出現から暫くすると巽の方向から三羽の鷹が飛んできて、岩が割れて中に飛び込んだ後、岩が元通り閉じたという。この第十一窟は、古くは「彦山福泉坊」が宮司であったが、その後「蔵持山梅本坊」が社務職を継いだが、「今ニ怠ラズ　毎年五度ノ供具ヲ調備ス」。「尚又当邑緒方氏某ヲ以テ累代此宮柱ト稱ス」とある。宮司が福泉坊から梅本坊に代わっても「五節供」は必ず行われ、緒方氏を「宮柱」として実施されてきたことがうかがえる。しかしながら、五節供の継続は絶たれる。昭和四十七年（一九七二）の佐々木による調査によれば、現地で「権現祭り」と呼ぶ祭りは、「密教徒によってもたらされた、年初めにおける除災・招福の卜占神事」[14]である「百手祭」のみであり、五節供のうち、正月行事のみが残存したのではないかと推測している。とすると、廃絶した他の節供でもこの祭とほぼ同じ形態であったと考えられるので、その祭祀組織や形式に注目してその要点を記しておきたい。

まず、期日に関してであるが、一月十五日から二月十五日の間で日を選んで行われる。祭祀組織は、彦山周辺の他の地域と同じく、「神家《ジンガ》」と称する「村の草分けの人々」の世襲する特定の祭祀集団による宮座制組織である。岩屋河内では、元は、彦山山伏であった「神官」と緒方家の「宮柱」、そして十軒の「神家」によって祭が営まれる。十軒の神家の中から毎年二軒（二人）が「座元」に選ばれ、一軒が祭り座（座元）を引き受け、他の一軒が「相当（あいとう）」となる。祭は座元の家で行われ、当日午前中までに床の間に祭壇が作られる。正面に「鷹嶇神社」の御神号と御幣を掲げ、その前に「神前献備の五種」、即ち、野菜（大根・人参・昆布）・神酒徳利一対・オカケ（高盛飯）一対・散米一升・鯛一尾を三宝に載せて供する。そして、黒モチの枝で拵《こしら》えた弓二張と竹の矢五本、周囲に東西南北の文字を配し、中央に黒丸を描いた的も祭壇に供えられる。

神事は、神家全員が座元の家に参集して午後二時から始まる。祝詞奏上の後、座元―宮柱―神家の順に玉串奉奠を行い、弓行事に移る。庭の一隅を結界し、恵方に向けて的を据える。清め莫蓙が敷かれ、神官と座元・相当が座すと、男子一名の給仕によって「三献の盃」が行われ、その後、神官によって最初の「弓射」が行われた後は、参加者各々が弓射を行う。以前は、東西南北と書かれた的への当たり具合で吉凶占いが為されたと思われるが、当時、既にその要素は廃絶している。特徴的であるのは、その後の「直会」である。古い献立によれば「本膳一汁三菜」の後、最後は「酒三献の事」で締められているが、その後は延々と飲酒が続き、かつては深夜まで酒宴が続き、酒一斗が用意されたという。また、この直会の途中で、宮柱の指示によって「御当場渡し」が行われる。御当場帳（祭帳）を入れた箱が、その年の座元から宮柱に渡され、宮柱の挨拶の後、宮柱から給仕人を経て、翌年度の座元と相当に「盃」と共に帳箱が渡される。所謂「当渡し」であるが、酒宴の一環として引き継がれるのである。その後も酒宴は続き、神家が帰る際には、玄関先で湯呑みに注がれた「わらじ酒」を飲み干さねば帰れないというルールもあったようである。

〈5〉「延年」の残存――彦山周辺の神家祭

さて、「二季五節供」のうち、五節供に関してはこの辺で留めておきたい。北部九州全域に拡大すれば、五節供のうち、正月と九月に最も強い集中が見られる。[15]正月については既に述べた通りである。一方、九月九日は、顕密寺社にとっては、五節供の最後を飾る「遷座」や「動座」を伴う、即ち神輿の巡幸を伴う重要な節目であった。北部九州では、一般に「秋祭」のことを「おくんち」と呼ぶが、その祭日の分布は、旧九月九日に収斂する傾向がある。その点から見ても、「おくんち」は「御九日」、即ち、九月九日行事であったのではないだろうか。一方、「二季」については、五節供とは別の季節の祭であり、これについて「六郷山文書」は、二月と十一月と表記し、さらに「後山石屋」の項では「二月十一月初午勤也」、「辻小野寺」の項では、「二季祭　二月十一月中午日勤」と特定されている。[16]初午と中午の違いはあるものの、春祭は旧二月、秋の収穫祭は旧十一月、即ち霜月に行われたと見て間違いはないであろう。

この二季祭について、義江彰夫は重要な考察を行っている。[17]本来、この二季祭は、律令制の展開と密接に関わっている。我が国における本格的な律令政治は、大宝元年（七〇一）の大宝律令の制定とともに始まる。公地公民という言葉に示されるように、我が国の全ての土地（農地）と民衆は、天皇を中心とした中央集権体制に組み込まれるのである。天皇による支配の正統性を確立するためにも記紀の編纂が急がれたのである。こうした状況下で、律令体制の財政的基盤を確立するための「税」（＝米）の徴収はどのように行われたのか。それは民衆にとって馴染みのある、最も抵抗の少ない形式でなければならない。そこで用いられたのが、古来から伝わる二季祭のロジックである。旧二月、全国から中央の都に集められた神官らは、神祇官の頂点にある天皇の祈願を得た「幣帛（みてぐら）」と呪力の籠った「種籾」を班給され、各地に帰って幣帛に対して祭りを行った上で、種籾の一部を民衆に頒布し、民衆はそれらを混ぜて「播種」し、稲を育てていく。霜月（旧十一月）に行われる収穫祭の重要なテーマは、こうした過程を経て収穫された米の一部、即ち「御初穂」の献上である。この「初穂」が、初期の「税」に他ならず、各地の「屯倉《みやけ》」に集められ、都に運ばれたのである。民衆にとってみれば、朝廷から班給された「有難い」種籾と幣帛のご加護によって豊かな収穫が可能となったのであり、その一部を初穂として献上することに無理はない。こうして神道信仰と調和した二季祭のサイクルが完成し、順調に機能していったのである。

しかしながらこの調和状態は、四、五十年しか続かず、八世紀半ばには二月に神官が都に参集しない事態が生じてくる。と同時に、各地で「神身離脱現象」、即ち、各地の神々が巫女の口を借りて「神の身を離脱して仏になりたい」と告白する現象が頻発するのである。もちろん、この現象の背景には、仏教思想の浸透がある。仏教には、輪廻転生を余儀なくされる「六道（地獄・餓鬼・畜生・修羅・人・天）」の考え方があり、日本の神々は「天」部に位置づけられるが、それは、人に似て、性別や寿命、喜怒哀楽があって、六道から解脱した仏（如来・菩薩）とは区別されるのである。こうした神々の願いを叶えるために、各地の神社には「神宮寺」が併設され、仏僧（法師）が神前読経などを通じて奉仕していくことになる。所謂「神仏習合」の開始である。経済的には、二季祭を通じて朝廷に還流するはずの収穫米（税）は、各地の豪族らを経て、各地の神宮寺や顕密寺社に注ぎ込まれていく。つまり、寺社荘園へと移行していくのである。

中世彦山の四至《しいし》は、東は豊前国上毛郡、南は豊後国日田郡、西は筑前国上座郡・下座郡・嘉摩郡、北は豊前国田河郡という広大な領域で、そこに四十八、あるいは三十六の大行事社が設けられた。大行事社は、高皇産霊尊《たかみむすびのみこと》【本地・聖観世音菩薩】を祀るが、明治以降は高木神社と改名して今日に至っている。この大行事社の縁起によると、法蓮が弘仁七年（八一六）に「勅賞によって四維七里の神領を賜った」とされ、さらに弟子の第四世羅運が、弘仁十三年

（八一二）に四十八カ所の大行事社を設立したという。[18] こうしたことから、彦山という寺社勢力による荘園領の確立は、弘仁年間（八一〇―二四）、九世紀初頭と見ることができ、二季祭のうちの収穫祭（霜月祭）も各大行事社に引き継がれたと考えることができる。

彦山の大行事社（高木神社）で、霜月祭の実施を確認できるものを挙げると、以下の通りである（括弧内は祭日[19]）。市では、赤谷（十五日）・白木（十四日）・黒川（一日）・佐田（丑の日）・江川（丑の日）、田川郡では、上津野（卯の日）、下津野（卯の日）、落合（卯の日）、京都《みやこ》郡の下伊良原（丑の日）の九カ所である。祭日については、「六郷山文書」では「午」の日が挙げられていたが、ここでは「丑」や「卯」の日となっている。しかし、何よりも霜月祭が、彦山支配領域に対する「税収取」の機会であったとすると、この時に神家や当渡しといった「宮座制」の形式が顕わとなるはずである。だが、上記九カ所のうち、宮座形式を伴う霜月祭は、赤谷・落合・下伊良原の三カ所に過ぎない。他の六カ所では、宮座形式は、「おくんち」、即ち第五節供に移行している。また、九カ所以外の、朝倉郡須川（九月十七日）と京都郡上伊良原（九月丑の日）の大行事社（高木神社）では、既に霜月祭は消滅し、宮座制のおくんちのみとなっている。この分布から捉えるなら、本来の収穫祭は、収穫が完全に終了した霜月祭であり、御初穂としての供米には、徴収される「税」の意味が込められていたように思われる。だとすれば、宮柱を中心とする神家集団は供米を提供すべき責務を負った集落の代表者の集団であり、宮座制という形式は、本来は霜月祭に顕在化する社会構造であったはずである。ところが、荘園制が形骸化していくに連れて、宮座制は祭礼のみの機能を担うようになり、他の節供、特に第五節供（おくんち）に移行しつつあるのではないだろうか。

落合大行事社（高木神社）は、英彦山山麓の表参道の拠点に位置し、古くから彦山とも密接な関係を有してきた古社である。霜月第一卯の日に、上落合・下落合の神家らによって「卯の祭」と呼ぶ宮座制祭礼が行われてきた。古くから「上八軒」「下八軒」の十六軒の神家によって、宮座が構成されてきたが、ここの特徴は、この神家が、集

落合大行事社の「卯の祭」。「三献の儀」が始まり、欠席した神家の座位には小幣が置かれる（2012年12月9日）

落（部落）を単位にしていることである。集落名を挙げ、平成二十四年（二〇一二）時点で神家が居る集落には括弧内にその姓を記入すると、次の通りである。上落合では、田ノ畑（持松）・瓜金・大瀬・荻野（篠原）・徳ノ渕（野北）・柿ヶ平・打ヶ瀬（藤井）・小中尾（藤井）の八軒であり、下落合では、角（角崎）・城野（伊藤）・石出・矢形原・下田（加藤）・井手口（斉城）・柳原（深見）・中畑（安藤）の八軒である。このうち、上の「田ノ畑」と、下の「角」が「宮柱」で、持松家と角崎家が世襲でその任を果たしている。この集落単位の神家という在り方は、やはり、本来は「徴税単位」であったことを示すのであろうか。佐々木哲哉は、落合村に関する最古の史料、元和八年（一六二二）の「豊前國田川郡家人畜改帳」を挙げ、家数二五五軒（三七五人）のうち、一軒（二人）の「惣庄屋・本屋」を除いた二十八軒（二十八人）の「本百姓・小百生」の数に注目し、それが中世の「名主」に連なる「神家」の本来の数ではなかったかと推測しているが、首肯できる見解である。[20]

さて、祭りそのものは他の宮座制祭儀と同じく、十六人の神家が二名ずつ組になり、上・下四組、計八組が構成され（現在は五組）、一組が「座元」（落合では当場）となって、一年間の祭事一切の責任を負う。落合の場合、古風な格式がかなり存続されており、座元は「膳奉行」や「給仕」を選び、直会における神官（大宮司）や神家の座位も決められ、直会や当渡しの際の古風な「口上」も実践されている。そして格式張った口上のもとで「三献の儀」が始まる。各自は飯椀になみなみと注がれた酒を飲み干すと椀を伏せ、全員が伏せ終わると二献目の酒が廻る。三献目が終了する時点では相当な飲酒量となるが、その後も酒宴は続くのである。[21]先に鷹窟の「権現祭り」の所でも述べたが、彦山周辺の宮座（神家）制祭儀には、ほぼ共通してこの「儀礼的飲酒慣行」とも言うべき要素が目立つ。落合では、かつて「彦山宮使」と称して彦山座主の館に使いを出したが、彦山側では「大盃」に酒を注いで労うので、酒一升五合を持参し、「豪酒の者」を選んで使いに立てたと記録されている。[22]この飲酒慣行が山伏の関与によることは明らかである。

では、こうした飲酒形式は、山伏（修験）の側からはどういう意義をもつのであろうか。修験道には「十界修行」という修行形式がある。[23]十界とは、輪廻転生を余儀なくされる六道世界（地獄・餓鬼・畜生・修羅・人・天）とそこから解脱した四聖（声聞・縁覚・菩薩・如来）の仏の世界を合わせた顕密仏教の考え方で、修験道では、峰中修行の十種諸役と呼ばれる修行形式を十界に該当させて「即身成仏」を達成しようとした。このうち、六道の修行とされる行法が、業秤（地獄）・穀断（餓鬼）・水断（畜生）・相撲（修羅）・懺悔（人）・延年（天）である。先述したように、日本の神々は天部に位置づけられたので、その祭式としては「延年」に該当する。延年とは、字義通りには、寿命の長さ（長寿）を寿ぐ儀式のように思えるが、その内容は不明な点が多い。これまで専ら「芸能」の側面のみが強調されてきた傾向がある。[24]しかしながら、本来は芸能をその一部に含む神祭における「宴《うたげ》」の形式全体を含むのではないだろうか。

宴を表す延年の事例はほとんど見出せないが、白山の三馬場の一つである美濃馬場の美濃長滝の白山神社の延年は、貴重な事例である。[25]ここでは、正月六日の祭事として行われているが、拝殿に「菓子台」が設けられ、その上に糯米《もちごめ》の籾の山を配し、餅や干柿、栗、胡桃が配置される。その前に裃を着けた四人が座し、酌人の酌を受けながら「盃事」が行われ、その中で「菓子誉め」の口上なども行われた。落合では、かつて「大盤」と称する膳が供えられ、その前で「盃事」や「口上」が行われた。この大盤には、中心に牛の舌餅三十枚を重ねて飾りつけ、両脇には「柿」と

下津野の神家祭「餅食い祭り」：最初に高盛飯を食べる

「栗」と「橘」が左右対称に置かれ、柳の箸が添えられたという。(26)この共通性から見て、落合だけではなく、彦山周辺に分布する宮座制祭礼（神家祭）の特徴的な直会の形式は、彦山山伏が主導した「延年」の様式に起因すると考えることができる。

さらに複数の神家祭を検討していくと、「延年」の修行内容を推測させる興味深い特徴に行き当たる。ほとんどの神家祭において、供物として共通するのは「木地椀に盛られた高盛飯」である。供物として供えられるが、直会では、本来、参加者（神家）によって「食べられていた」のである。その量からいって、一種の「食べ競べ」の様相を呈してくるのであるが、これが「餅」に転化したのが、通例、「餅食い祭り」と称される下津野の神家祭である。神官及び神家らによって、椀に二個ずつ餅の入った雑煮をひたすら食べ続ける行事であるが、直会の最初に、まず高盛飯を一口ずつ食べるところから始まる。そして、行事の中で「当渡し」が行われることからも、食べ競べが直会の一環であることが分かる。

「飯（餅）」から「酒」に転化したのが、彦山周辺各地に残る「三献」から始まる酒の「飲み競べ」である。彦山神宮に近い北坂本に「七大童子社」（現・北坂本神社）があるが、十一月の初めに「当渡し」の祭が行われる。この祭は、古くから彦山座主臨席のもとに実施され、直会の「盃事」の形式が行事次第として残り、今日も存続している。引用すると次の通りである。「一、着膳の事　二、座主挨拶　三、御飯を食べる　四、冷酒を三度廻す　五、燗酒を三度廻す　六、燗酒で歓談しつつ飲む　七、通渡する　八、来頭の挨拶　九、来賓挨拶　十、燗酒で歓談しつつ飲む

十一、来賓と人家に座主が終わりの挨拶」（傍点は筆者）。

大酒儀礼と言ってよいほど、大量の酒を飲み競う直会であるが、まず「飯」を食べることから始まる点に注意して欲しい。飯が、本来供物として供えられた高盛飯であることは明らかである。つまり、霜月祭や第五節供で供えられる山盛りの「散米（生米）」はかつての「税」を象徴しているが、「高盛飯」や米から作られる「餅」や「酒」はその場での消費が意図されている。その消費の形式が「過食」や「過飲」なのである。であれば十界修行の一つである「延年」の作法の中に、飯や酒の過食や過飲が含まれていたと考えざるを得ない。それは、穀断（餓鬼）や水断（畜生）の正反対の極に位置し、どれだけ過食や過飲ができるかを競うことも修験者が獲得した験力の誇示であったかもしれない。

さて、これまで顕密寺社の神祭の原型を「二季五節供」と捉えて、それに照らして、彦山の山麓や周辺に残る祭りを見てきた。周辺の村落に民俗として残る祭は、二季のうち霜月祭であり、つまり収穫祭の中に、修験の「延年」に当たるような宴の形式が見出せた。これらは、山と里に空間を二分すれば「里」に存続した直会の形式であり、中心的な供物である「米」、そこから派生する「餅」や「酒」は言わば収穫の成果にあたる物である。しかしながら、二季祭は明らかに稲の生育に関わっており、一方の「播種」に関わる二月の神祭についても検討しなければならない。

〈6〉舎利と米──「松会」の主題

「六郷山文書」では、二月の神祭の祭日について「初午」とか「中午」の記載があるだけで、その内容については不明である。だが、先述したように八世紀前半の律令政治の段階では、公地公民制の下で二月の祭りは、全国に散らばる神官を飛鳥や平城京に集め、天皇を中心に神祇官において祈願を込めた「種籾」と「幣帛」を頒布する重要な機会であった[27]。この種籾が、各地の農民の手で一般の種籾に混ぜて播種され、収穫の際には収穫米の一部が「御初穂」（税）として献上されるというサイクルが当時の統治システムを支えていたのである。しかしながらこのシステムは、半世紀ほどで破綻し始める。神祇官の呼びかけにもかかわらず、神官の参集が進まなくなった背景には、民衆の側からすれば統治権力の交代があった。例えば、彦山神領の確立に見られるように、地方寺社勢力による荘園支配への移行があったのである。だが、種籾の頒布と御初穂の献上という対になった税収取のサイクルそのものは維持されたわけであるから、二月の神祭には、「種籾」と「幣帛」という二つの象徴が宗教的に高度に権威づけられた上で民衆に頒布される「しかけ」が必要となる。彦山霊仙寺境内で二月十五日を正日として執行された「松会」という複合儀礼は、まさにこうした装置として機能したのである。

現在、彦山本山では、松会本体とも言える柱松儀礼は廃絶し、その一部である田行事が「御田祭」として、三体の神輿の動座が「神幸祭」として存続しているに過ぎない。だが、彦山を取り囲む豊前六峰とされる六寺社では、かつて同様の松会が行われた形跡があり、そのうち、普智山等覚寺では、全てではないとしても主要部分が残されている[28]。規模の大小はあっても、これら六寺社は、かつて各々の荘園領を保有しており、領民を各寺社に繋ぎ止めておくためにも、種籾の頒布を主題とする松会を行う必要があったと考えておきたい。

では、彦山において一体いつの時点で「松会」が出現したのか。建保元年（一二一三）の『彦山流記』では、「二月会　十五日」には「舎利会」と記されている。ところが、文安二年（一四四五）『彦山諸神役次第』には、正月十四日からの準備過程を経て、二月十五日を「松会正日」とし、「入峰駈入宣度役ニ付テ卯月中旬成就畢」と「涅槃会」と「色衆刀衆御田衆各座在之」と三重の複合儀礼の様相が記されている。つまり、当初「舎利会」であった法会は「涅槃会」として継続する一方、そこに行者方の峰入りと神事方の諸座が加わっているのである。この段階で、複合儀礼としての松会の完成に至るのだが、それを支えた彦山の寺社組織について述べておきたい。

中世顕密寺社組織は、彦山と同様に、その頂点は「座主」（別当・検校・長者）としつつも組織の大半を占める「大衆《だいしゅ》」は、大きく「学」と「行」に二分され、学に携わる場合は「学衆・学侶・学生」と呼ばれ、行に携わる場合は「行者・禅衆・行人」などと呼ばれた。行法との関係においては、前者は顕教、後者は密教を主としていた。ただ、組織における固定的区分ではなく、学行兼修、顕密兼修が原則とされていた。彦山の場合、学衆に相当する集団は「衆徒方《しとがた》」と呼ばれ、修験と天台宗を兼勤し、年間の仏事、本地仏の祭主を務めた。中でも主要な法会が、二月十五日の「涅槃会」、三月二十三日の「如法経会」、そして四月八日の「誕生会」であった。坊数は、その勢力が衰えた近世末で五十七坊であった。一方、「行者方」は、「宣度・長床組」と称し、春・夏・秋の三季の峰入り（抖擻行＝修験）が中心活動であるが、中でも大先達への昇進儀礼（宣度祭・二月十五日）から始まる春の彦山胎蔵界入峰が重視された。坊数は、近世末で五十坊であった。

ここまでは他の顕密寺社とも共通する組織構成であるが、彦山では、さらに神事専門集団とも言える第三の範疇が加わるのである。もちろん、神事とは言っても、通底する教義は密教であり、彼らは「神事両輪組（色衆＝胎蔵界、刀衆＝金剛界）」という構成をとり、「惣方」と称された。その坊数は、近世末で一四二坊と圧倒的である。惣方は、年間神事を担当する、三集団の中では最も民間に近い位置を占める集団であるが、彼らは南岳の「大南窟（第五窟）」を拠点として両部習合神道を奉じて、広く民間の祭事も含めた神事を担った。その原則は、六郷山と同じく、二季五節供であったであろうが、中でも「松会」（二月十四・十五日）が最大の行事であった。大講堂前の境内に巨大な柱松を立てて執行される松会の主催者（施主）である「盛一﨟《もりいちろう》」が、惣方の最高位を示すからである。だが先述したようにこの松会は、彦山においては廃絶し、その一部が「神幸祭」及び「御田祭」として残されているに過ぎない。だが、周辺の等覚寺では、現在も行われているし、英彦山神宮や平戸市の松浦史料博物館が所蔵する「祭礼絵巻」（以下「絵巻」）で往時の行事の様相を知ることができる。長嶺正秀は、この「絵巻」を中心に、周辺の松会も含めて詳

英彦山御田祭の種蒔（2014 年 3 月 14 日）

しく検討しているので、それを参考にして、本稿の要点である「種籾」の頒布を中心に見ていきたい[29]。

「御田祭・種蒔」は、現行と同じく、鋤入れの後、御田植えの前であるが、大講堂の階から、参集した大勢の群集に向けて撒かれている。「彦山詣りの人々が松会に参加するのを『種蒔きに詣る』と呼ぶほどに、ここで撒布される籾種を田の虫よけの呪物として持ち帰る習慣となっていた[30]」という。また、大講堂に設けられた籾種入れには「三石六斗入」と大げさな表記がなされているが、よほど需要があったことを示すのだろうか。

もう一点、「絵巻」で注意すべきは、松会に際しての「座主出仕行列」の図である。最も後方の後詰の前に二十名程の人々（男性）が連なっている。「先頭と呼ばれる山麓村々の代表者格[31]」の者と説明されているが、「仙頭」とも表記されるこの役職は、畿内の寺社では寺社組織の末端として出てくるし、彦山大行事社のある村々でも「宮柱」と並んで、あるいはその別名として散見されるのである。だとすれば、彼らこそ正当な「種籾」の受け手ということになる。いずれにしても、「絵巻」には、種籾に呪力を与える松会の中心儀礼である「幣切」が欠落していることが悔やまれる。その部分は、現在行われている等覚寺の事例で補うしかない。

等覚寺では、「松庭」に高さ三十三尺の「松柱」が立てられ、主役である「施主盛一﨟」によって「幣切」が行われる。既に、「種蒔き」によって松庭には、種籾が撒かれている。施主は、神殿に供えられた「大御柄」を戴き、白襷で背中に括りつけ、縄梯子を登っていく。頂上で、大御幣で天地四方を祓い清め、その後、懐から「祈願文」を出して朗読する。その後のクライマックスの部分は長嶺の記述を引用する。

　祈願文を読み終わると再び懐に納める。やおら右手で腰の大刀を抜き、左手の大御幣の幣串を『えい』の一声とともに切り落とす。すると、切り放たれた青竹は虚空から真っ逆さまに松庭に落ちる。その一瞬、全山の参拝人々の声でどよめくような声が轟く。そして、施主は大御幣を大刀で切り落とすと、純白の御幣はひらひらと松庭へと舞落ちる。これこそが、降臨した神が龍（雨の精）を伴って、あらかじめ台地に蒔かれた籾種が混交した瞬間である。つまり、陰神と陽神が結合したことを意味する。……純白の御幣を競って参拝者が拾うが、これを自宅の籾種に混ぜ合わせると豊作間違いないと伝えるからである。[32]（傍点筆者）

いかがであろうか。幣切には、二つの重要な象徴が現れる。「御幣（幣帛）」と「種籾」である。本来、朝廷が統括した二月祭は、彦山霊仙寺や普智山等覚寺といった地方の顕密寺社に取って代わられ、彼らは民衆の眼前で、大変説得力のあるやり方で呪力を現出して見せた。その基本原理は、陰陽和合、あるいは金胎一如だったのである。現在、幾つか残る御田祭や田行事では、必ず、男性が女装した「孕み女」が出てきて、大きなお腹を抱えてユーモラスなしぐさで、人々の笑いを誘っている。この「孕み女」も、民衆にとっては最も分かりやすい陰陽和合の象徴なのである。

　再度、全体に位置づけると、松会は、衆徒方・行者方・惣方の三集団が絡んだ複合儀礼である。衆徒方にとって、二月十五日は、歴史上存在した仏陀の入滅の日であり、顕教的文脈で「涅槃会」が執行される。涅槃会は同時に、仏塔（ストゥーパ）に納められた仏陀の遺骨（仏舎利）を供養する「舎利会」でもある。一方、行者方にとっては、密教的な意味付与によって釈迦如来の入滅と共に、母胎とされる胎蔵界に入峰し、出峰するのは「誕生会」（四月八日）で、擬死再生を通じて即身成仏が図られる。しかしながら、惣方にとって、松会とは彦山三所権現、とりわけ男神と

等覚寺の松会（2014年4月10日　撮影：中村　琢）

女神の「結合」とそこから「何か」が産出されなければならない。松会のクライマックスは、柱松をよじ登り、盛一﨟が頂上で行う「幣切」であるとされる。幣切とは「受胎」の瞬間であり、結果として散布されるのは「米（種籾）」である。しかし、松会に参加する領民にとっては、この種籾こそが松会に参集する最大の目的であり、それを他の籾と混ぜて大地に浸すことで、その年の豊かな実りが保証される、呪力の籠った米なのである。

〈7〉英彦山の文化復興への道

さて、神仏習合としての彦山三所権現の成立、般若窟における如意宝珠の産出、彦山山伏による松会を通じての民衆との接触を通して舎利（＝米）信仰との接続によって、彦山信仰は民衆世界にしっかりと根を張った信仰として隆盛の時代を迎える。

しかし、明治初期の神仏分離とそれに続く修験道廃止令によって、英彦山は歴史始まって以来の最大の衝撃に見舞われる。一山を支えた組織の中核であった修験者は一斉に山を去り、座主だけが取り残された。しかも、それまでの信仰の中核であった神仏習合は廃され、宮司として純粋神道（神社神道）に仕える身とならざるを得なかった。先達として民衆を祈りの道に導いた大勢の修験者の喪失は、組織上の大損失であるし、神仏習合及び両部神道であるからこそ意義のあった窟修行や入峰修行（拝所巡り）はもはや何の意味ももたなくなった。現在の衰退をもたらした最大の要因は、信仰と組織のその二点にある。現代の民衆にとって英彦山とは、桜や紅葉に親しむだけの単なる高山であり、登山を趣味とする者のための山に過ぎない。

今後いかに復興していくかの道筋も信仰と組織の二筋にあるであろう。信仰面では、神仏習合の復興である。神仏分離以来、一四六年、三所権現が習合でしか祀れない以上、元の形に復元するしか道はない。平成二十五年から観音の縁日である毎月十八日に下宮で禰宜を中心に「神前読経」を行っているが、それは第一歩の試みである。内容は、大祓（中臣祓）・般若心経・不動真言・光明真言を一時間程唱えるものであるが、今後は、両部の祝詞である「神祇講式」を加えるとか、真言（陀羅尼）を増すなども試みるべきであろう。現在のメンバーはボランティアである。もちろん一般の人々にも開かれている。「二礼・二拍手・一礼」しか知らない現代人にとってはかなり違和感があるかもしれないが、これが古来の「祈りの形」なのである。なるべく多くの人に英彦山での祈りの形に慣れていって欲しい。こうした試みの中から、やがて祈りの仕方に熟達する者が現れ、こうした祈りを下宮だけに留まらず、山内の拝所に拡大し、拝所ごとの陀羅尼を主導する者が出てくれば「先達」として認定すべきである。認定する主体は「英彦山神宮」である。

先達とは、本来、登山ガイドであるが、現在のガイドとの違いは「祈りの道」へのガイドである点である。既に「祈りの道」として確立している四国遍路では、観光バスに同乗するガイドを「先達」と呼ぶ（例えば伊予鉄の観光遍路バス）。彼らは、バスの中で今から向かう札所寺院の由緒来歴を説明し、札所では納経すると同時に本尊の真言を指導し、寺院ごとの御詠歌を唱和させる。また個人の人生相談や修行の仕方の相談にも応じるのである。その意味でガイドの領域を超えているのであるが、しかしプロの僧侶かといえばそうではない。しかし、半僧半俗で、優婆《うば》塞《そく》・優婆夷《うばい》と呼ばれた修験者とはまさにこのような存在なのである。

こうした先達が認定され、ガイドとして人々を山内に導くようになれば、英彦山は信仰の山として復興することが可能である。次に、彼らはどこに住むかという問題である。貴重な文化資源として英彦山に残されているのは山内、特に銅の鳥居から英彦山神宮（大講堂）にかけて残された多数の坊舎群である。まだ建物が現存する場合もあるが、多くは跡地である。観光客もこのロケーションには感動する。ここに坊舎を復元し、先達が居住し、坊名を継承することができれば、信仰の山として英彦山が再生することが可能となる。

現在、添田町は「就農者」を募ることで活性化を図ろうとしているようであるが、英彦山神宮と協力することで坊舎を復元し、先達を養成することで「英彦山」という貴重な文化資源を活用することも可能ではないだろうか。

【註記】

（1）本書、第1章第二節、参照。

（2）義江彰夫『神仏習合』岩波新書、一九九六、参照。

（3）白川琢磨「呼子の宗教的環境」『呼子の大綱引き民俗文化財調査報告書』（唐津市文化財調査報告書 第一四九集）二〇〇九、一八―二九頁（第二章第二節）参照。なお、所蔵文書及び画像撮影を許可していただいた現神主の八幡崇経氏に改めて謝意を表する次第である。

（4）伊藤常足『太宰管内志』中巻、歴史図書社、一九六九、七五―七六頁。

（5）但し、「彦山記」の記述には、主神であるアメノオシホミミは登場せず、主神は大巳貴神（オオナムチ神）とされている。本来、オオナムチであったものが歴史上のある段階で、皇祖神であるアメノホシホミミに代わったのではないかということは考えられるが、それには「彦山記」の史料的検討が必要となる。ここでの近世中期の曼荼羅図における祭神の特定としては、法躰はアメノホシホミミとしておく。

（6）仲道光男氏より提供していただいた「福井神社祭典記録」（平成五年）による。

（7）佐々木哲哉「田川郡添田町落合高木神社の宮座」（『郷土田川』第三二号、田川郷土研究会、一九八九）四六―五九頁。

(8) 同上書、五七頁。
(9) 同上書。
(10) 松村利規「呼子の大綱引き小考―まとめにかえて」前掲書、二〇〇九、九一頁。
(11) 渡辺澄夫編「豊後国荘園公領史料集成二」(『別府大学史料叢書第一期』一九八五)一四―二一頁。なお、本文書は、寛文九年(一六六九)の権律師豪隆による写しである。が、安貞二年(一二二八)の年記については、関連史料の検討によってほぼ確証されている。一瀬智「作品番号10解説」『大分県国東宇佐六郷満山展』図録、九州国立博物館、二〇一七、三四頁を参照。
(12) 佐々木哲哉「鷹窟と権現祭り」(『美夜古文化』第二一号、美夜古文化懇話会、一九七三)一―八頁。
(13) 羅運は法蓮の弟子で、神領内に四十八の大行事社を設置したと伝えられる。
(14) 佐々木哲哉、前掲書、一九七三、五頁。
(15) 呼子の大綱引き(五月五日)は、五月節供の稀有な例である。
(16) 渡辺澄夫編、前掲書、一九八五。
(17) 義江彰夫、前掲書、一九九六。
(18) 「往古彦山神社領域内大行事社縁起」による。詳細は、白川琢磨「湖底に沈んだ文化資源―地域開発と文化保存」『地域共生研究』創刊号(福岡大学福岡・東アジア地域共生研究所)、二〇一二、九九―一三一頁(第四章第二節)参照。
(19) 白川琢磨、同上書、二〇一二、一一六頁。
(20) 佐々木哲哉、前掲書、一九八九、参照。
(21) 現在の直会は、高木神社拝殿ではなく、「しゃくなげ荘」において行われている。
(22) 「高木神社霜月祭々祀記録」(昭和三十一年)、佐々木哲哉、前掲書、一九八九、所収。
(23) 宮家準『修験道――その歴史と修行』講談社学術文庫、二〇〇一、七七―八一頁。
(24) 例えば、『本田安次著作集』第十五巻(舞楽・延年Ⅰ)・第十六巻(舞楽延年Ⅱ)、錦正社、一九九八、参照。
(25) 由谷裕哉・島崎良「白山の祭りと芸能」(宮家準編『山の祭りと芸能』上巻)平河出版社、一九八四、一九七―二一三頁。

(26)佐々木哲哉、前掲書、一九八九、五五頁。
(27)義江彰夫、前掲書、一九九六。
(28)中村琢「近世等覚寺の松会とその変化」『日本民俗学』二八一号(日本民俗学会)、二〇一五。
(29)長嶺正秀『豊前国の松会—その歴史と精神世界』海鳥社、二〇一五。
(30)長嶺正秀、同上書、二〇一五、七五頁。
(31)長嶺正秀、同上書、二〇一五、七九—八三頁。
(32)長嶺正秀、同上書、二〇一五、一〇—一二頁。

四　まとめ――神仏習合と文化資源

平成二十八年暮れ、正月の注連飾りを求めて街へ出た。近所のスーパーの正月用品売り場では、高いものから安いものまであらゆる種類の注連飾りが並べられていて迷ってしまったのだが、その中である注連飾りに目が留まった。それは、包装紙に印刷された「聖護院門跡御祈禱済《しょうごいんもんぜきごきとうずみ》」の文字だった。聖護院と言えば、天台系修験の筆頭寺院である。餅や注連縄など正月用品は、正月の歳神や氏神、家の祖先神を迎えるための道具であるが、それらは僧侶や修験の加持祈禱《かじきとう》を受けた物でなければならなかった。かつては当たり前であったこうした習俗が、明治（神仏分離）以降、百五十年を経てすっかり忘れられて今日に至ったのである。私がその注連飾りを購入したことは言うまでもない。もちろん、今年一年の「御利益《ごりやく》」を願ってである。

ここ数年、何度英彦山に登ったか分からない。登るたびに強くなる印象は、羽黒、大峰と並んで、かつて日本三大修験霊山と称された英彦山の山上街の寂れようであった。明治期でも三〇〇〇人あった人口は、今日では僅か一五〇人になってしまった。かつては信仰を中核として大勢の人々が押しかけた英彦山に訪れる人々の数は減少し、戦後、昭和二十五年（一九五〇）、国定公園に指定された時期に、一時的に観光客がその数を戻すが再び減少に転じてしまった。

逆に見ると、かつてあれほど多くの人々を引き寄せた彦山（英彦山）の魅力、その力の源泉とは何であったのか。

彦山三所権現の懸け仏（御正体）

それこそが、英彦山の「文化資源」に他ならない。文化資源の中核を構成しているのが「神仏習合」という独特な宗教のあり方であり、そこから派生する多くの有形及び無形の文化遺産が、今日我々の眼前に残されているのである。では、神仏習合とは何なのか。一般に理解不能なほど難解なものであったなら、血の通った信仰として定着するはずはない。再度、英彦山の歴史に立ち戻ってその答えを日常的文脈で探ってみたい。

　仮に、多くの人々を引き寄せる英彦山の「吸引力」というものがあるとすれば、その強弱の分岐点が明治維新（一八六八）にあったことは間違いない。「神仏分離」によって、英彦山は、彦山三所権現を奉じる「霊仙寺《りようぜんじ》」から、皇祖神・天忍穂耳命《あめのおしほみみのみこと》を主神とする「英彦山神社（後に神宮）」に大きく変質してしまった。霊仙寺を支えた大組織、座主《ざす》を頂点とし、衆徒《しと》方（仏）五十七坊、修験（行人方）五十坊、惣方（神）一四二坊の約二五〇坊が還俗《げんぞく》し、つまり僧侶であることをやめて俗人に戻り、組織全体が解体された。神官として、再出発した英彦山神社に奉職した者はその内ごく一部であった。信仰内容に目を向けると、霊仙寺（神仏習合）から、英彦山神社（純粋神道）への転換である。後者への転換後、英彦山がその吸引力、即ち人々を惹きつける魅力を失っていったとすれば、英彦山の文化資源とは「神仏習合」ということになる。

　では、その神仏習合とは何か。単に神仏が習合しているというだけでは答えにならない。ここでは、かつて神仏習合の象徴として徹底的な破却の対象となった「懸《か》け仏《ぼとけ》（御正体《みしようたい》）」を取り上げ、考えてみたい。英彦山でも神仏分離の際に破却の対象となり、現物は鎌倉時代製作のものであるが、損耗が激しい。現在、九州大学芸術工学研究院の知足《ともたり》美加子准教授（衆徒方知足《ちそく》院の末裔）のご尽力で復元され、平成二十八年十一月三日、英彦山神宮奉幣殿（霊仙寺大講堂）前で行われた採燈護摩《さいとうごま》の祭壇にその複製が掲げられた。正午前、ちょうど中天に差し掛かった太陽の光が銀の神鏡に反射し、眩いほどに光を放つ金色の仏が浮き上がって我々の眼に飛び込んできた。般若心経の読経の声が響く中、まさに神を通して仏を見た貴重な一瞬であった。

これとほぼ同時に私の脳裏に浮かんだのが、「神仏習合の三角形」である。常々、何とか分かりやすく神仏習合を説く手立てはないものか、思い悩んでいたからかもしれない。ここで「神」とされる存在には、仏教における天部の諸尊も、明神や権現など我が国の神祇《じんぎ》も含まれる。仏教の六道思想の流入によって引き起こされた最初の衝撃は、仏が無限であるのに対して、人も神も「輪廻転生《りんねてんしょう》」を余儀なくされる有限な存在だということである。人と同じく神にも「寿命」や「老若」があり、「性別」があり、「喜怒哀楽」があり、「個性」がある。

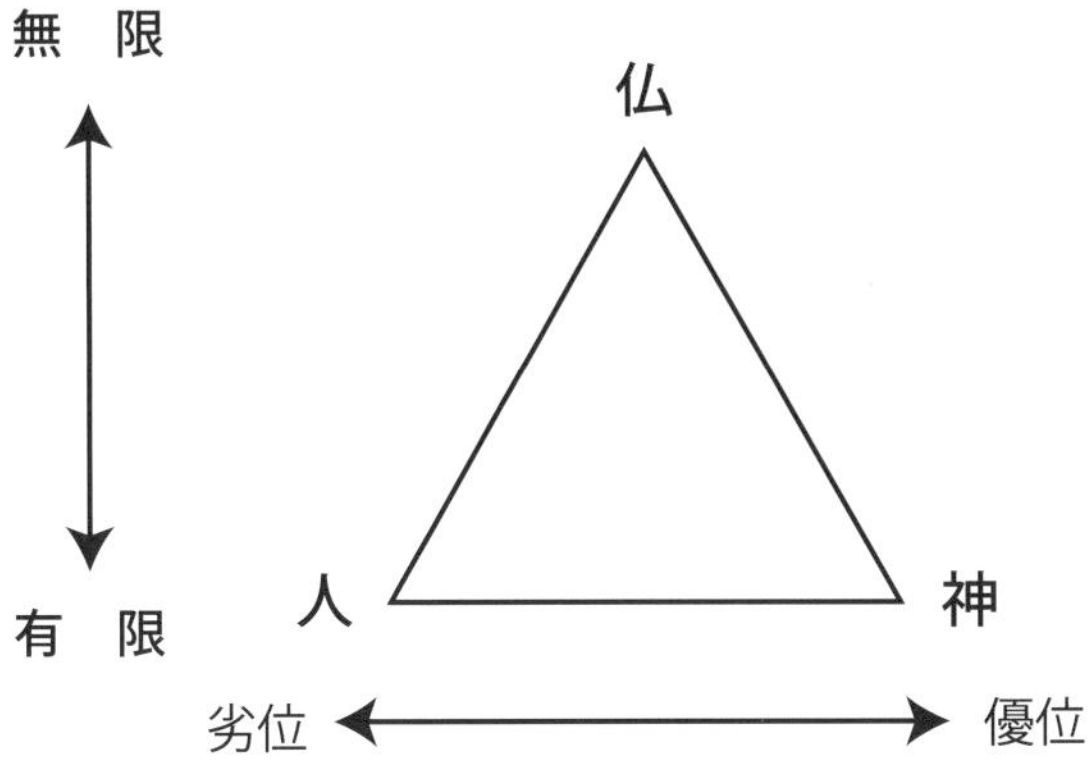

神仏習合の三角形

では、人と神を隔てているものは何かというと、圧倒的な能力の優劣の違いである。英彦山神宮からやや下った所に豊前坊院天宮寺《ぶぜんぼういんてんぐうじ》（天台宗・村上行英住職）がある。ここで、比叡山の十二年籠山修行を完遂された宮本祖豊師に興味深いお話をうかがった。比叡山にもアダムとイヴに類似する起源神話があるという。この世に出現した最初の「人」は、「寿命の尽きた神」であり、当初は神としての特性、飛行自在の力を有し、身体からは「光」を放っていた。ところが、地に生えるものを食べ、流れる水を飲むうちに、光を失い、諸種の能力も失って、やがて家を作り、子供をもうけて人の世界に安住してしまった。だから「修行」というのは、この逆をいくことで、色欲を断ち、断食し、断水していくことで、神に戻る、あるいは「神通力（験力）」を得ていくというのである。

この修行の過程は、六道の最終段階「神（天）」で終わるわけではない。さらに仏の四世界——声聞《しょうもん》・縁覚《えんがく》・菩薩・如来——の修行を経て、究極的な「即身成仏」が目指されたのである。行人方（修験）の修行過程とは、人→神→仏のコースであった。一方、衆徒方（学侶）では、人→仏の「学」の過程に力点が置かれた。惣方の活動の中心は、神祭に置かれたが、神をどう祀るかについては、神と仏の関係が焦点となる。これまでの神仏習合論の焦点もその点にあった。神を主体に述べてみると、飛鳥から奈良時代に「仏」の存在を知った日本の神は、己の有限性を悟り、三宝（仏・法・僧）に帰依し、仏道修行に励む（神→仏）。やがて鎌倉時代に至ると、日本の神（垂迹）は、印度の仏（本地）が日本の衆生を救うために現れたものだという本地垂迹説が確立する（神←仏）。先に示した懸け仏は、この本地垂迹の最も具体的な視覚表象である。そして神に語りかける言葉が、仏の言葉（経文・真言・陀羅尼）でなければならないことも了解される。

最後に、三角形の一翼を支える「人」という範疇について述べておく。実は、神や仏と対峙し、それらに働きかける力を持つ人は、我々「在家」の一般庶民ではない。少なくとも得度・受戒し、学・行に携わる僧侶や修験者でなければならない。我々庶民の願いの大部分は、所謂「現世利益」と称されるものであり、それらの祈願を同じ現世に存在する「神」に祈るのは正しい。ただし、我々は「願主《がんしゅ》」になれるだけである。実際に神仏との間に介在するのが「施主《せしゅ》」であり、彼らが行う儀礼行為が「加持祈禱」である。その基本ロジックは、仏と一体化し、その力を引き出し（加持）、その言葉で神を動かすということである。「護摩」は代表的な祈禱法である。近世までの英彦山の隆盛を支えた財政的基盤は、配札収入にあったと言われる。もちろん配られる御札は祈禱されたものであり、施主であった霊仙寺大衆《だいしゅ》がいかに信頼されていたのかの証しである。

さて、英彦山の吸引力、魅力の大きな源は何であったか、その大きな答えは自ら明らかとなろう。それは、霊仙寺のすべての宗教活動を支えた「人・神・仏の三角形」であり、この三角形から「仏」という基点を外すという全国規模の試みが「神仏分離」であったのだ。

今年も全国の神社では初詣の「悲しい」光景が見られた。そこには、施主もいなければ、加持祈禱もない。我々庶民が「むき出しで」神に対面し、祈りの言葉も忘れた姿である。本来なら願主の願いを弁えた上で祈禱前に施主が引いた「御籤《みくじ》」も、その意味を失ってしまった。我が家では初詣は、糸島市の雷山千如寺《らいざんせんにょじ》大悲王院《だいひおういん》（真言宗）に行く。本尊である丈六《じょうろく》の千手千眼観世音菩薩立像はすばらしいが、実は雷山の山ノ神、風火雷電神（垂迹）である。祈禱の際は、「南無 雷《いかづち》 大権現」そして「オンバザラタラマキリク」と施主と共に唱えた上で、御札を受けてくる。何かそのほうが「有難い」ように思えるのは、神仏習合時代の記憶の残存であろうか。

5 章

結　論

日本の宗教文化と神仏習合

〈1〉日本人の宗教意識と宗教人口

日本の宗教文化を解きほぐしていく手がかりとなるのが、現代日本人の宗教意識がどのようなものであるかという点である。これについては、統計数理研究所が昭和二十八年（一九五三）以来、五年おきに「国民性の研究」と題した大規模な全国調査を行っている。

宗教に関する最新のデータは、平成二十五年（二〇一三）第十三次全国調査に含まれているが、「宗教を信じるか」の実際の質問は「宗教についておききしたいのですが、たとえば、あなたは、何か信仰とか信心とかを持っていますか？」の問いに対して、答えは「1．もっている、信じている」と「2．もっていない、信じていない、関心がない」の二択である。結果は、「1．信じている」が二八％、「2．信じていない」が七二％であった。[1] もっともこの割合自体は、何ら驚くべきものではない。第一次調査以来、ほぼ一貫して「信じる：信じない」は、三割：七割の構成比を示してきた。ただ欧米等の外国と比較すると、この構成比はほぼ逆転しており、要はこの日本における七割を字義通りに「無宗教」あるいは「無神論（atheism）」と捉えてよいかという点である。

第六次調査（一九七八）までは、この七割に対して『宗教心』は大切か」という二次的な質問を行っている。即ち「それでは、いままでの宗教にはかかわりなく、『宗教的な心』というものを、大切だと思いますか、それとも大切だと思いませんか？」との質問に対して、平均七三・二％が「大切である」、平均一四・四％が「大切でない」と答えている。[2] 第七次（一九八三）から第十三次（二〇一三）調査では、同じ質問を全員にしているが、七回の平均値を見ると、「大切　七一％」「大切でない　一六％」「その他　四％」「DK．（Don't knw　分からない）九％」という結果を示している。[3]

概括すると、日本人の約七割は宗教を信じていないが、同じく約七割は「宗教心」は大切だと思っているということになる。一見すると矛盾しているが、素直に捉えれば、大方の日本人の、漠然とした宗教心は抱いているものの特定の宗教団体に所属してその教義を信仰しているわけではないという自画像を見出すことができる。

ところがそれと大きく相反するのが、所謂、宗教人口の側面である。宗教人口とは、我が国の宗教団体から毎年提出される信者数・教師数などを宗教関連統計として文化庁文化部宗務課においてとりまとめたものである。それに入る前に、現在の日本人の人口について見てみると、総務省統計局のホームページによると、平成二十八年（二〇一六）十月確定値は、一億二五〇二万人となっている。[4] 宗教関連統計の最新のデータは、平成二十五年（二〇一三）十二月三十一日で、全国の神社・寺院・教会・布教所その他などの宗教団体（宗教法人を含む）から提出された信者総数は、一億九〇一七万六二六二人で人口の一・五二倍となっている。[5] 信者総数は、平成二十一年（二〇〇九）までは二億を突破していたので、これでも緩やかな減少の途上にある。このうち、神道系の信者総数は、九一二六万三四三三人、仏教系のそれは、八六九〇万二〇一三人であるので、総計一億七八一六万二三五六人となり、全体の約九四％を占める。[6] 重複（double counting）が、神道系（神社）と仏教系（寺院）の間で主に生じていることは明らかである。だが、この重複自体は、何も異常なことではない。神社は、各々の氏子数、寺院は檀家を基盤とした人数に、各神社・寺院の祭や法要に関わる役職者や定期的な参拝・参詣者を加えて信者数をカウントしているのであるから、特にこの両者で重複が生ずるのは言わば当然である。

まとめると、日本人の七割は宗教を信じていないが、神社の氏子であり、一方で寺院の檀家であって、両団体からは信者としてカウントされ、その総数は、一億七八〇〇万人に達するということである。渡辺浩希は、この状態を、「日本的な文化宗教」として了解し、定置すべきだと言う。[7]

文化宗教というのは、少なくとも純粋なあるいは熱烈な信仰心をともなわない「行事」なのである。賽銭なりお布施なりを拠出する行為は、そのような信仰心をともなわない「慣習」にしたがっているだけである。にもかかわらず、教団側からすれば彼らは信徒に他ならない。「信仰をもたない〝信者〟が重層的に存在している」これがこの国の宗教のありようなのである（〝　〟つきの信者は、勿論、教団にとっての信者という意味である）。[8]（傍点筆者）

宗教意識と宗教人口に大きなズレが存在することは統計的事実として受け入れるにしても、それを「文化宗教」として理解するという点には躊躇せざるを得ない。そこには、「宗教」概念についての考察が欠けているからである。まず、「日本人の七割が宗教を信じていない」という調査結果の根底には、「宗教」の概念や実態に対するネガティブなイメージが付着しているのではないだろうか。

「宗教」は、religion の訳語として明治の初期に成立した用語である。神仏分離を経た明治政府の当初の政策は、神道国教化であったが、これが帝国憲法の条文として準備されつつあった「信教の自由」と齟齬をきたすようになり、結果として神道は宗教から脱し、国民の「道徳」として標準化され、神道以外の諸宗教（教派神道を含む）が「宗教」の名の下に統括された。[9]これが契機となり、以降の政府による様々な宗教弾圧が、民衆の中に「宗教」を低く見るネガティブな意識を醸成し、一九八〇年代末から九〇年代中頃にかけての一連の「オウム真理教事件」がその見方を決定的なものにしたとも考えられる。[10]前述の質問調査でも、宗教に対してネガティブな反応を示す同じ層が、「いままでの宗教にはかかわりなく」という前提を付ければ、「宗教心」は大切だと答えるのである。

宗教概念について考察すべき第二は、宗教は信じる・信じないという信仰（belief）と表裏一体の関係にあるという点である。先述の引用部分で言うと、行事や慣習は宗教に含まれないのであろうか。もし含まないという立場をとるとすれば、宗教概念自体がかなりキリスト教（Christianity）、特にプロテスタンティズム（新教）に近いものとなる。「宗教を信じるか」という質問に対して、キリスト教的な信仰型宗教を想定して、「ノー」と答えてしまう一般の日本人の反応は、極めて当然とも言えるのである。しかしながら、「行事」や「慣習」などの「実践（行為）(practice)」がそこに含まれるとすれば、反応はおのずから異なってくるであろう。だが、宗教学や日常的文脈における宗教概念が、実践的側面を包摂するものとはなっておらず、その点に対する批判や反省が噴出しつつあるのが現状である。[11]

人類学における宗教研究においても、これまで「アニミズム（animism）」、「シャーマニズム（shamanism）」、「呪術（magic）」、「妖術（witchcraft）」など様々な概念（範疇）が立てられてきたが、いずれも「準＝宗教」の位置でしかなかった。さらに敷衍すれば、世界宗教においても、キリスト教を除けば、その他の宗教は、接尾に「…ism」が付され、それに抵抗しているのは「イスラーム（Islam）」のみという状況である。[12] この根底に、religion≒Christianity という認識が在ることは明らかである。今仮に、信仰を基礎とした宗教を「信仰宗教（religion believed in）」、実践体系が主である宗教を「実践宗教（religion in practice）」と二分するとすれば、キリスト教（新教）が前者の、イスラームが後者の典型となる。そして我が国の宗教も後者に含まれる。ピエール・ブルデュー（一九三〇―二〇〇二）は、この実践概念の重要性を、それまでの主知主義的な概念に代えて文化理論一般に拡大した。[13] 宗教人類学者・タラル・アサド（一九三三―）は、実践という語は用いないものの「規律＝訓練（discipline）」という概念で実践宗教の特徴を描いた。[14] 神道であれ、仏教であれ、我が国の宗教が実践宗教の特徴が濃厚であることは明白である。霊場を参詣する老婦人に、祭りで神輿を担ぐ青年に、あなたはここに祀られている仏や神を信じているのかと問うことが、いかに実践宗教の文脈を無視した的外れな質問であるかは了解されるであろう。

第三に、宗教人口の重複に関してであるが、既に第一章で述べたように、寺院と神社が制度上別の組織として扱われるようになったのは、明治元年（一八六八）の神仏分離以降のことである。それまでは、大雑把に捉えれば、「寺社」という同一範疇にあったわけであるから、強制的な分離の後、社寺の双方に信者の重複が生じてもそれほど奇異なことではない[15]。むしろそうした「寺社」に支えられた宗教実態が、「多配列的な」神仏習合であり、その開始期を八世紀後半とするなら既に千年以上にわたって日本人は、その「心意」に慣らされ続けてきたのである[16]。十九世紀後半になって急遽「単配列的な」寺院と神社に分けられ、その両方から信者としてカウントされたからといっても、民衆の側から異論が出るはずもない。確かに、例えば、欧米のキリスト教国で、キリスト教会とイスラームのモスク、そしてユダヤ教のシナゴーグから報告される信者数にこのような重複が報告されたとすれば、それは異常事態である。教義上も一神教であるそうした宗教間で、重複は起こり得ないからである。しかしながら我が国は、それとは全く異なる宗教文化を担ってきた。それは単に多神教であるだけではなく、その中核には神仏習合という異種混淆性(hybridity)も認められるのである[17]。

このように、日本人の宗教意識や宗教統計における現在までの調査結果について、宗教を異にする諸外国との比較においては「特異」に見えるかも知れず、またそれが日本人の宗教的曖昧さを象徴するものとも捉えられてきたのだが、日本の宗教文化の文脈に即して考えれば必然的ともいえる結果である。要は、その宗教文化の中核をどう捉えるかである。

先に引用した渡辺浩希は、井門富二夫・竹村牧男が呈示する「文化宗教」の概念を用いて説明している[18]。「文化宗教」とは、

文化的な枠組みのなかでの一種の宗教行動。例えば初詣にいく。また七五三などの際にはお参りにいく。あるいはお盆になると、帰省をして、仏壇に手を合わせる。お墓参りにいく。その神社やお寺にたいして何か特別な

信仰をもっているわけでもない。けれども、そのときどきにそういうことをしないと気がすまない。その神社にどういう神さまが祀られているのか、そのお寺の宗旨は何か、御本尊は何かということは知らない場合が多い。本来の宗教的な意味合いというものが希薄化した、脱落した状態で、ある種の行動のための無意識の枠組みがあって、それにそって宗教的な行動をする、いわば年中行事的に人々が行う行動様式、そこに見られる宗教現象をいう。[19]　（傍点筆者）

ということであるが、この「文化宗教」という概念自体が、一種のトートロジー（同語反復）に陥っているとも思える。つまり、ここに挙げられた例示は、現代日本人の宗教行動の「結果」である。その結果を生み出す「原因」に当たるものが、ある種の無意識の文化的枠組であって、それは本来有していた意味を失い、形骸化したものである。その結果、現在のような宗教行動が見られる……というように、循環してしまう。では、本来あったとされる宗教的意味とは何か、それは歴史的にいつ、どのように形成され、そしてどのような過程を経て形骸化されたのかについては答えが無いのである。

本書では、日本の宗教文化の中核を「神仏習合」と措定した。明治初年の神仏分離が歴史的事実である以上、それ以前の宗教の状態をそのように定めることは間違いではないだろう。[20]ただし、実態の不明な神仏習合そのものを仮説構成体とすることはできず、仮説としては、歴史学者（中世史）黒田俊雄（一九二六―一九九三）の呈示する顕密寺社を制度的・組織的仮説構成体として措定し、儀礼や祭礼といった実践習俗を分析することで、神仏習合というその内容を探ってきた。これまで神仏習合は、神身離脱現象に始まり、本地垂迹説で完成する歴史的過程として説明されてきた。だが歴史学や宗教史の文脈に依拠する限り、それは古代から中世にかけての「過去」の歴史的事実に過ぎない。しかしながら、本書で検討してきたように、現代の民俗事例に反映されているとすれば、日本の宗教文化に内在

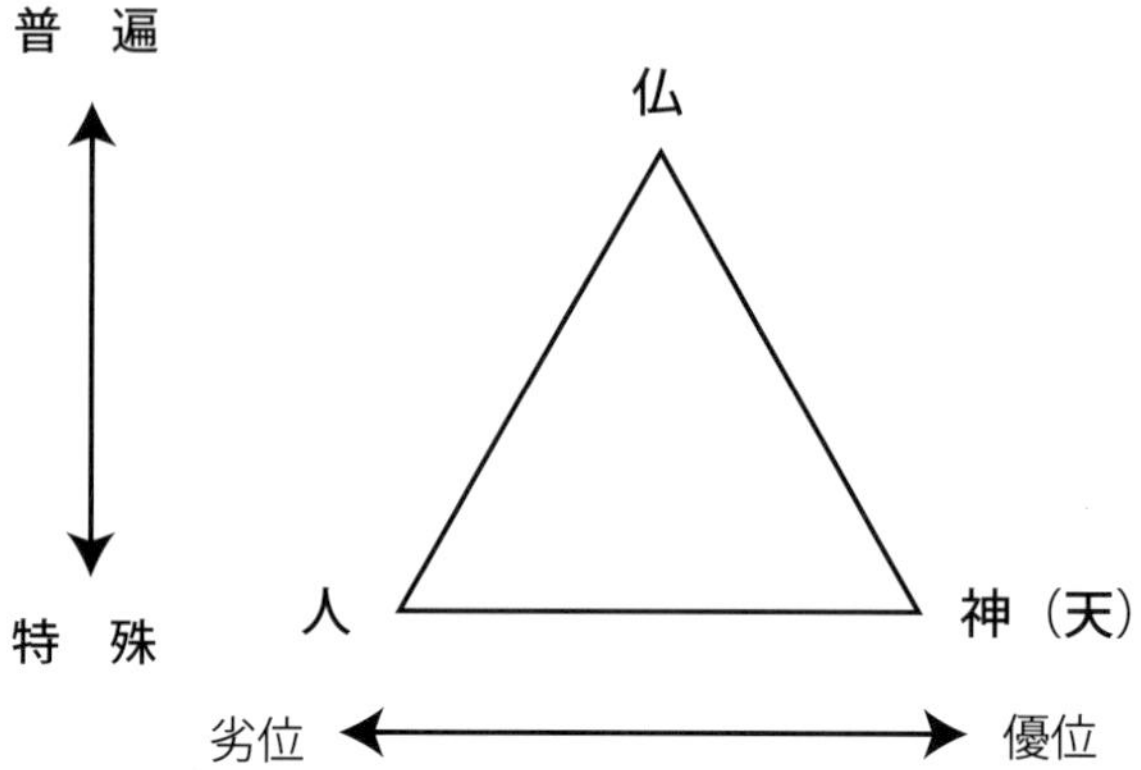

神仏習合の三角形

する「構造」の一つとして「共時的（synchronic）」に説明されなければならない。本書の結論として、その基本構造を呈示してみたい。

〈2〉神仏習合の基本構造

まず、図の「神仏習合の三角形」を見ていただきたい。「人」「神」「仏」の三項から成る三角形であるが、神仏習合を構成する三要素を二つの対立軸に沿って整序したものである。この三角形という構造モデルは、人類学者クロード・レヴィ＝ストロース（一九〇八―二〇〇九）の「料理の三角形」にヒントを得たものである。[21] また、料理の三角形（原初形態）自体は、言語学者ロマン・ヤコブソン（一八九六―一九八二）の原初的母音（子音）の三角形との類似性に基づくが、議論の詳細は省略する。[22]

ここでは、料理や母音（子音）の三角形との違いを述べておく。

神仏習合の場合は、普遍的な人類史全体においてではなく、特定の場（日本）で特定の時（古代～中世）に成立した三角形である。我が国への仏教伝来について、欽明天皇十三年（五五二）及び欽明天皇七年（五三八）の二説が伝わるが、細かな差異はともかく、六世紀半ばと見てよいであろう。[23] それ以前の信仰のあり方について、本書では「神祇信仰」の用語で括っておいたが、陰陽石に代表されるような一種の巨岩信仰的な山岳を中心としたアニミズム（animism）や宗教者の側に注目すれば憑霊型のシャーマニズム（shamanism）が想定される。[24]

我が国の古代の神祇信仰の特徴は、山岳に由来する巨岩や泉、あるいは山岳そのものが、男／女の二元論や男／女／子の三元論で捉えられてきたことである。本書で述べた彦山の場合は、〈俗躰嶽（ヒコ）／女躰嶽（ヒメ）／法躰嶽（ミコ）〉であったし、石鎚山の場合は、〈石鎚／瓶ヶ森／子持権現〉、熊野では、〈新宮（速玉）／那智（牟須美）／本宮（家津美御子）〉、また関東の日光では、〈男体山／女峰山／太郎山〉のいずれも三元構造が見て取れる。[25]「記紀」神代巻の天地開闢の主題ともなっているが、おそらく男女の性の営みとそこから派生する子の誕生が神祇信仰の中核ともなっていたのであろう。

こうした素朴な宗教状況の中に仏教が伝来する。それが古代人に与えた衝撃はどれほどであったろうか。井上寛司は、巨大な寺院建築が与えた衝撃について述べている。[26]古代人の眼前に現れた寺院は、基壇部には柱を置くための「礎石」が敷かれ、巨大な柱はすべて「朱」に塗られ、上層にはそれまでには無かった「瓦」が葺かれていた。そして中央の扉を開けると、そこには燦然と光り輝く「金色」の仏像が鎮座するという様態である。井上によれば、伊勢神宮に代表される神社の社殿建築が、「白木造り」、「掘立柱」、「茅葺き」を基調とするのは、仏教寺院への対抗によるものだとされる。[27]しかし、この段階での仏教の影響は、まだ外形的なものに留まり、仏教の思想内容が民間に消化され、定着するにはさらに半世紀ほどかかるのである。

神仏習合を成立させる思想内容のうち、重要なものを二点指摘しておきたい。

第一は、大乗仏教の根幹を成す「六波羅蜜」の思想である。波羅蜜とは、梵語パーラミターの写音で「悟りの彼岸に到達した状態」を意味し、漢訳では「到彼岸《とうひがん》」、あるいは「度」と訳される。[28]経典としては、唐の三蔵法師玄奘の訳とされる「大般若経（大般若波羅蜜多経）」六百巻に説かれる六つの行法である。「布施《ふせ》」「持戒《じかい》」「忍辱《にんにく》」「精進《しょうじん》」「禅定《ぜんじょう》」「般若《はんにゃ》」の六波羅蜜は、在俗の人々が、僧侶に布施を施すことから始まり、戒を守り、辱めに耐え、精進し、禅定（精神集中）し、最終的には般若（深い智慧）に到達する方法を示している。

この六波羅蜜の思想が流入されることで、「仏」の世界と「人」の世界が接合し、人は「成仏」を目指す存在として位置づけられた。さらに、「人」の世界が大きく二分され、「出家」した「僧侶（僧伽）」という言わばプロ（professional）と、一般の人々からなる「在家」のアマチュア（amateur）の二集団（階級）に分割された。僧侶集団を律する最大の「戒」は、非―生産の戒であり、身体的には「結婚し子をもうけること」が非とされ、食物に関しては稲など五穀を生産することが禁じられた。僧侶が生きていくために最低限必要な食物を手に入れるには、「托鉢」（乞食《こつじき》）によるほかはなく、一般の人々は僧侶に「布施」を行うことによって、自ら厳しい修行に従事しなくても「功徳」を積み、浄土往生等の願いを達成できるという道が開かれた。社会的に見れば、非生産階級である僧侶（プロ）階級と生産階級であるアマチュアとの相互依存関係が成立していくのである。(29)

第二は、「六道輪廻」の思想であり、今日でも日本の宗教文化に内在する考え方である。前世・現世・来世を輪のように転生していく「輪廻転生《りんねてんしょう》」という観念はヒンドゥー教から仏教に引き継がれ、やがて我が国に伝わり定着した。ヒンドゥー教においてもそれは否定されるべき状態であり、そこからの「解脱（モークシャ）」が目標とされたが、仏教においても「苦」の根本原因とされ、そこから脱却した「涅槃（ニルヴァーナ）」が理想とされた。(30)この輪廻転生が余儀なくされる六つの世界（境界）が、「地獄」「餓鬼」「畜生」「修羅」「人」「天（神）」の六道である。「仏」の範疇には、仏と同義である「如来」と共に「菩薩」が含まれる。菩薩とは、菩提薩埵（ボーディ・サッタ）、即ち「悟りを求める人」の意であるが、大乗仏教の展開の中で「悟りを求めて自ら修行する（自利）とともに、他の者たちを悟りに到達させようと努め（利他）、その功徳により、長い修行を経た未来において仏（如来）になる者」と理解された。(31)その菩薩の実践を示す言葉が、「上求菩提《じょうぐぼだい》、下化衆生《げけしゅじょう》」、即ち上には菩提（悟り）を求め、下には「衆生」に化するというものである。この衆生という語が、人だけではなく、六道に生きるすべての存在を指していることは言うまでもない。

さて、仏教伝来以来、約二世紀をかけてその思想は日本列島に定着していき、八世紀中頃に至って神仏習合の嚆矢とも言うべき「神身離脱現象」が畿内をはじめ各地に発現していく。[32] 義江彰夫は、その典型的な事例として、伊勢国桑名郡の多度大神の天平宝字七年（七六三）の託宣を紹介している。「我れは多度の神なり。吾れ久劫《きゅうごう》を経て、重き罪業《ざいごう》をなし、神道の報いを受く。いま冀《こいねがわく》ば永く神の身を離れんがために、三宝（仏法僧）に帰依せんと欲す」（『伊勢国桑名郡多度神宮寺伽藍縁起幷資財帳』延暦七年〈七八八〉成立）[33]「神の身を離れて仏に成りたい」という想いが巫女の口を借りて語られたのである。各地で同様の現象が相次ぎ、同時に制度的には各地の神社に「神宮寺」が併設され、神の願いをかなえるために僧侶による「神前読経」が開始される。神仏習合の三角形が成立するのは、この時期である。以下、この三角形に従って「仏」「神」「人」の各範疇、及びその相互関係について述べていく。

まず、多度大神の託宣の背景について考えていきたいが、永い時を経て、重い罪業を重ねた結果、神道の報いを受けた、即ち、「神」という有限な存在を余儀なくされたという自覚の前提には、無限な「仏」という比較対象がなくてはならない。三角形における「仏」に対しての「神」及び「人」の縦の対立は、無限対有限、さらに敷衍すれば「普遍」対「特殊」のそれである。何者かが己を特殊と認識するためには、普遍の存在がなくてはならない。

地獄・餓鬼・畜生・修羅・人・天（神）の六道思想において、人も神も上位には位置するものの、男女の性別があり、欲望があり、生殖があり、感情（喜怒哀楽）があり、年齢があり、そしてその限界（寿命）がある。寿命が尽きれば、来世において再び六道のどこかに転生せざるを得ない（輪廻転生）。仏（如来）にはそのいずれも無く、永遠無限の存在である。仏は、人や神とは異なる存在ではあるが、輪廻を脱却し、そこに到る道が断たれているわけではない。「精進」や「禅定」を経た六波羅蜜の最終局面、般若波羅蜜、即ち「悟り」に到れば成仏が可能となる。神は三宝に帰依し、神宮寺が併設され、神前読経が創始されたのである。

〈3〉「人」と「神」の関係

普遍に対しては、特殊な存在である「人」と「神」の関係はどうであろうか。共に「似た」存在ではあるが、あらゆる側面における能力において、人が「劣位」にあるのに対し、神は圧倒的な「優位」を占める。「天」とは、梵語デーヴァ（神）の漢訳で、元来ヒンドゥー教の神々が仏教の守護神となった。[34] 既に、ヒンドゥー教と習合した仏教が日本に伝わったのであるから、日本の神々も天界に位置づけられることとなった。

だが、天と神を同一視してよいかという点では、確かに天及び神が「人」と連続性を持つという点では、共通しているが、日本の神にはその連続性を超える特徴が見て取れる。柳田が、日本人の固有信仰として注目したように、神と人との関係は、「祖先」と「子孫」の関係に等しいということである。[35] 八世紀前半の「記紀」の編纂が、天皇と皇祖神との関係の確立を目的としていたように、一般には氏神と氏子の関係にもその論理が敷衍され、神官とは彼らが祀るところの神々の子孫であることがその条件・資格となるというロジックは、その後も存続し、所謂「神仏隔離」現象として宗教史にその独自性を残していくことになる。[36]

さて、「神（天）」の範疇について説明しておきたい。「天」はまた、神や天部の諸尊の棲む世界のことも表している。それは「人」の世界の上にあって、「勝れた果報を受けた者がすむ清浄で、最も勝れ、最も安楽で、最も善美で、最も高尚な世界」とされる。[37] それは三界から成るが、そのうち最も重要なのが、人の世界もその中に含む、最下層の「欲界」である。下から、①四王天 ②三十三天（忉利《とうり》天）③夜摩《やま》天 ④兜率《とそつ》天 ⑤楽変化《らくへんげ》天 ⑥他化自在《たけじざい》天であるが、広く人口に膾炙されてきたのが、釈迦の涅槃後、五十六億七千万年後に降臨するとされる弥勒菩薩の浄土とされる兜率天と欲界の最上層、他化自在天である。後者の意味は、他者の楽しみを自身の楽しみにすることができるということであるが、同時に天魔の住む所とされ、それらを統括するのが、衆生の欲を糧とする「第六天魔王」という存在である。既に、中世神話の天地開闢譚で、大日如来の化身である天照大神に戦いを挑んで敗退し、国王の印である府璽（八尺瓊勾玉《やさかにのまがたま》）を渡してこの国を去るという構成がみられる。[38] この点から見て、我が国の神々が、この「欲界」という層に位置づけられたことは確かであろう。この上には、十七天から成る「色界」があり、さらにその上に四天から成る「無色界」がある。後者には、ヒンドゥー教に由来する「梵天（Brahman）」などが属しているが、後は省略する。

次に、仏教の定着は「人」の世界にも大きな変動をもたらした。人の範疇を構成する三つの層とは、上から、出家し、仏教の戒（シーラ）に従う比丘（ビクシュ）と比丘尼（ビクシュニー）という「僧侶（僧尼）」層、次に出家はしておらず、在俗ではあるが仏道修行に従事する優婆塞（ウパーサカ）と優婆夷（ウパーシカー）、ここでは「行人」層としておく。[39] 大乗仏教の流入が、人を二分した、即ち、プロとアマチュアの二層に分けたことは先述したが、この「行人」までが、プロの範囲に含まれる。第三層が一般民衆、即ち、在家の俗人である。

比丘と優婆塞の違いは、出家か在家かという違いである。出家した比丘についての最大の戒は、性についてのものであり、妻帯し子をもうけることは有り得ない。それから、食物についての戒であり、肉食は言うまでもなく、稲をはじめとする穀物や野菜を育てる（生産する）ことは禁じられる。自らが生きていくために最小限必要とされる食物については、一般の人々に乞わなければならず、それが修行と見做される（乞食・托鉢）。これらは、原始仏教から引き継がれた要点である。苦実滅道を基本とする仏教にとって、人がこの世を生きていくことは「苦」に他ならず、苦は我々が煩悩（欲望）をもつから発生するのであり、その欲望を滅却することが主眼となる。突き詰めれば、少なくとも「人」にとっては「生命否定」になるのだが、仏教的な理想である「涅槃（ニルヴァーナ）」にはその基調低音が流れていることに留意しなくてはならない。しかしながら、在家の求道者である優婆塞にとって、上位に立つ比丘の影響は受けつつも本来が在家（＝妻帯）であることから、その戒はさほど厳格なものではない。

この比丘と優婆塞との対比は、やがて平安から鎌倉時代にかけて、寺社権門が確立してくると、寺社組織の中核を構成する学衆・学侶・学生と行者・禅衆・行人の対比に引き継がれていく。第1章第二節で詳述したが、寺院に所属する僧侶の全体は「大衆《だいしゅ》」あるいは「衆徒《しゅと》」などと呼ばれたが、その活動の目的は、「学」と「行」であり、基本的には学行兼修を旨としていたが、やがて「学侶方」と「行人方」への身分の固定化を生んでいった。こうした寺社組織の特徴は、多配列クラスから成るということであり、周辺的な堂衆・夏衆・花摘・久住者や、特定の堂社や僧坊に拠る承仕・公人・堂童子、さらに神社や神祠に関わる神人や寺社に身を寄せる寄人など含めると、その外延は定かではない。しかし、中心的な性格から見ると、比丘の伝統を継承する「学侶方」が組織の上位を占め、それ以外は「行人方」に連なる「優婆塞」の層であった。

後者は、言わば「半僧半俗」であり、学侶＝僧侶より身分は下であったが、数の上では圧倒的に優位であり、しかもその多くが武装集団でもあった。古代律令制の、生産と税という桎梏《しっこく》から逃れて寺社（寺院）に流入した膨大な行人層こそ、神仏習合の主体となった層であった。日本の神々が古くから山岳に由来し、寺院（寺社）も山岳を拠点としたことから、彼らの行も「密教」を基盤とした「抖擻行」が重視されるようになる。

さて、先述した図に従って、まとめてみたい。「特殊」から「普遍」に到る道は、「人」を中心にすると二つある。まず、人→仏という方向であるが、出家した僧侶（学侶）による「学問」修行であり、顕密の観点から言えば、釈迦が直接説いたとされる経典の読解（顕教）に重きが置かれる。法会も「如法経会」などが主である。もう一つが、人→神→仏という方向であるが、これこそが行人（優婆塞）が目指した道であり、大日如来を本尊とする密教によって、まず神に成る（＝神通力を得る）ことが目標とされた。この実践（修行）の体系が、修験道とされたのである。英彦山の事例からその行法を見てみると、峰入り後、「六道」に沿って、各々の苦界を克服する修行が実施されている。[40]

まず、「地獄道」に対しては、「業秤（ごうのはかり、または、ごうひょうか）」、新客に対してその罪業を測るという意味だが、その身体をロープで縛り、断崖に吊るして懺悔改心を図った。「餓鬼行道」は「殺断」、即ち断食を通じて餓鬼の苦しみを超克する。「畜生道」については、角突きとされ、その内容は不明とされるが、佐賀県に伝わる栗岡山豊前坊文書の『峯中秘記』（文久三年〈一八六三〉書写）によれば、畜生道に対しては「水断」が行われている。「修羅道」に対しては、「相撲」を通じて闘争心の克服を図り、「人間道」に対しては、「懺悔《さんげ》」が主題となるが、その意味は「過去の罪悪をさとって悔い改め、仏に告白して罪の許しを乞うこと」[41]である。正月七日（人日）に行われる「修正会」や「修二会」は、薬師や観音といった本尊に対して、「五体投地」などによる「悔過」が目的とされており、学侶方とともに法会に従事したと思われる。

そして六道の最終段階が、神（天）に当たるが、その行法は「延年」とされる。字義通りには「寿命を延ばす」という意味だが、その内容は不明である。しかし、ここでの考察に従えば、この段階で「人＝神」の境地が達成されなければならない。必ずしもすべての行人に当てはまるわけではなく、人によってはその後何度かの峰入りを経てであろうが、「神通力」の獲得があったのではなかろうか。

神通力とは、梵語アビジュニャーの訳で、「仏・菩薩の神変不可思議で無碍自在なはたらき」[42]を伴う超自然的な能力である。古来、著名な行者が護法童子や護法神を使役したという話は枚挙に暇がないし、また、空鉢を飛ばして米を運んだという空鉢譚も数多い。現代の行者でも天狗を使役したという経験を語る者も居り[43]、別考を要する問題ではあるが、ここでは「人＝神」の段階があると仮定しておく。畢竟するに、延年とは特定の行法というより、六道修行を通じて得た神通力を披露する場であり、舞であれ、大酒や大飯であれ、その神秘的行為が人や神が最も希求する寿命の延長を図り、あるいはそれを寿いだと解釈できる。

比叡山には、人と神の連続性、この六道修行の意義を説く神話が伝承されている[44]。人の「初め」は、神だというのである。寿命の尽きた神が、人としてこの世に出現する。やがて、地に生えるもの（米）を食べることで、地を流れる水を飲むことで排泄を余儀なくされる。当初、身体を覆っていた光は消え、飛行もできなくなる。昼夜の別に慣れ、夜は眠るようになる。後から現れた女（神）と結ばれ、家を仕切り、穀物や財産をめぐって争い、やがて分配の調整を図るために、王が選ばれる……といった具合である。修行とは、この逆の過程を辿ることであり、出家し、不眠不休、断食断水を続けることで、本来の神としての能力を取り戻すことにあるというものである。

〈4〉「仏」の降下――菩薩と明王

さて、図（三一〇ページ）に戻ろう。「人→神→仏」という修行の方向は、さらに続く。「仏」の範疇には、四種類の仏が含まれる。下位から見ていくと、まず「声聞《しょうもん》」、梵語シュラーヴァカの訳で「教えを聴聞する者」の意、次に「縁覚《えんがく》」、「独覚」とも言われ、梵語プラティエーカ＝ブッダ「独りで悟りに到着した者」の意である。[45] これらは、小乗仏教（上座部仏教）の悟りを示しており、個人単独における悟りの状態を示している。彦山修験道では、新客段階の修行を終えた者から「当出仕」が選ばれ、二月七日に当役坊に出仕して、以後一年十カ月にわたり当役の下で見習い修行をするわけだが、出仕日には、挙頭襟《ときん》、大袈裟、柿の衣といった正装をする。これが「声聞＝比丘形」と見做されている。[46] 比丘形とは、剃髪し袈裟を着けた出家の姿であるから、仏弟子となることが象徴されている。

ここで注目したいのは、この段階で、行人方の「神→仏」の第一段階は、「人→仏」の学侶（比丘）方のそれと等価である点である。次の「縁覚行」は、翌年十二月十三日の髪立座から始まるが、縁覚行の要点は、「着頭襟」に象徴される。頭襟とは、行者が頭に着ける独特の用具であるが、そこに刻まれた十二の襞は、人の苦悩の根本原因ともされる十二因縁（無明・行・識・名色・六処・触・受・愛・取・有・生・老死）を表すとされ、峰中修行を続けることで、その克服が図られる。

さて、図にある「仏」とは、厳密に言えば「如来」のことである。梵語タターガタ、そのように来た人の意であり、歴史上の仏陀やそれと同等の神聖な伝統を担う者の尊称として用いられた(47)。しかし、人や神（天）など六道に生きる「衆生」にとって、その存在はあまりに「遠い」。衆生にとって、仏（如来）との間を繋ぐ存在が「菩薩」である。菩薩とは、梵語ボーディ＝サットヴァ、菩提薩埵の略で、悟りを求める者の意である。初期仏教では、「来世において仏陀（悟りに到達した者）になると運命づけられた者」とされたが、大乗仏教の展開の中で、「悟りを求めてみずから修行する（自利）とともに、他の者たちを悟りに到達させようと努め（利他）、その功徳により、長い長い修行を経た未来において、仏になる者(48)」と理解された。菩薩及び菩薩行の要点を最もよく示す用語が、「上求菩提《じょうぐぼだい》、下化衆《げけしゅ》生《じょう》」である。上下の方向も加味されており、上には菩提（悟り）を求め（自利）、下には神や人も含む六道の衆生に化する（利他）という意味であるが、これによって在家の俗人にとっては、仏はかなり身近な存在となり、遠い如来の救済は、菩薩の手によって果たされるという信仰の核が形成される。

やがて、密教の教義や思想の発展に伴い、この中間の菩薩の範域はさらに拡大され、「明王部」も含まれていく。例えば、庶民信仰の中心の一つである「不動明王」は、大日如来の「教令輪身」とされる。その根底にあるのは、三輪身の考え方で、如来の本来の姿である「自性輪身」、正法を護るために「菩薩」の姿をとる「正法輪身」、そして導き難い相手に対して忿怒の姿をとる「教令輪身」である。それは、矜羯羅《こんがら》・制多迦《せいたか》をはじめとする八大童子を従え、また、五大明王あるいは八大明王の主尊とされる。そして、その本体はヒンドゥー教の主神、シヴァ神なのである。このように見ると、「菩薩」と「明王」は表裏一体の存在であり、我が国の神の二元性、和霊／荒霊と一致する(49)。というより、顕密仏教が我が国の神祇信仰と習合する中で、それと適合・進化したと考えたほうがよいかもしれない。

英彦山修験道では、「菩薩行」は、初先達としての春の胎臓界入峰より開始され、その後三季の峰入り行を繰り返し、最終的には三年駆先達として、英彦山と宝満山との中間、小石原の深仙で「仏界＝床堅正灌頂」とされる即身成仏（大日如来）の儀式を受ける。当出仕として修行に入って六年目、九度満行として出峰する。[50]六道修行と合わせて修行全体は十界修行とされるのである。

ここまで「人」の範疇を、比丘（出家）＝学侶方、優婆塞（在俗）＝行人方、一般民衆（在家俗人）に分けた上で、前二者（プロ）における「人↓仏」及び「人↓神↓仏」の関係を、神仏習合に関係する後者を中心に見てきた。その過程は、後に修験道の開祖とされた役行者の足跡とも重なる。[51]大和国葛城に生まれた「役小角」（俗人）は、「役優婆塞」あるいは「役行者」として全国の山岳で修行を重ね、天武天皇三年（六七五）、四十一歳の時に大峯山山上ヶ岳の巨岩で、忿怒の神、金剛蔵王権現を感得する（人＝神）。右手に金剛杵、左手は腰に刀印を結んだ三体の蔵王権現は、過去・現在・未来を司る釈迦如来・千手観世音菩薩・弥勒菩薩の教令輪身であり、印度の仏が我が国の衆生を救済するために出現したものである（本地垂迹、即ち神＝仏）。役小角自身も、その諡号は「神変大菩薩」であり、仏として祈りの対象となっていくのである。

なお、我が国では、俗人男性の死者の戒名に「居士《こじ》」の称号が付けられることが多いが、この居士という称号は、サンスクリット起源ではなく、中国由来のものである。だが、その意味は、「出家することなく、在俗のままで仏門に帰依した男子[52]」ということである。だとすれば、「人↓神↓仏」の修行過程を経る「優婆塞＝行人」と同義であり、一般民衆の場合は、「死後」同様の修行の旅に出ることが想定されていたのである。[53]

〈5〉「人」と「神＝仏」をつなぐもの――加持祈禱

さて、ここで「人」の世界、中でも一般民衆の立場に立ち戻って、彼らと「神＝仏」との関係を考えてみたい。前述したように、大乗仏教の流入によって、「人」の世界は大きく分断された。簡単に言えば、〈宗教的職能者（religious practitioner）＝プロ〉と〈一般民衆（在家俗人）＝アマチュア〉の区別である。さらに前者は、出家が要件とされた僧侶（比丘・比丘尼）と在俗のまま仏道修行に従事する行人（優婆塞・優婆夷）に区分され、全国の顕密寺社の組織において大まかに学：行、顕教：密教、仏事：神事……の対比的性格を育んできた。この対比的性格は、言わば象徴的な二項対立（binary opposition）と言うべき一つの傾向であり、厳密なクラス対立（単配列クラス）ではないことに留意しなくてはならない。

一般民衆にとって、仏がいくら菩薩や明王という多様な形姿で、あるいは身近な神々の姿で救済の手を差し伸べても、その間に介在する僧侶や行人の働きがなければ、その繋がりは確保できるものではない。その繋がりを確保する儀礼行為が、加持祈禱である。加持とは、梵語のアディシュターナ、本来は「誓い」という意味であったが、相手に作用を及ぼす「呪力」の意に転化され、さらに密教では「加」は「仏の加被」、「持」は「衆生の摂持」と解釈された。[54]簡潔に言うと、仏の力を衆生に及ぼすことであり、行法に注目すれば、身・口・意の集中と統一に力点を置く「三密加持」とか、神の力を発動させる「神変加持」など多様な種類に及ぶが、一般的には祈禱と同義の儀礼行為として加持祈禱と称される。

民衆の側からは、加持祈禱の実行主体である僧侶や行人に対して「布施」を行うことでそれに応える。布施は、六波羅蜜の第一の行であり、本来無関係な仏と人とを繋ぐ第一歩である。苦しい修行に従事しなくとも、僧侶や行人が我々に「代わって」修行してくれるという大乗仏教の原理がここに現れる。「施主」という言葉は、本来、「布施の主」即ち、僧侶に物品を施す人の意味であったが、我が国では、布施の主体である俗人に対しては「願主」という言葉が用いられ、その願いを叶える宗教的職能者に対して「施主」の語が用いられるようになった。つまり、願主と施主の対比が、アマチュア（スポンサー）とプロの分かり易い対比に重なったわけである。今日でも建築（建設）関係の世界にはこの伝統がよく保存されているが、それは本来、番匠（大工）は宗教的職能者の範疇に含まれていたからである。いかに近代化されようと、我が国の建築（建設）の世界に「地鎮祭」が必要不可欠であることもこの伝統に沿うものである。

現世における我々の願いは建築に限られるわけではない。「現世利益《りやく》」と称せられるありとあらゆる種類の願いを我々と同じく現世に存在する「神」に祈るのであるが、我々にできることは「願主」として布施を行うだけである。その願いの達成如何は、施主である僧侶や行人の「加持祈禱」にかかっているのである。そしてその効力は、施主（社僧）の修行（人↓神↓仏）による加持力（神通力、験力、法力）に依拠したのである。少なくとも、近世までの日本人の祈りの形はそうであった。そしてその大部分の祈りを受けとめたのが、全国に限りなく存在した祈禱系寺社であった。

明治元年（一八六八）の、あるいは既に近世後期から続いてきた「神仏分離」の基本的ターゲットは、そうした祈禱系寺社であり、より正確に言うと、加持祈禱の、あるいは神仏習合の禁止令でもあった。人・神・仏の神仏習合の三角形から見ると、その基本であった神と仏の関係を分断したのであり、残された「人―仏」では、半僧半俗の優婆塞（行人）や顕密系の加持祈禱を主にする僧侶は否定され、唯一、加持祈禱やそのための修行を行わない「非僧非俗」の浄土真宗系の僧侶のみがその存在を許された。また、「人―神」の関係では、プロのプロたる所以であった僧位僧官を剝奪され、民衆と同じく俗人に戻ること（還俗）が条件とされた。後に「神道」は、紆余曲折を余儀なくされるが、今日、僅かに残る各神社の「御利益」に前時代の面影を見るばかりである。

かくして日本人の「生」の世界は、本来なら神仏習合に依拠した寺社の管轄から、神社神道に移行してしまい、主活動であった加持祈禱は剝奪され、一般民衆は「布施」することもできず、ただ賽銭を奉じてお参りするだけのものになってしまった。また、「死」の世界は、「成仏」思想や「浄土」思想も衰退し、仏教は「生」の世界に参入する意欲を失い、「葬式仏教」と揶揄される形式的な葬儀のみを行う宗教となった。また、加持祈禱そのものは、「宗教」の名の下に、「新宗教」や「新・新宗教」に引き継がれ、今日に至っている。これは、決して健全な棲み分けではない。近代日本が残してきた負の遺産であると言っても過言ではない。出自の異なる宗教を総合した神仏習合こそ、我が国が誇るべき文化遺産である。今日認定されている文化遺産の多くは、その影響の下に成立している。神仏分離から百五十年、神仏習合の基本構造に立ち返って、その価値を探求すべき時が来ているのではないだろうか。

【註　記】

（1）中村隆・土屋隆裕・前田忠彦『国民性の研究　第一三次全国調査――二〇一三年全国調査』統計数理研究所、二〇一五年二月、七一頁。
（2）同上書、七三頁
（3）同上書、七二頁
（4）http://www.stat.go.jp/data/jinsui/new.htm　参照。
（5）『宗教関連統計に関する資料集』文化庁文化部宗務課、平成二十七年三月、一三頁。
（6）同上書、一一一一七頁。
（7）渡辺浩希「日本の宗教人口――2億と2‐3割の怪の解」『武蔵野大学仏教文化研究所紀要』第二七号、二〇一一、二五―二七頁。
（8）同上書、三三頁。
（9）安丸良夫『神々の明治維新――神仏分離と廃仏毀釈』岩波新書、一九七九、参照。
（10）保坂俊司『癒しと鎮めと日本の宗教』北樹出版、二〇〇九、参照。
（11）池上良正他編『宗教とはなにか』（岩波講座「宗教」1）岩波書店、二〇〇三、参照。

（12）「世界宗教」（白川琢磨訳）（ニコラス・アバクロンビーほか『新版　新しい世紀の社会学中辞典』ミネルヴァ書房、二〇〇五）四六〇―四六六頁。
（13）Pierre Bourdieu(Tr. Richard Nice), Outline of a Theory of Practice, Cambridge U. P., 一九七七、参照。
（14）タラル・アサド（中村圭志訳）『宗教の系譜――キリスト教とイスラムにおける権力の根拠と訓練』岩波書店、二〇〇四、参照。
（15）黒田俊雄『『寺社』か『社寺』か』（『黒田俊雄著作集』第一巻、法藏館、二〇〇一）三三六―八頁参照。
（16）「人々の行動をその背後で規制する、無形の精神文化」であり、「柳田國男の民俗学の中で究明されるべき究極の目標」とされる。福田アジオ他編『精選　日本民俗辞典』吉川弘文館、二〇〇六、二八〇頁。
（17）白川琢磨「ハイブリッドは日本宗教のお家芸だ」『月刊みんぱく』第三七巻八号、二〇一三、五―六頁、「混交」（白川琢磨訳）（『新版　新しい世紀の社会学中辞典』ミネルヴァ書房、二〇〇五）一九八―九頁。
（18）井門富士夫『神殺しの時代』日本経済新聞社、一九七四、一五四―一六六頁。竹村牧男「[論説]現代社会と宗教の役割」『宗務時報　一〇八号　平成十五年八月』文化庁文化部宗務課、二〇〇三、二一―四四頁。
（19）渡辺浩希、前掲書、二〇一一、二一七―二一八頁。
（20）「神仏隔離」の位置づけを問う向きもあるだろうが、神仏隔離も神仏習合を前提にしていることは間違いない。嵯峨井建『神仏習合の歴史と儀礼空間』思文閣出版、二〇一三、参照。
（21）クロード・レヴィ＝ストロース（早水洋太郎訳）『生のものと火を通したもの』（神話論理一）みすず書房、二〇〇六。
（22）エドマンド・リーチ（吉田禎吾訳）『レヴィ＝ストロース』ちくま学芸文庫、二〇〇〇、参照。また、初期の研究である「親族の基本構造」でも既に＝・＋・－の三角形が示される。クロード・レヴィ＝ストロース（福井和美訳）『親族の基本構造』青弓社、二〇〇〇、七四三―七六九頁参照。
（23）末木文美士『日本宗教史』岩波新書、二〇〇六、三二―三九頁。
（24）Daniel L. Pals, Eight Theories of Religion, Oxford U.P., 二〇〇六、一八―五二頁。佐々木宏幹『シャーマニズム』中公新書、一九六〇、参照。
（25）白川琢磨「石鎚山の大祭――体験としての峰入り」一〇九―一一九頁、同「熊野祭礼のコスモロジー――花と火と船と」（宮家準編『山の祭りと芸能』上巻、平河出版社、一九八四）一五一―一八七頁、参照。
(26) 井上寛司『日本の神社と「神道」』校倉書房、二〇〇六、参照。
(27) 同『「神道」の虚像と実像』講談社現代新書、二〇一一、二二―六五頁参照。なお、伊勢神宮の第一回の式年遷宮は、持統天皇四年（六九〇）とされる。
(28) 岩本裕『日常佛教語』中公新書、二〇〇一（一九七二）参照。
(29) 社会学者・竹本達也は、宗教的文脈で用いられるプロとアマチュアの対比を社会主義国キューバの社会分析に用いて興味深い考察を行っている。竹本達也「キューバにおける革命イデオロギーの希薄化メカニズム―宗教社会学の観点を用いて」（『四国学院大学論集』一五〇号、四国学院大学文化学会、二〇一七）四六―六七頁。
(30)「世界宗教」（前掲書、二〇〇五）参照。
(31) 岩本裕、前掲書、二〇〇一（一九七二）、二一九―二〇頁。
(32) 末木文美士、前掲書、二〇〇六、参照。
(33) 義江彰夫『神仏習合』岩波新書、二〇〇四（一九九六）、参照。
(34) 岩本裕、前掲書、二〇〇一（一九七二）参照。
(35) 柳田國男「先祖の話」「日本の祭」（『定本 柳田國男集』第一〇巻、筑摩書房、一九八二〈一九六九〉）、一―三一四頁参照。
(36) 嵯峨井建、前掲書、二〇一三、参照。
(37) 岩本裕、前掲書、二〇〇一（一九七二）一八三頁。
(38) 本書三章三節、参照。
(39) 岩本裕、前掲書、二〇〇一（一九七二）参照。
(40) 行法は、『彦山修験最秘印信口決集』に収められた「入峰修行十界配当口決」による。村上龍生『英彦山修験道考』海鳥社、一九九九、八〇―一四九頁参照。
(41) 岩本裕、前掲書、二〇〇一（一九七二）参照。
(42) 岩本裕、前掲書、二〇〇一（一九七二）参照。

(43) 山口賢俊「心の中にある風景――新・霊異記のこと」(『高志路』第二三四号、一九七二)、参照。
(44) 十二年籠山行を完遂した比叡山円龍院、宮本祖豊師談(二〇一六年)。
(45) 岩本裕、前掲書、二〇〇一(一九七二)参照。
(46) 村上龍生、前掲書、一九九九、参照。
(47) 岩本裕、前掲書、二〇〇一(一九七二)参照。
(48) 岩本裕、前掲書、二〇〇一(一九七二)二二〇頁。
(49) 日本の神の二元性については、松平斉光『祭――本質と諸相』朝日新聞社、一九七七、参照。
(50) 村上龍生、前掲書、一九九九、参照。
(51) 棟高光生「日本独自の民俗宗教『修験道』について――『行の宗教』とは何か」(中山身語正宗『教学研究所紀要』七、二〇一七)、六〇―七七頁参照。
(52) 岩本裕、前掲書、二〇〇一(一九七二)、九〇頁。
(53) 現在、中国の東北部では「居士」という名の宗教的職能者が活発な活動を展開している。王瑜「現代中国における政治と宗教――ラマ教『居士』を事例として」福岡大学人文科学研究科修士論文、二〇一三、参照。岩本裕、前掲書、二〇〇一(一九七二)四七―八頁。
(54) ジェームス・E・ケテラー(岡田正彦訳)『邪教/殉教の明治――廃仏毀釈と近代仏教』ぺりかん社、二〇〇六、参照。

あとがき

平成二十九年（二〇一七）十一月に「序文」を書き終えてから今日までに起こった最大の出来事は、謝辞の筆頭に挙げた吉田禎吾先生のご逝去である。先月、突然の訃報に接し、まだ心の整理がつかないままである。本年三月の退職に際して、十六年勤め、その間に本書に所収の大部分の論文を書き上げた福岡大学の研究室を慌ただしく片付け、引越し準備をする中で、何度片付けても手元に残ってくる一通の手紙があった。仕方がないので四月に現在のデスクの引き出しに入れて置いた。平成二十四年（二〇一二）六月二日の先生からの手紙であった。Eメールをされなかった先生の、思えばこれが最後の手紙であった。内容は、上京の際にお会いしたいという私の申し出に対して、「日曜日」は一番忙しい日なので都合が付かないということを丁寧に説明していただいた。数年前から「キリスト教の信者」となり、午前中の礼拝だけでなく午後の会合もあって、できれば週日のほうがよいというものであった。そして、仕事については、「諸民族、諸部族の神観念について資料を集めて」いて「一応集まったので、これからまとめる（文章化する）ところで」「本にしたいと思っている」という宗教人類学者としてのお気持ちが綴られていた。偶然とは言え、ご葬儀の日が六月二日とうかがったので、とても意味深いものと思えてくる。

そこで追悼の意を込めて、長く先生にご指導いただいた中で先生が最も生き生きしていた、その生命が輝いていた瞬間の写真を掲げてみたい。

クロード・レヴィ＝ストロース（左）、吉田禎吾（中央）とウムリングヮ。沖縄・久高島調査旅行にて撮影。1983 年 5 月

昭和五十八年（一九八三）五月中旬、場所は沖縄県久高島。来日中のクロード・レヴィ＝ストロース氏（七十歳）から、先生の調査に同行したいとのお申し出があり、先生（六十歳）は、当時研究者としてはまだ駆け出しの私（三十歳）を連れて八日間の調査旅行に出かけた。島には、高い霊力を保持するとされ、人々から尊敬されている「ウムリングヮ」と呼ばれる宗教的職能者がいる。先生はレヴィ＝ストロース氏とウムリングヮを仲介する通訳として、熱のこもった議論をリードした。肩が触れ合うほどの、濃密で活気あるコミュニケーションの場が出現した。レヴィ＝ストロース氏も大変感銘を受けたようで、他のヌル（神女）も含めてとても「威厳の有る」人々だという印象を持ち、同じ父系社会でも男性中心のニューギニアのちょうど「逆」になっていることを熱心に説明してくれた。

このお二人から早く研究をまとめるように励まされて三十五年、沖縄、南西諸島、マイクロネシア、日本本土と旋回を続けてきた私の研究は、北部九州をフィールドとして着地し、漸く一つの形を得たが、既にお二人とも鬼籍に入られていた。

宗教人類学のフィールドとして沖縄と日本本土を捉えた場合、何が決定的に違うかというと、それは仏教の影響力である。制度として完全に定着することはなかった沖縄に比べて、本土では早くから、元から在った神祇信仰と習合し、神仏習合（the Sin-Butsu Syncretic Religion）という独特な形態を作り出してきた。歴史に仮定は禁物だが、もしそれがそのまま今日まで継続していたなら、研究のし易さから言っても人類学のフィールド研究は質量ともに膨大であったであろう。ところが、江戸末から明治初年にかけて「神仏分離」という制度上の大転換が強制される。そして不幸なことに、この神仏分離は、我が国の「近代化（modernization）」と表裏一体であった。近代性（modernity）やその価値を否定する人は少なかろう。だとすれば必然的に神仏分離を支持することになる。

「廃仏毀釈」という言葉が独り歩きしてきたが、神仏分離は仏教そのものを否定したわけではない。棄却の対象は、神仏習合にあったのであり、習合を支えた「密教」やその行法（修験道）、そして祈り方（加持祈禱）であった。それらは、言わば反・近代の象徴であり、神社神道（国家神道）や科学、そして近代化と共に制度化されていった大学などとは相反するものであった。究極的な神仏分離の事例を一つだけ紹介する。我が国の国歌「君が代」は天皇陛下の祖神、天照大神を讃える典型的な三十一文字であるが、神仏習合時代には日本の神々を讃える和歌にはその本地仏の真言が随伴していた。天照大神の本地仏は、大日如来であり、護国の修法などでは和歌と共にアビラウンケン（胎蔵界）、バザラダトバン（金剛界）の真言が唱えられたのである。和歌のみを残し、真言を切って捨てたことによって我が国の近代は出発したのである。

　もし私がレヴィ＝ストロース氏から引き継いでいるものがあるとすれば、人類学の立ち位置であろう。近代（西欧）文明対未開（非西欧）文化の図式において、後者が「正しい」と見るのが彼の人類学であった。しかし、彼は「私の見方は、二十世紀に限られています。二十一世紀については何も語りません。それはあなたたちの仕事です」と念を押した。つまり、ポスト近代については何も語らなかった。

　神仏分離で出発した我が国の「近代」は、大東亜戦争（太平洋戦争）の敗北で一つの終焉を迎える。「坂の上の雲」は結局は豪雨をもたらし、洪水によってその宗教環境を洗い流してしまったのである。神社はあっても、祈る術《すべ》を知らず、葬儀以外に我々の祈りに応えてくれる寺院は無くなってしまった。だが、日本人の宗教的原点は、習合時代、神と仏が共存した時代にあるのである。顕密仏教こそがその基壇を築き、日本人の宗教ハビトゥスを構成したのである。

今日、その価値は外国から評価されつつある。吉野や熊野の祈りの道、京都や奈良の宗教景観、つまり彼らからこれこそ「日本」と見えるものの形成主体は顕密のハビトゥスである。逆説的ではあるが、本質がシンクレティズム（習合）なのである。仏師はどうやって仏像を創り出すのか。眼前に生える大木の中に、如来や菩薩や明王が埋まっていると「観じて」、そのままの形で「彫り出す」のである。まさにアクロバット的ブリコラージュである。本書は、私の周囲に、十全に、あるいは断片的に、あるいは形骸化して「生えている」民俗の中から、顕密のハビトゥスを彫り出す試みである。旅は始まったばかりであり、終着点（ハビトゥスの全体像）は見えていない。

平成三十年（二〇一八）七月六日　　佐賀県基山、豪雨の瀧光徳寺にて

白川　琢磨

《初出一覧》　論文の初出は以下の通りである（タイトルを変更した論文のみ原タイトルを挙げる）。

序　文　　書き下ろし、平成二十九年（二〇一七）十一月

第1章一節　「顕密のハビトゥス――修験道を再考する」（鈴木正崇編『森羅万象のささやき――民俗宗教研究の諸相』風響社、平成二十七年（二〇一五）三月、四一七―四三七頁

二節　『宗教研究』第八一巻第二輯（第三五三号）二五―四八頁、平成十九年（二〇〇七）九月

第2章一節　『福岡大学研究部論集』第五巻A：人文科学編第六号、一―二〇頁、平成十八年（二〇〇六）三月

二節　『唐津市文化財調査報告書』第一四九集、唐津市教育委員会、一八―二九頁、平成二十一年（二〇〇九）三月

第3章一節　『国立歴史民俗博物館研究報告』第一三二集、二〇九―二四二頁、平成十八年（二〇〇六）三月

二節　『豊前神楽調査報告書』第4章一節、福岡県文化財調査研究委員会、三三―四三頁、平成二十四年（二〇一二）八月

三節　『記憶の場としての東アジア』国際シンポジウム（中国・華東師範大学）予稿集・上巻二七八―二九〇頁、平成二十六年（二〇一四）八月

四節　『七隈の杜』第一一号、福岡大学、一八―二八頁、平成二七年（二〇一五）二月

第4章一節　『香川県「四国八十八箇所霊場と遍路道」調査報告書』第六集、香川県教育委員会、三二一―三三二頁、平成二十七年（二〇一五）三月

二節　『地域共生研究』第一号、福岡大学福岡・東アジア地域共生研究所、一九―五一頁、平成二四年（二〇一二）二月

三節　『英彦山総合調査報告書』（本文編）福岡県添田町、平成二八年（二〇一六）三月

四節　「序――彦山信仰の復興をめざして」白川琢磨編『英彦山の宗教民俗と文化資源』木星舎、一―六頁、平成二十九年（二〇一七）十月

第5章　書き下ろし、平成二十九年（二〇一七）七月

あとがき　書き下ろし、平成三十年（二〇一八）七月

事項索引

（ゴシック体の数字は、序文のページを示す）

■ あ ■

■ い ■

■ う ■

■ え ■

■ お ■

■ か ■

■ き ■

■ く ■

■ け ■

■ こ ■

■ さ ■

■ そ ■

■ た ■

■ ち ■

■ つ ■

■ て ■

■ と ■

■ な ■

■ に ■

■ ね ■

■ は ■

■ ひ ■

■ ふ ■

■ へ ■

■ ほ ■

■ ま ■

■ み ■

■ む ■

■ め ■

■ も ■

■ や ■

■ ゆ ■

■ よ ■

■ ら ■

■ り ■

■ ろ ■

人名索引

（ゴシック体の数字は、序文のページを示す）

白川 琢磨
〈Shirakawa Takuma〉

1953年、香川県生まれ。慶應義塾大学法学部卒業。1983年、同大学院社会学研究科博士課程単位修得退学。論文博士（人間環境学）九州大学人間環境学府。カリフォルニア大学サンディエゴ校・イリノイ大学アーバナ・シャンペーン校客員研究員、四国学院大学社会学部・福岡大学人文学部教授を経て、現在、福岡大学名誉教授、中山身語正宗教学研究所（瀧光徳寺）顧問。日本宗教学会理事・日本民俗学会理事（31期）。

主な著書・論文：『英彦山の宗教民俗と文化資源』（編著）木星舎、2017。『小石原川ダム文化財関係調査報告書』（共編）朝倉市、2013。『福岡の祭り』（共著）海鳥社、2010。N・Y・デーヴィス『ズニ族の謎』（共訳）ちくま学芸文庫、2004。『野甫の拝所と年中行事』（監修）四国学院大学、1998。R・ニーダム『象徴的分類』（共訳）みすず書房、1993など。「『ローカル』という戦略 ── 文化人類学と九州文化研究」2009。「豊前神楽と祈りの〈かたち〉 ── 旧上毛郡を中心として」2005。「日本人の霊魂観再考」2004。「儀礼の隠喩的解釈 ── 北部沖縄伊平屋村野甫の豊年祭をめぐって」1999など。

顕密のハビトゥス

神仏習合の宗教人類学的研究

2018年10月1日　第1刷発行

白川　琢磨

発行所　図書出版木星舎

発行者　古野たづ子

〒814-0002　福岡市早良区西新7丁目1-58-207

TEL 092-833-7140　FAX 092-833-7141

印刷・製本　シナノ書籍印刷株式会社

ISBN978-4-909317-03-2　C3014

木星舎の本

英彦山の宗教民俗と文化資源

白川 琢磨　編

福岡大学　福岡・東アジア・地域共生研究所　監修

A5 判／上製／ 440 ページ／定価 4,000 円＋税

人々の篤い信仰に支えられ、千年もの歴史の中で特異な社会・文化を築き上げてきた日本三大霊山・英彦山。明治政府による神仏分離令、それにつづくすさまじい廃仏毀釈の嵐で、全山が壊滅的なまでに毀損され、修験が否定された山からは山伏の姿は消えた。そしていま、崩れた石垣から新芽が萌ゆるように、「神仏習合」をキーワードに力強い復興の兆しがみえてきた。古代から現代まで、新進気鋭の研究者が英彦山を多方面から紐解く。

＊　＊

国東六郷満山

宇佐神宮と国東半島霊場札所巡り

宇佐国東半島をめぐる会　監修

古野たづ子　著　遠藤カヲル他　撮影

A5 判／並製／ 216 ページ／定価 1,800 円＋税

九州、大分県の東端に突き出た半島・国東。そこは神仏習合発祥の地、神と仏と鬼がともに坐すところ。奇岩、秀峰が連なる道は、修験の道、錫杖を手に白装束に身を包んだ六郷満山の僧侶が峯入りする道です。路傍や畦道には、石仏や石塔、石祠、庚申塔等が祀られ、里人の信仰が息づいています。

宇佐神宮を基軸に山岳宗教と天台密教が融合し、特異な山岳仏教に昇華した「六郷満山」は、無垢の自然の中で千三百年の時を刻み、現代に祈りの道を開いています。本書は、美しい写真と解説で宇佐神宮、国東半島の霊場を紹介する、宇佐国東半島をめぐる会公認ガイドブックです。